重慶调查年鉴

2018

国家统计局重庆调查总队　重庆市统计局　编

NBS SURVEY OFFICE IN CHONGQING
CHONGQING MUNICIPAL BUREAU OF STATISTICS

中国统计出版社
China Statistics Press

图书在版编目（CIP）数据

重庆调查年鉴. 2018 : 汉英对照 / 国家统计局重庆调查总队，重庆市统计局编. -- 北京 : 中国统计出版社，2018.9
ISBN 978-7-5037-8630-3

Ⅰ. ①重… Ⅱ. ①国… ②重… Ⅲ. ①统计资料－重庆－2018－年鉴－汉、英 Ⅳ. ①C832.719-54

中国版本图书馆 CIP 数据核字(2018)第 201757 号

重庆调查年鉴 2018

作　　者 / 国家统计局重庆调查总队
责任编辑 / 李　冲
封面设计 / 李　玲
出版发行 / 中国统计出版社
通信地址 / 北京市西城区月坛南街 57 号　邮政编码 /100826
办公地址 / 北京市丰台区西三环南路甲 6 号　邮政编码 /100073
电　　话 / 邮购 (010) 63376909　书店 (010) 68783171
网　　址 / http://www.zgtjcbs.com
印　　刷 / 重庆市圣立印刷有限公司
经　　销 / 新华书店
开　　本 / 890mm×1240mm　1/16
字　　数 / 780 千字
印　　张 / 18.875
版　　别 / 2018 年 9 月第 1 版
版　　次 / 2018 年 9 月第 1 次印刷
定　　价 / 220.00 元

如有印装差错，由本社发行部调换。

《重庆调查年鉴 2018》

编辑委员会

CHONGQING SURVEY YEARBOOK 2018

EDITORIAL BOARD

编辑说明

一、《重庆调查年鉴》是真实地反映重庆城乡居民生活、消费和生产价格变动、农业生产和农业经济发展、规模以下工业等方面的权威性工具书。《重庆调查年鉴》是《重庆统计年鉴》相关部分内容的深化和补充。

二、《重庆调查年鉴 2018》一书分为六章，即：一、综合；二、人民生活；三、市场物价；四、农业农村；五、农民工；六、规下企业。为方便读者使用，主要章节末附有《主要统计指标解释》。

三、本年鉴调查数据篇第四章中有关农业方面 2006 年以后的数据为第二次农业普查衔接数据，读者在使用资料时，如与以往年份有出入，均以本年鉴为准。

四、本年鉴所使用的计量单位，除部分面积单位使用亩或万亩外，其他均为国际统一标准计量单位。

五、本年鉴统计表中，“#”表示其中的主要项，“空格”表示统计指标无数据。

六、在本年鉴的编辑过程中得到了有关单位和部门的大力支持与协助，在此我们深表谢意！由于我们的水平有限，书中难免有欠缺与不当，敬请广大读者批评指正，以促进我们不断提高编辑水平。

EDITOR'S NOTES

I. *Chongqing Survey Yearbook* is an authoritative reference book that truly reflects the urban and rural people´s living conditions, price changes of consumer and Producer, agricultural production and development of agricultural economy, industrial enterprises below designated size and other fields. Chongqing Survey Yearbook is related contents´ deepening and supplementary of Chongqing Statistical Yearbook.

II. *Chongqing Survey Yearbook* 2018 contains six chapters, including 1.Comprehensive Statistics, 2.People´s Livelihood, 3.Market Prices, 4.Agriculture and Rural Areas, 5. Migrant workers 6.Enterprises below Designated Size. For ease of use, Explanatory Notes on Main Statistical Indicators are provided at the end of main chapters.

III. In Chapter 4, survey data part of the yearbook, Part of the data about agriculture in 2006 and 2007 are Convergence data to the Second Agricultural Census. If readers find differences to previous yearbooks, please take this yearbook as final.

IV. The units of measurement used in this yearbook are international standard measurement units except that unit of area is partly used mu or 10 000 mu.

V. In this yearbook, "#" indicates that the major items of total, "(blank)" indicates that the date not available.

VI. We are particularly grateful to vigorous assistances of various circles during edition. Due to our limited level and hasty time, faults and shortage are unavoidable. Any criticism or suggestion is appreciated in order to improve editing capability.

目　录
CONTENTS

一　综合

Comprehensive Statistics

二　人民生活

People's Livelihood

三　市场物价

Market Prices

四 农业农村

Agriculture and Rural Areas

五 农民工

migrant workes

六、规下企业

Enterprises below Designated Size

（一） 综 合

Comprehensive Statistics

1-1 行政区划（2017 年）
Divisions of Administrative Areas（2017）

单位：个

地 区	Region	乡 Townships	镇 Towns	街道办事处 Street Communities	居委会 Neighborhood Committees	村委会 Village Committees
全市总计	**Total**	**182**	**626**	**222**	**3055**	**8090**
万州区	Wanzhou District	12	29	11	196	439
黔江区	Qianjiang District	12	12	6	80	138
涪陵区	Fuling District	6	12	9	118	303
渝中区	Yuzhong District			11	77	
大渡口区	Dadukou District		3	5	60	32
江北区	Jiangbei District		3	9	91	17
沙坪坝区	Shapingba District		8	20	129	66
九龙坡区	Jiulongpo District		11	8	118	101
南岸区	Nan’an District		7	8	95	49
北碚区	Beibei District		11	6	73	109
渝北区	Yubei District		11	19	219	181
巴南区	Ba’nan District		14	8	102	198
长寿区	Changshou District		12	7	42	221
江津区	Jiangjin District		25	5	103	174
合川区	Hechuan District		23	7	95	322
永川区	Yongchuan District		16	7	55	206
南川区	Nanchuan District	2	29	3	60	184
綦江区	Qijiang District		25	5	121	359
綦江区（不含万盛）	Qijiang District (excluding Wansheng)		17	3	79	302
大足区	Dazu District		21	6	102	207
璧山区	Bishan District		9	6	52	135
铜梁区	Tongliang District		23	5	67	266
潼南区	Tongnan District		20	2	66	238
荣昌区	Rongchang District		15	6	75	92
开州区	Kaixian District	7	26	7	107	427
梁平区	Liangping District	2	29	2	75	268
武隆区	Wulong District	13	12	2	24	186
城口县	Chengkou County	13	10	2	31	173
丰都县	Fengdu County	5	23	2	59	271
垫江县	Dianjiang County	2	22	2	79	222
忠 县	Zhongxian County	6	19	4	67	301
云阳县	Yunyang County	7	31	4	98	380
奉节县	Fengjie County	11	18	3	76	314
巫山县	Wushan County	13	11	2	34	306
巫溪县	Wuxi County	11	19	2	41	289
石柱土家族自治县	Shizhu County	13	17	3	35	207
秀山土家族苗族自治县	Xiushan County	6	18	3	66	202
酉阳土家族苗族自治县	Youyang County	23	14	2	8	270
彭水苗族土家族自治县	Pengshui County	18	18	3	59	237

1-2 户籍人口与常住人口（1978-2017 年）

Household Registered Population and Resident Population（1978-2017）

单位：万人、%

年份 Year	户籍总人口 Household Registered Population	农业 Agriculture	非农业 Non-agriculture	常住人口 Resident Population	城镇 Urban	乡村 Rural	城镇化率 Rate of Urban Population
1978	2635.56	2304.66	330.90				
1980	2664.79	2291.51	373.28				
1985	2768.26	2310.89	457.37				
1987	2845.14	2370.06	475.08				
1988	2873.34	2390.36	482.98				
1989	2897.01	2405.25	491.76				
1990	2920.90	2427.92	492.98				
1991	2938.99	2439.61	499.38				
1992	2950.78	2438.94	511.84				
1993	2964.92	2438.27	526.65				
1994	2985.59	2440.41	545.18				
1995	3001.77	2442.33	559.44				
1996	3022.77	2445.65	577.12	2875.30	848.21	2027.09	29.5
1997	3042.92	2448.34	594.58	2873.36	890.74	1982.62	31.0
1998	3059.69	2445.66	614.03	2870.75	935.86	1934.89	32.6
1999	3072.34	2437.18	635.16	2860.37	981.11	1879.26	34.3
2000	3091.09	2430.20	660.89	2848.82	1013.88	1834.94	35.6
2001	3097.91	2408.39	689.52	2829.21	1058.12	1771.09	37.4
2002	3113.83	2392.38	721.45	2814.83	1123.12	1691.71	39.9
2003	3130.10	2376.18	753.92	2803.19	1174.55	1628.64	41.9
2004	3144.23	2358.40	785.83	2793.32	1215.42	1577.90	43.5
2005	3169.16	2351.88	817.28	2798.00	1265.95	1532.05	45.2
2006	3198.87	2353.44	845.43	2808.00	1311.29	1496.71	46.7
2007	3235.32	2358.35	876.97	2816.00	1361.35	1454.65	48.3
2008	3257.05	2349.67	907.38	2839.00	1419.09	1419.91	50.0
2009	3275.61	2326.92	948.69	2859.00	1474.92	1384.08	51.6
2010	3303.45	2196.45	1107.00	2884.62	1529.55	1355.07	53.0
2011	3329.81	2052.17	1277.64	2919.00	1605.96	1313.04	55.0
2012	3343.44	2026.19	1317.25	2945.00	1678.11	1266.89	57.0
2013	3358.42	2014.37	1344.05	2970.00	1732.76	1237.24	58.3
2014	3375.20	2003.08	1372.12	2991.40	1783.01	1208.39	59.6
2015	3371.84	1980.82	1391.02	3016.55	1838.41	1178.14	60.9
2016	3392.11	1776.60	1615.51	3048.43	1908.45	1139.98	62.6
2017	3389.82	1753.01	1636.81	3075.16	1970.68	1104.48	64.1

注：2016 年户籍人口取消农业与非农业划分，改用乡村与城镇进行划分。

Note: The agriculture and non-agriculture population of household registration in 2016 adopted the classification of urban and rural population

1-3 各区县户籍人口与常住人口（2017年）
Household Registered Population and Resident Population by Region of Chongqing（2017）

单位：万人、%

地 区	Region	户籍总人口 Household Registered Population	城镇人口 Urban Population	乡村人口 Rural Population	常住人口 Resident Population	城镇人口 Urban Population	乡村人口 Rural Population	城镇化率 Rate of Urban Population
全 市	Total	3389.82	1753.01	1636.81	3075.16	1970.68	1104.48	64.08
主城片区	Metropolitan Developed Economic Area	671.40	123.41	547.99	865.06	777.05	88.01	89.83
渝西片区	West Area of Chongqing	1247.19	663.54	583.65	1124.09	696.94	427.15	62.00
渝东北片区	Northeast Area of Chongqing	1097.87	711.63	386.24	813.58	387.19	426.39	47.59
渝东南片区	Southeast Area of Chongqing	373.36	254.43	118.93	272.43	109.50	162.93	40.19
万州区	Wanzhou District	174.14	101.56	72.58	163.58	107.07	56.51	65.45
黔江区	Qianjiang District	55.45	32.09	23.36	47.76	23.45	24.31	49.10
涪陵区	Fuling District	115.83	64.09	51.74	116.02	77.94	38.08	67.18
渝中区	Yuzhong District	50.77	0.00	50.77	65.90	65.90	0.00	100.00
大渡口区	Dadukou District	26.31	0.00	26.31	35.50	34.58	0.92	97.41
江北区	Jiangbei District	61.41	3.76	57.65	87.44	84.02	3.42	96.09
沙坪坝区	Shapingba District	83.17	9.97	73.20	115.08	109.42	5.66	95.08
九龙坡区	Jiulongpo District	93.05	15.06	77.99	121.51	113.00	8.51	93.00
南岸区	Nan’an District	71.32	5.85	65.47	89.10	84.98	4.12	95.37
北碚区	Beibei District	63.02	20.71	42.31	80.58	66.29	14.29	82.27
渝北区	Yubei District	130.47	35.37	95.10	163.23	133.08	30.15	81.53
巴南区	Ba’nan District	91.88	32.69	59.19	106.72	85.78	20.94	80.38
长寿区	Changshou District	89.49	50.53	38.96	83.75	53.94	29.81	64.40
江津区	Jiangjin District	149.66	78.12	71.54	137.40	91.47	45.93	66.57
合川区	Hechuan District	153.27	78.68	74.59	139.01	93.37	45.64	67.17
永川区	Yongchuan District	113.97	62.45	51.52	112.00	76.05	35.95	67.90
南川区	Nanchuan District	68.63	39.58	29.05	58.21	34.37	23.84	59.05
綦江区	Qijiang District	120.06	59.10	60.96	109.85	67.08	42.77	61.07
綦江区（不含万盛）	Qijiang District（excluding Wansheng）	93.35	50.68	42.67	82.55	44.95	37.60	54.45
大足区	Dazu District	106.79	56.13	50.66	78.74	45.03	33.71	57.19
璧山区	Bishan District	64.50	30.77	33.73	74.00	41.63	32.37	56.26
铜梁区	Tongliang District	84.97	45.48	39.49	72.54	39.75	32.79	54.80
潼南区	Tongnan District	95.06	55.59	39.47	71.57	37.39	34.18	52.24
荣昌区	Rongchang District	84.96	43.02	41.94	71.00	38.92	32.08	54.82
开州区	Kaizhou District	168.43	105.56	62.87	118.05	54.75	63.30	46.38
梁平区	Liangping District	92.92	55.45	37.47	65.33	29.20	36.13	44.69
武隆区	Wulong District	41.27	29.64	11.63	34.72	14.82	19.90	42.68
城口县	Chengkou County	25.11	18.25	6.86	18.43	6.42	12.01	34.86
丰都县	Fengdu County	82.37	57.80	24.57	57.86	26.00	31.86	44.94
垫江县	Dianjiang County	97.14	56.42	40.72	69.06	30.92	38.14	44.77
忠 县	Zhongxian County	99.73	67.36	32.37	72.45	31.31	41.14	43.21
云阳县	Yunyang County	134.15	88.51	45.64	92.67	39.20	53.47	42.30
奉节县	Fengjie County	105.93	77.95	27.98	72.79	30.83	41.96	42.36
巫山县	Wushan County	63.69	47.30	16.39	44.83	17.89	26.94	39.90
巫溪县	Wuxi County	54.26	35.47	18.79	38.53	13.60	24.93	35.30
石柱县	Shizhu County	54.78	38.53	16.25	37.91	16.10	21.81	42.46
秀山县	Xiushan County	66.58	46.58	20.00	48.05	19.34	28.71	40.25
酉阳县	Youyang County	85.26	57.91	27.35	54.91	18.46	36.45	33.62
彭水县	Pengshui County	70.02	49.68	20.34	49.08	17.33	31.75	35.31

1-4 从业人员及就业结构（1985-2017 年）
Number of Employed Persons and Its Composition（1985-2017）

单位：万人

年份 Year	从业人员总计 Total Employed Persons	按产业分 By Industry			按城乡分 By Urban and Rural Areas	
		第一产业 Primary Industry	第二产业 Secondary Industry	第三产业 Tertiary Industry	城镇 Urban Areas	乡村 Rural Areas
1985	1432.03	1042.22	223.37	166.44	269.37	1162.66
1986	1469.13	1048.32	241.66	179.15	275.35	1193.78
1987	1507.33	1064.06	258.93	184.34	282.39	1224.94
1988	1512.49	1056.49	262.83	193.17	288.70	1223.79
1989	1540.03	1082.41	263.81	193.81	291.29	1248.74
1990	1569.34	1103.04	263.86	202.44	296.92	1272.42
1991	1620.67	1130.47	275.72	214.48	307.87	1312.80
1992	1662.58	1118.59	277.77	266.22	313.51	1349.07
1993	1658.95	1088.70	287.88	282.37	310.05	1348.90
1994	1729.55	1062.90	301.13	365.52	326.75	1402.80
1995	1709.26	1018.30	310.88	380.08	347.06	1362.20
1996	1719.43	1001.89	320.31	397.23	463.98	1255.45
1997	1715.40	989.07	313.77	412.56	483.74	1231.66
1998	1710.97	979.48	303.18	428.31	505.22	1205.75
1999	1699.06	959.71	296.12	443.23	518.40	1180.66
2000	1661.16	920.92	290.23	450.01	528.97	1132.19
2001	1616.08	870.52	287.31	458.25	539.80	1076.28
2002	1551.77	801.04	285.09	465.64	549.17	1002.60
2003	1499.99	742.90	280.83	476.26	560.28	939.71
2004	1471.34	704.22	280.73	486.39	573.97	897.37
2005	1456.30	678.32	283.08	494.90	589.27	867.03
2006	1454.77	664.35	286.46	503.96	602.99	851.78
2007	1468.87	658.52	294.43	515.92	631.65	837.22
2008	1492.43	652.19	307.66	532.58	665.74	826.69
2009	1513.00	638.08	326.04	548.88	696.82	816.18
2010	1539.95	621.29	351.86	566.80	733.70	806.25
2011	1590.16	604.38	394.80	590.98	795.70	794.46
2012	1633.14	592.59	422.73	617.82	856.17	776.97
2013	1683.51	580.92	452.21	650.38	923.28	760.23
2014	1696.94	555.59	464.48	676.87	954.34	742.60
2015	1707.37	524.46	473.70	707.21	986.87	720.50
2016	1717.52	496.01	476.66	744.85	1021.76	695.76
2017	1714.55	474.88	461.68	777.99	1045.29	669.26

1-5 地区生产总值及构成（1978-2017 年）
Gross Domestic Product and Its Composition（1978-2017）

单位：亿元、%、元

年份 Year	本市生产总值 Gross Domestic Product	按产业分 By Industry			分产业比重 Proportion by Industry			本市人均生产总值 Per Capita GDP
		第一产业 Primary Industry	第二产业 Secondary Industry	第三产业 Tertiary Industry	第一产业 Primary Industry	第二产业 Secondary Industry	第三产业 Tertiary Industry	
1978	71.70	24.81	34.46	12.43	34.6	48.1	17.3	287
1979	80.98	28.79	38.21	13.98	35.6	47.2	17.2	321
1980	90.68	32.57	42.42	15.69	35.9	46.8	17.3	357
1981	97.20	36.32	43.69	17.19	37.4	44.9	17.7	379
1982	108.08	40.62	47.14	20.32	37.6	43.6	18.8	419
1983	120.01	45.44	50.56	24.01	37.9	42.1	20.0	461
1984	141.64	50.66	60.63	30.35	35.8	42.8	21.4	542
1985	164.32	53.73	73.49	37.10	32.7	44.7	22.6	624
1986	184.60	60.06	81.38	43.16	32.5	44.1	23.4	694
1987	206.73	62.69	90.77	53.27	30.3	43.9	25.8	766
1988	261.27	75.00	117.61	68.66	28.7	45.0	26.3	958
1989	303.75	81.99	135.84	85.92	27.0	44.7	28.3	1103
1990	327.75	100.40	135.62	91.73	30.6	41.4	28.0	1181
1991	374.18	109.49	154.00	110.69	29.3	41.2	29.5	1338
1992	461.32	117.28	194.40	149.64	25.4	42.1	32.5	1641
1993	608.53	141.99	272.17	194.37	23.3	44.7	32.0	2156
1994	833.60	196.19	376.75	260.66	23.5	45.2	31.3	2935
1995	1123.06	264.19	492.67	366.20	23.5	43.9	32.6	3931
1996	1315.12	287.56	568.99	458.57	21.9	43.3	34.8	4574
1997	1509.75	307.21	650.40	552.14	20.3	43.1	36.6	5253
1998	1602.38	300.89	675.64	625.85	18.8	42.2	39.0	5579
1999	1663.20	286.16	697.81	679.23	17.2	42.0	40.8	5804
2000	1791.00	284.87	760.03	746.10	15.9	42.4	41.7	6274
2001	1976.86	294.90	841.95	840.01	14.9	42.6	42.5	6963
2002	2232.86	317.87	958.87	956.12	14.2	42.9	42.9	7912
2003	2555.72	339.06	1135.31	1081.35	13.3	44.4	42.3	9098
2004	3048.03	428.05	1386.84	1233.14	14.0	45.5	40.5	10893
2005	3486.22	463.40	1577.66	1445.16	13.3	45.3	41.4	12470
2006	3929.67	386.38	1888.21	1655.08	9.8	48.1	42.1	14020
2007	4704.01	482.39	2202.40	2019.22	10.3	46.8	42.9	16728
2008	5829.86	575.40	2613.30	2641.16	9.9	44.8	45.3	20618
2009	6576.96	606.80	2973.33	2996.83	9.2	45.2	45.6	23085
2010	7983.77	685.38	3574.06	3724.33	8.6	44.8	46.6	27800
2011	10087.34	844.52	4518.89	4723.93	8.4	44.8	46.8	34762
2012	11504.01	940.01	5244.21	5319.79	8.2	45.6	46.2	39236
2013	12894.26	1002.68	5900.06	5991.52	7.8	45.8	46.4	43599
2014	14393.19	1061.03	6637.24	6694.92	7.4	46.1	46.5	48288
2015	15872.23	1150.15	7195.00	7527.08	7.2	45.3	47.5	52837
2016	17740.59	1303.24	7898.92	8538.43	7.3	44.5	48.2	58502
2017	19500.27	1339.62	8596.61	9564.04	6.9	44.1	49.0	63689

注：本表人均地区生产总值按常住人口计算。

Note：Per capita GDP in this table is calculated by resident population.

1-6 各区县生产总值及构成（2017 年）

Gross Domestic Product and Its Composition by Region of Chongqing（2017）

单位：亿元、%

区县	Region	地区生产总值指数（可比价）Indices of GDP (constant prices)	第一产业 Primary Industry	第二产业 Secondary Industry	#工业 Industry	第三产业 Tertiary Industry	人均地区生产总值指数 Indices of Per Capita GDP
全市	Total	109.3	104.0	109.5	109.4	109.9	108.3
万州区	Wanzhou District	108.5	104.5	109.6	108.5	108.3	107.5
黔江区	Qianjiang District	105.8	104.5	107.1	106.4	104.7	104.1
涪陵区	Fuling District	109.7	104.1	111.4	111.4	107.2	108.7
渝中区	Yuzhong District	105.1		101.0	101.6	105.2	104.4
大渡口区	Dadukou District	107.4	87.5	109.0	110.6	106.6	103.9
江北区	Jiangbei District	110.5	87.1	109.9	111.2	110.8	109.0
沙坪坝区	Shapingba District	107.1	92.2	110.5	111.1	104.9	106.1
九龙坡区	Jiulongpo District	107.5	93.4	110.6	110.8	105.3	106.3
南岸区	Nan' an District	107.0	89.7	106.2	106.5	108.1	105.0
北碚区	Beibei District	109.7	99.0	111.2	111.9	107.7	108.3
渝北区	Yubei District	107.0	98.7	102.8	103.0	113.3	104.3
巴南区	Ba' nan District	110.1	100.1	110.0	110.8	111.8	106.9
长寿区	Changshou District	109.0	103.9	111.4	111.8	106.6	108.1
江津区	Jiangjin District	109.9	104.0	111.1	111.0	109.6	108.2
合川区	Hechuan District	109.0	104.3	110.5	110.7	108.5	107.8
永川区	Yongchuan District	109.4	103.9	111.1	110.9	108.0	108.2
南川区	Nanchuan District	109.5	104.5	110.3	110.2	111.0	107.8
綦江区	Qijiang District	109.5	104.1	110.7	110.8	109.7	108.5
#綦江区（不含万盛）	Qijiang District (excluding Wansheng)	110.0	104.3	111.1	110.9	110.9	109.0
大足区	Dazu District	109.6	104.0	111.0	110.9	109.0	108.0
璧山区	Bishan District	110.1	103.7	111.1	111.0	108.2	108.9
铜梁区	Tongliang District	109.8	104.3	110.8	110.5	110.0	106.9
潼南区	Tongnan District	109.1	104.0	111.1	110.6	108.5	106.6
荣昌区	Rongchang District	109.2	103.6	110.4	110.5	108.9	108.5
开州区	Kaizhou District	107.9	104.3	109.5	107.7	107.2	107.4
梁平区	Liangping District	108.9	104.8	109.9	109.4	109.0	109.7
武隆区	Wulong District	107.7	105.0	109.9	110.6	106.5	107.6
城口县	Chengkou County	105.0	104.1	109.6	106.7	100.0	105.6
丰都县	Fengdu County	109.3	104.6	110.4	109.0	110.3	110.9
垫江县	Dianjiang County	108.5	105.0	109.3	108.6	108.9	107.4
忠县	Zhongxian County	112.0	104.4	117.6	121.1	108.3	110.7
云阳县	Yunyang County	108.9	104.4	110.9	110.5	109.0	107.1
奉节县	Fengjie County	110.8	104.9	113.3	119.4	111.4	112.8
巫山县	Wushan County	110.0	104.8	110.5	108.1	111.8	111.7
巫溪县	Wuxi County	102.4	105.1	101.5	80.5	102.0	103.2
石柱县	Shizhu County	109.0	104.9	110.3	110.8	108.9	110.0
秀山县	Xiushan County	107.2	105.0	107.3	106.7	107.9	108.4
酉阳县	Youyang County	106.0	104.7	106.5	105.2	106.1	106.7
彭水县	Pengshui County	106.0	104.6	105.4	102.4	107.3	107.7

1-7 财政收入及支出（1994-2017 年）
Government Revenue and Expenditure（1994-2017）

单位：万元 (10000 yuan)

年份 Year	财政收入 Government Revenue	# 地方财政一般预算收入 General Budgetary Revenue of Local Government	基金预算收入 Budgetary Revenue from Funds	# 中央两税（四税）收入 Revenue from the 2（4）Taxes of Central Government	# 地方财政一般预算支出 General Budgetary Expenditure of Local Government	基金预算支出 Budgetary Expenditure for Funds
1994	716172	366325		349847	560818	
1995	837748	460052		377696	662235	
1996	942682	549412		393270	794216	
1997	1180555	593060	152236	435259	1010110	141517
1998	1338867	711287	146759	480821	1257608	101866
1999	1402935	767341	131571	504023	1502365	121320
2000	1632353	872442	172128	587783	1876433	148173
2001	1961761	1061243	202847	697671	2375486	180044
2002	2694610	1260674	317977	991425	3058591	392083
2003	3412781	1615618	453697	1205457	3415775	497789
2004	4629591	2006241	1018198	1435206	3957233	893988
2005	5811921	2568072	1381552	1656599	4873543	1379973
2006	7421702	3177165	2117414	1944772	5942543	2259393
2007	10572948	4427000	3458604	2491920	7683886	3339659
2008	12901828	5775738	3857654	3023634	10160112	4325469
2009	15353975	6818189	4838943	3403122	13180913	4879759
2010	29751187	10182938	9722944	4687841	17691065	9776826
2011	35236522	14883336	14205767	5607771	25702404	13896341

1-7 财政收入及支出（1994-2017 年）
Government Revenue and Expenditure（1994-2017）

续表（continued） 单位：万元（10000 yuan）

年 份 Year	财政收入 Government Revenue	# 地方公共财政预算收入 Public Budgetary Revenue of Local Government	政府性基金预算收入 Budgetary Revenue from Governmental Funds	国有资本经营预算收入 State-owned Capital Operational Budgetary Revenue	# 中央两税（四税）收入 Revenue from the 2（4）Taxes of Central Government	# 地方公共财政预算支出 Public Budgetary Expenditure of Local Government	政府性基金预算支出 Budgetary Expenditure from Governmental Funds	国有资本经营预算支出 State-owned Capital Operational Budgetary Expenditure
2012	37268412	14658509	14808929	1911999	5888975	27177878	15114916	1131344
2013	41055563	16932438	16698044	659489	6765592	30622848	17353191	646773

注：财政收入 2002 年前为地方财政收入与中央两税（增值税和消费税）之和，2002 年起为地方财政收入、中央四税收入和其他中央收入之和。其中其他中央收入不含关税，自 2003 年起包含车辆购置税（以下各表同）。2012 年同期数已按公共财政预算口径作相应调整。

Note: Government revenue before 2002 is the sum of revenue of local government and revenue from the 2 taxes of Central Government (value-added tax and consumption tax), whereas it has been the sum of revenue of local government, revenue from the 4 taxes of Central Government and other revenue of Central Government since 2002. Other revenue of Central Government does not include tariff, while vehicle purchasing tax has been included since 2003 (the same applies to the following tables). The data of 2012 has been adjusted in accordance with the statistic scope of public financial budget.

年 份 Year	# 地方一般公共预算收入 General Public Budgetary Revenue of Local Government	基金预算收入 Budgetary Revenue from Funds	国有资本经营预算收入 State-owned Capital Operational Budgetary Revenue	# 中央四税收入 Revenue from the 4 Taxes of Central Government	# 地方一般公共预算支出 General Public Budgetary Expenditure of Local Government	政府性基金预算支出 Budgetary Expenditure from Governmental Funds	国有资本经营预算支出 State-owned Capital Operational Budgetary Expenditure
2013	16868717	16726787	659489	6765586	30589372	17353191	646772
2014	19220159	18412843	680138	7767125	33043884	18600130	663118
2015	21548276	16642130	905730	8759172	37919973	17531573	748848

年 份 Year	# 地方一般公共预算收入 General Public Budgetary Revenue of Local Government	基金预算收入 Budgetary Revenue from Funds	国有资本经营预算收入 State-owned Capital Operational Budgetary Revenue	# 地方一般公共预算支出 General Public Budgetary Expenditure of Local Government	政府性基金预算支出 Budgetary Expenditure from Governmental Funds	国有资本经营预算支出 State-owned Capital Operational Budgetary Expenditure
2015	20806250	16443229	905730	38138156	17313390	748848
2016	22279117	14973130	904940	40018090	17381158	727387
2017	22523788	22511136	1267342	43362800	21822878	988242

注：2017 年起按营改增试点后新的收入划分办法及新增建设用地土地有偿使用收入等基金列转公共预算，与往年不可比。

Note:Due to the change of replacing business tax with VAT under the new revenue division system, and the funds like the revenue from paid use of newly-added construction land have included in public budget since 2017, the data are incomparable with the previous year.

1-8 金融机构（含外资）存贷款年末余额（1980-2017 年）
Year-end Deposit and Loan Balances of Financial Institutions（Including Foreign-funded）（1980-2017）

单位：亿元　　(100 million yuan)

年份 Year	本外币存款余额 Total Deposit Balance of RMB and Foreign Currencies	人民币存款余额 Total Deposit Balance of RMB	# 企业存款 Enterprise Deposit	# 储蓄存款 Urban and Rural Saving Deposit	本外币贷款余额 Total Loan Balance of RMB and Foreign Currencies	人民币贷款余额 Total Loan Balance of RMB	短期贷款 Short-term Loans	中长期贷款 Medium & Long-term Loans
1980		29.15	11.32	6.22		42.19	40.96	1.23
1981		33.98	11.86	8.35		50.29	47.69	2.21
1982		38.66	12.44	10.56		55.30	51.50	3.05
1983		45.22	15.29	13.34		63.25	58.14	4.32
1984		70.86	25.40	18.39		84.53	70.42	11.76
1985		62.38	22.87	25.41		101.56	84.85	14.89
1986		84.57	27.94	34.79		131.70	110.61	18.86
1987		110.37	31.84	44.46		163.63	125.85	22.99
1988		123.47	38.22	50.50		183.32	141.01	25.90
1989		146.71	39.27	68.17		214.41	167.66	29.65
1990		198.00	48.51	92.17		268.40	205.63	38.30
1991		253.57	63.76	121.95		336.85	249.51	58.82
1992		315.70	83.75	154.45		408.64	294.63	78.75
1993		386.86	89.57	198.05		495.71	357.59	98.88
1994		518.27	143.26	285.40		596.96	409.16	136.46
1995		676.70	193.38	401.45		755.39	501.66	185.89
1996	885.91	846.43	266.42	500.71	968.71	913.93	601.10	219.05
1997	1147.92	1098.67	429.42	580.67	1224.01	1156.13	873.14	248.06
1998	1359.52	1306.04	483.80	724.54	1443.65	1358.61	978.51	299.59
1999	1638.21	1580.80	544.00	909.10	1693.64	1611.68	1093.09	398.22
2000	1982.21	1904.71	645.54	1085.36	1966.40	1881.29	1246.81	470.70
2001	2377.99	2294.05	750.81	1317.17	1969.97	1871.98	1043.84	631.26
2002	2903.42	2821.04	909.43	1595.01	2338.17	2244.72	1191.70	754.57
2003	3512.82	3438.61	1098.15	1896.56	2976.67	2774.81	1378.85	1010.69
2004	4105.09	4039.61	1230.85	2189.73	3309.13	3246.28	1362.75	1346.91
2005	4784.76	4727.72	1337.05	2545.85	3779.28	3719.52	1471.86	1810.83
2006	5587.50	5519.75	1551.98	2949.05	4443.84	4388.28	1510.73	2392.26
2007	6662.36	6576.68	1997.71	3228.15	5197.08	5131.69	1597.12	3220.70
2008	8102.00	8021.95	2377.48	3988.96	6384.03	6320.81	1617.52	4093.50
2009	11084.82	10933.00	3770.43	4908.68	8856.56	8766.06	1499.85	6563.63
2010	13613.97	13454.98	4666.88	5839.66	10999.87	10888.15	1686.11	8705.32
2011	16128.87	15832.81	8254.56	6990.25	13195.16	13001.39	2529.81	9968.14
2012	19423.90	18934.83	9851.06	8361.64	15594.18	15131.22	3626.89	10919.76
2013	22789.17	22202.10	11697.54	9622.31	18005.69	17381.55	4613.86	12105.13
2014	25160.11	24501.54	12788.24	10774.12	20630.69	20011.50	5404.51	13615.01

注：2011 年起“企业存款”更名为“单位存款”。

Note: The index of “enterprise deposit” is replaced by “corporate deposit” since 2011.

年份 Year	本外币存款余额 Total Deposit Balance of RMB and Foreign Currencies	人民币存款余额 Total Deposit Balance of RMB	# 住户存款 Deposits of Households	政府存款 Deposits of Governments	本外币贷款余额 Total Loan Balance of RMB and Foreign Currencies	人民币贷款余额 Total Loan Balance of RMB	短期贷款 Short-term Loans	中长期贷款 Medium & Long-term Loans
2015	28778.80	28094.37	12207.28	4235.04	22955.21	22393.93	5539.43	15394.18
2016	32160.09	31216.45	13399.44	4743.21	25524.17	24785.19	5383.08	17657.00
2017	34853.53	33718.98	14367.38	5994.81	28417.46	27871.89	5517.30	20764.52

主要指标解释

行政区划 指国家对行政区域的划分。根据宪法规定，我国的行政区划分如下：（1）全国分为省、自治区、直辖市；（2）省、自治区分为自治州、县、自治县、市；（3）自治州分为县、自治县、市；（4）县、自治县分为乡、民族乡、镇；（5）直辖市和较大的市分为区、县；（6）国家在必要时设立的特别行政区。

国内（地区）生产总值（GDP） 是按市场价格计算的一个国家（或地区）所有常住单位在一定时期内生产活动的最终成果。国内（地区）生产总值有三种表现形态，即价值形态、收入形态和产品形态。从价值形态看，它是所有常住单位在一定时期内所生产的全部货物和服务价值超过同期中间投入的全部非固定资产货物和服务价值的差额，即所有常住单位的增加值之和；从收入形态看，它是所有常住单位在一定时期内所创造并分配给常住单位和非常住单位的初次分配收入之和；从产品形态看，它是所有常住单位在一定时期内最终使用的货物和服务价值与货物和服务净出口价值之和。在实际核算中，国内（地区）生产总值的三种表现形态表现为三种计算方法，即生产法、收入法和支出法。三种方法分别从不同的方面反映国内（地区）生产总值及其构成。

三次产业 三产业的划分是世界上较为常用的产业结构分类，但各国的划分不尽一致。我国的三次产业划分是：

第一产业是指农业、林业、畜牧业、渔业和农林牧渔服务业。

第二产业是指采矿业，制造业，电力、煤气及水的生产和供应业，建筑业。

第三产业是指除第一、二产业以外的其他行业。

（二）人民生活

People's Livelihood

2-1 居民人均收入与消费（1978-2017 年）
Per Capita residents Income and Expenditure （1978-2017）

年份 Year	全体居民 Total residents		城镇常住居民 Permanent Urban Residents		农村常住居民 Permanent Rural Residents	
	人均可支配收入（元） Per Capita Annual Disposable Income (yuan)	人均消费支出（元） Per Capita Annual Living Expenditure (yuan)	人均可支配收入（元） Per Capita Annual Disposable Income (yuan)	人均消费支出（元） Per Capita Annual Living Expenditure (yuan)	人均可支配收入（元） Per Capita Annual Disposable Income (yuan)	人均消费支出（元） Per Capita Annual Living Expenditure (yuan)
1978					126	117
1979			355	324	150	139
1980			412	452	163	149
1981			481	445	229	207
1982			505	471	237	214
1983			536	493	278	234
1984			616	552	311	245
1985			762	771	325	276
1986			984	894	359	312
1987			1109	1013	386	346
1988			1278	1278	458	427
1989			1449	1323	510	463
1990			1691	1508	587	519
1991			1892	1690	629	558
1992			2195	1853	677	574
1993			2781	2320	748	695
1994			3634	3000	1018	879
1995			4375	3932	1270	1098
1996			5023	4467	1479	1328
1997			5302	4920	1692	1390
1998			5431	4943	1804	1436
1999			5818	5345	1841	1426
2000			6152	5424	1900	1452
2001			6544	5658	1982	1556
2002			7000	6267	2112	1601
2003			7773	6991	2233	1716
2004			8793	7806	2536	2041
2005	5942	5117	9700	8417	2842	2394
2006	6632	5603	10878	9146	2911	2498
2007	7520	6138	11758	9596	3560	2906
2008	8756	7074	13321	10781	4193	3368
2009	9688	7843	14502	11710	4557	3722
2010	10984	8810	16032	12818	5378	4359
2011	13037	10263	18517	14394	6605	5414
2012	14924	11468	21003	15931	7526	6035
2013	16569	12600	23058	17124	8493	6971
2014	18352	13811	25147	18279	9490	7983
2015	20110	15140	27239	19742	10505	8938
2016	22034	16385	29610	21031	11549	9954
2017	24153	17898	32193	22759	12638	10936

注：改革开放以来，城乡住户调查经历了多次变革，现根据国家统计局住户办统一制定的方法对 1998 年以后的城乡住户调查数据按现行口径进行了技术性处理，从而导致本表中所列部分数据与历史数据存在一定差别。

Note: Since 1978,the methodology on the Integrated Urban and Rural Household Survey on Income and Expenditures and Living Conditions has been changed several times.The data on the living conditions of urban and rural residents after 1998 have been adjusted according to the NBS' s latest rules,so partial data in this table are different from the histories data.

2-2 全体居民家庭基本情况（2016-2017 年）
Basic Conditions of All the Households（2016-2017）

单位：人/户、% person/household, %

指 标	Item	2016 年	2017 年
一、期末户均调查人口	Surveyed population per Household at the end of period	3.40	3.39
二、期内常住成员情况	Status of Permanent Resident during the period		
（一）户均常住人口	Resident Population per Household	3.09	3.07
# 在校学生人数	Numbers of current students	0.57	0.58
（二）性别	Gender	100.0	100.0
1.男性	Male	49.0	49.0
2.女性	Female	51.0	51.0
（三）户口状况	Proportion of Household Registration	100.0	100.0
1.农业	Agriculture	50.4	50.3
2.非农业	Non-agriculture	49.3	49.4
3.其他	Other	0.3	0.3
（四）6 岁及以上常住成员受教育程度	Educational Status of Permanent Resident（6-year-old and above）	100.0	100.0
1.未上过学	Illiteracy	3.0	2.7
2.小学	Primary School	29.5	29.1
3.初中	Junior Secondary School	35.5	35.1
4.高中	Senior Secondary School	18.0	18.5
5.大学专科	Junior College	8.6	8.8
6.大学本科	Undergraduate	5.2	5.5
7.研究生	Postgraduate	0.2	0.3
三、常住从业人员情况	Status of Employees from Resident Population		
（一）户均常住从业人数	Numbers of Employment per Household from Resident Population	1.76	1.76
（二）就业状况	Employment Status	100.0	100.0
1.雇主	Employer	1.1	1.1
2.公职人员	Civil Servant	2.2	2.1
3.事业单位人员	Public Institution Employee	5.0	4.6
4.国有企业雇员	State-enterprise Employee	3.3	3.0
5.其他雇员	Other-type Employee	48.2	49.7
6.农业自营	Agricultural Self-operation	30.5	29.9
7.非农自营	Non-agricultural Self-operation	9.7	9.6
（三）主要从事行业	Proportion Of Employment By Industy	100.0	100.0
1.第一产业	Primary Industry	33.2	32.6
2.第二产业	Secondary Industry	19.4	19.6
3.第三产业	Tertiary Industry	47.3	47.8

2-3 全体居民家庭现住房情况（2016-2017 年）
Housing Conditions of All the Households（2016-2017）

单位：平方米、% m², %

指 标	Item	2016 年	2017 年
一、人均住房建筑面积	Per Capita Floor Space of Housing	42.28	43.31
二、按居住空间样式分的户数比重	Proportion of Houshold by Type of Residence	100.0	100.0
（一）单栋楼房	Detached House	40.2	40.3
（二）单栋平房	Detached Bungalows	11.6	11.4
（三）单元房	Apartment	45.7	45.9
（四）筒子楼或连片平房	Tube-shaped Apartment or Terraced House	1.4	1.2
（五）其他	Other	1.1	1.1
三、按主要建筑材料分的户数比重	Proportion of Houshold by Main Structure Material	100.0	100.0
（一）钢筋混凝土	Ferroconcrete	35.2	34.9
（二）砖混材料	Brick and Concrete	49.5	50.6
（三）砖瓦砖木	Brick-tile and Brick-timber	12.5	12.2
（四）竹草土坯	Bamboo, Grass and Adobe	1.7	1.3
（五）其他	Other	1.1	0.9
四、按房屋来源分的户数比重	Proportion of Houshold by source of housing	100.0	100.0
（一）租赁住房	Rental Housing	4.1	3.8
（二）自建住房	Self-build Housing	52.3	52.2
（三）购买商品房	Purchase of Commercial Housing	31.5	32.4
（四）购买房改住房	Purchase of Reform policy Housing	3.1	3.2
（五）购买保障性住房	Purchase of Indemnificatory Housing	2.1	2.0
（六）拆迁安置房	Resettlement housing	5.6	5.2
（七）继承或获赠住房	Housing of inheriting or presenting	0.4	0.4
（八）其他	Other	0.9	0.8

2-4 全体居民年末主要耐用消费品拥有量（2016–2017 年）
Main Durable Goods Owned All the Households（2016–2017）

单位:平均每百户 per hundred households

指　标	Item	单 位	unit	2016 年	2017 年
家用汽车	Automobiles	辆	vehicle	19.62	21.27
摩托车	Motorcycles	辆	vehicle	26.00	25.53
助力车	Mopeds	辆	vehicle	8.60	8.72
洗衣机	Washing Machines	台	unit	89.01	90.46
电冰箱（柜）	Refrigerators	台	unit	98.08	99.12
微波炉	Microwave Ovens	台	unit	44.45	44.97
彩色电视机	Color TV Sets	台	unit	122.57	122.85
空调	Air Conditioners	台	unit	123.02	127.48
热水器	Water Heaters	台	unit	79.16	80.17
消毒碗柜	Tableware Sterilizers	台	unit	6.00	
洗碗机	Dishwashers	台	unit	1.37	1.31
排油烟机	Exhaust Fan	台	unit	39.86	39.86
固定电话	Telephones	部	unit	42.11	39.53
移动电话	Mobilephones	部	unit	245.85	250.43
计算机	Computers	台	unit	52.68	51.68
照相机	Cameras	台	unit	16.85	16.35
组合音响	Stereo Component System	套	set	5.09	

2-5 全体居民人均总收入和现金收入情况（2016–2017 年）
Income and Expenditure of All the Households（2016–2017）

单位：元/人、%　　　　yuan/person, %

指　标	Item	2016 年		2017 年	
		绝对数	构成	绝对数	构成
总收入	Total Income	26512	100.0	29067	100.0
一、工资性收入	Wage and Salary Income	11558	43.6	12604	43.4
二、经营性收入	Operating Income	6905	26.0	7494	25.8
（一）第一产业	Primary Industry	2638	10.0	2730	9.4
（二）第二产业	Secondary Industry	342	1.3	457	1.6
（三）第三产业	Tertiary Industry	3924	14.8	4307	14.8
三、财产性收入	Property Income	1494	5.6	1628	5.6
四、转移性收入	Transfer Income	6556	24.7	7341	25.3
# 现金收入	Cash Income	24523	100.0	26952	100.0
一、现金工资性收入	Wage and Salary Income in Cash	11503	46.9	12537	46.5
二、现金经营性收入	Operating Income in Cash	6013	24.5	6554	24.3
（一）第一产业	Primary Industry	1746	7.1	1790	6.6
（二）第二产业	Secondary Industry	342	1.4	457	1.7
（三）第三产业	Tertiary Industry	3924	16.0	4307	16.0
三、现金财产性收入	Property Income in Cash	685	2.8	780	2.9
四、现金转移性收入	Transfer Income in Cash	6321	25.8	7081	26.3

2-6 全体居民人均总支出情况（2016–2017 年）
Per Capita Expenditure of All the households（2016–2017）

单位：元/人、%　　yuan/person, %

指　标	Item	2016 年		2017 年	
		绝对数	构成	绝对数	构成
总支出	Total Expenditure	25342	100.0	27183	100.0
一、消费支出	Consumption Expenditure	16385	64.7	17898	65.8
食品烟酒	Food, Tobacco and Alcohol	5612	22.1	5943	21.9
衣　着	Clothing	1374	5.4	1395	5.1
居　住	Residence	2903	11.5	3141	11.6
生活用品及服务	Household Facilities, Articles and Services	1146	4.5	1245	4.6
交通通信	Transportation, Post and Communications Services	1942	7.7	2310	8.5
教育文化娱乐	Educational, Cultural and Recreational Services	1746	6.9	1993	7.3
医疗保健	Health Care and Medical Services	1344	5.3	1472	5.4
其他用品及服务	Miscellaneous Goods and Services	319	1.3	398	1.5
二、生产经营费用支出	Production and Opreating Expenditure	2946	11.6	3199	11.8
第一产业	Primary Industry	992	3.9	973	3.6
第二产业	Secondary Industry	109	0.4	176	0.6
第三产业	Tertiary Industry	1845	7.3	2050	7.5
三、财产性支出	Property Expenditure	80	0.3	103	0.4
四、转移性支出	Transfer Expenditure	1177	4.7	1334	4.9
五、部分商业保险支出	A portion of Commercial Insurance Expenditure	62	0.2	70	0.3
六、购置资产及非经常性转移支出	Assets Purchasing and Non–recurring Transfer Expenditure	3065	12.1	3108	11.4
七、借贷性支出	Debit–Credit Expenditure	1627	6.4	1471	5.4

2-7 全体居民人均可支配收入和消费支出情况（2010-2017 年）
Per Capita Income and Expenditure of All the Households（2010-2017 年）

单位：元/人、%

指　　标	Item	2010 年	2011 年	2012 年	2013 年	2014 年	2015 年	2016 年	2017 年
一、可支配收入	Disposable Income	10984	13037	14924	16569	18352	20110	22034	24153
（一）工资性收入	Wage and Salary Income	6283	7036	7925	8819	9889	10674	11558	12604
（二）经营净收入	Net Operating Income	1795	2250	2558	2749	2981	3315	3684	4017
（三）财产净收入	Net Property Income	524	746	932	1193	1256	1367	1414	1526
（四）转移净收入	Net Transfer Income	2382	3006	3509	3808	4226	4754	5378	6007
二、消费支出	Consumption Expenditure	8810	10263	11468	12600	13811	15140	16385	17898
（一）食品烟酒	Food, Tobacco and Alcohol	3108	3717	4270	4511	4972	5325	5612	5943
（二）衣着	Clothing	836	1055	1177	1213	1276	1335	1374	1395
（三）居住	Residence	1810	1880	1978	2452	2554	2743	2903	3141
（四）生活用品及服务	Household Facilities, Articles and Services	633	698	797	878	979	1064	1146	1245
（五）交通通信	Transportation, Post and Communication Services	773	1009	1154	1214	1476	1746	1942	2310
（六）教育文化娱乐	Educational, Cultural and Recreational Services	866	1006	1075	1239	1319	1513	1746	1993
（七）医疗保健	Health Care and Medical Services	598	677	759	838	966	1118	1344	1472
（八）其他用品和服务	Miscellaneous Goods and Services	186	222	258	255	268	294	319	398

2-8 全体居民人均经营净收入情况（2016-2017 年）
Per Capita Net Income from Household Operations of All the Households（2016-2017）

单位：元/人、% yuan/person, %

指　标	Item	2016 年		2017 年	
		绝对数	构成	绝对数	构成
经营净收入	Net Operating Income	3684	100.0	4017	100.0
一、第一产业经营净收入	Net Operating Income of Primary Industry	1576	42.8	1681	41.9
（一）农业	Farming	1014	27.5	1120	27.9
（二）林业	Forestry	49	1.3	49	1.2
（三）牧业	Animal Husbandry	482	13.1	483	12.0
（四）渔业	Fishery	32	0.9	29	0.7
二、第二产业经营净收入	Net Operating Income of Secondary Industry	214	5.8	259	6.4
（一）采矿业	Mining Industry	10	0.3	9	0.2
（二）制造业	Manufacturing Industry	130	3.5	166	4.1
（三）电力、热力、燃气及水生产和供应业	Production and Supply of Electricity, Heat, Gas and Water	5	0.1	4	0.1
（四）建筑业	Construction Industry	69	1.9	81	2.0
三、第三产业经营净收入	Net Operating Income of Tertiary Industry	1894	51.4	2077	51.7
（一）批发和零售业	Wholesale and Retail Industry	1216	33.0	1377	34.3
（二）交通运输、仓储和邮政业	Transportation, Warehousing and Postal Industy	185	5.0	187	4.7
（三）住宿和餐饮业	Lodging and Catering Industry	138	3.7	188	4.7
（四）房地产业	Real Estate	15	0.4	0	0.0
（五）租赁和商务服务业	Leasing and Commercial Service Industry	20	0.5	13	0.3
（六）居民服务、修理和其他服务业	Residential Services, Repair and Other Services	279	7.6	252	6.3
（七）其他	Other	47	1.3	54	1.3
（八）农林牧渔服务业	Farming, Forestry, Animal Husbandry and Fishery Services	-6	-0.2	5	0.1

2-9 全体居民人均财产净收入情况（2015–2016 年）
Per Capita Net Income from Properties of All the Households（2015–2016）

单位：元/人、%　　　　yuan/person, %

指　标	Item	2016 年		2017 年	
		绝对数	构成	绝对数	构成
财产净收入	**Net Property Income**	**1414**	**100.0**	**1526**	**100.0**
一、利息净收入	Net Interest Income	105	7.4	116	7.6
二、红利收入	Net Dividend Income	125	8.8	149	9.8
（一）集体分配的红利	Dividend of Allocation from Collective	13	0.9	32	2.1
（二）其他红利收入	Other Dividend Income	111	7.9	117	7.6
三、蓄性保险净收益	Net Income of Endowment Insurance	2	0.1	7	0.4
四、转让承包土地经营权租金净收入	Net Rental Income of Land Conveyance and Contract	34	2.4	37	2.4
五、出租房屋财产性收入	Property Incomeof House Renting	304	21.5	347	22.7
六、出租机械、专利、版权等资产的收入	Rental Income of Equipment, Patent and Copyright	17	1.2	11	0.7
七、其他财产净收入	Other Property Income	18	1.3	11	0.7
八、房屋虚拟租金	Potential Rent of House	809	57.2	848	55.6

2-10 全体居民人均转移净收入情况（2016-2017 年）
Per Capita Net Income from Transfers Of All the households（2016-2017）

单位：元/人、% yuan/person,%

指 标	Item	2016 年		2017 年	
		绝对数	构成	绝对数	构成
转移净收入	**Net Transfer Income**	**5378**		**6007**	
一、转移性收入	Transfer Income	6556	100.0	7341	100.0
（一）养老金或离退休金	Old-age Pension and Retirement Pension	4582	69.9	5196	70.8
1.离退休金	Retirement Pensions	3924	59.9	4445	60.6
2.居民社会养老保险	Social Pensions	356	5.4	405	5.5
3.新型农村养老保险	New-rural Pensions	102	1.6	108	1.5
4.其他养老金	Other Pensions	200	3.1	237	3.2
（二）社会救济和补助	Social almsgiving and Subsidies	84	1.3	107	1.5
1.最低生活保障费	Basic Living Allowances	28	0.4	37	0.5
2.五保户救助金	Alms for Household of Five Guarantees	4	0.1	5	0.1
3.扶贫款	Poverty Relief Funds	6	0.1	10	0.1
4.救灾款	Disaster Relief Funds	0	0.0	0	0.0
5.抚恤金	Disabled and Deceased Pensions	27	0.4	33	0.5
6.其他社会救济收入	Other Social Almsgiving Income	18	0.3	21	0.3
（三）政策性生活补贴	Govermental living allowances	50	0.8	45	0.6
（四）报销医疗费	Medical Subsidies	216	3.3	235	3.2
（五）家庭外出从业人员寄回带回收入	Transfer Income from Employee Worked Outside of Chongqing to Family	1042	15.9	1101	15.0
（六）赡养收入	Financial Supports from Children	366	5.6	408	5.6
（七）其他经常转移收入	Other Transfer Income	153	2.3	167	2.3
（八）从政府和组织得到的实物产品和服务折价	Discounts on Goods and Services Received from Government and Organizations	18	0.3	25	0.3
（九）现金政策性惠农补贴	Policy-related Cash Subsidies for Agriculture	45	0.7	56	0.8
二、转移性支出	Transfer Expenditure	1177	100.0	1334	100.0
（一）个人所得税	Personal Income Tax	28	2.4	35	2.6
（二）社会保障支出	Social Security Expenditure	961	81.6	1137	85.2
1.个人缴纳的养老保险	Individual Payment of Endowment Insurance	662	56.3	767	57.5
2.个人缴纳的医疗保险	Individual Payment of Health Insurance	249	21.1	318	23.8
3.个人缴纳的失业保险	Individual Payment of Unemployment Insurance	34	2.9	33	2.4
4.其他社会保障支出	Other Social Security Expenditure	15	1.3	19	1.4
（三）外来从业人员寄给家人的支出	Transfer Expenditure from Employee Worked Outside of Chongqing to Family	0	0.0	0	0.0
（四）赡养支出	Financial Supports to Parents	96	8.1	91	6.9
（五）其他转移性支出	Other Transfer Expenditure	92	7.8	71	5.3

2-11 全体居民人均现金可支配收入和现金消费支出情况（2016-2017 年）
Per Capita Cash Disposable Income and Cash Consumption Expenditure of All the Households（2016-2017）

单位：元/人、%　　　　yuan/person,%

指　标	Item	2016 年		2017 年	
		绝对数	构成	绝对数	构成
一、现金可支配收入	Disposable Income in Cash	20518	100.0	22508	100.0
（一）现金工资性收入	Wage and Salary Income in Cash	11503	56.1	12537	55.7
（二）现金经营净收入	Net Operation Income in Cash	3266	15.9	3547	15.8
1.第一产业	Primary Industry	953	4.6	1009	4.5
2.第二产业	Secondary Industry	233	1.1	280	1.2
3.第三产业	Tertiary Industry	2079	10.1	2257	10.0
（三）现金财产净收入	Net Property Income in Cash	605	2.9	677	3.0
（四）现金转移净收入	Net Transfer Income in Cash	5144	25.1	5747	25.5
二、现金消费支出	Consumption Expenditure in Cash	13718	100.0	15068	100.0
（一）食品烟酒	Food, Tobacco and Alcohol	5086	37.1	5380	35.7
1.食品	Food	3699	27.0	3926	26.1
2.烟酒	Tobacco and Alcohol	513	3.7	551	3.7
3.饮料	Beverage	72	0.5	75	0.5
4.饮食服务	Catering Services	802	5.8	828	5.5
（二）衣着	Clothing	1373	10.0	1394	9.3
1.衣类	Clothes	1063	7.8	1096	7.3
2.鞋类	Footware	310	2.3	298	2.0
（三）居住	Residence	996	7.3	1138	7.6
1.租赁房房租	Rent of Residence	102	0.7	109	0.7
2.住房维修及管理	Repairments and Management of Residence	268	2.0	349	2.3
3.水电燃料及其他	Water, Electricity, Fuel and Other	625	4.6	680	4.5
（四）生活用品及服务	Household Facilities, Articles and Services	1137	8.3	1228	8.2
1.家具及室内装饰品	Furniture and Decoration	174	1.3	184	1.2
2.家用器具	Household Utensils	308	2.2	331	2.2
3.家用纺织品	Household Textile	109	0.8	115	0.8
4.家庭日用杂品	Household Daily Groceries	346	2.5	360	2.4
5.个人用品	Personal Product	151	1.1	185	1.2
6.家庭服务	Household Services	50	0.4	53	0.4
（五）交通通信	Transportation, Post and Communication Services	1939	14.1	2308	15.3
1.交通	Transportation Services	1259	9.2	1594	10.6
2.通信	Communication Services	680	5.0	714	4.7
（六）教育文化娱乐	Educational, Cultural and Recreational Services	1745	12.7	1993	13.2
1.教育	Educational Services	1065	7.8	1225	8.1
2.文化娱乐	Cultural and Recreational Services	681	5.0	768	5.1
（七）医疗保健	Health Care and Medical Services	1128	8.2	1236	8.2
1.医疗器具及药品	Medical Devices and medicine	499	3.6	564	3.7
2.医疗服务	Medical Services	629	4.6	672	4.5
（八）其他用品和服务	Miscellaneous Goods and Services	313	2.3	390	2.6
1.其他用品	Miscellaneous Goods	178	1.3	214	1.4
2.其他服务	Miscellaneous Services	135	1.0	176	1.2

2–12 全体居民人均消费支出细项情况（2016–2017 年）
Per Capita Consumption Expenditure of All the Households（2016–2017）

单位：元/人、% yuan/person, %

指　标	Item	2016 年		2017 年	
		绝对数	构成	绝对数	构成
消费支出	**Consumption Expenditure**	**16385**	**100.0**	**17898**	**100.0**
（一）食品烟酒	Food, Tobacco and Alcohol	5612	34.2	5943	33.2
1.食品	Food	4191	25.6	4442	24.8
2.烟酒	Tobacco and Alcohol	513	3.1	551	3.1
3.饮料	Beverage	72	0.5	75	0.4
4.饮食服务	Catering Services	835	5.1	876	4.9
（二）衣着	Clothing	1374	8.4	1395	7.8
1.衣类	Clothes	1064	6.5	1097	6.1
2.鞋类	Footware	310	1.9	298	1.7
（三）居住	Residence	2903	17.7	3141	17.5
1.租赁房房租	Rent of Residence	102	0.6	109	0.6
2.住房维修及管理	Repairments and Management of Residence	268	1.6	349	2.0
3.水电燃料及其他	Water, Electricity, Fuel and Other	662	4.0	718	4.0
4.自有住房折算租金	Converted Funds for Private Housing	1871	11.4	1965	11.0
（四）生活用品及服务	Household Facilities, Articles and Services	1146	7.0	1245	7.0
1.家具及室内装饰品	Furniture and Decoration	176	1.1	188	1.1
2.家用器具	Household Utensils	308	1.9	331	1.8
3.家用纺织品	Household Textile	109	0.7	115	0.6
4.家庭日用杂品	Household Daily Groceries	352	2.1	373	2.1
5.个人用品	Personal Product	151	0.9	185	1.0
6.家庭服务	Household Services	50	0.3	53	0.3
（五）交通通信	Transportation, Post and Communication Services	1942	11.9	2310	12.9
1.交通	Transportation Services	1261	7.7	1597	8.9
2.通信	Communication Services	680	4.2	714	4.0
（六）教育文化娱乐	Educational, Cultural and Recreational Services	1746	10.7	1993	11.1
1.教育	Educational Services	1065	6.5	1225	6.8
2.文化娱乐	Cultural and Recreational Services	681	4.2	768	4.3
（七）医疗保健	Health Care and Medical Services	1344	8.2	1472	8.2
1.医疗器具及药品	Medical Devices and medicine	500	3.1	564	3.2
2.医疗服务	Medical Services	845	5.2	908	5.1
（八）其他用品和服务	Miscellaneous Goods and Services	319	1.9	398	2.2
1.其他用品	Miscellaneous Goods	181	1.1	219	1.2
2.其他服务	Miscellaneous Services	137	0.8	179	1.0

2-13 全体居民家庭人均主要食品消费量（2016–2017 年）
Per Capita Consumption of Major Foods of All the households（2016–2017）

单位：千克/人 kg/person

指 标	Item	2016 年	2017 年
一、粮食	Food Crops	151.06	152.55
（一）谷物	Cereals	135.99	137.78
（二）薯类	Tubers	4.54	4.59
（三）豆类	Beans	10.53	10.18
二、油脂	Edible Oil	14.24	14.83
（一）植物油	vegetable oil	12.87	12.93
（二）动物油	animal oil	1.37	1.91
三、蔬菜及菜制品	Vegetables and Processed Products	139.23	142.81
# 鲜菜	Fresh Vegetables	136.08	139.67
四、肉类	Meat	39.71	39.85
# 猪肉	Pork	33.56	33.85
牛肉	Beef	1.37	1.43
羊肉	Mutton	0.76	0.75
五、禽类	Poultry	11.31	11.58
六、水产品	Aquatic Products	9.97	10.47
# 鱼类	Fishes	8.58	9.05
七、蛋类及蛋制品	Eggs and Processed Product	9.88	9.84
# 鲜蛋	Fresh Eggs	9.26	9.33
八、奶和奶制品	Milk and Dairy Products	16.62	17.21
九、干鲜瓜果类	Fruits, Nuts and Processed Products	41.54	42.67
# 鲜瓜果	Fresh Fruits	36.94	37.78
坚果类	Nuts	4.12	4.41
十、糖果糕点类	Sweets and Desserts	7.38	6.99
# 食糖	Sugar	2.79	2.71
十一、烟叶	Tobacco	31.36	31.83
十二、酒	Alcohol	11.51	11.13

2-14 全体居民第一产业生产经营收支情况（2016–2017 年）
Statistics on Income and Expenditure of the First Industry Production and Operations by All the Households（2016–2017）

单位：元/人　　yuan/person

指　　标	Item	2016 年	2017 年
一、第一产业经营收入	Operating Income of Primary Industry	2638	2730
（一）农业	Farming	1294	1446
（二）林业	Forestry	56	56
（三）牧业	Animal Husbandry	1239	1177
（四）渔业	Fishery	50	51
二、第一产业现金经营收入	Operating Cash Income of Primary Industry	1746	1790
（一）农业	Farming	642	762
（二）林业	Forestry	20	18
（三）牧业	Animal Husbandry	1037	964
（四）渔业	Fishery	47	46
三、第一产业生产经营费用支出	Operating Expenditure of Primary Industry	992	973
（一）农业	Farming	241	283
（二）林业	Forestry	7	7
（三）牧业	Animal Husbandry	725	661
（四）渔业	Fishery	18	22
四、第一产业生产经营现金费用支出	Operating Cash Expenditure of Primary Industry	793	780
（一）农业	Farming	239	278
（二）林业	Forestry	7	7
（三）牧业	Animal Husbandry	529	474
（四）渔业	Fishery	18	22

注：本表的收支数据属于总收支、现金收支的口径，与可支配收入口径有区别。

2-15 按收入五等份分组的全体居民人均收支情况（2016 年）
Per Capita Income and Expenditure of All the Households by Incom Quintile（2016）

单位：元/人 yuan/person

指 标	Item	低收入户（20%）	中低收入户（20%）	中等收入户（20%）	中高收入户（20%）	高收入户（20%）
一、可支配收入	Disposable Income	6872	13107	19730	29012	46754
工资性收入	Wage and Salary Income	2923	5522	10528	16075	25783
经营净收入	Net Operating Income	2055	3427	3393	4049	6022
财产净收入	Net Property Income	235	561	1048	1939	3755
转移净收入	Net Transfer Income	1660	3597	4761	6949	11194
二、消费支出	Consumption Expenditure	8353	10742	14857	20274	30667
食品烟酒	Food, Tobacco and Alcohol	3157	4114	5363	7086	9144
衣 着	Clothing	524	676	1167	1780	3057
居 住	Residence	1465	1891	2713	3639	5321
生活用品及服务	Household Facilities, Articles and Services	562	733	987	1420	2251
交通通信	Transportation, Post and Communication Services	861	1068	1520	2180	4564
教育文化娱乐	Educational, Cultural and Recreational Services	1000	1197	1710	2164	2913
医疗保健	Health Care and Medical Services	661	912	1169	1648	2590
其他用品及服务	Miscellaneous Goods and Services	122	150	228	358	827

2-15 按收入五等份分组的全体居民人均收支情况（2017 年）
Per Capita Income and Expenditure of All the Households by Incom Quintile（2017）

续表（continued） 单位：元/人（yuan/person）

指 标	Item	低收入户（20%）	中低收入户（20%）	中等收入户（20%）	中高收入户（20%）	高收入户（20%）
一、可支配收入	Disposable Income	7742	14274	21113	31161	51717
工资性收入	Wage and Salary Income	3302	6085	11003	17134	28516
经营净收入	Net Operating Income	2326	3616	3805	3381	7551
财产净收入	Net Property Income	239	639	1182	2001	4019
转移净收入	Net Transfer Income	1875	3934	5124	8646	11631
二、消费支出	Consumption Expenditure	9317	11808	16262	21858	33094
食品烟酒	Food, Tobacco and Alcohol	3340	4375	5686	7232	9862
衣 着	Clothing	515	708	1238	1744	3075
居 住	Residence	1718	2197	2879	3768	5608
生活用品及服务	Household Facilities, Articles and Services	622	719	1063	1550	2500
交通通信	Transportation, Post and Communication Services	1082	1222	2053	2837	4804
教育文化娱乐	Educational, Cultural and Recreational Services	1236	1505	1744	2228	3526
医疗保健	Health Care and Medical Services	689	859	1306	2032	2720
其他用品及服务	Miscellaneous Goods and Services	115	222	292	467	999

2–16 城镇居民家庭基本情况（2016–2017 年）
Basic Conditions of Urban Households（2016–2017）

单位：人/户、% person/household, %

指　　标	Item	2016 年	2017 年
一、期末户均调查人口	Surveyed population per Household at the end of period	3.2	3.2
二、期内常住成员情况	Status of Permanent Resident during the period		
（一）户均常住人口	Resident Population per Household	3.1	3.1
# 在校学生人数	Numbers of current students	0.5	0.5
（二）性别	Gender	100.0	100.0
1. 男性	Male	48.6	48.6
2. 女性	Female	51.4	51.4
（三）户口状况	Proportion of Household Registration	100.0	100.0
1. 农业	Agriculture	20.9	21.8
2. 非农业	Non–agriculture	78.6	77.8
3. 其他	Other	0.5	0.4
（四）6 岁及以上常住成员受教育程度	Educational Status of Permanent Resident (6–year–old and above)	100.0	100.0
1. 未上过学	Illiteracy	1.7	1.5
2. 小学	Primary School	20.2	19.9
3. 初中	Junior Secondary School	33.4	33.2
4. 高中	Senior Secondary School	23.8	24.1
5. 大学专科	Junior College	12.5	12.5
6. 大学本科	Undergraduate	8.0	8.3
7. 研究生	Postgraduate	0.4	0.4
三、常住从业人员情况	Status of Employees from Resident Population		
（一）户均常住从业人数	Numbers of Employment per Household from Resident Population	1.63	1.64
（二）就业状况	Employment Status	100.0	100.0
1. 雇主	Employer	1.6	1.7
2. 公职人员	Civil Servant	3.9	3.6
3. 事业单位人员	Public Institution Employee	8.7	7.9
4. 国有企业雇员	State–enterprise Employee	6.0	5.4
5. 其他雇员	Other–type Employee	62.3	63.0
6. 农业自营	Agricultural Self–operation	6.2	7.3
7. 非农自营	Non–agricultural Self–operation	11.3	11.2
（三）主要从事行业	Proportion Of Employment By Industy	100.0	100.0
1. 第一产业	Primary Industry	7.5	8.3
2. 第二产业	Secondary Industry	21.6	21.7
3. 第三产业	Tertiary Industry	71.0	70.0

2-17 城镇居民家庭现住房情况（2016-2017 年）
Housing Conditions of Urban Households（2016-2017）

单位：平方米、%　　m², %

指　标	Item	2016 年	2017 年
一、人均住房建筑面积	Per Capita Floor Space of Housing	34.00	35.28
二、按居住空间样式分的户数比重	Proportion of Houshold by Type of Residence	100.00	100.00
（一）单栋楼房	Detached House	18.8	19.4
（二）单栋平房	Detached Bungalows	2.6	2.7
（三）单元房	Apartment	77.1	76.3
（四）筒子楼或连片平房	Tube-shaped Apartment or Terraced House	1.0	1.0
（五）其他	Other	0.4	0.5
三、按主要建筑材料分的户数比重	Proportion of Houshold by Main Structure Material	100.0	100.0
（一）钢筋混凝土	Ferroconcrete	51.1	49.8
（二）砖混材料	Brick and Concrete	45.7	46.8
（三）砖瓦砖木	Brick-tile and Brick-timber	2.9	3.1
（四）竹草土坯	Bamboo, Grass and Adobe	0.1	0.1
（五）其他	Other	0.1	0.2
四、按房屋来源分的户数比重	Proportion of Houshold by source of housing	100.0	100.0
（一）租赁住房	Rental Housing	6.5	5.7
（二）自建住房	Self-build Housing	20.7	21.5
（三）购买商品房	Purchase of Commercial Housing	53.4	54.4
（四）购买房改住房	Purchase of Reform policy Housing	5.2	5.3
（五）购买保障性住房	Purchase of Indemnificatory Housing	3.5	3.2
（六）拆迁安置房	Resettlement housing	9.3	8.6
（七）继承或获赠住房	Housing of inheriting or presenting	0.3	0.3
（八）其他	Other	1.1	1.1

2-18 城镇居民年末主要耐用消费品拥有量（2016-2017 年）
Main Durable Goods Owner of Urban Households（2016-2017）

单位：平均每百户 average per a hundred household

指 标	Item	单位	unit	2016 年	2017 年
家用汽车	Automobiles	辆	vehicle	25.43	28.07
摩托车	Motorcycles	辆	vehicle	16.83	17.53
助力车	Mopeds	辆	vehicle	6.22	6.41
洗衣机	Washing Machines	台	unit	97.18	98.23
电冰箱（柜）	Refrigerators	台	unit	101.41	102.25
微波炉	Microwave Ovens	台	unit	64.61	65.17
彩色电视机	Color TV Sets	台	unit	129.84	129.47
空调	Air Conditioners	台	unit	181.14	183.90
热水器	Water Heaters	台	unit	95.06	95.49
消毒碗柜	Tableware Sterilizers	台	unit	9.24	
洗碗机	Dishwashers	台	unit	1.72	1.71
排油烟机	Exhaust Fan	台	unit	62.46	62.07
固定电话	Telephones	部	unit	50.21	47.42
移动电话	Mobilephones	部	unit	251.89	256.72
计算机	Computers	台	unit	75.94	74.83
照相机	Cameras	台	unit	27.09	26.88
组合音响	Stereo Component System	套	set	6.88	

2-19 城镇居民人均总收入和现金收入情况（2016–2017 年）
Per capita Income and Cash Income of Urban Households（2016–2017）

单位：元/人、%　　yuan/person, %

指　标	Item	2016 年		2017 年	
		绝对数	构成	绝对数	构成
总收入	**Total Income**	**34186**	**100.0**	**37081**	**100.0**
一、工资性收入	Wage and Salary Income	17043	49.9	18336	49.4
二、经营性收入	Operating Income	6072	17.8	6621	17.9
（一）第一产业	Primary Industry	578	1.7	689	1.9
（二）第二产业	Secondary Industry	448	1.3	586	1.6
（三）第三产业	Tertiary Industry	5045	14.8	5346	14.4
三、财产性收入	Property Income	2355	6.9	2545	6.9
四、转移性收入	Transfer Income	8717	25.5	9580	25.8
# 现金收入	Cash Income	32258	100.0	35042	100.0
一、现金工资性收入	Wage and Salary Income in Cash	16958	52.6	18237	52.0
二、现金经营性收入	Operating Income in Cash	5925	18.4	6456	18.4
（一）第一产业	Primary Industry	432	1.3	524	1.5
（二）第二产业	Secondary Industry	448	1.4	586	1.7
（三）第三产业	Tertiary Industry	5045	15.6	5346	15.3
三、现金财产性收入	Property Income in Cash	961	3.0	1104	3.2
四、现金转移性收入	Transfer Income in Cash	8413	26.1	9245	26.4

2-20 城镇居民人均总支出情况（2016-2017 年）
Per Capital Expenditure of Urban Households（2016-2017）

单位：元/人、% yuan/person, %

指 标	Item	2016 年		2017 年	
		绝对数	构成	绝对数	构成
总支出	**Total Expenditure**	**30766**	**100.0**	**32630**	**100.0**
一、消费支出	Consumption Expenditure	21031	68.4	22759	69.7
（一）食品烟酒	Food, Tobacco and Alcohol	6884	22.4	7305	22.4
（二）衣着	Clothing	1939	6.3	1951	6.0
（三）居住	Residence	3801	12.4	3960	12.1
（四）生活用品及服务	Household Facilities, Articles and Services	1466	4.8	1592	4.9
（五）交通通信	Transportation, Post and Communications Services	2574	8.4	2992	9.2
（六）教育文化娱乐	Educational, Cultural and Recreational Services	2232	7.3	2528	7.7
（七）医疗保健	Health Care and Medical Services	1700	5.5	1883	5.8
（八）其他用品及服务	Miscellaneous Goods and Services	434	1.4	547	1.7
二、生产经营费用支出	Production and Opreating Expenditure	2484	8.1	2668	8.2
（一）第一产业	Primary Industry	195	0.6	256	0.8
（二）第二产业	Secondary Industry	128	0.4	190	0.6
（三）第三产业	Tertiary Industry	2162	7.0	2222	6.8
三、财产性支出	Property Expenditure	133	0.4	169	0.5
四、转移性支出	Transfer Expenditure	1719	5.6	1783	5.5
五、部分商业保险支出	A portion of Commercial Insurance Expenditure	81	0.3	92	0.3
六、购置资产及非经常性转移支出	Assets Purchasing and Non-recurring Transfer Expenditure	3281	10.7	3343	10.2
七、借贷性支出	Debit-Credit Expenditure	2038	6.6	1816	5.6

2-21 城镇居民人均可支配收入和消费支出情况（2010-2017 年）
Per Capita Income and Expenditure of Urban Households（2010-2017）

单位：元/人 yuan/person

指 标	Item	2010 年	2011 年	2012 年	2013 年	2014 年	2015 年	2016 年	2017 年
一、可支配收入	Disposable Income	16032	18517	21003	23058	25147	27239	29610	32193
（一）工资性收入	Wage and Salary Income	10542	11407	12604	13700	15020	15936	17043	18336
（二）经营性收入	Operating Income	1314	1845	2244	2408	2658	2974	3348	3685
（三）财产性收入	Property Income	918	1269	1561	1970	2026	2175	2221	2376
（四）转移性收入	Transfer Income	3258	3996	4594	4980	5443	6154	6998	7797
二、消费支出	Consumption Expenditure	12818	14394	15931	17124	18279	19742	21031	22759
（一）食品烟酒	Food, Tobacco and Alcohol	4224	4968	5848	6001	6308	6628	6884	7305
（二）衣着	Clothing	1371	1668	1808	1836	1878	1932	1939	1951
（三）居住	Residence	2610	2657	2784	3424	3521	3680	3801	3960
（四）生活用品及服务	Household Facilities, Articles and Services	940	958	1069	1156	1293	1371	1466	1592
（五）交通通信	Transportation, Post and Communication Services	1186	1486	1653	1674	2010	2383	2574	2992
（六）教育文化娱乐	Educational, Cultural and Recreational Services	1301	1386	1398	1604	1714	1951	2232	2528
（七）医疗保健	Health Care and Medical Services	875	910	960	1057	1188	1394	1700	1883
（八）其他用品和服务	Miscellaneous Goods and Services	313	361	411	371	369	404	434	547

2-22 城镇居民人均经营净收入情况（2016-2017 年）
Per Capita Cash Income from Household Operations of Urban Households（2016-2017）

单位：元/人、% yuan/person, %

指　标	Item	2016 年		2017 年	
		绝对数	构成	绝对数	构成
经营净收入	**Net Operating Income**	**3348**	**100.0**	**3685**	**100.0**
一、第一产业经营净收入	**Net Operating Income of Primary Industry**	367	11.0	409	11.1
（一）农业	Farming	232	6.9	257	7.0
（二）林业	Forestry	16	0.5	17	0.4
（三）牧业	Animal Husbandry	109	3.2	123	3.3
（四）渔业	Fishery	11	0.3	12	0.3
二、第二产业经营净收入	**Net Operating Income of Secondary Industry**	**300**	**9.0**	**372**	**10.1**
（一）采矿业	Mining Industry	-2	-0.1	-2	-0.1
（二）制造业	Manufacturing Industry	183	5.5	251	6.8
（三）电力、热力、燃气及水生产和供应业	Production and Supply of Electricity, Heat, Gas and Water	8	0.2	6	0.2
（四）建筑业	Construction Industry	112	3.3	117	3.2
三、第三产业经营净收入	**Net Operating Income of Tertiary Industry**	**2680**	**80.1**	**2905**	**78.8**
（一）批发和零售业	Wholesale and Retail Industry	1794	53.6	2015	54.7
（二）交通运输、仓储和邮政业	Transportation, Warehousing and Postal Industy	214	6.4	208	5.6
（三）住宿和餐饮业	Lodging and Catering Industry	184	5.5	267	7.2
（四）房地产业	Real Estate	26	0.8	0	0.0
（五）租赁和商务服务业	Leasing and Commercial Service Industry	32	1.0	19	0.5
（六）居民服务、修理和其他服务业	Residential Services, Repair and Other Services	393	11.7	338	9.2
（七）其他	Other	39	1.2	60	1.6
（八）农林牧渔服务业	Farming, Forestry, Animal Husbandry and Fishery Services	-2	-0.1	0	0.0

2-23 城镇居民人均财产净收入情况（2016–2017 年）
Per Capita Income from Properties of Urban Households（2016–2017）

单位：元/人、%　　　　yuan/person, %

指　标	Item	2016 年		2017 年	
		绝对数	构成	绝对数	构成
财产净收入	**Net Property Income**	2221	100.0	2376	100.0
一、利息净收入	Net Interest Income	93	4.2	114	4.8
二、红利收入	Net Dividend Income	194	8.8	219	9.2
（一）集体分配的红利	Dividend of Allocation from Collective	20	0.9	52	2.2
（二）其他红利收入	Other Dividend Income	175	7.9	167	7.0
三、蓄性保险净收益	Net Income of Endowment Insurance	3	0.1	7	0.3
四、转让承包土地经营权租金净收入	Net Rental Income of Land Conveyance and Contract	12	0.5	12	0.5
五、出租房屋财产性收入	property Income of House Renting	491	22.1	562	23.6
六、出租机械、专利、版权等资产的收入	Rental Income of Equipment, Patent and Copyright	16	0.7	11	0.5
七、其他财产净收入	Other Property Income	18	0.8	12	0.5
八、房屋虚拟租金	Potential Rent of House	1393	62.7	1440	60.6

2–24 城镇居民人均转移净收入情况（2016–2017 年）

Per Capita Income from Transfers of Urban Households（2016–2017）

单位：元/人、%　　　　yuan/person, %

指　标	Item	2016 年		2017 年	
		绝对数	构成	绝对数	构成
转移净收入	**Net Transfer Income**	**6998**		**7797**	
（一）转移性收入	Transfer Income	8717	100.0	9580	100.0
1. 养老金或离退休金	Old–age Pension and Retirement Pension	7219	82.8	8012	83.6
（1）离退休金	Retirement Pensions	6553	75.2	7319	76.4
（2）（城镇）居民社会养老保险	Social Pensions	445	5.1	462	4.8
（3）新型农村养老保险	New–rural Pensions	24	0.3	32	0.3
（4）其他养老金	Other Pensions	197	2.3	199	2.1
2. 社会救济和补助	Social almsgiving and Subsidies	64	0.7	74	0.8
（1）最低生活保障费	Basic Living Allowances	25	0.3	25	0.3
（2）五保户救助金	Alms for Household of Five Guarantees	0	0.0	0	0.0
（3）扶贫款	Poverty Relief Funds	0	0.0	1	0.0
（4）救灾款	Disaster Relief Funds	0	0.0	0	0.0
（5）抚恤金	Disabled and Deceased Pensions	26	0.3	35	0.4
（6）其他社会救济收入	Other Social Almsgiving Income	14	0.2	14	0.1
3. 政策性生活补贴	Govermental living allowances	44	0.5	36	0.4
4. 报销医疗费	Medical Subsidies	280	3.2	304	3.2
5. 家庭外出从业人员寄回带回收入	Transfer Income from Employee Worked Outside of Chongqing to Family	574	6.6	582	6.1
6. 赡养收入	Financial Supports from Children	298	3.4	332	3.5
7. 其他经常转移收入	Other Transfer Income	204	2.3	180	1.9
8. 从政府和组织得到的实物产品和服务折价	Discounts on Goods and Services Received from Government and Organizations	24	0.3	31	0.3
9. 现金政策性惠农补贴	Policy–related Cash Subsidies for Agriculture	11	0.1	28	0.3
（二）转移性支出	Transfer Expenditure	1719	100.0	1783	100.0
1. 个人所得税	Personal Income Tax	47	2.8	59	3.3
2. 社会保障支出	Social Security Expenditure	1401	81.5	1496	83.9
（1）个人缴纳的养老保险	Individual Payment of Endowment Insurance	978	56.9	1034	58.0
（2）个人缴纳的医疗保险	Individual Payment of Health Insurance	347	20.2	378	21.2
（3）个人缴纳的失业保险	Individual Payment of Unemployment Insurance	57	3.3	54	3.0
（4）其他社会保障支出	Other Social Security Expenditure	20	1.2	31	1.7
3. 外来从业人员寄给家人的支出	Transfer Expenditure from Employee Worked Outside of Chongqing to Family	0	0.0	0	0.0
4. 赡养支出	Financial Supports to Parents	140	8.1	133	7.5
5. 其他转移性支出	Other Transfer Expenditure	130	7.6	95	5.3

2-25 城镇居民人均现金可支配收入和现金消费支出情况（2016-2017 年）
Per Capita Cash Disposable Income and Consumption Expenditure of Urban Households（2016-2017）

单位：元/人、% yuan/person, %

指标	Item	2016 年		2017 年	
		绝对数	构成	绝对数	构成
一、现金可支配收入	**Disposable Income in Cash**	**27950**	**100.0**	**30453**	**100.0**
（一）现金工资性收入	Wage and Salary Income in Cash	16958	60.7	18237	59.9
（二）现金经营净收入	Net Operation Income in Cash	3470	12.4	3818	12.5
1. 第一产业	Primary Industry	266	1.0	298	1.0
2. 第二产业	Secondary Industry	320	1.1	396	1.3
3. 第三产业	Tertiary Industry	2884	10.3	3124	10.3
（三）现金财产净收入	Net Property Income in Cash	828	3.0	935	3.1
（四）现金转移净收入	Net Transfer Income in Cash	6694	23.9	7461	24.5
二、现金消费支出	**Consumption Expenditure in Cash**	**18089**	**100.0**	**19692**	**100.0**
（一）食品烟酒	Food, Tobacco and Alcohol	6714	37.1	7104	36.1
1. 食品	Food	4885	27.0	5201	26.4
2. 烟酒	Tobacco and Alcohol	534	3.0	584	3.0
3. 饮料	Beverage	85	0.5	88	0.4
4. 饮食服务	Catering Services	1208	6.7	1230	6.2
（二）衣着	Clothing	1938	10.7	1950	9.9
1. 衣类	Clothes	1524	8.4	1563	7.9
2. 鞋类	Footware	414	2.3	387	2.0
（三）居住	Residence	1333	7.4	1433	7.3
1. 租赁房房租	Rent of Residence	150	0.8	146	0.7
2. 住房维修及管理	Repairments and Management of Residence	372	2.1	422	2.1
3. 水电燃料及其他	Water, Electricity, Fuel and Other	811	4.5	864	4.4
（四）生活用品及服务	Household Facilities, Articles and Services	1457	8.1	1576	8.0
1. 家具及室内装饰品	Furniture and Decoration	227	1.3	232	1.2
2. 家用器具	Household Utensils	385	2.1	426	2.2
3. 家用纺织品	Household Textile	149	0.8	155	0.8
4. 家庭日用杂品	Household Daily Groceries	405	2.2	425	2.2
5. 个人用品	Personal Product	218	1.2	262	1.3
6. 家庭服务	Household Services	73	0.4	77	0.4
（五）交通通信	Transportation, Post and Communication Services	2569	14.2	2988	15.2
1. 交通	Transportation Services	1713	9.5	2111	10.7
2. 通信	Communication Services	856	4.7	878	4.5
（六）教育文化娱乐	Educational, Cultural and Recreational Services	2232	12.3	2528	12.8
1. 教育	Educational Services	1207	6.7	1374	7.0
2. 文化娱乐	Cultural and Recreational Services	1025	5.7	1154	5.9
（七）医疗保健	Health Care and Medical Services	1419	7.8	1578	8.0
1. 医疗器具及药品	Medical Devices and medicine	647	3.6	729	3.7
2. 医疗服务	Medical Services	772	4.3	848	4.3
（八）其他用品和服务	Miscellaneous Goods and Services	427	2.4	536	2.7
1. 其他用品	Miscellaneous Goods	236	1.3	296	1.5
2. 其他服务	Miscellaneous Services	191	1.1	240	1.2

2-26 城镇居民人均消费支出细项情况（2016-2017 年）
Per Capita Consumption Expenditure of Urban Households（2016-2017）

单位：元/人、%　　　　yuan/person, %

指　标	Item	2016 年		2017 年	
		绝对数	构成	绝对数	构成
消费支出	**Consumption Expenditure**	**21031**	**100.0**	**22759**	**100.0**
一、食品烟酒	Food, Tobacco and Alcohol	6884	32.7	7305	32.1
（一）食品	Food	5002	23.8	5331	23.4
（二）烟酒	Tobacco and Alcohol	534	2.5	584	2.6
（三）饮料	Beverage	85	0.4	88	0.4
（四）饮食服务	Catering Services	1262	6.0	1303	5.7
二、衣着	Clothing	1939	9.2	1951	8.6
（一）衣类	Clothes	1525	7.3	1564	6.9
（二）鞋类	Footware	414	2.0	387	1.7
三、居住	Residence	3801	18.1	3960	17.4
（一）租赁房房租	Rent of Residence	150	0.7	146	0.6
（二）住房维修及管理	Repairments and Management of Residence	372	1.8	422	1.9
（三）水电燃料及其他	Water, Electricity, Fuel and Other	825	3.9	877	3.9
（四）自有住房折算租金	Converted Funds for Private Housing	2454	11.7	2514	11.0
四、生活用品及服务	Household Facilities, Articles and Services	1466	7.0	1592	7.0
（一）家具及室内装饰品	Furniture and Decoration	228	1.1	232	1.0
（二）家用器具	Household Utensils	385	1.8	426	1.9
（三）家用纺织品	Household Textile	149	0.7	155	0.7
（四）家庭日用杂品	Household Daily Groceries	413	2.0	441	1.9
（五）个人用品	Personal Product	218	1.0	262	1.2
（六）家庭服务	Household Services	73	0.3	77	0.3
五、交通通信	Transportation, Post and Communication Services	2574	12.2	2992	13.1
（一）交通	Transportation Services	1718	8.2	2114	9.3
（二）通信	Communication Services	856	4.1	878	3.9
六、教育文化娱乐	Educational, Cultural and Recreational Services	2232	10.6	2528	11.1
（一）教育	Educational Services	1207	5.7	1374	6.0
（二）文化娱乐	Cultural and Recreational Services	1026	4.9	1155	5.1
七、医疗保健	Health Care and Medical Services	1700	8.1	1883	8.3
（一）医疗器具及药品	Medical Devices and medicine	648	3.1	729	3.2
（二）医疗服务	Medical Services	1052	5.0	1153	5.1
八、其他用品和服务	Miscellaneous Goods and Services	434	2.1	547	2.4
（一）其他用品	Miscellaneous Goods	240	1.1	303	1.3
（二）其他服务	Miscellaneous Services	194	0.9	244	1.1

2-27 城镇居民家庭人均主要食品消费量（2016-2017年）
Per Capita Consumption of Major Foods of Urban Households（2016-2017）

单位：千克/人 kg/person

指　　标	Item	2016年	2017年
一、粮食	Food Crops	111.90	116.33
（一）谷物	Cereals	96.95	101.94
（二）薯类	Tubers	3.38	3.36
（三）豆类	Beans	11.57	11.02
二、油脂	Edible Oil	15.10	15.57
植物油	vegetable oil	14.04	14.43
动物油	animal oil	1.06	1.15
三、蔬菜及菜制品	Vegetables and Processed Products	137.05	136.25
#鲜菜	Fresh Vegetables	132.48	131.80
四、肉类	Meat	42.45	42.46
#猪肉	Pork	34.11	34.02
牛肉	Beef	2.05	2.12
羊肉	Mutton	0.96	0.95
五、禽类	Poultry	14.14	14.12
六、水产品	Aquatic Products	11.96	12.70
#鱼类	Fishes	9.98	10.68
七、蛋类及蛋制品	Eggs and Processed Product	9.70	9.77
#鲜蛋	Fresh Eggs	8.89	9.05
八、奶和奶制品	Milk and Dairy Products	22.47	22.61
九、干鲜瓜果类	Fruits, Nuts and Processed Products	49.94	50.23
#鲜瓜果	Fresh Fruits	44.17	44.20
坚果类	Nuts	5.10	5.35
十、糖果糕点类	Sweets and Desserts	7.94	7.14
#食糖	Sugar	2.51	2.35
十一、烟叶	Tobacco	24.48	25.25
十二、酒	Alcohol	8.27	8.15

2-28 按收入五等份分组的城镇居民人均收支情况（2016 年）
Per Capita Income and Expenditure of Urban Households by Income Quintile（2016）

单位：元/人 yuan/person

指 标	Item	低收入户（20%）	中低收入户（20%）	中等收入户（20%）	中高收入户（20%）	高收入户（20%）
一、可支配收入	Disposable Income	14120	22494	29229	36408	53941
工资性收入	Wage and Salary Income	8479	13544	17322	20001	30229
经营净收入	Net Operating Income	1534	2645	2821	3322	7506
财产净收入	Net Property Income	1100	1401	2059	2716	4534
转移净收入	Net Transfer Income	3008	4904	7027	10370	11671
二、消费支出	Consumption Expenditure	12018	17545	20502	24886	34830
食品烟酒	Food, Tobacco and Alcohol	4393	6020	7176	8177	9796
衣 着	Clothing	953	1457	1835	2584	3389
居 住	Residence	2381	3152	3757	4427	6036
生活用品及服务	Household Facilities, Articles and Services	759	1211	1396	1690	2645
交通通信	Transportation, Post and Communication Services	1036	1892	2246	2660	5950
教育文化娱乐	Educational, Cultural and Recreational Services	1439	2177	2124	2378	3411
医疗保健	Health Care and Medical Services	907	1379	1635	2326	2641
其他用品及服务	Miscellaneous Goods and Services	150	258	331	645	962

2-28 按收入五等份分组的城镇居民人均收支情况（2017 年）
Per Capita Income and Expenditure of Urban Households by Income Quintile（2017）

续表（continued） 单位：元/人（yuan/person）

指 标	Item	低收入户（20%）	中低收入户（20%）	中等收入户（20%）	中高收入户（20%）	高收入户（20%）
一、可支配收入	Disposable Income	15016	23660	31132	39544	59280
工资性收入	Wage and Salary Income	8731	13890	18072	21498	33685
经营净收入	Net Operating Income	1873	2626	2162	2927	9969
财产净收入	Net Property Income	1264	1569	2101	2688	4861
转移净收入	Net Transfer Income	3148	5575	8797	12430	10766
二、消费支出	Consumption Expenditure	13265	18701	21433	26607	37958
食品烟酒	Food, Tobacco and Alcohol	4836	6095	7276	8639	10746
衣 着	Clothing	956	1513	1748	2311	3678
居 住	Residence	2636	3165	3751	4598	6297
生活用品及服务	Household Facilities, Articles and Services	784	1170	1444	1891	3054
交通通信	Transportation, Post and Communication Services	1123	2668	2490	3595	5811
教育文化娱乐	Educational, Cultural and Recreational Services	1787	2215	2257	2593	4151
医疗保健	Health Care and Medical Services	949	1536	2039	2184	3062
其他用品及服务	Miscellaneous Goods and Services	195	338	426	795	1160

2–29 农村居民家庭基本情况（2016–2017 年）
Basic Conditions of Rural Households（2016–2017）

单位：人/户、%　　person/household, %

指　标	Item	2016 年	2017 年
一、期末户均调查人口	Surveyed population per Household at the end of period	3.63	3.61
二、期内常住成员情况	Status of Permanent Resident during the period		
（一）户均常住人口	Resident Population per Household	3.03	2.99
# 在校学生人数	Numbers of current students	0.66	0.66
（二）性别	Gender	100.0	100.0
1. 男性	Male	49.7	49.6
2. 女性	Female	50.3	50.4
（三）户口状况	Proportion of Household Registration	100.0	100.0
1. 农业	Agriculture	91.4	91.3
2. 非农业	Non–agriculture	8.4	8.6
3. 其他	Other	0.2	0.2
（四）6 岁及以上常住成员受教育程度	Educational Status of Permanent Resident (6–year–old and above)	100.0	100.0
1. 未上过学	Illiteracy	4.7	4.4
2. 小学	Primary School	42.5	42.4
3. 初中	Junior Secondary School	38.3	37.8
4. 高中	Senior Secondary School	9.9	10.4
5. 大学专科	Junior College	3.2	3.5
6. 大学本科	Undergraduate	1.3	1.4
7. 研究生	Postgraduate	0.0	0.1
三、常住从业人员情况	Status of Employees from Resident Population		
（一）户均常住从业人数	Numbers of Employed person per Household from Resident Population	1.94	1.93
（二）就业状况	Employment Status	100.0	100.0
1. 雇主	Employer	0.5	0.5
2. 公职人员	Civil Servant	0.3	0.3
3. 事业单位人员	Public Institution Employee	0.9	0.9
4. 国有企业雇员	State–enterprise Employee	0.2	0.2
5. 其他雇员	Other–type Employee	32.3	34.3
6. 农业自营	Agricultural Self–operation	58.0	56.1
7. 非农自营	Non–agricultural Self–operation	7.8	7.8
（三）主要从事行业	Proportion Of Employment By Industy	100.0	100.0
1. 第一产业	Primary Industry	62.3	60.8
2. 第二产业	Secondary Industry	17.0	17.1
3. 第三产业	Tertiary Industry	20.7	22.1

2-30 农村居民家庭现住房情况（2016-2017 年）
Housing Conditions of Rural Households（2016-2017）

单位：平方米、%　　m², %

指　标	Item	2015 年	2016 年
一、人均住房建筑面积	Per Capita Floor Space of Housing	53.74	54.81
二、按居住空间样式分的户数比重	Proportion of Houshold by Type of Residence	100.0	100.0
（一）单栋楼房	Detached House	68.9	68.9
（二）单栋平房	Detached Bungalows	23.6	23.3
（三）单元房	Apartment	3.6	4.3
（四）筒子楼或连片平房	Tube-shaped Apartment or Terraced House	1.9	1.5
（五）其他	Other	2.0	2.0
三、按主要建筑材料分的户数比重	Proportion of Houshold by Main Structure Material	100.0	100.0
（一）钢筋混凝土	Ferroconcrete	13.8	14.6
（二）砖混材料	Brick and Concrete	54.6	55.9
（三）砖瓦砖木	Brick-tile and Brick-timber	25.4	24.7
（四）竹草土坯	Bamboo, Grass and Adobe	3.9	3.0
（五）其他	Other	2.3	1.8
四、按房屋来源分的户数比重	Proportion of Houshold by source of housing	100.0	100.0
（一）租赁住房	Rental Housing	0.8	1.3
（二）自建住房	Self-build Housing	94.6	94.1
（三）购买商品房	Purchase of Commercial Housing	2.2	2.3
（四）购买房改住房	Purchase of Reform policy Housing	0.3	0.4
（五）购买保障性住房	Purchase of Indemnificatory Housing	0.3	0.3
（六）拆迁安置房	Resettlement housing	0.6	0.6
（七）继承或获赠住房	Housing of inheriting or presenting	0.6	0.6
（八）其他	Other	0.6	0.4

2-31 农村居民年末主要耐用消费品拥有量（2016-2017 年）
Main Durable Goods Owend Rural Households（2016-2017）

单位：平均每百户 per a hundred household

指　标	Item	单位	unit	2016 年	2017 年
家用汽车	Automobiles	辆	vehicle	11.84	11.96
摩托车	Motorcycles	辆	vehicle	38.28	36.47
助力车	Mopeds	辆	vehicle	11.78	11.89
洗衣机	Washing Machines	台	unit	78.07	79.83
电冰箱（柜）	Refrigerators	台	unit	93.62	94.84
微波炉	Microwave Ovens	台	unit	17.45	17.34
彩色电视机	Color TV Sets	台	unit	112.83	113.81
空调	Air Conditioners	台	unit	45.22	50.32
热水器	Water Heaters	台	unit	57.89	59.23
消毒碗柜	Tableware Sterilizers	台	unit	1.66	
洗碗机	Dishwashers	台	unit	0.91	0.77
排油烟机	Exhaust Fan	台	unit	9.60	9.51
固定电话	Telephones	部	unit	31.25	28.73
移动电话	Mobilephones	部	unit	237.77	241.82
计算机	Computers	台	unit	21.54	20.02
照相机	Cameras	台	unit	3.14	1.94
组合音响	Stereo Component System	套	set	2.70	

2-32 农村居民人均总收入和现金收入情况（2016-2017 年）
Per Capita Income and Cash Disposable Income of Rural Households（2016-2017）

单位：元/人、% yuan/person, %

指　标	Item	2016 年		2017 年	
		绝对数	构成	绝对数	构成
总收入	**Total Income**	**15891**	**100.0**	**17589**	**100.0**
一、工资性收入	Wage and Salary Income	3966	25.0	4395	25.0
二、经营性收入	Operating Income	8059	50.7	8743	49.7
（一）第一产业	Primary Industry	5490	34.5	5652	32.1
（二）第二产业	Secondary Industry	196	1.2	272	1.5
（三）第三产业	Tertiary Industry	2373	14.9	2820	16.0
三、财产性收入	Property Income	302	1.9	316	1.8
四、转移性收入	Transfer Income	3565	22.4	4134	23.5
# 现金收入	**Cash Income**	**13817**	**100.0**	**15365**	**100.0**
一、现金工资性收入	Wage and Salary Income in Cash	3953	28.6	4373	28.5
二、现金经营性收入	Operating Income in Cash	6134	44.4	6694	43.6
（一）第一产业	Primary Industry	3565	25.8	3603	23.4
（二）第二产业	Secondary Industry	196	1.4	272	1.8
（三）第三产业	Tertiary Industry	2373	17.2	2820	18.3
三、现金财产性收入	Property Income in Cash	302	2.2	316	2.1
四、现金转移性收入	Transfer Income in Cash	3427	24.8	3982	25.9

2-33 农村居民人均总支出情况（2016-2017 年）
Per Capita Expenditure of Rural Households（2016-2017）

单位：元/人、% yuan/person, %

指 标	Item	2016 年		2017 年	
		绝对数	构成	绝对数	构成
总支出	**Total Expenditure**	**17835**	**100.0**	**19382**	**100.0**
一、 消费支出	Consumption Expenditure	9954	55.8	10936	56.4
（一）食品烟酒	Food, Tobacco and Alcohol	3851	21.6	3993	20.6
（二）衣着	Clothing	591	3.3	598	3.1
（三）居住	Residence	1660	9.3	1967	10.1
（四）生活用品及服务	Household Facilities, Articles and Services	703	3.9	749	3.9
（五）交通通信	Transportation, Post and Communications Services	1067	6.0	1334	6.9
（六）教育文化娱乐	Educational, Cultural and Recreational Services	1073	6.0	1226	6.3
（七）医疗保健	Health Care and Medical Services	852	4.8	884	4.6
（八）其他用品及服务	Miscellaneous Goods and Services	158	0.9	184	1.0
二、生产经营费用支出	Production and Opreating Expenditure	3585	20.1	3960	20.4
（一）第一产业	Primary Industry	2095	11.7	1999	10.3
（二）第二产业	Secondary Industry	83	0.5	157	0.8
（三） 第三产业	Tertiary Industry	1407	7.9	1804	9.3
三、财产性支出	Property Expenditure	7	0.0	8	0.0
四、转移性支出	Transfer Expenditure	427	2.4	690	3.6
五、部分商业保险支出	A portion of Commercial Insurance Expenditure	35	0.2	39	0.2
六、购置资产及非经常性转移支出	Assets Purchasing and Non-recurring Transfer Expenditure	2767	15.5	2772	14.3
七、借贷性支出	Debit-Credit Expenditure	1060	5.9	976	5.0

2-34 农村居民人均可支配收入和消费支出情况（2010-2017 年）
Per Capita Income and Expenditure of Rural Households（2010-2017）

单位：元/人 yuan/person, %

指　标	Item	2010 年	2011 年	2012 年	2013 年	2014 年	2015 年	2016 年	2017 年
一、可支配收入	Disposable Income	5378	6605	7526	8493	9490	10505	11549	12638
（一）工资性收入	Wage and Salary Income	1553	1904	2230	2744	3196	3583	3966	4395
（二）经营性收入	Operating Income	2330	2726	2941	3173	3402	3775	4150	4491
（三）财产性收入	Property Income	87	132	166	227	252	278	296	308
（四）转移性收入	Transfer Income	1408	1843	2189	2348	2639	2869	3137	3444
二、消费支出	Consumption Expenditure	4359	5414	6035	6971	7983	8938	9954	10936
（一）食品烟酒	Food, Tobacco and Alcohol	1869	2248	2349	2657	3229	3571	3851	3993
（二）衣着	Clothing	242	334	409	437	490	530	591	598
（三）居住	Residence	922	967	997	1243	1294	1482	1660	1967
（四）生活用品及服务	Household Facilities, Articles and Services	293	393	467	531	569	652	703	749
（五）交通通信	Transportation, Post and Communication Services	314	449	546	643	780	888	1067	1334
（六）教育文化娱乐	Educational, Cultural and Recreational Services	383	561	682	784	805	923	1073	1226
（七）医疗保健	Health Care and Medical Services	290	402	514	564	677	746	852	884
（八）其他用品和服务	Miscellaneous Goods and Services	45	59	72	111	137	145	158	184

2-35 农村居民人均经营净收入情况（2016-2017 年）
Per Capita Cash Income from Operations of Rural Households（2016-2017）

单位：元/人、%　　yuan/person, %

指　标	Item	2016 年		2017 年	
		绝对数	构成	绝对数	构成
经营净收入	**Net Operating Income**	**4150**	**100.0**	**4491**	**100.0**
一、第一产业经营净收入	Net Operating Income of Primary Industry	3249	78.3	3504	78.0
（一）农业	Farming	2097	50.5	2356	52.5
（二）林业	Forestry	93	2.3	95	2.1
（三）牧业	Animal Husbandry	998	24.0	999	22.2
（四）渔业	Fishery	60	1.5	54	1.2
二、第二产业经营净收入	Net Operating Income of Secondary Industry	95	2.3	97	2.2
（一）采矿业	Mining Industry	27	0.6	24	0.5
（二）制造业	Manufacturing Industry	58	1.4	45	1.0
（三）电力、热力、燃气及水生产和供应业	Production and Supply of Electricity, Heat, Gas and Water	0	0.0	0	0.0
（四）建筑业	Construction Industry	10	0.2	29	0.6
三、第三产业经营净收入	Net Operating Income of Tertiary Industry	807	19.4	890	19.8
（一）批发和零售业	Wholesale and Retail Industry	417	10.1	464	10.3
（二）交通运输、仓储和邮政业	Transportation, Warehousing and Postal Industy	145	3.5	158	3.5
（三）住宿和餐饮业	Lodging and Catering Industry	73	1.8	77	1.7
（四）房地产业	Real Estate	0	0.0	1	0.0
（五）租赁和商务服务业	Leasing and Commercial Service Industry	2	0.0	5	0.1
（六）居民服务、修理和其他服务业	Residential Services, Repair and Other Services	122	2.9	128	2.8
（七）其他	Other	58	1.4	45	1.0
（八）农林牧渔服务业	Farming, Forestry, Animal Husbandry and Fishery Services	-10	-0.2	13	0.3

2-36 农村居民人均财产净收入情况（2016-2017 年）
Per Capita Income from Properties of Rural Households（2016-2017）

单位：元/人、% yuan/person, %

指 标	Item	2016 年		2017 年	
		绝对数	构成	绝对数	构成
财产净收入	Net Property Income	296	100.0	308	100.0
一、利息净收入	Net Interest Income	121	41.0	120	38.9
二、红利收入	Net Dividend Income	28	9.5	49	15.8
（一）集体分配的红利	Dividend of Allocation from Collective	4	1.4	4	1.2
（二）其他红利收入	Other Dividend Income	24	8.0	45	14.5
三、蓄性保险净收益	Net Income of Endowment Insurance	1	0.2	7	2.2
四、转让承包土地经营权租金净收入	Net Rental Income of Land Conveyance and Contract	64	21.6	74	23.9
五、出租房屋财产性收入	Property Incomeof House Renting	44	15.0	39	12.7
六、出租机械、专利、版权等资产的收入	Rental Income of Equipment, Patent and Copyright	19	6.4	11	3.5
七、其他财产净收入	Other Property Income	19	6.3	9	3.0

2-37 农村居民人均转移净收入情况（2016-2017 年）
Per Capita Income from Transfers of Rural Households（2016-2017）

单位：元/人、% yuan/person, %

指 标	Item	2016 年		2017 年	
		绝对数	构成	绝对数	构成
转移净收入	**Net Transfer Income**	**3137**		**3444**	
一、转移性收入	Transfer Income	3565	100.0	4134	100.0
（一）养老金或离退休金	Old-age Pension and Retirement Pension	933	26.2	1162	28.1
1. 离退休金	Retirement Pensions	286	8.0	330	8.0
2.（城镇）居民社会养老保险	Social Pensions	233	6.5	323	7.8
3. 新型农村养老保险	New-rural Pensions	209	5.9	218	5.3
4. 其他养老金	Other Pensions	205	5.7	291	7.0
（二）社会救济和补助	Social almsgiving and Subsidies	110	3.1	154	3.7
1. 最低生活保障费	Basic Living Allowances	34	0.9	55	1.3
2. 五保户救助金	Alms for Household of Five Guarantees	9	0.3	12	0.3
3. 扶贫款	Poverty Relief Funds	15	0.4	25	0.6
4. 救灾款	Disaster Relief Funds	0	0.0	0	0.0
5. 抚恤金	Disabled and Deceased Pensions	28	0.8	31	0.8
6. 其他社会救济收入	Other Social Almsgiving Income	24	0.7	32	0.8
（三）政策性生活补贴	Govermental living allowances	58	1.6	58	1.4
（四）报销医疗费	Medical Subsidies	126	3.5	136	3.3
（五）家庭外出从业人员寄回带回收入	Transfer Income from Employee Worked Outside of Chongqing to Family	1690	47.4	1845	44.6
（六）赡养收入	Financial Supports from Children	462	13.0	517	12.5
（七）其他经常转移收入	Other Transfer Income	83	2.3	148	3.6
（八）从政府和组织得到的实物产品和服务折价	Discounts on Goods and Services Received from Government and Organizations	11	0.3	17	0.4
（九）现金政策性惠农补贴	Policy-related Cash Subsidies for Agriculture	92	2.6	97	2.3
二、转移性支出	Transfer Expenditure	427	100.0	690	100.0
（一）个人所得税	Personal Income Tax	1	0.3	1	0.1
（二）社会保障支出	Social Security Expenditure	350	82.0	622	90.1
1. 个人缴纳的养老保险	Individual Payment of Endowment Insurance	226	52.9	384	55.7
2. 个人缴纳的医疗保险	Individual Payment of Health Insurance	113	26.4	232	33.6
3. 个人缴纳的失业保险	Individual Payment of Unemployment Insurance	3	0.7	2	0.3
4. 其他社会保障支出	Other Social Security Expenditure	9	2.0	3	0.4
（三）外来从业人员寄给家人的支出	Transfer Expenditure from Employee Worked Outside of Chongqing to Family	0	0.0	0	0.0
（四）赡养支出	Financial Supports to Parents	35	8.1	32	4.6
（五）其他转移性支出	Other Transfer Expenditure	41	9.5	36	5.2

2-38 农村居民人均现金可支配收入和和现金消费支出情况（2016-2017 年）

Per Capita Cash Disposable Income and Consumption Expenditure of Rural Households (2016-2017)

单位：元/人、% yuan/person, %

指 标	Item	2016 年		2017 年	
		绝对数	构成	绝对数	构成
一、现金可支配收入	Disposable Income in Cash	10232	100.0	11130	100.0
（一）现金工资性收入	Wage and Salary Income in Cash	3953	38.6	4373	39.3
（二）现金经营净收入	Net Operation Income in Cash	2983	29.2	3158	28.4
1. 第一产业	Primary Industry	1904	18.6	2028	18.2
2. 第二产业	Secondary Industry	113	1.1	114	1.0
3. 第三产业	Tertiary Industry	966	9.4	1016	9.1
（三）现金财产净收入	Net Property Income in Cash	296	2.9	308	2.8
（四）现金转移净收入	Net Transfer Income in Cash	3000	29.3	3292	29.6
二、现金消费支出	Consumption Expenditure in Cash	7670	100.0	8446	100.0
（一）食品烟酒	Food, Tobacco and Alcohol	2834	36.9	2912	34.5
1. 食品	Food	2058	26.8	2100	24.9
2. 烟酒	Tobacco and Alcohol	483	6.3	503	6.0
3. 饮料	Beverage	53	0.7	57	0.7
4. 饮食服务	Catering Services	239	3.1	253	3.0
（二）衣着	Clothing	591	7.7	598	7.1
1. 衣类	Clothes	426	5.6	427	5.1
2. 鞋类	Footware	165	2.2	171	2.0
（三）居住	Residence	529	6.9	716	8.5
1. 租赁房房租	Rent of Residence	36	0.5	56	0.7
2. 住房维修及管理	Repairments and Management of Residence	125	1.6	244	2.9
3. 水电燃料及其他	Water, Electricity, Fuel and Other	368	4.8	416	4.9
（四）生活用品及服务	Household Facilities, Articles and Services	696	9.1	730	8.6
1. 家具及室内装饰品	Furniture and Decoration	102	1.3	117	1.4
2. 家用器具	Household Utensils	201	2.6	195	2.3
3. 家用纺织品	Household Textile	53	0.7	58	0.7
4. 家庭日用杂品	Household Daily Groceries	264	3.4	265	3.1
5. 个人用品	Personal Product	58	0.8	76	0.9
6. 家庭服务	Household Services	19	0.2	19	0.2
（五）交通通信	Transportation, Post and Communication Services	1067	13.9	1334	15.8
1. 交通	Transportation Services	630	8.2	855	10.1
2. 通信	Communication Services	436	5.7	479	5.7
（六）教育文化娱乐	Educational, Cultural and Recreational Services	1072	14.0	1226	14.5
1. 教育	Educational Services	868	11.3	1012	12.0
2. 文化娱乐	Cultural and Recreational Services	205	2.7	214	2.5
（七）医疗保健	Health Care and Medical Services	726	9.5	748	8.9
1. 医疗器具及药品	Medical Devices and medicine	294	3.8	328	3.9
2. 医疗服务	Medical Services	432	5.6	420	5.0
（八）其他用品和服务	Miscellaneous Goods and Services	156	2.0	181	2.1
1. 其他用品	Miscellaneous Goods	98	1.3	96	1.1
2. 其他服务	Miscellaneous Services	57	0.7	85	1.0

2-39 农村居民人均消费支出细项情况（2016-2017 年）
Per Capita Consumption Expenditure of Rural Households（2016-2017）

单位：元/人、%　　yuan/person, %

指 标	Item	2016 年		2017 年	
		绝对数	构成	绝对数	构成
消费支出	Consumption Expenditure	9954	100.0	10936	100.0
一、食品烟酒	Food, Tobacco and Alcohol	3851	38.7	3993	36.5
（一）食品	Food	3069	30.8	3168	29.0
（二）烟酒	Tobacco and Alcohol	483	4.9	503	4.6
（三）饮料	Beverage	53	0.5	57	0.5
（四）饮食服务	Catering Services	245	2.5	265	2.4
二、衣着	Clothing	591	5.9	598	5.5
（一）衣类	Clothes	426	4.3	427	3.9
（二）鞋类	Footware	165	1.7	171	1.6
三、居住	Residence	1660	16.7	1967	18.0
（一）租赁房房租	Rent of Residence	36	0.4	56	0.5
（二）住房维修及管理	Repairments and Management of Residence	125	1.3	244	2.2
（三）水电燃料及其他	Water, Electricity, Fuel and Other	435	4.4	489	4.5
（四）自有住房折算租金	Converted Funds for Private Housing	1064	10.7	1177	10.8
四、生活用品及服务	Household Facilities, Articles and Services	703	7.1	749	6.8
（一）家具及室内装饰品	Furniture and Decoration	105	1.1	125	1.1
（二）家用器具	Household Utensils	201	2.0	195	1.8
（三）家用纺织品	Household Textile	53	0.5	58	0.5
（四）家庭日用杂品	Household Daily Groceries	267	2.7	276	2.5
（五）个人用品	Personal Product	58	0.6	76	0.7
（六）家庭服务	Household Services	19	0.2	19	0.2
五、交通通信	Transportation, Post and Communication Services	1067	10.7	1334	12.2
（一）交通	Transportation Services	630	6.3	856	7.8
（二）通信	Communication Services	436	4.4	479	4.4
六、教育文化娱乐	Educational, Cultural and Recreational Services	1073	10.8	1226	11.2
（一）教育	Educational Services	868	8.7	1012	9.3
（二）文化娱乐	Cultural and Recreational Services	205	2.1	214	2.0
七、医疗保健	Health Care and Medical Services	852	8.6	884	8.1
（一）医疗器具及药品	Medical Devices and medicine	294	3.0	328	3.0
（二）医疗服务	Medical Services	558	5.6	556	5.1
八、其他用品和服务	Miscellaneous Goods and Services	158	1.6	184	1.7
（一）其他用品	Miscellaneous Goods	100	1.0	98	0.9
（二）其他服务	Miscellaneous Services	59	0.6	86	0.8

2-40 农村居民家庭人均主要食品消费量（2016-2017 年）

Per Capita Consumption of Major Foods of Rural Households（2016-2017）

单位：千克/人 kg/person

指　标	Item	2016 年	2017 年
一、粮食	Food Crops	205.26	204.43
（一）谷物	Cereals	190.03	189.12
（二）薯类	Tubers	6.14	6.35
（三）豆类	Beans	9.10	8.96
二、油脂	Edible Oil	13.06	13.77
（一）植物油	vegetable oil	11.25	10.78
（二）动物油	animal oil	1.81	2.99
三、蔬菜及菜制品	Vegetables and Processed Products	142.25	152.19
#鲜菜	Fresh Vegetables	141.06	150.95
四、肉类	Meat	35.91	36.12
#猪肉	Pork	32.81	33.61
牛肉	Beef	0.43	0.45
羊肉	Mutton	0.47	0.47
五、禽类	Poultry	7.39	7.94
六、水产品	Aquatic Products	7.23	7.28
#鱼类	Fishes	6.63	6.72
七、蛋类及蛋制品	Eggs and Processed Product	10.12	9.94
#鲜蛋	Fresh Eggs	9.79	9.72
八、奶和奶制品	Milk and Dairy Products	8.51	9.49
九、干鲜瓜果类	Fruits, Nuts and Processed Products	29.93	31.85
#鲜瓜果	Fresh Fruits	26.94	28.60
坚果类	Nuts	2.77	3.06
十、糖果糕点类	Sweets and Desserts	6.60	6.76
食糖	Sugar	3.17	3.22
十一、烟叶	Tobacco	40.88	41.27
十二、酒	Alcohol	15.99	15.41

2-41 农村居民第一产业生产经营收支情况（2016-2017 年）
Statistics on Income and Expenditure of the First Industry Production and Operations by Rural Households（2016-2017）

单位：元/人 yuan/person

指　标	Item	2016 年	2017 年
一、第一产业经营收入	Operating Income of Primary Industry	5490	5652
（一）农业	Farming	2640	3014
（二）林业	Forestry	108	110
（三）牧业	Animal Husbandry	2642	2443
（四）渔业	Fishery	100	85
二、第一产业现金经营收入	Operating Cash Income of Primary Industry	3565	3603
（一）农业	Farming	1215	1494
（二）林业	Forestry	41	36
（三）牧业	Animal Husbandry	2218	1999
（四）渔业	Fishery	92	74
三、第一产业生产经营费用支出	Operating Expenditure of Primary Industry	2095	1999
（一）农业	Farming	465	574
（二）林业	Forestry	14	14
（三）牧业	Animal Husbandry	1578	1380
（四）渔业	Fishery	38	31
四、第一产业生产经营现金费用支出	Operating Cash Expenditure of Primary Industry	1661	1575
（一）农业	Farming	460	564
（二）林业	Forestry	14	14
（三）牧业	Animal Husbandry	1150	966
（四）渔业	Fishery	37	30

注：本表的收支数据属于总收支、现金收支的口径，与可支配收入口径有区别。

2-42 农村居民人均主要农副产品出售量（2016-2017 年）

Sales of Major Agricultural and Subsidiary Products by Rural Households（2016-2017）

单位：千克/人 kg/person

指　标	Item	2016 年	2017 年
一、谷物	Food Crops	158.99	152.02
#稻谷	Paddy	110.99	110.81
玉米	Corn	46.95	39.58
二、薯类	Tuber	2.35	1.12
#红薯	Sweet Potato	1.43	0.35
马铃薯	Potato	0.77	0.70
三、豆类	Beans	5.62	4.15
大豆	Soybean	2.32	1.43
四、油料	Oil Plants	3.41	3.15
#花生	Peanut	1.59	1.36
油菜籽	Cole	1.58	1.60
五、蔬菜	Vegetable	188.49	187.89
六、水果	Fruit	76.38	85.02
七、家畜	Livestock	68.80	65.21
#猪	Pig	62.80	56.72
牛	Cattle	1.98	3.07
羊	Goat	3.69	5.37
八、家禽	Poultry	11.14	11.77
#鸡	Chicken	7.43	7.88
鸭	Duck	2.17	2.35
鹅	Goose	0.24	0.33
九、蛋类	Eggs	12.96	7.98
十、渔业产品	Aquatic Products	6.80	5.87

2-43 按收入五等份分组的农村居民人均收支情况（2016 年）
Per Capita Income and Expenditure of Rural Households by Income Quintile（2016）

单位：元/人 yuan/person

指 标	Item	低收入户（20%）	中低收入户（20%）	中等收入户（20%）	中高收入户（20%）	高收入户（20%）
一、可支配收入	Disposable Income	5021	8676	11294	14521	22105
工资性收入	Wage and Salary Income	2080	3362	3816	5171	6414
经营净收入	Net Operating Income	1636	2930	3707	4337	9834
财产净收入	Net Property Income	137	217	239	431	555
转移净收入	Net Transfer Income	1168	2167	3532	4581	5302
二、消费支出	Consumption Expenditure	7744	8480	9492	11346	14244
食品烟酒	Food, Tobacco and Alcohol	2985	3227	3653	4403	5607
衣 着	Clothing	470	519	543	627	886
居 住	Residence	1396	1410	1611	1858	2232
生活用品及服务	Household Facilities, Articles and Services	565	536	606	864	1070
交通通信	Transportation, Post and Communication Services	745	946	1066	1100	1668
教育文化娱乐	Educational, Cultural and Recreational Services	957	1009	1107	1143	1211
医疗保健	Health Care and Medical Services	509	704	767	1175	1306
其他用品及服务	Miscellaneous Goods and Services	116	129	139	177	264

2-43 按收入五等份分组的农村居民人均收支情况（2017 年）
Per Capita Income and Expenditure of Rural Households by Income Quintile（2017）

续表（continued） 单位：元/人（yuan/person）

指 标	Item	低收入户（20%）	中低收入户（20%）	中等收入户（20%）	中高收入户（20%）	高收入户（20%）
一、可支配收入	Disposable Income	5737	9384	12257	15908	24144
工资性收入	Wage and Salary Income	2560	3650	4503	5427	6840
经营净收入	Net Operating Income	1864	3157	3840	4867	10635
财产净收入	Net Property Income	148	173	265	367	717
转移净收入	Net Transfer Income	1165	2403	3649	5248	5952
二、消费支出	Consumption Expenditure	8366	9405	10885	12293	15378
食品烟酒	Food, Tobacco and Alcohol	2976	3481	3940	4527	5670
衣 着	Clothing	441	520	561	692	881
居 住	Residence	1492	1732	2060	2153	2668
生活用品及服务	Household Facilities, Articles and Services	516	693	733	850	1079
交通通信	Transportation, Post and Communication Services	1153	910	1436	1251	2145
教育文化娱乐	Educational, Cultural and Recreational Services	1257	1122	1237	1462	1036
医疗保健	Health Care and Medical Services	437	817	776	1040	1604
其他用品及服务	Miscellaneous Goods and Services	93	132	143	317	294

2-44 各区县全体居民家庭基本情况（2016 年）
Basic Conditions of All the Households by Region of Chongqing（2016）

区 县	Region	户均常住人口（人/户）Resident Population per Household（person/household）	户均常住劳动力人数（人/户）Manpower per Household from Resident Population（person/household）	户均常住成员从业人数（人/户）Employed Person per Household from Resident Population（person/household）	人均住房建筑面积（平方米/人）Per Capita Floor Space of Housing（m²/person）
全 市	Total	3.09	2.19	1.76	42.28
万州区	Wanzhou District	2.85	2.07	1.87	45.69
黔江区	Qianjiang District	3.36	1.99	1.79	44.85
涪陵区	Fuling District	3.03	2.14	1.96	37.69
渝中区	Yuzhong District	2.99	2.37	1.46	25.37
大渡口区	Dadukou District	3.01	2.22	1.36	32.35
江北区	Jiangbei District	2.92	2.37	1.11	31.95
沙坪坝区	Shapingba District	2.98	2.26	1.49	32.84
九龙坡区	Jiulongpo District	2.86	2.25	1.43	33.62
南岸区	Nan' an District	2.98	2.35	1.36	31.11
北碚区	Beibei District	2.81	2.12	1.72	37.90
渝北区	Yubei District	3.07	2.36	1.56	33.58
巴南区	Ba' nan District	3.16	2.46	2.16	36.38
长寿区	Changshou District	3.05	2.22	2.02	43.80
江津区	Jiangjin District	3.24	2.29	1.99	41.73
合川区	Hechuan District	2.94	2.26	1.93	45.87
永川区	Yongchuan District	3.00	2.07	1.74	38.72
南川区	Nanchuan District	3.05	2.14	1.91	50.81
綦江区（不含万盛）	Qijiang District (Exclude Wansheng)	2.95	2.06	1.85	43.33
万盛经开区	Wansheng Economic Development District	3.11	2.19	1.37	39.02
大足区	Dazu District	3.15	2.26	1.95	44.22
璧山区	Bishan District	2.99	2.27	1.92	42.36
铜梁区	Tongliang District	2.97	2.19	2.02	45.50
潼南区	Tongnan District	2.86	2.09	1.81	51.96
荣昌区	Rongchang District	2.95	1.95	1.77	41.51
开州区	Kaizhou District	3.17	2.04	1.81	49.82
梁平区	Liangping District	3.04	2.11	1.83	53.86
武隆区	Wulong District	3.48	2.30	2.11	44.64
城口县	Chengkou County	3.00	2.09	1.80	39.09
丰都县	Fengdu County	3.18	2.13	1.94	45.16
垫江县	Dianjiang County	2.92	1.83	1.63	48.70
忠 县	Zhongxian County	2.86	2.07	2.00	48.03
云阳县	Yunyang County	3.09	2.19	2.03	44.08
奉节县	Fengjie County	2.99	1.98	1.75	43.36
巫山县	Wushan County	3.26	2.10	2.01	44.47
巫溪县	Wuxi County	3.42	2.39	2.20	50.25
石柱县	Shizhu County	3.26	2.28	1.91	52.72
秀山县	Xiushan County	3.77	2.43	2.19	38.39
酉阳县	Youyang County	3.32	2.17	1.98	46.87
彭水县	Pengshui County	3.42	1.99	1.84	38.80

2-44 各区县全体居民家庭基本情况（2017 年）
Basic Conditions of All the Households by Region of Chongqing (2017)

续表（continued）

区 县	Region	户均常住人口（人/户）Resident Population per Household (person/household)	户均常住劳动力人数（人/户）Manpower per Household from Resident Population (person/household)	户均常住成员从业人数（人/户）Employed Person per Household from Resident Population (person/household)	人均住房建筑面积（平方米/人）Per Capita Floor Space of Housing (m^2/person)
全 市	Total	3.07	2.20	1.76	43.31
万州区	Wanzhou District	2.85	2.09	1.83	47.85
黔江区	Qianjiang District	3.52	2.13	1.92	47.65
涪陵区	Fuling District	3.21	2.29	1.93	38.02
渝中区	Yuzhong District	3.04	2.44	1.48	25.23
大渡口区	Dadukou District	3.06	2.27	1.43	30.93
江北区	Jiangbei District	3.09	2.46	1.40	28.53
沙坪坝区	Shapingba District	2.97	2.36	1.43	34.85
九龙坡区	Jiulongpo District	2.90	2.26	1.46	35.13
南岸区	Nan' an District	2.98	2.36	1.39	31.19
北碚区	Beibei District	2.81	2.13	1.69	38.02
渝北区	Yubei District	3.08	2.31	1.55	33.90
巴南区	Ba' nan District	3.19	2.50	2.17	36.97
长寿区	Changshou District	2.92	2.12	1.95	45.81
江津区	Jiangjin District	3.01	2.16	1.80	41.71
合川区	Hechuan District	2.90	2.26	1.90	49.57
永川区	Yongchuan District	3.02	2.13	1.79	38.06
南川区	Nanchuan District	2.95	2.17	1.93	55.30
綦江区（不含万盛）	Qijiang District (Exclude Wansheng)	2.82	2.08	1.71	43.11
万盛经开区	Wansheng Economic Development District	2.90	2.12	1.48	43.84
大足区	Dazu District	3.32	2.46	2.13	45.46
璧山区	Bishan District	2.95	2.26	1.88	42.35
铜梁区	Tongliang District	3.06	2.27	1.99	45.61
潼南区	Tongnan District	3.11	2.18	1.88	47.70
荣昌区	Rongchang District	2.88	2.06	1.75	43.25
开州区	Kaizhou District	3.06	2.01	1.75	49.96
梁平区	Liangping District	3.08	2.06	1.77	55.59
武隆区	Wulong District	3.48	2.24	2.09	42.06
城口县	Chengkou County	4.12	2.78	2.49	38.01
丰都县	Fengdu County	3.21	2.12	1.90	45.38
垫江县	Dianjiang County	2.91	1.84	1.54	46.90
忠 县	Zhongxian County	2.85	2.14	1.87	50.98
云阳县	Yunyang County	3.41	2.38	2.11	40.52
奉节县	Fengjie County	3.05	1.99	1.84	41.77
巫山县	Wushan County	3.04	2.01	1.95	46.31
巫溪县	Wuxi County	3.29	2.32	2.20	46.85
石柱县	Shizhu County	3.01	2.06	1.97	53.74
秀山县	Xiushan County	4.22	2.77	2.13	38.37
酉阳县	Youyang County	3.31	2.14	1.99	46.97
彭水县	Pengshui County	3.90	2.40	2.27	38.00

2-45 各区县全体居民人均可支配收入情况（2010-2017 年）
Per Capita Income of All the Households by Region of Chongqing（2010-2017）

单位：元/人

区 县	Region	2010 年	2011 年	2012 年	2013 年	2014 年	2015 年	2016 年	2017 年
全 市	**Total**	**10984**	**13037**	**14924**	**16569**	**18352**	**20110**	**22034**	**24153**
万州区	Wanzhou District	10642	12859	15024	17303	19328	21564	23965	26406
黔江区	Qianjiang District	7336	8985	10881	12711	14230	15991	17820	19824
涪陵区	Fuling District	11166	13378	15657	17840	19785	21884	24144	26715
渝中区	Yuzhong District	19312	21943	24478	26803	29253	31608	34263	37175
大渡口区	Dadukou District	17589	20236	22576	24904	27006	29124	31632	34591
江北区	Jiangbei District	17726	20502	23121	25732	27984	30267	32897	35884
沙坪坝区	Shapingba District	17529	20276	22860	25224	27385	29490	31994	34720
九龙坡区	Jiulongpo District	17069	19793	22309	24897	27148	29371	32075	34940
南岸区	Nan' an District	17376	20032	22583	25184	27440	29645	32160	34947
北碚区	Beibei District	15048	17688	20360	22798	24838	26965	29387	32095
渝北区	Yubei District	14671	17508	20367	22975	25007	27194	29752	32482
巴南区	Ba' nan District	14578	17221	19962	22385	24499	26650	29128	31865
长寿区	Changshou District	10860	13181	15416	17540	19341	21353	23519	25821
江津区	Jiangjin District	11728	13998	16176	18377	20393	22543	24936	27585
合川区	Hechuan District	11390	13698	15935	18009	19902	21914	24079	26491
永川区	Yongchuan District	11935	14322	16637	18806	20818	22992	25413	28032
南川区	Nanchuan District	10116	12196	14251	16172	17819	19621	21552	23749
綦江区	Qijiang District	9762	11718	13526	15351	16909	18567	20340	22568
綦江区（不含万盛）	Qijiang District (Exclude Wansheng)	9600	11643	13324	14968	16693	18273	20092	22398
万盛经开区	Wansheng Economic Development District	10977	12811	14584	16139	17858	19472	21095	23080
大足区	Dazu District	10028	12200	14266	16217	17942	19802	21882	24489
璧山区	Bishan District	10752	13062	15433	17692	19647	21800	24186	27102
铜梁区	Tongliang District	10414	12653	15003	17094	18918	20818	22946	25739
潼南区	Tongnan District	8826	10739	12744	14591	16206	18039	20055	22541
荣昌区	Rongchang District	9910	12104	14175	16196	17920	19784	21861	24443
开州区	Kaizhou District	7679	9374	11104	12794	14297	15991	17761	19572
梁平区	Liangping District	8437	10258	11981	13839	15515	17377	19353	21395
武隆区	Wulong District	7616	9379	11054	12919	14488	16311	18240	20279
城口县	Chengkou County	5486	6812	7970	9280	10344	11570	12810	14093
丰都县	Fengdu County	7184	8854	10685	12338	13799	15492	17270	19186
垫江县	Dianjiang County	8486	10330	12120	14024	15691	17591	19563	21697
忠 县	Zhongxian County	8054	9926	11798	13666	15303	17112	19002	21121
云阳县	Yunyang County	6642	8182	9636	11061	12360	13841	15358	17000
奉节县	Fengjie County	6452	7933	9375	10803	12043	13445	14910	16551
巫山县	Wushan County	6294	7736	9266	10698	11911	13317	14809	16411
巫溪县	Wuxi County	5144	6374	7681	8871	9900	11054	12242	13474
石柱县	Shizhu County	7165	8963	10664	12404	13888	15577	17345	19251
秀山县	Xiushan County	6613	8201	9776	11431	12794	14404	16061	17827
酉阳县	Youyang County	5184	6428	7572	8857	9919	11174	12521	13912
彭水县	Pengshui County	5919	7280	8678	10104	11317	12739	14219	15794

2-46 各区县全体居民人均消费支出情况（2016-2017年）
Per Capita Expenditure of All the Households by Region of Chongqing（2016-2017）

单位：元/人 yuan/person

区 县	Region	2016年	2017年
全 市	Total	16385	17898
万州区	Wanzhou District	18409	20180
黔江区	Qianjiang District	13323	14080
涪陵区	Fuling District	19287	21423
渝中区	Yuzhong District	23968	26073
大渡口区	Dadukou District	23111	25097
江北区	Jiangbei District	22816	24264
沙坪坝区	Shapingba District	22774	25740
九龙坡区	Jiulongpo District	22682	24549
南岸区	Nan' an District	21817	22781
北碚区	Beibei District	22247	23221
渝北区	Yubei District	21095	22275
巴南区	Ba' nan District	22777	24815
长寿区	Changshou District	16686	17923
江津区	Jiangjin District	18066	19943
合川区	Hechuan District	19844	21548
永川区	Yongchuan District	14397	15876
南川区	Nanchuan District	12882	13346
綦江区	Qijiang District	14831	16312
綦江区（不含万盛）	Qijiang District (Exclude Wansheng)	14703	16287
万盛经开区	Wansheng Economic Development District	15216	16387
大足区	Dazu District	15386	16958
璧山区	Bishan District	15540	16789
铜梁区	Tongliang District	14468	16020
潼南区	Tongnan District	13869	15367
荣昌区	Rongchang District	14750	15829
开州区	Kaizhou District	13614	14773
梁平区	Liangping District	15067	15804
武隆区	Wulong District	13561	14858
城口县	Chengkou County	8900	9626
丰都县	Fengdu County	11671	13057
垫江县	Dianjiang County	12639	12334
忠 县	Zhongxian County	13399	14291
云阳县	Yunyang County	9555	11017
奉节县	Fengjie County	10867	12975
巫山县	Wushan County	10787	11915
巫溪县	Wuxi County	9591	10340
石柱县	Shizhu County	9862	10579
秀山县	Xiushan County	10981	11855
酉阳县	Youyang County	10081	11121
彭水县	Pengshui County	10909	11816

2-47 各区县全体居民人均可支配收入构成（2016 年）
Composition of Per Capita Disposable Income of All the Households by Region of Chongqing（2016）

单位：元/人 yuan/person

区 县	Region	可支配收入 Disposable Income	工资性收入 Wage and Salary Income	经营净收入 Net Operating Income	财产净收入 Net Property Income	转移净收入 Net Transfer Income
全 市	**Total**	**22034**	**11558**	**3684**	**1414**	**5378**
万州区	Wanzhou District	23965	14746	3288	1759	4172
黔江区	Qianjiang District	17820	7586	5815	1160	3259
涪陵区	Fuling District	24144	13223	4075	1545	5302
渝中区	Yuzhong District	34263	20559	3590	2130	7984
大渡口区	Dadukou District	31632	18844	1834	1902	9051
江北区	Jiangbei District	32897	19774	1542	1819	9762
沙坪坝区	Shapingba District	31994	16574	4940	2253	8226
九龙坡区	Jiulongpo District	32075	17842	3353	2879	8001
南岸区	Nan' an District	32160	18472	3109	2140	8439
北碚区	Beibei District	29387	19644	1825	2187	5731
渝北区	Yubei District	29752	19730	2297	2440	5285
巴南区	Ba' nan District	29128	16290	4682	2171	5985
长寿区	Changshou District	23519	12348	3947	1991	5233
江津区	Jiangjin District	24936	13195	4493	1068	6180
合川区	Hechuan District	24079	10566	5287	1621	6604
永川区	Yongchuan District	25413	14626	4260	1858	4669
南川区	Nanchuan District	21552	11378	4361	1306	4507
綦江区（不含万盛）	Qijiang District (Exclude Wansheng)	20092	10693	3072	710	5617
万盛经开区	Wansheng Economic Development District	21095	10767	3067	1667	5594
大足区	Dazu District	21882	10691	4770	966	5456
璧山区	Bishan District	24186	14759	4168	2026	3233
铜梁区	Tongliang District	22946	12019	5365	1160	4403
潼南区	Tongnan District	20055	8974	5009	1330	4742
荣昌区	Rongchang District	21861	11161	4112	1154	5433
开州区	Kaizhou District	17761	8495	4586	941	3740
梁平区	Liangping District	19353	9261	3978	1360	4753
武隆区	Wulong District	18240	8639	4662	991	3949
城口县	Chengkou County	12810	7147	2652	1004	2007
丰都县	Fengdu County	17270	7875	4617	925	3854
垫江区	Dianjiang County	19563	8451	4317	1135	5660
忠县	Zhongxian County	19002	9160	4374	978	4490
云阳县	Yunyang County	15358	9315	2206	812	3025
奉节县	Fengjie County	14910	5630	5284	690	3305
巫山县	Wushan County	14809	8287	3070	613	2839
巫溪县	Wuxi County	12242	6247	3698	471	1826
石柱县	Shizhu County	17345	7856	5517	939	3034
秀山县	Xiushan County	16061	7247	6027	683	2103
酉阳县	Youyang County	12521	5700	3149	610	3062
彭水县	Pengshui County	14219	6603	3906	1263	2447

2-47 各区县全体居民人均可支配收入构成（2017 年）
Composition of Per Capita Disposable Income of All the Households by Region of Chongqing（2017）

续表（continued）　　　　单位：元/人（yuan/person）

区 县	Region	可支配收入 Disposable Income	工资性收入 Wage and Salary Income	经营净收入 Net Operating Income	财产净收入 Net Property Income	转移净收入 Net Transfer Income
全 市	Total	24153	12604	4017	1526	6007
万州区	Wanzhou District	26406	16165	3597	1921	4722
黔江区	Qianjiang District	19824	8480	6512	1333	3500
涪陵区	Fuling District	26715	14644	4411	1754	5907
渝中区	Yuzhong District	37175	21939	3991	1968	9277
大渡口区	Dadukou District	34591	19815	2260	2139	10377
江北区	Jiangbei District	35884	21309	1653	2025	10897
沙坪坝区	Shapingba District	34720	17753	5079	2469	9419
九龙坡区	Jiulongpo District	34940	18984	3609	3266	9082
南岸区	Nan' an District	34947	19897	3482	2325	9243
北碚区	Beibei District	32095	21709	1961	2322	6102
渝北区	Yubei District	32482	20707	2571	2852	6352
巴南区	Ba' nan District	31865	17935	5004	2372	6555
长寿区	Changshou District	25821	13622	4237	2247	5715
江津区	Jiangjin District	27585	14698	4951	1156	6779
合川区	Hechuan District	26491	11636	5984	1765	7106
永川区	Yongchuan District	28032	16160	4689	2032	5151
南川区	Nanchuan District	23749	12366	4740	1378	5265
綦江区（不含万盛）	Qijiang District (Exclude Wansheng)	22398	12082	3478	770	6068
万盛经开区	Wansheng Economic Development District	23080	11749	3201	1804	6327
大足区	Dazu District	24489	12039	5268	1108	6075
璧山区	Bishan District	27102	16664	4440	2237	3762
铜梁区	Tongliang District	25739	13494	6008	1366	4870
潼南区	Tongnan District	22541	10509	5232	1512	5288
荣昌区	Rongchang District	24443	12651	4417	1325	6049
开州区	Kaizhou District	19572	9401	5002	1045	4123
梁平区	Liangping District	21395	10247	4409	1478	5261
武隆区	Wulong District	20279	9663	5152	1128	4335
城口县	Chengkou County	14093	7837	2880	1113	2263
丰都县	Fengdu County	19186	8856	5082	1013	4235
垫江县	Dianjiang County	21697	9373	4789	1209	6326
忠县	Zhongxian County	21121	10084	4961	1058	5019
云阳县	Yunyang County	17000	10296	2407	927	3370
奉节县	Fengjie County	16551	6496	5913	791	3351
巫山县	Wushan County	16411	9192	3360	718	3141
巫溪县	Wuxi County	13474	6968	4000	523	1982
石柱县	Shizhu County	19251	8621	6076	992	3561
秀山县	Xiushan County	17827	8003	6737	734	2352
酉阳县	Youyang County	13912	6426	3445	664	3377
彭水县	Pengshui County	15794	7289	4371	1424	2710

2-48 各区县全体居民人均消费支出构成情况（2016 年）
Composition of Per Capita Consumption Expenditure of All the Households by Region of Chongqing（2016）

单位：元/人 yuan/person

区 县	Region	消费支出 Consumption Expenditure	食品烟酒 Food, Tobacco and Alcohol	衣着 Clothing	居住 Residence	生活用品及服务 Household Facilities, Articles and Services
全 市	Total	16385	5612	1374	2903	1146
万州区	Wanzhou District	18409	6649	1819	2927	1300
黔江区	Qianjiang District	13323	5208	1115	2494	885
涪陵区	Fuling District	19287	6835	1826	2725	1436
渝中区	Yuzhong District	23968	8045	1842	4084	1617
大渡口区	Dadukou District	23111	7821	1769	3808	1524
江北区	Jiangbei District	22816	8652	2129	4413	1441
沙坪坝区	Shapingba District	22774	7226	1902	3899	1797
九龙坡区	Jiulongpo District	22682	7539	2028	4358	1521
南岸区	Nan’an District	21817	6851	1595	5106	1396
北碚区	Beibei District	22247	6606	2172	3678	1682
渝北区	Yubei District	21095	6893	2217	4369	1226
巴南区	Ba’nan District	22777	7569	2374	3475	1969
长寿区	Changshou District	16686	6849	1622	2463	1080
江津区	Jiangjin District	18066	6793	2081	2682	1271
合川区	Hechuan District	19844	6651	1946	3455	1628
永川区	Yongchuan District	14397	4921	1172	2424	928
南川区	Nanchuan District	12882	4716	1127	2606	764
綦江区（不含万盛）	Qijiang District (Exclude Wansheng)	14703	5222	1280	2517	986
万盛经开区	Wansheng Economic Development District	15216	4949	1573	3216	1050
大足区	Dazu District	15386	6200	1422	2032	1033
璧山区	Bishan District	15540	5637	1295	2559	1247
铜梁区	Tongliang District	14468	5057	1075	2681	3042
潼南区	Tongnan District	13869	5456	1062	2436	960
荣昌区	Rongchang District	14750	5205	1699	1945	1300
开州区	Kaizhou District	13614	5483	1300	2484	1077
梁平区	Liangping District	15067	5258	1219	2559	1158
武隆区	Wulong District	13561	4887	1001	2321	893
城口县	Chengkou County	8900	3387	903	1541	604
丰都县	Fengdu County	11671	4240	862	2293	878
垫江县	Dianjiang County	12639	4355	1000	2365	886
忠 县	Zhongxian County	13399	5015	927	2741	1162
云阳县	Yunyang County	9555	3833	541	2401	708
奉节县	Fengjie County	10867	4090	1732	1466	642
巫山县	Wushan County	10787	3610	1064	2019	792
巫溪县	Wuxi County	9591	4492	542	2447	694
石柱县	Shizhu County	9862	3946	987	2016	721
秀山县	Xiushan County	10981	4073	1218	2199	702
酉阳县	Youyang County	10081	3771	874	1929	676
彭水县	Pengshui County	10909	4683	805	1811	814

2–48 各区县全体居民人均消费支出构成情况（2016 年）
Composition of Per Capita Consumption Expenditure of All the Households by Region of Chongqing（2016）

续表（continued）　　单位：元/人（yuan/person）

区 县	Region	交通通信 Transportation, Post and Communication Services	教育文化娱乐 Educational, Cultural and Recreational Services	医疗保健 Health Care and Medical Services	其他用品和服务 Miscellaneous Goods and Services
全 市	Total	1942	1746	1344	319
万州区	Wanzhou District	2124	1966	1307	317
黔江区	Qianjiang District	1332	1280	768	240
涪陵区	Fuling District	2303	2070	1430	662
渝中区	Yuzhong District	3083	2630	2180	488
大渡口区	Dadukou District	2662	3035	2042	449
江北区	Jiangbei District	1909	1749	1610	913
沙坪坝区	Shapingba District	3224	2302	1939	485
九龙坡区	Jiulongpo District	2274	2172	2083	707
南岸区	Nan' an District	2723	2090	1501	554
北碚区	Beibei District	3035	2560	1995	519
渝北区	Yubei District	2336	1968	1793	292
巴南区	Ba' nan District	2472	2304	2215	398
长寿区	Changshou District	1413	1758	1200	300
江津区	Jiangjin District	2180	1542	1086	431
合川区	Hechuan District	1659	2110	1717	678
永川区	Yongchuan District	2145	1319	1198	291
南川区	Nanchuan District	1434	1112	979	143
綦江区（不含万盛）	Qijiang District (Exclude Wansheng)	1686	1523	1128	361
万盛经开区	Wansheng Economic Development District	1390	1783	899	357
大足区	Dazu District	1506	1764	1036	392
璧山区	Bishan District	2113	1416	998	276
铜梁区	Tongliang District	902	888	647	176
潼南区	Tongnan District	1254	1664	858	178
荣昌区	Rongchang District	1638	1525	1039	399
开州区	Kaizhou District	1287	983	789	211
梁平区	Liangping District	1735	1409	1210	519
武隆区	Wulong District	1684	1740	793	241
城口县	Chengkou County	776	931	526	234
丰都县	Fengdu County	1112	1322	767	198
垫江县	Dianjiang County	1178	1267	1239	349
忠 县	Zhongxian County	1121	1123	991	318
云阳县	Yunyang County	757	621	542	151
奉节县	Fengjie County	862	1104	694	278
巫山县	Wushan County	1013	1220	749	319
巫溪县	Wuxi County	610	420	295	92
石柱县	Shizhu County	814	573	594	211
秀山县	Xiushan County	978	1195	472	145
酉阳县	Youyang County	1042	997	683	109
彭水县	Pengshui County	986	1008	634	168

2-48 各区县全体居民人均消费支出构成情况（2017 年）
Composition of Per Capita Consumption Expenditure of All the Households by Region of Chongqing（2017）

单位：元/人 yuan/person

区 县	Region	消费支出 Consumption Expenditure	食品烟酒 Food, Tobacco and Alcohol	衣着 Clothing	居住 Residence	生活用品及服务 Household Facilities, Articles and Services
全 市	Total	17898	5943	1395	3141	1245
万州区	Wanzhou District	20180	7170	1914	3092	1437
黔江区	Qianjiang District	14080	5328	1182	2649	927
涪陵区	Fuling District	21423	7435	2011	3049	1602
渝中区	Yuzhong District	26073	8300	1859	4566	1567
大渡口区	Dadukou District	25097	8485	1989	3833	1528
江北区	Jiangbei District	24264	9038	2174	4810	1553
沙坪坝区	Shapingba District	25740	7428	2134	3950	1836
九龙坡区	Jiulongpo District	24549	7996	2070	4627	1676
南岸区	Nan’an District	22781	7191	1669	5069	1567
北碚区	Beibei District	23221	6831	2144	3669	1778
渝北区	Yubei District	22275	7081	1580	4886	1369
巴南区	Ba’nan District	24815	8219	2608	3774	2141
长寿区	Changshou District	17923	7242	1800	2684	1169
江津区	Jiangjin District	19943	7455	2318	2949	1367
合川区	Hechuan District	21548	7178	2158	3708	1746
永川区	Yongchuan District	15876	5193	1316	2679	1007
南川区	Nanchuan District	13346	4804	1098	2762	842
綦江区（不含万盛）	Qijiang District (Exclude Wansheng)	16287	5654	1455	2815	1066
万盛经开区	Wansheng Economic Development District	16387	5205	1695	3706	1098
大足区	Dazu District	16958	6619	1515	2373	1158
璧山区	Bishan District	16789	6020	1405	2818	1369
铜梁区	Tongliang District	16020	5452	1554	2965	2665
潼南区	Tongnan District	15367	5832	1229	2885	1037
荣昌区	Rongchang District	15829	5392	1844	2194	1391
开州区	Kaizhou District	14773	5892	1419	2642	1182
梁平区	Liangping District	15804	5429	1287	2761	1215
武隆区	Wulong District	14858	5270	1130	2543	960
城口县	Chengkou County	9626	3614	961	1770	649
丰都县	Fengdu County	13057	4700	978	2557	948
垫江县	Dianjiang County	12334	3991	809	2094	839
忠 县	Zhongxian County	14291	5149	956	2800	1222
云阳县	Yunyang County	11017	4248	611	2695	794
奉节县	Fengjie County	12975	4584	1057	2141	898
巫山县	Wushan County	11915	3968	1086	2241	886
巫溪县	Wuxi County	10340	4687	599	2679	799
石柱县	Shizhu County	10579	4088	1100	2278	755
秀山县	Xiushan County	11855	4444	1346	2249	756
酉阳县	Youyang County	11121	4013	928	2153	770
彭水县	Pengshui County	11816	5044	888	2009	888

2-48 各区县全体居民人均消费支出构成情况（2017 年）
Composition of Per Capita Consumption Expenditure of All the Households by Region of Chongqing（2017）

续表（continued） 单位：元/人（yuan/person）

区 县	Region	交通通信 Transportation, Post and Communication Services	教育文化娱乐 Educational, Cultural and Recreational Services	医疗保健 Health Care and Medical Services	其他用品和服务 Miscellaneous Goods and Services
全 市	Total	2310	1993	1472	398
万州区	Wanzhou District	2506	2236	1495	331
黔江区	Qianjiang District	1488	1378	835	292
涪陵区	Fuling District	2631	2315	1640	741
渝中区	Yuzhong District	3532	3236	2472	541
大渡口区	Dadukou District	3106	3098	2538	520
江北区	Jiangbei District	2039	1900	1765	985
沙坪坝区	Shapingba District	4622	2409	2737	624
九龙坡区	Jiulongpo District	2889	2519	2027	745
南岸区	Nan' an District	2346	2265	1835	840
北碚区	Beibei District	3337	2828	2123	511
渝北区	Yubei District	2541	2152	2199	465
巴南区	Ba' nan District	2683	2534	2423	434
长寿区	Changshou District	1521	1914	1267	325
江津区	Jiangjin District	2455	1721	1192	486
合川区	Hechuan District	1868	2265	1898	729
永川区	Yongchuan District	2525	1475	1375	306
南川区	Nanchuan District	1510	1275	882	173
綦江区（不含万盛）	Qijiang District (Exclude Wansheng)	1912	1710	1273	402
万盛经开区	Wansheng Economic Development District	1411	1917	987	368
大足区	Dazu District	1768	1911	1122	491
璧山区	Bishan District	2222	1582	1053	319
铜梁区	Tongliang District	1082	1323	731	247
潼南区	Tongnan District	1385	1840	912	247
荣昌区	Rongchang District	1745	1642	1191	429
开州区	Kaizhou District	1443	1107	865	225
梁平区	Liangping District	1835	1454	1277	546
武隆区	Wulong District	1851	1943	895	268
城口县	Chengkou County	833	987	561	251
丰都县	Fengdu County	1307	1489	844	232
垫江县	Dianjiang County	1324	1590	1392	296
忠 县	Zhongxian County	1355	1351	1113	345
云阳县	Yunyang County	897	879	707	186
奉节县	Fengjie County	1933	1487	686	190
巫山县	Wushan County	1131	1378	862	363
巫溪县	Wuxi County	689	463	324	100
石柱县	Shizhu County	900	607	626	224
秀山县	Xiushan County	1017	1360	522	162
酉阳县	Youyang County	1161	1183	786	128
彭水县	Pengshui County	1077	1054	664	192

2-49　各区县城镇居民家庭基本情况（2016 年）

Basic Conditions of Urban Households by Region of Chongqing（2016）

单位：元/人　　　　yuan/person

区　县	Region	户均常住人口（人/户）Resident Population per Household（person/household）	户均常住劳动力人数（人/户）Manpower per Household from Resident Population（person/household）	户均常住成员从业人数（人/户）Employed Person per Household from Resident Population（person/household）	人均住房建筑面积（平方米/人）Per Capita Floor Space of Housing（m²/person）
全　市	Total	3.13	2.29	1.63	34.00
万州区	Wanzhou District	2.84	2.04	1.79	39.06
黔江区	Qianjiang District	3.54	2.17	1.91	46.10
涪陵区	Fuling District	2.91	2.12	1.98	35.47
渝中区	Yuzhong District	2.99	2.37	1.46	25.37
大渡口区	Dadukou District	3.02	2.23	1.34	31.89
江北区	Jiangbei District	2.94	2.39	1.07	31.19
沙坪坝区	Shapingba District	2.94	2.23	1.47	32.47
九龙坡区	Jiulongpo District	2.88	2.26	1.39	31.76
南岸区	Nan’an District	2.94	2.32	1.30	30.91
北碚区	Beibei District	2.86	2.13	1.67	35.80
渝北区	Yubei District	3.26	2.53	1.60	28.38
巴南区	Ba’nan District	3.19	2.50	2.14	33.51
长寿区	Changshou District	3.30	2.44	2.17	38.10
江津区	Jiangjin District	3.29	2.26	1.91	40.90
合川区	Hechuan District	3.09	2.31	1.85	40.56
永川区	Yongchuan District	3.03	2.10	1.66	35.28
南川区	Nanchuan District	3.23	2.26	1.87	49.17
綦江区（不含万盛）	Qijiang District (Exclude Wansheng)	2.64	1.94	1.55	36.82
万盛经开区	Wansheng Economic Development District	2.98	2.12	1.22	36.32
大足区	Dazu District	3.03	2.28	1.93	44.22
璧山区	Bishan District	3.03	2.23	1.64	37.59
铜梁区	Tongliang District	3.05	2.23	2.01	44.80
潼南区	Tongnan District	3.15	2.30	1.85	40.14
荣昌区	Rongchang District	2.92	1.91	1.61	37.10
开州区	Kaizhou District	3.31	2.13	1.85	43.94
梁平区	Liangping District	2.99	2.16	1.60	47.20
武隆区	Wulong District	3.67	2.45	2.02	35.15
城口县	Chengkou County	2.90	2.20	2.20	37.56
丰都县	Fengdu County	3.18	2.23	1.85	37.41
垫江县	Dianjiang County	2.91	1.85	1.50	44.95
忠　县	Zhongxian County	2.75	2.06	1.93	39.26
云阳县	Yunyang County	3.03	1.94	1.66	44.80
奉节县	Fengjie County	3.37	2.22	1.66	32.94
巫山县	Wushan County	3.33	2.16	2.03	41.22
巫溪县	Wuxi County	2.79	2.11	2.03	53.21
石柱县	Shizhu County	3.31	2.12	1.85	49.67
秀山县	Xiushan County	3.98	2.66	2.27	38.24
酉阳县	Youyang County	3.42	2.33	2.01	41.33
彭水县	Pengshui County	3.66	2.01	1.89	38.35

2-49 各区县城镇居民家庭基本情况（2017 年）
Basic Conditions of Urban Households by Region of Chongqing（2017）

单位：元/人 yuan/person

区 县	Region	户均常住人口（人/户）Resident Population per Household（person/household）	户均常住劳动力人数（人/户）Manpower per Household from Resident Population（person/household）	户均常住成员从业人数（人/户）Employed Person per Household from Resident Population（person/household）	人均住房建筑面积（平方米/人）Per Capita Floor Space of Housing（m²/person）
全 市	Total	3.13	2.31	1.64	35.28
万州区	Wanzhou District	2.84	2.13	1.75	43.41
黔江区	Qianjiang District	3.48	2.18	1.89	46.53
涪陵区	Fuling District	3.31	2.41	1.90	35.82
渝中区	Yuzhong District	3.04	2.44	1.48	25.23
大渡口区	Dadukou District	3.07	2.27	1.41	30.53
江北区	Jiangbei District	3.15	2.52	1.39	27.40
沙坪坝区	Shapingba District	2.95	2.34	1.40	34.42
九龙坡区	Jiulongpo District	2.90	2.26	1.41	33.77
南岸区	Nan' an District	2.95	2.32	1.32	30.93
北碚区	Beibei District	2.86	2.16	1.66	35.88
渝北区	Yubei District	3.31	2.48	1.59	28.03
巴南区	Ba' nan District	3.22	2.50	2.12	34.28
长寿区	Changshou District	3.18	2.34	2.12	38.70
江津区	Jiangjin District	3.27	2.28	1.75	40.91
合川区	Hechuan District	3.08	2.36	1.84	41.00
永川区	Yongchuan District	3.06	2.15	1.69	34.76
南川区	Nanchuan District	3.10	2.29	1.88	51.54
綦江区（不含万盛）	Qijiang District (Exclude Wansheng)	2.60	2.03	1.45	37.17
万盛经开区	Wansheng Economic Development District	2.76	2.05	1.33	41.47
大足区	Dazu District	3.19	2.46	1.96	45.17
璧山区	Bishan District	2.96	2.23	1.62	38.01
铜梁区	Tongliang District	3.23	2.38	1.90	44.88
潼南区	Tongnan District	3.11	1.85	1.35	36.30
荣昌区	Rongchang District	2.84	2.11	1.64	41.06
开州区	Kaizhou District	3.28	2.14	1.85	44.20
梁平区	Liangping District	3.01	2.11	1.60	48.93
武隆区	Wulong District	3.49	2.19	1.98	37.61
城口县	Chengkou County	4.09	2.77	2.32	36.69
丰都县	Fengdu County	3.25	2.28	1.87	37.44
垫江县	Dianjiang County	2.78	1.82	1.32	44.90
忠 县	Zhongxian County	2.75	2.16	1.68	43.30
云阳县	Yunyang County	3.41	2.45	2.00	41.43
奉节县	Fengjie County	3.37	2.27	2.03	33.09
巫山县	Wushan County	3.13	2.13	2.00	43.01
巫溪县	Wuxi County	2.68	2.23	2.01	54.46
石柱县	Shizhu County	3.09	1.96	1.81	51.63
秀山县	Xiushan County	4.06	2.82	2.31	42.44
酉阳县	Youyang County	3.45	2.36	2.03	41.83
彭水县	Pengshui County	3.92	2.32	2.02	39.07

2-50 各区县城镇居民人均可支配收入情况（2010-2017 年）
Per Capita Income of Urban Households by Region of Chongqing（2010-2017）

单位：元/人 yuan/person

区 县	Region	2010 年	2011 年	2012 年	2013 年	2014 年	2015 年	2016 年	2017 年
全 市	Total	16032	18517	21003	23058	25147	27239	29610	32193
万州区	Wanzhou District	15990	18582	20979	23287	25919	28459	31248	33967
黔江区	Qianjiang District	13575	15749	17960	20115	22388	24672	27164	29812
涪陵区	Fuling District	16185	18875	21611	23686	26149	28450	30897	33709
渝中区	Yuzhong District	19312	21943	24478	26803	29253	31608	34263	37175
大渡口区	Dadukou District	18255	20928	23282	25308	27434	29546	32057	35038
江北区	Jiangbei District	18644	21472	24152	26422	28695	31014	33681	36662
沙坪坝区	Shapingba District	18555	21349	24009	26050	28264	30384	32921	35669
九龙坡区	Jiulongpo District	18428	21238	23881	26150	28504	30727	33431	36339
南岸区	Nan’an District	18331	21091	23650	25944	28278	30441	32983	35770
北碚区	Beibei District	18241	20976	23626	25800	28071	30261	32758	35575
渝北区	Yubei District	18474	21243	23932	26277	28563	30819	33546	36414
巴南区	Ba’nan District	18194	20922	23471	25677	28040	30339	32978	35864
长寿区	Changshou District	15973	18672	21127	23113	25388	27571	29915	32428
江津区	Jiangjin District	16038	18625	21136	23228	25667	27951	30495	33331
合川区	Hechuan District	15897	18465	20875	22816	25098	27231	29505	32101
永川区	Yongchuan District	16253	18954	21614	23624	26034	28325	30903	33684
南川区	Nanchuan District	15597	18126	20701	22564	24730	26758	28899	31398
綦江区	Qijiang District	14506	16798	18898	20580	22535	24360	26301	28555
綦江区（不含万盛）	Qijiang District (Exclude Wansheng)	15429	17859	20092	21880	23959	25749	27809	30117
万盛经开区	Wansheng Economic Development District	13080	15010	16886	18389	20136	21767	23465	25460
大足区	Dazu District	16034	18615	20830	22726	24998	27123	29483	32107
璧山区	Bishan District	16972	19764	22470	24717	27263	29744	32510	35436
铜梁区	Tongliang District	16587	19219	21972	24037	26417	28530	30955	33865
潼南区	Tongnan District	15080	17374	19680	21609	23791	25932	28318	30923
荣昌区	Rongchang District	15923	18487	20892	22918	25152	27227	29623	32230
开州区	Kaizhou District	13570	15651	17938	19750	21903	23984	26262	28547
梁平区	Liangping District	14963	17320	19641	21703	24112	26427	28990	31599
武隆区	Wulong District	14925	17302	19781	22056	24526	27003	29703	32495
城口县	Chengkou County	12222	14103	15966	17547	19355	21116	22974	24914
丰都县	Fengdu County	13294	15459	17779	19593	21749	23902	26268	28763
垫江县	Dianjiang County	15195	17403	19712	21841	24222	26644	29202	31889
忠 县	Zhongxian County	14874	17282	19866	21992	24455	26778	29295	32107
云阳县	Yunyang County	12425	14348	16328	17830	19737	21592	23611	25760
奉节县	Fengjie County	12458	14366	16327	17911	19792	21633	23634	25832
巫山县	Wushan County	13441	15477	17710	19322	21351	23315	25483	27751
巫溪县	Wuxi County	11478	13236	15023	16375	18111	19687	21380	23112
石柱县	Shizhu County	13980	16144	18582	20645	22916	25116	27527	30087
秀山县	Xiushan County	14181	16365	18655	20688	22901	25145	27483	29956
酉阳县	Youyang County	11620	13405	15183	16823	18607	20449	22473	24585
彭水县	Pengshui County	12625	14522	16572	18345	20363	22338	24482	26808

2-51 各区县城镇居民人均消费支出情况（2016-2017 年）
Per Capita Expenditure of Urban Households by Region of Chongqing（2016-2017）

单位：元/人 yuan/person

区 县	Region	2016 年	2017 年
全 市	Total	21031	22760
万州区	Wanzhou District	22834	24625
黔江区	Qianjiang District	19155	20030
涪陵区	Fuling District	24321	26604
渝中区	Yuzhong District	23968	26073
大渡口区	Dadukou District	23363	25364
江北区	Jiangbei District	23419	24838
沙坪坝区	Shapingba District	23361	26236
九龙坡区	Jiulongpo District	23512	25401
南岸区	Nan' an District	22420	23338
北碚区	Beibei District	24707	25487
渝北区	Yubei District	23566	24629
巴南区	Ba' nan District	25991	28151
长寿区	Changshou District	20080	21434
江津区	Jiangjin District	22070	24063
合川区	Hechuan District	24173	25969
永川区	Yongchuan District	16348	17990
南川区	Nanchuan District	14767	15407
綦江区	Qijiang District	18434	19781
綦江区（不含万盛）	Qijiang District (Exclude Wansheng)	19319	20809
万盛经开区	Wansheng Economic Development District	16770	17745
大足区	Dazu District	20502	21819
璧山区	Bishan District	19507	20664
铜梁区	Tongliang District	19276	20805
潼南区	Tongnan District	19211	20804
荣昌区	Rongchang District	19902	20618
开州区	Kaizhou District	18738	19983
梁平区	Liangping District	20568	21164
武隆区	Wulong District	19755	21671
城口县	Chengkou County	15274	16109
丰都县	Fengdu County	16144	17595
垫江县	Dianjiang County	17214	15030
忠 县	Zhongxian County	19042	19993
云阳县	Yunyang County	12188	14227
奉节县	Fengjie County	16740	16863
巫山县	Wushan County	15906	17420
巫溪县	Wuxi County	13387	13916
石柱县	Shizhu County	12844	13793
秀山县	Xiushan County	15006	16063
酉阳县	Youyang County	16112	17573
彭水县	Pengshui County	15769	17089

2-52 各区县城镇居民人均可支配收入构成（2016 年）
Composition of Per Capita Disposable Income of Urban Households by Region of Chongqing（2016）

单位：元/人 yuan/person

区 县	Region	可支配收入 Disposable Income	工资性收入 Wage and Salary Income	经营净收入 Net Operating Income	财产净收入 Net Property Income	转移净收入 Net Transfer Income
全 市	Total	29610	17043	3348	2221	6998
万州区	Wanzhou District	31248	20645	3064	2599	4940
黔江区	Qianjiang District	27164	13258	8900	2260	2747
涪陵区	Fuling District	30897	18656	3651	2202	6388
渝中区	Yuzhong District	34263	20559	3590	2130	7984
大渡口区	Dadukou District	32057	19032	1821	1939	9265
江北区	Jiangbei District	33681	20233	1378	1871	10199
沙坪坝区	Shapingba District	32921	17042	5044	2323	8512
九龙坡区	Jiulongpo District	33431	18494	3318	3118	8500
南岸区	Nan’an District	32983	18670	3206	2238	8869
北碚区	Beibei District	32758	22125	1622	2556	6455
渝北区	Yubei District	33546	23120	1978	2700	5749
巴南区	Ba’nan District	32978	19084	4436	2433	7025
长寿区	Changshou District	29915	17843	3183	2943	5945
江津区	Jiangjin District	30495	17745	4650	1469	6631
合川区	Hechuan District	29505	14174	5125	2143	8063
永川区	Yongchuan District	30903	18337	4380	2776	5410
南川区	Nanchuan District	28899	16755	4136	1979	6029
綦江区（不含万盛）	Qijiang District (Exclude Wansheng)	27809	16770	2661	1153	7225
万盛经开区	Wansheng Economic Development District	23465	12413	2547	2053	6452
大足区	Dazu District	29483	16398	4801	1311	6973
璧山区	Bishan District	32510	20828	3824	3392	4465
铜梁区	Tongliang District	30955	18270	6098	1936	4651
潼南区	Tongnan District	28318	15571	4390	2473	5885
荣昌区	Rongchang District	29623	17610	3181	2132	6699
开州区	Kaizhou District	26262	14270	5216	1838	4938
梁平区	Liangping District	28990	15398	4221	2611	6761
武隆区	Wulong District	29703	16550	5176	2115	5863
城口县	Chengkou County	22974	13137	2803	2621	4412
丰都县	Fengdu County	26268	14298	5029	1839	5102
垫江县	Dianjiang County	29202	15400	3674	2323	7805
忠 县	Zhongxian County	29295	16048	5072	1984	6190
云阳县	Yunyang County	23611	16798	1131	1823	3859
奉节县	Fengjie County	23634	9923	7232	1586	4894
巫山县	Wushan County	25483	16353	2885	1582	4663
巫溪县	Wuxi County	21380	13906	3900	1074	2500
石柱县	Shizhu County	27527	13721	7028	1381	5397
秀山县	Xiushan County	27483	13609	9890	1437	2547
酉阳县	Youyang County	22473	12187	3455	1542	5288
彭水县	Pengshui County	24482	11796	4922	3482	4282

2-52 各区县城镇居民人均可支配收入构成（2017 年）
Composition of Per Capita Disposable Income of Urban Households by Region of Chongqing（2017）

续表（continued）

单位：元/人（yuan/person）

区 县	Region	可支配收入 Disposable Income	工资性收入 Wage and Salary Income	经营净收入 Net Operating Income	财产净收入 Net Property Income	转移净收入 Net Transfer Income
全 市	Total	32193	18336	3685	2376	7797
万州区	Wanzhou District	33967	22258	3388	2795	5526
黔江区	Qianjiang District	29812	14506	9868	2540	2899
涪陵区	Fuling District	33709	20279	3929	2455	7046
渝中区	Yuzhong District	37175	21939	3991	1968	9277
大渡口区	Dadukou District	35038	19985	2262	2179	10612
江北区	Jiangbei District	36662	21751	1492	2077	11342
沙坪坝区	Shapingba District	35669	18235	5180	2541	9713
九龙坡区	Jiulongpo District	36339	19611	3577	3524	9628
南岸区	Nan' an District	35770	20089	3591	2423	9667
北碚区	Beibei District	35575	24320	1739	2694	6822
渝北区	Yubei District	36414	24081	2289	3219	6825
巴南区	Ba' nan District	35864	20865	4736	2630	7633
长寿区	Changshou District	32428	19323	3438	3252	6415
江津区	Jiangjin District	33331	19436	5097	1562	7236
合川区	Hechuan District	32101	15386	5854	2299	8562
永川区	Yongchuan District	33684	20022	4775	2955	5932
南川区	Nanchuan District	31398	17844	4494	2050	7010
綦江区（不含万盛）	Qijiang District（Exclude Wansheng）	30117	18355	2824	1200	7739
万盛经开区	Wansheng Economic Development District	25460	13362	2673	2161	7262
大足区	Dazu District	32107	17546	5381	1479	7701
璧山区	Bishan District	35436	22730	4108	3520	5078
铜梁区	Tongliang District	33865	19699	6893	2196	5077
潼南区	Tongnan District	30923	17397	4595	2632	6299
荣昌区	Rongchang District	32230	19086	3524	2310	7310
开州区	Kaizhou District	28547	15508	5696	2000	5344
梁平区	Liangping District	31599	16749	4748	2782	7321
武隆区	Wulong District	32495	18165	5686	2339	6304
城口县	Chengkou County	24914	14189	3024	2831	4870
丰都县	Fengdu County	28763	15787	5481	1974	5520
垫江县	Dianjiang County	31889	16589	4277	2388	8635
忠 县	Zhongxian County	32107	17384	5814	2086	6823
云阳县	Yunyang County	25760	18243	1241	2021	4255
奉节县	Fengjie County	25832	11312	7848	1772	4900
巫山县	Wushan County	27751	17763	3172	1733	5083
巫溪县	Wuxi County	23112	15125	4208	1156	2623
石柱县	Shizhu County	30087	14699	7626	1422	6340
秀山县	Xiushan County	29956	14698	10951	1503	2804
酉阳县	Youyang County	24585	13481	3732	1629	5743
彭水县	Pengshui County	26808	12876	5514	3780	4639

2-53 各区县城镇居民人均消费支出构成情况（2016 年）
Composition of Per Capita Consumption Expenditure of Urban Households by Region of Chongqing（2016）

单位：元/人 yuan/person

区 县	Region	消费支出 Consumption Expenditure	食品烟酒 Food, Tobacco and Alcohol	衣着 Clothing	居住 Residence	生活用品及服务 Household Facilities, Articles and Services
全 市	Total	21031	6884	1939	3801	1466
万州区	Wanzhou District	22834	8202	2597	3453	1639
黔江区	Qianjiang District	19155	7406	1851	3238	1395
涪陵区	Fuling District	24321	8392	2536	3204	1827
渝中区	Yuzhong District	23968	8045	1842	4084	1617
大渡口区	Dadukou District	23363	7886	1781	3851	1532
江北区	Jiangbei District	23419	8873	2178	4535	1489
沙坪坝区	Shapingba District	23361	7355	1967	4012	1843
九龙坡区	Jiulongpo District	23512	7773	2111	4479	1568
南岸区	Nan' an District	22420	7007	1640	5283	1439
北碚区	Beibei District	24707	7019	2466	4137	1890
渝北区	Yubei District	23566	7531	2647	4978	1395
巴南区	Ba' nan District	25991	8491	2792	3980	2250
长寿区	Changshou District	20080	8071	2334	2319	1387
江津区	Jiangjin District	22070	8138	2845	3011	1458
合川区	Hechuan District	24173	7907	2716	3930	1982
永川区	Yongchuan District	16348	5368	1490	2743	1036
南川区	Nanchuan District	14767	5513	1543	2931	876
綦江区（不含万盛）	Qijiang District (Exclude Wansheng)	19319	6470	1977	3256	1257
万盛经开区	Wansheng Economic Development District	16770	5443	1800	3496	1168
大足区	Dazu District	20502	8163	2037	2544	1351
璧山区	Bishan District	19507	7032	1917	3177	1386
铜梁区	Tongliang District	19276	6404	2132	3504	3421
潼南区	Tongnan District	19211	7189	1845	3096	1429
荣昌区	Rongchang District	19902	6722	2870	2059	1758
开州区	Kaizhou District	18738	7378	2289	2968	1460
梁平区	Liangping District	20568	7112	1906	3371	1551
武隆区	Wulong District	19755	6881	1509	3160	1257
城口县	Chengkou County	15274	5632	1639	3268	1023
丰都县	Fengdu County	16144	5649	1465	3350	1287
垫江县	Dianjiang County	17214	6039	1637	3379	1224
忠 县	Zhongxian County	19042	6395	1661	3589	1981
云阳县	Yunyang County	12188	5018	682	3543	830
奉节县	Fengjie County	16740	5979	2564	2841	935
巫山县	Wushan County	15906	5081	1795	2776	976
巫溪县	Wuxi County	13387	5362	999	3079	1047
石柱县	Shizhu County	12844	4795	1724	2771	993
秀山县	Xiushan County	15006	5435	2239	2791	754
酉阳县	Youyang County	16112	5170	1835	3037	1064
彭水县	Pengshui County	15769	6287	1536	3062	1249

2-53 各区县城镇居民人均消费支出构成情况（2016 年）
Composition of Per Capita Consumption Expenditure of Urban Households by Region of Chongqing（2016）

续表（continued）　　　　单位：元/人（yuan/person）

区 县	Region	交通通信 Transportation, Post and Communication Services	教育文化娱乐 Educational, Cultural and Recreational Services	医疗保健 Health Care and Medical Services	其他用品和服务 Miscellaneous Goods and Services
全 市	Total	2574	2232	1700	434
万州区	Wanzhou District	2643	2422	1474	404
黔江区	Qianjiang District	2112	1807	965	380
涪陵区	Fuling District	2995	2644	1824	898
渝中区	Yuzhong District	3083	2630	2180	488
大渡口区	Dadukou District	2677	3090	2087	459
江北区	Jiangbei District	1942	1799	1654	949
沙坪坝区	Shapingba District	3330	2401	1954	497
九龙坡区	Jiulongpo District	2365	2280	2187	749
南岸区	Nan' an District	2804	2141	1539	567
北碚区	Beibei District	3502	2868	2248	577
渝北区	Yubei District	2503	2274	1907	332
巴南区	Ba' nan District	2866	2681	2493	437
长寿区	Changshou District	1834	2424	1436	276
江津区	Jiangjin District	2930	1922	1198	568
合川区	Hechuan District	1986	2603	2110	939
永川区	Yongchuan District	2679	1514	1211	307
南川区	Nanchuan District	1564	1287	876	177
綦江区（不含万盛）	Qijiang District (Exclude Wansheng)	2237	1942	1727	454
万盛经开区	Wansheng Economic Development District	1481	1950	1031	402
大足区	Dazu District	2161	2409	1396	441
璧山区	Bishan District	2711	2027	925	332
铜梁区	Tongliang District	1226	1693	651	245
潼南区	Tongnan District	1819	2604	954	275
荣昌区	Rongchang District	2215	2182	1426	672
开州区	Kaizhou District	1996	1357	1060	230
梁平区	Liangping District	2785	1839	1376	628
武隆区	Wulong District	2689	2771	1143	346
城口县	Chengkou County	1235	1418	653	404
丰都县	Fengdu County	1721	1390	984	297
垫江县	Dianjiang County	1563	1469	1347	554
忠 县	Zhongxian County	1802	1672	1393	548
云阳县	Yunyang County	800	541	505	270
奉节县	Fengjie County	1394	1649	817	561
巫山县	Wushan County	1388	1839	1425	626
巫溪县	Wuxi County	908	1071	687	234
石柱县	Shizhu County	831	781	768	180
秀山县	Xiushan County	1151	1777	593	267
酉阳县	Youyang County	1898	1675	1214	219
彭水县	Pengshui County	1211	1271	837	316

2-53 各区县城镇居民人均消费支出构成情况（2017 年）
Composition of Per Capita Consumption Expenditure of Urban Households by Region of Chongqing（2017）

单位：元/人 yuan/person

区 县	Region	消费支出 Consumption Expenditure	食品烟酒 Food, Tobacco and Alcohol	衣着 Clothing	居住 Residence	生活用品及服务 Household Facilities, Articles and Services
全 市	**Total**	**22760**	**7305**	**1951**	**3960**	**1592**
万州区	Wanzhou District	24625	8706	2677	3568	1779
黔江区	Qianjiang District	20030	7503	1933	3396	1422
涪陵区	Fuling District	26604	9012	2731	3531	2005
渝中区	Yuzhong District	26073	8300	1859	4566	1567
大渡口区	Dadukou District	25364	8562	2002	3882	1545
江北区	Jiangbei District	24838	9245	2217	4931	1600
沙坪坝区	Shapingba District	26236	7495	2203	4057	1880
九龙坡区	Jiulongpo District	25401	8210	2144	4751	1728
南岸区	Nan' an District	23338	7328	1710	5220	1608
北碚区	Beibei District	25487	7177	2407	4080	1961
渝北区	Yubei District	24629	7656	1798	5541	1539
巴南区	Ba' nan District	28151	9176	3047	4293	2430
长寿区	Changshou District	21434	8469	2556	2560	1494
江津区	Jiangjin District	24063	8826	3109	3284	1546
合川区	Hechuan District	25969	8468	2952	4202	2098
永川区	Yongchuan District	17990	5632	1640	3003	1126
南川区	Nanchuan District	15407	5600	1523	3078	963
綦江区（不含万盛）	Qijiang District (Exclude Wansheng)	20809	6818	2154	3547	1325
万盛经开区	Wansheng Economic Development District	17745	5638	1927	3894	1205
大足区	Dazu District	21819	8507	2106	2820	1522
璧山区	Bishan District	20664	7375	1977	3417	1561
铜梁区	Tongliang District	20805	6737	2322	3798	3737
潼南区	Tongnan District	20804	7594	1996	3556	1492
荣昌区	Rongchang District	20618	6782	2908	2410	1791
开州区	Kaizhou District	19983	7850	2449	3121	1512
梁平区	Liangping District	21164	7210	1979	3512	1581
武隆区	Wulong District	21671	7479	1694	3509	1322
城口县	Chengkou County	16109	5950	1720	3422	1085
丰都县	Fengdu County	17595	6093	1558	3573	1347
垫江县	Dianjiang County	15030	4917	1243	2566	1098
忠 县	Zhongxian County	19993	6593	1667	3680	2012
云阳县	Yunyang County	14227	5554	777	4045	915
奉节县	Fengjie County	16863	5612	1597	2725	1161
巫山县	Wushan County	17420	5523	1773	3094	1109
巫溪县	Wuxi County	13916	5516	1070	3124	1099
石柱县	Shizhu County	13793	5010	1898	3120	1032
秀山县	Xiushan County	16063	5848	2365	2955	829
酉阳县	Youyang County	17573	5490	1888	3250	1251
彭水县	Pengshui County	17089	6756	1683	3391	1365

2–53 各区县城镇居民人均消费支出构成情况（2017 年）
Composition of Per Capita Consumption Expenditure of Urban Households by Region of Chongqing（2017）

续表（continued） 单位：元/人（yuan/person）

区 县	Region	交通通信 Transportation, Post and Communication Services	教育文化娱乐 Educational, Cultural and Recreational Services	医疗保健 Health Care and Medical Services	其他用品和服务 Miscellaneous Goods and Services
全 市	Total	2992	2528	1883	547
万州区	Wanzhou District	3075	2730	1679	413
黔江区	Qianjiang District	2366	1913	1059	437
涪陵区	Fuling District	3364	2911	2060	990
渝中区	Yuzhong District	3532	3236	2472	541
大渡口区	Dadukou District	3120	3140	2592	521
江北区	Jiangbei District	2068	1949	1809	1020
沙坪坝区	Shapingba District	4726	2481	2753	642
九龙坡区	Jiulongpo District	3024	2647	2110	787
南岸区	Nan' an District	2380	2339	1889	865
北碚区	Beibei District	3802	3137	2364	559
渝北区	Yubei District	2742	2485	2345	523
巴南区	Ba' nan District	3087	2930	2712	476
长寿区	Changshou District	1950	2597	1504	303
江津区	Jiangjin District	3244	2117	1305	632
合川区	Hechuan District	2182	2777	2305	986
永川区	Yongchuan District	3158	1653	1451	325
南川区	Nanchuan District	1577	1466	1002	199
綦江区（不含万盛）	Qijiang District (Exclude Wansheng)	2471	2122	1877	495
万盛经开区	Wansheng Economic Development District	1478	2069	1124	410
大足区	Dazu District	2358	2486	1453	568
璧山区	Bishan District	2787	2196	998	353
铜梁区	Tongliang District	1373	1825	729	283
潼南区	Tongnan District	1995	2793	979	397
荣昌区	Rongchang District	2249	2250	1535	693
开州区	Kaizhou District	2187	1490	1131	243
梁平区	Liangping District	2878	1865	1480	658
武隆区	Wulong District	2923	3075	1278	392
城口县	Chengkou County	1319	1491	695	428
丰都县	Fengdu County	1997	1585	1101	340
垫江县	Dianjiang County	1772	1862	1168	405
忠 县	Zhongxian County	2057	1901	1527	556
云阳县	Yunyang County	900	867	834	334
奉节县	Fengjie County	3205	1635	554	374
巫山县	Wushan County	1562	2037	1619	704
巫溪县	Wuxi County	983	1131	751	243
石柱县	Shizhu County	922	814	810	188
秀山县	Xiushan County	1132	1989	651	294
酉阳县	Youyang County	2097	1966	1376	255
彭水县	Pengshui County	1338	1325	875	356

2–54　各区县农村居民家庭基本情况（2016 年）
Basic Conditions of Rural Households by Region of Chongqing（2016）

单位：元/人　　yuan/person

区　县	Region	户均常住人口（人/户）Resident Population per Household（person/household）	户均常住劳动力人数（人/户）Manpower per Household from Resident Population（person/household）	户均常住成员从业人数（人/户）Employed Person per Household from Resident Population（person/household）	人均住房建筑面积（平方米/人）Per Capita Floor Space of Housing（m²/person）
全　市	**Total**	**3.03**	**2.06**	**1.94**	**53.74**
万州区	Wanzhou District	2.85	2.09	1.96	53.04
黔江区	Qianjiang District	3.22	1.86	1.70	45.20
涪陵区	Fuling District	3.16	2.16	1.94	41.61
渝中区	Yuzhong District				
大渡口区	Dadukou District	2.93	2.20	1.92	48.62
江北区	Jiangbei District	2.62	1.86	1.81	47.28
沙坪坝区	Shapingba District	3.60	2.79	2.00	38.90
九龙坡区	Jiulongpo District	2.65	2.16	1.84	54.42
南岸区	Nan' an District	3.89	3.16	2.81	34.61
北碚区	Beibei District	2.63	2.05	1.90	46.30
渝北区	Yubei District	2.50	1.84	1.45	53.68
巴南区	Ba' nan District	3.06	2.35	2.26	46.69
长寿区	Changshou District	2.72	1.94	1.83	52.94
江津区	Jiangjin District	3.15	2.33	2.14	43.20
合川区	Hechuan District	2.71	2.19	2.05	55.24
永川区	Yongchuan District	2.95	2.02	1.89	45.08
南川区	Nanchuan District	2.84	1.99	1.95	52.85
綦江区（不含万盛）	Qijiang District (Exclude Wansheng)	3.25	2.18	2.14	48.96
万盛经开区	Wansheng Economic Development District	3.75	2.53	2.04	49.09
大足区	Dazu District	3.25	2.26	2.15	44.23
璧山区	Bishan District	2.95	2.31	2.19	47.24
铜梁区	Tongliang District	2.92	2.16	2.06	46.20
潼南区	Tongnan District	2.65	1.93	1.77	62.31
荣昌区	Rongchang District	2.97	1.98	1.93	45.80
开州区	Kaizhou District	3.07	1.98	1.79	54.33
梁平区	Liangping District	3.07	2.08	2.00	58.61
武隆区	Wulong District	3.37	2.21	2.16	50.93
城口县	Chengkou County	3.20	2.40	1.99	39.82
丰都县	Fengdu County	3.19	2.06	2.00	50.76
垫江县	Dianjiang County	2.93	1.82	1.73	51.38
忠　县	Zhongxian County	2.90	2.07	2.03	53.65
云阳县	Yunyang County	3.10	2.36	2.22	43.62
奉节县	Fengjie County	2.78	1.85	1.80	50.14
巫山县	Wushan County	3.21	2.06	2.00	46.37
巫溪县	Wuxi County	3.84	2.58	2.31	48.81
石柱县	Shizhu County	3.23	2.40	1.95	54.73
秀山县	Xiushan County	3.65	2.31	2.14	38.49
酉阳县	Youyang County	3.28	2.10	1.97	49.35
彭水县	Pengshui County	3.32	1.93	1.89	39.02

2-54 各区县农村居民家庭基本情况（2017 年）
Basic Conditions of Rural Households by Region of Chongqing（2017）

续表（continued） 单位：元/人（yuan/person）

区 县	Region	户均常住人口（人/户）Resident Population per Household（person/household）	户均常住劳动力人数（人/户）Manpower per Household from Resident Population（person/household）	户均常住成员从业人数（人/户）Employed Person per Household from Resident Population（person/household）	人均住房建筑面积（平方米/人）Per Capita Floor Space of Housing（m²/person）
全 市	Total	2.99	2.04	1.93	54.81
万州区	Wanzhou District	2.86	2.02	1.96	55.66
黔江区	Qianjiang District	3.55	2.08	1.95	48.67
涪陵区	Fuling District	3.05	2.09	1.98	42.18
渝中区	Yuzhong District				
大渡口区	Dadukou District	2.80	2.02	1.86	45.43
江北区	Jiangbei District	2.16	1.59	1.57	53.69
沙坪坝区	Shapingba District	3.27	2.59	1.92	42.36
九龙坡区	Jiulongpo District	2.84	2.33	2.01	51.21
南岸区	Nan' an District	3.78	3.15	2.89	36.02
北碚区	Beibei District	2.60	2.03	1.84	47.03
渝北区	Yubei District	2.41	1.82	1.43	57.73
巴南区	Ba' nan District	3.08	2.52	2.34	47.12
长寿区	Changshou District	2.56	1.82	1.73	58.07
江津区	Jiangjin District	2.61	1.99	1.87	43.24
合川区	Hechuan District	2.60	2.11	2.00	65.84
永川区	Yongchuan District	2.95	2.10	1.99	44.67
南川区	Nanchuan District	2.77	2.03	1.98	60.35
綦江区（不含万盛）	Qijiang District (Exclude Wansheng)	3.11	2.15	2.05	49.70
万盛经开区	Wansheng Economic Development District	3.68	2.49	2.28	53.57
大足区	Dazu District	3.49	2.46	2.36	45.83
璧山区	Bishan District	2.92	2.29	2.19	47.50
铜梁区	Tongliang District	2.90	2.16	2.08	46.43
潼南区	Tongnan District	3.12	2.51	2.41	59.27
荣昌区	Rongchang District	2.94	1.99	1.89	45.72
开州区	Kaizhou District	2.90	1.92	1.68	54.63
梁平区	Liangping District	3.13	2.03	1.90	60.62
武隆区	Wulong District	3.48	2.28	2.16	45.17
城口县	Chengkou County	4.14	2.79	2.58	38.68
丰都县	Fengdu County	3.17	2.00	1.92	51.45
垫江县	Dianjiang County	3.01	1.86	1.72	48.42
忠 县	Zhongxian County	2.92	2.12	2.01	56.46
云阳县	Yunyang County	3.41	2.33	2.18	39.89
奉节县	Fengjie County	2.87	1.83	1.73	47.76
巫山县	Wushan County	2.99	1.94	1.93	48.36
巫溪县	Wuxi County	3.72	2.39	2.33	42.96
石柱县	Shizhu County	2.95	2.13	2.07	55.20
秀山县	Xiushan County	4.32	2.73	2.01	35.80
酉阳县	Youyang County	3.25	2.05	1.97	49.41
彭水县	Pengshui County	3.89	2.44	2.39	37.45

2–55 各区县农村居民人均可支配收入情况（2010–2017 年）
Per Capita Income of Rural Households by Region of Chongqing（2010–2017）

单位：元/人 yuan/person

区 县	Region	2010 年	2011 年	2012 年	2013 年	2014 年	2015 年	2016 年	2017 年
全 市	Total	5378	6605	7526	8493	9490	10505	11549	12638
万州区	Wanzhou District	5208	6437	7397	8417	9562	10729	11898	13088
黔江区	Qianjiang District	4345	5362	6113	6944	7878	8855	9820	10792
涪陵区	Fuling District	5437	6720	7782	8817	9963	11089	12253	13466
渝中区	Yuzhong District								
大渡口区	Dadukou District	8467	10035	11310	12667	14035	15439	16844	18343
江北区	Jiangbei District	8297	10003	11331	12736	14125	15594	16989	18552
沙坪坝区	Shapingba District	8236	9986	11172	12524	13864	15264	16653	18168
九龙坡区	Jiulongpo District	8274	10020	11189	12576	13984	15480	16935	18408
南岸区	Nan’an District	8773	9948	11813	13313	14831	16366	17839	19427
北碚区	Beibei District	7598	9308	10564	11853	13169	14499	15898	17417
渝北区	Yubei District	7189	8828	9949	11223	12458	13766	15074	16513
巴南区	Ba’nan District	7170	8775	10020	11274	12548	13878	15252	16747
长寿区	Changshou District	6160	7589	8621	9725	10863	12047	13252	14418
江津区	Jiangjin District	6868	8441	9656	10950	12318	13722	15177	16695
合川区	Hechuan District	6699	8240	9402	10605	11899	13184	14516	15837
永川区	Yongchuan District	6887	8505	9759	11037	12406	13808	15258	16738
南川区	Nanchuan District	5757	7086	8078	9088	10160	11237	12349	13485
綦江区	Qijiang District	5896	7236	8198	9321	10421	11494	12615	13764
綦江区（不含万盛）	Qijiang District (Exclude Wansheng)	5960	7319	8288	9423	10535	11538	12669	13822
万盛经开区	Wansheng Economic Development District	5727	7021	7963	9054	10123	11165	12248	13338
大足区	Dazu District	6408	7849	8909	10031	11235	12437	13718	15035
璧山区	Bishan District	7004	8692	10039	11394	12807	14229	15680	17217
铜梁区	Tongliang District	6881	8525	9813	11108	12452	13747	15108	16543
潼南区	Tongnan District	5703	7055	8156	9208	10387	11582	12821	14026
荣昌区	Rongchang District	6528	8075	9271	10485	11775	13035	14325	15686
开州区	Kaizhou District	4946	6157	7082	8022	9097	10170	11238	12299
梁平区	Liangping District	5421	6749	7768	8825	10034	11268	12485	13671
武隆区	Wulong District	4499	5660	6543	7459	8489	9562	10643	11744
城口县	Chengkou County	3619	4499	5079	5744	6491	7224	7946	8661
丰都县	Fengdu County	4640	5833	6749	7653	8679	9729	10770	11869
垫江县	Dianjiang County	5542	6895	7950	9039	10241	11480	12697	13979
忠 县	Zhongxian County	5282	6623	7623	8660	9803	10960	12100	13298
云阳县	Yunyang County	4349	5466	6292	7122	8084	9054	9982	10960
奉节县	Fengjie County	4093	5125	5881	6648	7513	8385	9228	10151
巫山县	Wushan County	3848	4772	5440	6142	6935	7733	8537	9357
巫溪县	Wuxi County	3551	4407	5029	5672	6392	7121	7826	8546
石柱县	Shizhu County	4644	5829	6674	7568	8586	9642	10674	11752
秀山县	Xiushan County	4009	5012	5749	6519	7431	8360	9263	10189
酉阳县	Youyang County	3575	4440	5039	5704	6479	7263	8069	8852
彭水县	Pengshui County	4104	5117	5848	6598	7469	8388	9294	10196

2-56 各区县农村居民人均消费支出情况（2016-2017年）
Per Capita Expenditure of Rural Households by Region of Chongqing（2016-2017）

单位：元/人 yuan/person

区 县	Region	2016年	2017年
全 市	Total	9954	10936
万州区	Wanzhou District	11077	12352
黔江区	Qianjiang District	8329	8700
涪陵区	Fuling District	10424	11609
渝中区	Yuzhong District		
大渡口区	Dadukou District	14356	15373
江北区	Jiangbei District	10577	11482
沙坪坝区	Shapingba District	13066	17098
九龙坡区	Jiulongpo District	13407	14479
南岸区	Nan' an District	11317	12265
北碚区	Beibei District	12404	13664
渝北区	Yubei District	11540	12715
巴南区	Ba' nan District	11193	12201
长寿区	Changshou District	11237	11863
江津区	Jiangjin District	11038	12135
合川区	Hechuan District	12214	13154
永川区	Yongchuan District	10787	11651
南川区	Nanchuan District	10521	10579
綦江区	Qijiang District	10161	11211
綦江区（不含万盛）	Qijiang District (Exclude Wansheng)	10263	11264
万盛经开区	Wansheng Economic Development District	9417	10828
大足区	Dazu District	9890	10926
璧山区	Bishan District	11486	12191
铜梁区	Tongliang District	9762	10605
潼南区	Tongnan District	9193	9844
荣昌区	Rongchang District	9748	10442
开州区	Kaizhou District	9683	10552
梁平区	Liangping District	11147	11747
武隆区	Wulong District	9455	10099
城口县	Chengkou County	5850	6372
丰都县	Fengdu County	8441	9590
垫江县	Dianjiang County	9380	10294
忠 县	Zhongxian County	9615	10230
云阳县	Yunyang County	7839	8805
奉节县	Fengjie County	7042	10294
巫山县	Wushan County	7779	8491
巫溪县	Wuxi County	7756	8511
石柱县	Shizhu County	7907	8355
秀山县	Xiushan County	8586	9206
酉阳县	Youyang County	7383	8062
彭水县	Pengshui County	8577	9135

2-57 各区县农村居民人均可支配收入构成（2016 年）
Composition of Per Capita Disposable Income of Rural Households by Region of Chongqing（2016）

单位：元/人 yuan/person

区 县	Region	可支配收入 Disposable Income	工资性收入 Wage and Salary Income	经营净收入 Net Operating Income	财产净收入 Net Property Income	转移净收入 Net Transfer Income
全 市	Total	11549	3966	4150	296	3137
万州区	Wanzhou District	11898	4971	3660	367	2900
黔江区	Qianjiang District	9820	2731	3174	219	3697
涪陵区	Fuling District	12253	3655	4822	387	3389
渝中区	Yuzhong District					
大渡口区	Dadukou District	16844	12302	2299	613	1630
江北区	Jiangbei District	16989	10458	4871	770	890
沙坪坝区	Shapingba District	16653	8826	3225	1101	3501
九龙坡区	Jiulongpo District	16935	10552	3741	210	2432
南岸区	Nan' an District	17839	15026	1419	434	960
北碚区	Beibei District	15898	9715	2636	712	2836
渝北区	Yubei District	15074	6619	3533	1433	3489
巴南区	Ba' nan District	15252	6220	5567	1227	2238
长寿区	Changshou District	13252	3525	5173	462	4091
江津区	Jiangjin District	15177	5206	4218	364	5389
合川区	Hechuan District	14516	4208	5572	701	4035
永川区	Yongchuan District	15258	7762	4038	160	3298
南川区	Nanchuan District	12349	4643	4644	461	2601
綦江区（不含万盛）	Qijiang District (Exclude Wansheng)	12669	4847	3468	284	4070
万盛经开区	Wansheng Economic Development District	12248	4622	5010	225	2392
大足区	Dazu District	13718	4560	4737	595	3826
璧山区	Bishan District	15680	8557	4519	631	1973
铜梁区	Tongliang District	15108	5901	4647	401	4160
潼南区	Tongnan District	12821	3199	5552	329	3741
荣昌区	Rongchang District	14325	4900	5016	205	4205
开州区	Kaizhou District	11238	4063	4102	253	2820
梁平区	Liangping District	12485	4888	3805	469	3323
武隆区	Wulong District	10643	3396	4321	245	2681
城口县	Chengkou County	7946	4279	2580	230	856
丰都县	Fengdu County	10770	3234	4320	264	2952
垫江区	Dianjiang County	12697	3501	4775	289	4132
忠县	Zhongxian County	12100	4542	3905	303	3350
云阳县	Yunyang County	9982	4440	2907	153	2482
奉节县	Fengjie County	9228	2835	4016	106	2270
巫山县	Wushan County	8537	3549	3178	43	1767
巫溪县	Wuxi County	7826	2546	3600	180	1500
石柱县	Shizhu County	10674	4012	4527	650	1485
秀山县	Xiushan County	9263	3461	3729	235	1838
酉阳县	Youyang County	8069	2797	3012	193	2067
彭水县	Pengshui County	9294	4111	3419	198	1567

2-57 各区县农村居民人均可支配收入构成（2017 年）
Composition of Per Capita Disposable Income of Rural Households by Region of Chongqing（2017）

续表（continued） 单位：元/人（yuan/person）

区 县	Region	可支配收入 Disposable Income	工资性收入 Wage and Salary Income	经营净收入 Net Operating Income	财产净收入 Net Property Income	转移净收入 Net Transfer Income
全 市	Total	12638	4395	4491	308	3444
万州区	Wanzhou District	13088	5435	3966	382	3305
黔江区	Qianjiang District	10792	3030	3477	242	4043
涪陵区	Fuling District	13466	3969	5324	425	3748
渝中区	Yuzhong District					
大渡口区	Dadukou District	18343	13644	2197	668	1835
江北区	Jiangbei District	18552	11458	5246	855	993
沙坪坝区	Shapingba District	18168	9356	3312	1201	4299
九龙坡区	Jiulongpo District	18408	11567	3991	216	2634
南岸区	Nan' an District	19427	16268	1441	469	1249
北碚区	Beibei District	17417	10700	2897	753	3067
渝北区	Yubei District	16513	7003	3719	1362	4430
巴南区	Ba' nan District	16747	6858	6016	1396	2477
长寿区	Changshou District	14418	3782	5616	513	4507
江津区	Jiangjin District	16695	5720	4675	388	5912
合川区	Hechuan District	15837	4515	6231	750	4341
永川区	Yongchuan District	16738	8442	4516	189	3591
南川区	Nanchuan District	13485	5014	5071	477	2923
綦江区（不含万盛）	Qijiang District (Exclude Wansheng)	13822	5112	4206	293	4211
万盛经开区	Wansheng Economic Development District	13338	5143	5362	339	2495
大足区	Dazu District	15035	5204	5127	648	4056
璧山区	Bishan District	17217	9469	4833	715	2200
铜梁区	Tongliang District	16543	6473	5007	427	4635
潼南区	Tongnan District	14026	3511	5879	375	4260
荣昌区	Rongchang District	15686	5415	5421	218	4632
开州区	Kaizhou District	12299	4454	4440	271	3134
梁平区	Liangping District	13671	5325	4153	491	3702
武隆区	Wulong District	11744	3723	4779	282	2959
城口县	Chengkou County	8661	4648	2807	251	955
丰都县	Fengdu County	11869	3561	4776	279	3253
垫江区	Dianjiang County	13979	3909	5176	316	4578
忠县	Zhongxian County	13298	4885	4353	326	3734
云阳县	Yunyang County	10960	4817	3211	173	2760
奉节县	Fengjie County	10151	3175	4578	115	2283
巫山县	Wushan County	9357	3861	3477	86	1933
巫溪县	Wuxi County	8546	2798	3894	200	1654
石柱县	Shizhu County	11752	4415	5003	695	1638
秀山县	Xiushan County	10189	3788	4083	250	2068
酉阳县	Youyang County	8852	3081	3309	207	2255
彭水县	Pengshui County	10196	4450	3790	226	1730

2-58 各区县农村居民人均消费支出构成情况（2016 年）
Composition of Per Capita Consumption Expenditure of Rural Households by Region of Chongqing（2016）

单位：元/人 yuan/person

区 县	Region	消费支出 Consumption Expenditure	食品烟酒 Food, Tobacco and Alcohol	衣着 Clothing	居住 Residence	生活用品及服务 Household Facilities, Articles and Services
全 市	Total	9954	3851	591	1660	703
万州区	Wanzhou District	11077	4077	530	2056	739
黔江区	Qianjiang District	8329	3326	486	1857	447
涪陵区	Fuling District	10424	4094	575	1883	747
渝中区	Yuzhong District					
大渡口区	Dadukou District	14356	5547	1350	2333	1259
江北区	Jiangbei District	10577	4171	1125	1934	467
沙坪坝区	Shapingba District	13066	5096	821	2016	1041
九龙坡区	Jiulongpo District	13407	4923	1102	3004	996
南岸区	Nan’an District	11317	4149	813	2035	640
北碚区	Beibei District	12404	4954	996	1841	850
渝北区	Yubei District	11540	4425	554	2015	576
巴南区	Ba’nan District	11193	4247	866	1654	957
长寿区	Changshou District	11237	4887	480	2696	588
江津区	Jiangjin District	11038	4433	739	2105	942
合川区	Hechuan District	12214	4438	590	2618	1003
永川区	Yongchuan District	10787	4093	583	1833	728
南川区	Nanchuan District	10521	3718	607	2198	624
綦江区（不含万盛）	Qijiang District (Exclude Wansheng)	10263	4021	609	1807	725
万盛经开区	Wansheng Economic Development District	9417	3105	725	2169	610
大足区	Dazu District	9890	4092	761	1483	692
璧山区	Bishan District	11486	4212	658	1927	1105
铜梁区	Tongliang District	9762	3716	627	1926	1373
潼南区	Tongnan District	9193	3938	377	1858	550
荣昌区	Rongchang District	9748	3733	561	1835	856
开州区	Kaizhou District	9683	4029	541	2112	783
梁平区	Liangping District	11147	3937	729	1981	879
武隆区	Wulong District	9455	3565	665	1766	652
城口县	Chengkou County	5850	2312	550	714	403
丰都县	Fengdu County	8441	3221	427	1529	582
垫江县	Dianjiang County	9380	3156	545	1643	645
忠 县	Zhongxian County	9615	4090	435	2172	613
云阳县	Yunyang County	7839	3062	450	1657	629
奉节县	Fengjie County	7042	2859	1191	571	451
巫山县	Wushan County	7779	2746	634	1574	684
巫溪县	Wuxi County	7756	4072	321	2141	523
石柱县	Shizhu County	7907	3389	503	1521	543
秀山县	Xiushan County	8586	3263	610	1846	671
酉阳县	Youyang County	7383	3145	444	1433	502
彭水县	Pengshui County	8577	3913	454	1211	605

2-58 各区县农村居民人均消费支出构成情况（2016 年）
Composition of Per Capita Consumption Expenditure of Rural Households by Region of Chongqing（2016）

续表（continued） 单位：元/人（yuan/person）

区 县	Region	交通通信 Transportation, Post and Communication Services	教育文化娱乐 Educational, Cultural and Recreational Services	医疗保健 Health Care and Medical Services	其他用品和服务 Miscellaneous Goods and Services
全 市	Total	1067	1073	852	158
万州区	Wanzhou District	1263	1210	1029	173
黔江区	Qianjiang District	665	828	600	119
涪陵区	Fuling District	1084	1060	735	246
渝中区	Yuzhong District				
大渡口区	Dadukou District	2145	1125	476	121
江北区	Jiangbei District	1242	731	714	193
沙坪坝区	Shapingba District	1466	651	1689	287
九龙坡区	Jiulongpo District	1259	965	922	237
南岸区	Nan' an District	1305	1197	847	332
北碚区	Beibei District	1167	1326	983	287
渝北区	Yubei District	1692	786	1353	137
巴南区	Ba' nan District	1055	947	1213	255
长寿区	Changshou District	738	689	822	338
江津区	Jiangjin District	864	876	888	191
合川区	Hechuan District	1083	1240	1023	218
永川区	Yongchuan District	1157	959	1173	261
南川区	Nanchuan District	1271	894	1109	100
綦江区（不含万盛）	Qijiang District (Exclude Wansheng)	1157	1120	553	272
万盛经开区	Wansheng Economic Development District	1052	1161	406	188
大足区	Dazu District	803	1071	649	339
璧山区	Bishan District	1501	791	1073	219
铜梁区	Tongliang District	682	687	643	109
潼南区	Tongnan District	760	842	774	94
荣昌区	Rongchang District	1079	888	663	134
开州区	Kaizhou District	744	695	582	197
梁平区	Liangping District	987	1102	1092	441
武隆区	Wulong District	1018	1057	562	172
城口县	Chengkou County	556	698	465	152
丰都县	Fengdu County	673	1273	609	126
垫江县	Dianjiang County	903	1123	1162	203
忠 县	Zhongxian County	665	755	722	164
云阳县	Yunyang County	729	674	566	73
奉节县	Fengjie County	514	749	613	93
巫山县	Wushan County	793	856	352	139
巫溪县	Wuxi County	466	105	105	23
石柱县	Shizhu County	802	436	479	232
秀山县	Xiushan County	875	849	400	73
酉阳县	Youyang County	659	694	445	60
彭水县	Pengshui County	878	882	537	97

2–58 各区县农村居民人均消费支出构成情况（2017 年）
Composition of Per Capita Consumption Expenditure of Rural Households by Region of Chongqing（2017）

单位：元/人 yuan/person

区 县	Region	消费支出 Consumption Expenditure	食品烟酒 Food, Tobacco and Alcohol	衣着 Clothing	居住 Residence	生活用品及服务 Household Facilities, Articles and Services
全 市	Total	10936	3993	598	1967	749
万州区	Wanzhou District	12352	4465	570	2255	834
黔江区	Qianjiang District	8700	3361	503	1974	480
涪陵区	Fuling District	11609	4449	646	2137	837
渝中区	Yuzhong District					
大渡口区	Dadukou District	15373	5711	1520	2028	896
江北区	Jiangbei District	11482	4440	1202	2123	510
沙坪坝区	Shapingba District	17098	6263	915	2088	1079
九龙坡区	Jiulongpo District	14479	5467	1195	3159	1066
南岸区	Nan’an District	12265	4616	889	2225	792
北碚区	Beibei District	13664	5373	1035	1934	1007
渝北区	Yubei District	12715	4746	694	2226	681
巴南区	Ba’nan District	12201	4600	948	1808	1050
长寿区	Changshou District	11863	5124	495	2899	609
江津区	Jiangjin District	12135	4857	819	2314	1029
合川区	Hechuan District	13154	4728	650	2770	1077
永川区	Yongchuan District	11651	4314	668	2031	768
南川区	Nanchuan District	10579	3737	528	2338	680
綦江区（不含万盛）	Qijiang District (Exclude Wansheng)	11264	4360	678	2003	779
万盛经开区	Wansheng Economic Development District	10828	3431	746	2936	661
大足区	Dazu District	10926	4276	783	1819	708
璧山区	Bishan District	12191	4412	726	2108	1141
铜梁区	Tongliang District	10605	3998	684	2023	1452
潼南区	Tongnan District	9844	4043	449	2204	574
荣昌区	Rongchang District	10442	3828	647	1951	941
开州区	Kaizhou District	10552	4305	584	2253	915
梁平区	Liangping District	11747	4081	764	2192	938
武隆区	Wulong District	10099	3727	736	1868	707
城口县	Chengkou County	6372	2441	581	940	430
丰都县	Fengdu County	9590	3637	535	1781	643
垫江县	Dianjiang County	10294	3290	480	1737	643
忠 县	Zhongxian County	10230	4121	449	2173	659
云阳县	Yunyang County	8805	3347	497	1764	710
奉节县	Fengjie County	10294	3875	684	1738	717
巫山县	Wushan County	8491	3000	659	1711	748
巫溪县	Wuxi County	8511	4263	358	2452	645
石柱县	Shizhu County	8355	3451	548	1695	564
秀山县	Xiushan County	9206	3560	704	1804	710
酉阳县	Youyang County	8062	3312	473	1633	542
彭水县	Pengshui County	9135	4174	483	1306	646

2–58 各区县农村居民人均消费支出构成情况（2017 年）
Composition of Per Capita Consumption Expenditure of Rural Households by Region of Chongqing（2017）

续表（continued）　　单位：元/人（yuan/person）

区　县	Region	交通通信 Transportation, Post and Communication Services	教育文化娱乐 Educational, Cultural and Recreational Services	医疗保健 Health Care and Medical Services	其他用品和服务 Miscellaneous Goods and Services
全　市	Total	1334	1226	884	184
万州区	Wanzhou District	1505	1366	1170	186
黔江区	Qianjiang District	695	894	632	161
涪陵区	Fuling District	1241	1185	844	269
渝中区	Yuzhong District				
大渡口区	Dadukou District	2596	1582	579	462
江北区	Jiangbei District	1382	809	801	215
沙坪坝区	Shapingba District	2823	1162	2453	317
九龙坡区	Jiulongpo District	1296	1005	1042	250
南岸区	Nan' an District	1701	873	816	353
北碚区	Beibei District	1379	1523	1105	308
渝北区	Yubei District	1729	801	1605	233
巴南区	Ba' nan District	1154	1035	1331	275
长寿区	Changshou District	779	735	857	365
江津区	Jiangjin District	960	969	978	208
合川区	Hechuan District	1272	1294	1124	240
永川区	Yongchuan District	1259	1119	1223	268
南川区	Nanchuan District	1419	1019	720	138
綦江区（不含万盛）	Qijiang District (Exclude Wansheng)	1290	1252	603	299
万盛经开区	Wansheng Economic Development District	1137	1296	423	198
大足区	Dazu District	1035	1198	712	396
璧山区	Bishan District	1552	854	1119	279
铜梁区	Tongliang District	753	756	732	207
潼南区	Tongnan District	765	872	843	95
荣昌区	Rongchang District	1178	959	805	133
开州区	Kaizhou District	840	796	649	210
梁平区	Liangping District	1046	1142	1123	461
武隆区	Wulong District	1102	1152	627	182
城口县	Chengkou County	590	735	494	162
丰都县	Fengdu County	780	1416	648	150
垫江县	Dianjiang County	985	1385	1561	213
忠　县	Zhongxian County	855	959	819	194
云阳县	Yunyang County	896	887	620	84
奉节县	Fengjie County	1055	1384	777	63
巫山县	Wushan County	862	968	391	151
巫溪县	Wuxi County	538	121	106	27
石柱县	Shizhu County	885	463	500	249
秀山县	Xiushan County	944	964	441	79
酉阳县	Youyang County	717	812	506	68
彭水县	Pengshui County	944	916	557	108

2-59 全国各地区全体居民人均可支配收入情况（2010-2017 年）
Per Capita Income of All the Households by Region of the Nation（2010-2017）

单位：元/人 yuan/person

区 县	Region	2010 年	2011 年	2012 年	2013 年	2014 年	2015 年	2016 年	2017 年
全 国	Total	12520	14551	16510	18311	20167	21966	23821	25974
东部地区	Eastern Region								
北 京	Beijing	29228	33176	36817	40830	44489	48458	52530	57230
天 津	Tianjin	19266	21714	24030	26359	28832	31291	34074	37022
河 北	Hebei	10428	12059	13647	15190	16647	18118	19725	21484
辽 宁	Liaoning	13953	16429	18761	20818	22820	24576	26040	27835
上 海	Shanghai	30436	34731	38550	42174	45966	49867	54305	58988
江 苏	Jiangsu	17006	19820	22432	24776	27173	29539	32070	35024
浙 江	Zhejiang	21159	24195	27020	29775	32658	35537	38529	42046
福 建	Fujian	14566	16909	19141	21218	23331	25404	27608	30048
山 东	Shandong	12922	15077	17127	19008	20864	22703	24685	26930
广 东	Guangdong	16579	18916	21268	23421	25685	27859	30296	33003
海 南	Hainan	10342	12392	14180	15733	17476	18979	20653	22553
中部地区	Central Region								
山 西	Shanxi	10149	11959	13592	15120	16538	17854	19049	20420
吉 林	Jilin	10798	12621	14395	15998	17520	18684	19967	21368
黑龙江	Heilongjiang	10846	12605	14302	15903	17404	18593	19838	21206
安 徽	Anhui	9955	11873	13593	15154	16796	18363	19998	21863
江 西	Jiangxi	10217	11870	13567	15100	16734	18437	20110	22031
河 南	Henan	9520	11206	12772	14204	15695	17125	18443	20170
湖 北	Hubei	11069	12941	14809	16472	18283	20026	21787	23757
湖 南	Hunan	10861	12612	14391	16005	17622	19317	21115	23103
西部地区	Western Region								
重 庆	Chongqing	10984	13037	14924	16569	18352	20110	22034	24153
四 川	Sichuan	9373	11130	12753	14231	15749	17221	18808	20580
贵 州	Guizhou	7226	8594	9850	11083	12371	13697	15121	16704
云 南	Yunnan	8184	9739	11233	12578	13772	15223	16720	18348
西 藏	Tibet	6628	7510	8568	9740	10730	12254	13639	15457
陕 西	Shaanxi	9412	11229	12885	14372	15837	17395	18874	20635
甘 肃	Gansu	7358	8463	9768	10954	12185	13467	14670	16011
青 海	Qinghai	8659	10024	11470	12948	14374	15813	17302	19001
宁 夏	Ningxia	9864	11480	13104	14566	15907	17329	18832	20562
新 疆	Xinjiang	9042	10443	12151	13670	15097	16859	18355	19975
内蒙古	Inner Mongolia	12538	14715	16800	18693	20559	22310	24127	26212
广 西	Guangxi	9739	11054	12644	14082	15557	16873	18305	19905

2-60 全国各地区全体居民人均消费支出情况（2016-2017 年）
Per Capita Expenditure of All the Households by Region of the Nation（2016-2017）

单位：元/人 yuan/person

区 县	Region	2016 年	2017 年
全 国	Total	17111	18322
东部地区	Eastern Region		
北 京	Beijing	35416	37425
天 津	Tianjin	26129	27841
河 北	Hebei	14247	15437
辽 宁	Liaoning	19853	20463
上 海	Shanghai	37458	39792
江 苏	Jiangsu	22130	23469
浙 江	Zhejiang	25527	27079
福 建	Fujian	20167	21249
山 东	Shandong	15926	17281
广 东	Guangdong	23448	24820
海 南	Hainan	14275	15403
中部地区	Central Region		
山 西	Shanxi	12683	13664
吉 林	Jilin	14773	15632
黑龙江	Heilongjiang	14446	15577
安 徽	Anhui	14712	15752
江 西	Jiangxi	13259	14459
河 南	Henan	12712	13730
湖 北	Hubei	15889	16938
湖 南	Hunan	15750	17160
西部地区	Western Region		
重 庆	Chongqing	16385	17898
四 川	Sichuan	14839	16180
贵 州	Guizhou	11932	12970
云 南	Yunnan	11769	12658
西 藏	Tibet	9319	10320
陕 西	Shaanxi	13943	14900
甘 肃	Gansu	12254	13120
青 海	Qinghai	14775	15503
宁 夏	Ningxia	14965	15350
新 疆	Xinjiang	14066	15087
内蒙古	Inner Mongolia	18072	18946
广 西	Guangxi	12295	13424

2-61 全国各地区城镇居民人均可支配收入情况（2010-2017 年）
Per Capita Income of Urban Households by Region of the Nation（2010-2017）

单位：元/人 yuan/person

区 县	Region	2010 年	2011 年	2012 年	2013 年	2014 年	2015 年	2016 年	2017 年
全 国	Total	18779	21427	24127	26467	28844	31195	33616	36396
东部地区	Eastern Region								
北 京	Beijing	32132	36365	40306	44564	48532	52859	57275	62406
天 津	Tianjin	21800	24158	26586	28980	31506	34101	37110	40278
河 北	Hebei	16009	18006	20222	22227	24141	26152	28249	30548
辽 宁	Liaoning	18487	21362	24238	26697	29082	31126	32876	34993
上 海	Shanghai	32584	37079	41130	44878	48841	52962	57692	62596
江 苏	Jiangsu	22273	25570	28808	31585	34346	37173	40152	43622
浙 江	Zhejiang	26802	30340	33846	37080	40393	43714	47237	51261
福 建	Fujian	19914	22772	25650	28174	30722	33275	36014	39001
山 东	Shandong	18971	21678	24496	26882	29222	31545	34012	36789
广 东	Guangdong	21332	24010	26981	29537	32148	34757	37684	40975
海 南	Hainan	15229	17954	20446	22411	24487	26356	28453	30817
中部地区	Central Region								
山 西	Shanxi	15510	17965	20232	22258	24069	25828	27352	29132
吉 林	Jilin	14759	17043	19352	21331	23218	24901	26530	28319
黑龙江	Heilongjiang	14741	16699	18894	20848	22609	24203	25736	27446
安 徽	Anhui	15566	18345	20729	22789	24839	26936	29156	31640
江 西	Jiangxi	15656	17692	20085	22120	24309	26500	28673	31198
河 南	Henan	15463	17661	19843	21741	23672	25576	27233	29558
湖 北	Hubei	15891	18183	20623	22668	24852	27051	29386	31889
湖 南	Hunan	17229	19599	22173	24352	26570	28838	31284	33948
西部地区	Western Region								
重 庆	Chongqing	16032	18517	21003	23058	25147	27239	29610	32193
四 川	Sichuan	15364	17787	20180	22228	24234	26205	28335	30727
贵 州	Guizhou	14073	16413	18608	20565	22548	24580	26743	29080
云 南	Yunnan	15528	17956	20371	22460	24299	26373	28611	30996
西 藏	Tibet	15258	16496	18362	20394	22016	25457	27802	30671
陕 西	Shaanxi	15343	17836	20269	22346	24366	26420	28440	30810
甘 肃	Gansu	13820	15707	17979	19873	21804	23767	25693	27763
青 海	Qinghai	14462	16287	18336	20352	22307	24542	26757	29169
宁 夏	Ningxia	15093	17291	19507	21476	23285	25186	27153	29472
新 疆	Xinjiang	14480	16464	19019	21091	23214	26275	28463	30775
内蒙古	Inner Mongolia	18050	20813	23611	26004	28350	30594	32975	35670
广 西	Guangxi	16613	18356	20681	22689	24669	26416	28324	30502

2-62 全国各地区城镇居民人均消费支出情况（2016-2017年）
Per Capita Expenditure of Urban Households by Region of the Nation (2016-2017)

单位：元/人 yuan/person

区 县	Region	2016年	2017年
全 国	Total	23079	24445
东部地区	Eastern Region		
北 京	Beijing	38256	40346
天 津	Tianjin	28345	30284
河 北	Hebei	19106	20600
辽 宁	Liaoning	24996	25379
上 海	Shanghai	39857	42304
江 苏	Jiangsu	26433	27726
浙 江	Zhejiang	30068	31924
福 建	Fujian	25006	25980
山 东	Shandong	21495	23072
广 东	Guangdong	28613	30198
海 南	Hainan	19015	20372
中部地区	Central Region		
山 西	Shanxi	16993	18404
吉 林	Jilin	19166	20051
黑龙江	Heilongjiang	18145	19270
安 徽	Anhui	19606	20740
江 西	Jiangxi	17696	19244
河 南	Henan	18088	19422
湖 北	Hubei	20040	21276
湖 南	Hunan	21420	23163
西部地区	Western Region		
重 庆	Chongqing	21031	22759
四 川	Sichuan	20660	21991
贵 州	Guizhou	19202	20348
云 南	Yunnan	18622	19560
西 藏	Tibet	19440	21088
陕 西	Shaanxi	19369	20388
甘 肃	Gansu	19539	20659
青 海	Qinghai	20853	21473
宁 夏	Ningxia	20364	20219
新 疆	Xinjiang	21229	22797
内蒙古	Inner Mongolia	22744	23638
广 西	Guangxi	17268	18349

2-63 全国各地区农村居民人均可支配收入情况（2010-2017 年）
Per Capita Income of Rural Households by Region of the Nation（2010-2017）

单位：元/人 yuan/person

区 县	Region	2010 年	2011 年	2012 年	2013 年	2014 年	2015 年	2016 年	2017 年
全 国	Total	6272	7394	8389	9430	10489	11422	12363	13432
东部地区	Eastern Region								
北 京	Beijing	12368	13742	15365	17101	18867	20569	22310	24240
天 津	Tianjin	9764	11941	13593	15353	17014	18482	20076	21754
河 北	Hebei	6014	7187	8158	9188	10186	11051	11919	12881
辽 宁	Liaoning	6671	8011	9061	10161	11191	12057	12881	13747
上 海	Shanghai	13702	15737	17452	19208	21192	23205	25520	27825
江 苏	Jiangsu	9067	10744	12133	13521	14958	16257	17606	19158
浙 江	Zhejiang	12277	14197	15806	17494	19373	21125	22866	24956
福 建	Fujian	7573	8952	10164	11405	12650	13793	14999	16335
山 东	Shandong	7034	8395	9506	10687	11882	12930	13954	15118
广 东	Guangdong	7484	8889	9999	11068	12246	13360	14512	15780
海 南	Hainan	5566	6801	7816	8802	9913	10858	11843	12902
中部地区	Central Region								
山 西	Shanxi	5263	6225	7064	7949	8809	9454	10082	10788
吉 林	Jilin	6341	7634	8741	9781	10780	11326	12123	12950
黑龙江	Heilongjiang	6040	7382	8367	9369	10453	11095	11832	12665
安 徽	Anhui	5776	6811	7826	8850	9916	10821	11720	12758
江 西	Jiangxi	5991	7133	8103	9089	10117	11139	12138	13242
河 南	Henan	5846	6989	7963	8969	9966	10853	11697	12719
湖 北	Hubei	6375	7540	8582	9692	10849	11844	12725	13812
湖 南	Hunan	6063	7082	8024	9029	10060	10993	11930	12936
西部地区	Western Region								
重 庆	Chongqing	5378	6605	7526	8493	9490	10505	11549	12638
四 川	Sichuan	5400	6505	7432	8381	9348	10247	11203	12227
贵 州	Guizhou	3768	4499	5159	5898	6671	7387	8090	8869
云 南	Yunnan	4327	5170	5930	6724	7456	8242	9020	9862
西 藏	Tibet	4123	4886	5698	6553	7359	8244	9094	10330
陕 西	Shaanxi	4477	5484	6285	7092	7932	8689	9396	10265
甘 肃	Gansu	3747	4278	4931	5589	6277	6936	7457	8076
青 海	Qinghai	4028	4806	5594	6462	7283	7933	8664	9462
宁 夏	Ningxia	5125	5931	6776	7599	8410	9119	9852	10738
新 疆	Xinjiang	4993	5853	6876	7847	8724	9425	10183	11045
内蒙古	Inner Mongolia	5780	6942	7956	8985	9976	10776	11609	12584
广 西	Guangxi	5214	6003	6894	7793	8683	9467	10359	11325

2-64 全国各地区农村居民人均消费支出情况（2016-2017年）
Per Capita Expenditure of Rural Households by Region of the Nation（2016-2017）

单位：元/人 yuan/person

区 县	Region	2016年	2017年
全 国	Total	10130	10955
东部地区	Eastern Region		
北 京	Beijing	17329	18810
天 津	Tianjin	15912	16386
河 北	Hebei	9798	10536
辽 宁	Liaoning	9953	10787
上 海	Shanghai	17071	18090
江 苏	Jiangsu	14428	15612
浙 江	Zhejiang	17359	18093
福 建	Fujian	12911	14003
山 东	Shandong	9519	10342
广 东	Guangdong	12415	13200
海 南	Hainan	8921	9599
中部地区	Central Region		
山 西	Shanxi	8029	8424
吉 林	Jilin	9521	10279
黑龙江	Heilongjiang	9424	10524
安 徽	Anhui	10287	11106
江 西	Jiangxi	9128	9870
河 南	Henan	8587	9212
湖 北	Hubei	10938	11633
湖 南	Hunan	10630	11534
西部地区	Western Region		
重 庆	Chongqing	9954	10936
四 川	Sichuan	10192	11397
贵 州	Guizhou	7533	8299
云 南	Yunnan	7331	8027
西 藏	Tibet	6070	6691
陕 西	Shaanxi	8568	9306
甘 肃	Gansu	7487	8030
青 海	Qinghai	9222	9903
宁 夏	Ningxia	9138	9982
新 疆	Xinjiang	8277	8713
内蒙古	Inner Mongolia	11463	12184
广 西	Guangxi	8351	9437

2–65 国家扶贫重点县农村常住居民人均可支配收入与消费支出（2016–2017 年）
Per Capita Disposabe Income and Consumption Expenditure of Rural Households in National Poverty Alleviation Counties（2016–2017）

单位：元/人 yuan/person

指　　标	Item	2016 年	2017 年
一、可支配收入	**Disposable Income**	**10244**	**11273**
（一）工资性收入	Wage and Salary Income	2916	3325
（二）经营净收入	Net Operating Income	4120	4450
（三）财产净收入	Net Property Income	183	203
（四）转移净收入	Net Transfer Income	3026	3295
二、消费支出	**Consumption Expenditure**	**9119**	**10098**
（一）食品烟酒	Food, Tobacco and Alcohol	3457	3589
（二）衣着	Clothing	570	577
（三）居住	Residence	1781	1882
（四）生活用品及服务	Household Facilities, Articles and Services	679	732
（五）交通通信	Transportation, Post and Communication Services	906	1238
（六）教育文化娱乐	Educational, Cultural and Recreational Services	971	1155
（七）医疗保健	Health Care and Medical Services	638	795
（八）其他用品及服务	Miscellaneous Goods and Services	118	130

2–66 国家扶贫重点县农村住房设施及耐用消费品拥有情况（2016–2017 年）
Housing Conditions and Main Durable Goods Owened of National Poverty Alleviation Counties（2016–2017）

单位：元/人 yuan/person

指　　标	Item	单位	Unit	2016 年	2017 年
农村住房及家庭设施状况	**Status of Rural Housing and Household Facility**				
#居住竹草土坯房的户比重	Proportion of Households Live in Bamboo, Grass and Adobe Housing	%	%	3.8	3.1
使用管道供水的户比重	Proportion of Households use Piped Water	%	%	65.7	69.0
使用经过净化处理自来水的户比重	Proportion of Households use Decontaminated Tap Water	%	%	36.3	43.1
饮水无困难的户比重	Proportion of Households get Potable Water without Trouble	%	%	81.4	83.0
独用厕所的户比重	Proportion of Households have Private Washroom	%	%	98.8	98.8
炊用柴草的户比重	Proportion of Households use Firewood and Grass to cook	%	%	58.5	59.8
农村住户耐用消费品拥有情况	**Status of Durable Goods Possession of Rural Households**				
#百户汽车拥有量	Numbers of Automobiles Owned per a Hundred Household	辆	vehicle	11.7	14.1
百户洗衣机拥有量	Numbers of Washing Machines Owned per a Hundred Household	台	unit	87.4	89.6
百户电冰箱拥有量	Numbers of Refrigerators Owned per a Hundred Household	台	unit	90.2	92.3
百户移动电话拥有量	Numbers of Mobilephones Owned per a Hundred Household	部	unit	223.8	242.2
百户计算机拥有量	Numbers of Computers Owned per a Hundred Household	台	unit	21.9	22.1

2-67 国家扶贫重点县级统计数据主要情况（2016-2017 年）
Major Conditions of Statistical Data of National Poverty Alleviation Counties（2016-2017）

单位：元/人 yuan/person

指 标	Item	单位	Unit	2016 年	2017 年
调查县基本情况	**Basic Status of investigated County**	—			
#乡镇个数	Numbers of Townships and Towns	个	Unit	438	438
村委会个数	Numbers of Township Committees	个	Unit	3959	3919
境内二级及以上高等级公路里程	mileage of Domestic High -Class Highways (level 2 and above)	公里	Km	4478	5305
数字电影院个数	Numbers of Cinemas	个	Unit	34	37
文化馆个数	Numbers of Cultural Centers	个	Unit	14	14
有改善供水的中小学校数	Numbers of Primary and Secondary School with Improved Water Supplies	个	Unit	2203	2366
有卫生厕所的中小学校数	Numbers of Primary and Secondary School with Sanitary Washroom	个	Unit	2514	2653
有卫生厕所的乡镇医院卫生院数	Numbers of Township Hospital and Health Center with Sanitary Washroom	个	Unit	458	438
有污水处理系统的乡镇医院卫生院数	Numbers of Township Hospital and Health Center Sewage System	个	Unit	378	346
扶贫投资总额	**Total Investment for Poverty Relief**	万元	Ten-thousandyuan	**598163**	**984272**
#农业	Farming	万元	Ten-thousandyuan	57085	84450
林业	Forestry	万元	Ten-thousandyuan	31987	42454
畜牧业	Animal Husbandry	万元	Ten-thousandyuan	14262	37388
农村饮水安全工程	Rural Potable Water Security Project	万元	Ten-thousandyuan	24764	46914
村通公路（通畅、通达工程等）	Village Road (Unimpeded and Accessible Project)	万元	Ten-thousandyuan	122566	265156
农村危房改造	Decrepit House Reconstruction	万元	Ten-thousandyuan	19196	44376
易地扶贫搬迁	Relocation Program for Poverty Alleviation	万元	Ten-thousandyuan	66632	83014
农村中小学建设	Rural Primary and Secondary School Construction	万元	Ten-thousandyuan	29957	33578

主要指标解释

居民可支配收入 指居民在调查期内获得的、可用于最终消费支出和储蓄的总和，即居民可以用来自由支配的收入。可支配收入既包括现金，也包括实物收入。按照收入的来源，可支配收入包含四项，分别为：工资性收入、经营净收入、财产净收入和转移净收入。

工资性收入 指就业人员通过各种途径得到的全部劳动报酬和各种福利，包括受雇于单位或个人、从事各种自由职业、兼职和零星劳动得到的全部劳动报酬和福利。

经营净收入 指居民从事生产经营活动所获得的净收入，是全部经营收入中扣除经营费用、生产性固定资产折旧和生产税之后得到的净收入。

财产净收入 指居民将其所拥有的金融资产、住房等非金融资产和自然资源交由其他机构单位、住户或个人支配而获得的回报并扣除相关的费用之后得到的净收入。财产净收入包括利息净收入、红利收入、储蓄性保险净收益、转让承包土地经营权租金净收入、出租房屋净收入、出租其他资产净收入和自有住房折算净租金等。

转移净收入 计算公式为：转移净收入=转移性收入-转移性支出

转移性收入 指国家、单位、社会团体对居民的各种经常性转移支付和居民之间的经常性收入转移。包括政府、非行政事业单位、社会团体对居民转移的养老金或退休金、社会救济和补助、惠农补贴、政策性生活补贴、救灾款、经常性捐赠和赔偿以及报销医疗费等；居民之间的赡养收入、经常性捐赠和赔偿以及农村地区（村委会）在外（含国外）工作的本住户非常住成员寄回带回的收入等。

转移性收入不包括住户之间的实物馈赠。

转移性支出 指居民对国家、单位、住户或个人的经常性或义务性转移支付。包括缴纳的税款、各项社会保障支出、赡养支出、经常性捐赠和赔偿支出以及其他经常转移支出等。

居民消费支出 指居民用于满足家庭日常生活消费需要的全部支出，包括用于消费品的支出和用于服务性消费的支出。根据用途不同，消费支出可划分为食品烟酒、衣着、居住、生活用品及服务、交通通信、教育文化娱乐、医疗保健、其他用品及服务八大类。

家庭收入分组方法 是将所有调查户按家庭人均可支配收入由低到高排队，按各 20%的比例分为低收入户、中低收入户、中等收入户、中高收入户、高收入户等五组。

（三）市场物价

Market Prices

3-1 各种消费价格指数（1951-2017 年）
Price Indices（1951-2017）

上年=100

年份 Year	居民消费价格总指数 Consumer Price Index	服务项目价格指数 Price Index of Service Items	商品零售价格总指数 Retail Price Index
1951	109.1	87.6	111.8
1952	97.3	97.8	97.2
1953	98.7	103.5	97.9
1954	100.2	97.6	100.6
1955	101.4	100.9	101.5
1956	102.4	96.7	103.2
1957	104.6	107.6	103.9
1958	99.3	108.2	98.3
1959	99.8	102.8	99.5
1960	99.9	100.0	99.9
1961	135.6	95.0	146.2
1962	95.2	96.7	95.0
1963	91.9	99.2	90.6
1964	95.3	99.3	94.6
1965	98.0	96.7	98.2
1966	101.5	100.0	101.7
1967	102.1	100.0	102.4
1968	100.3	100.0	100.3
1969	99.7	100.0	99.7
1970	99.6	100.3	99.5
1971	100.5	99.9	100.6
1972	100.1	100.0	100.1
1973	100.4	100.0	100.4
1974	100.3	100.0	100.3
1975	100.3	100.0	100.3
1976	100.2	100.0	100.2
1977	100.1	100.0	100.1
1978	102.9	100.0	103.2
1979	101.5	100.1	101.6
1980	107.9	100.2	108.6
1981	101.3	100.5	101.4
1982	102.7	102.6	102.7
1983	102.8	102.6	102.8

3-1 各种消费价格指数（1951-2016 年）
Price Indices（1951-2016）

续表（continued）上年=100

年份 Year	居民消费价格总指数 Consumer Price Index	服务项目价格指数 Price Index of Service Items	商品零售价格总指数 Retail Price Index
1984	102.9	114.6	101.7
1985	109.9	108.5	110.0
1986	104.2	104.2	104.2
1987	109.8	103.9	110.5
1988	122.7	117.6	123.3
1989	117.1	122.2	116.5
1990	101.4	112.8	100.1
1991	107.0	114.0	106.1
1992	111.2	120.8	109.8
1993	118.7	132.4	116.3
1994	129.7	113.6	126.5
1995	119.4	120.2	116.3
1996	109.7	122.8	106.1
1997	103.3	105.3	101.7
1998	96.4	104.8	94.5
1999	99.3	115.0	96.5
2000	96.7	112.3	95.5
2001	101.7	113.6	99.0
2002	99.6	105.7	98.9
2003	100.6	100.6	99.5
2004	103.7	104.3	101.4
2005	100.8	105.0	98.7
2006	102.4	103.8	101.6
2007	104.7	100.7	103.7
2008	105.6	101.4	105.0
2009	98.4	98.4	97.3
2010	103.2	104.6	101.7
2011	105.3	102.5	104.7
2012	102.6	102.1	101.6
2013	102.7	102.0	101.8
2014	101.8	101.4	100.9
2015	101.3	101.5	100.2
2016	101.8	101.0	101.3
2017	101.0	102.7	100.8

3-2 居民消费价格总指数（1951-2017 年）
Consumer Price Indices （CPI） （1951-2017）

年份 Year	以不同基期计算的价格指数 CPI Calculated by Different Base Period			
	上年=100 Preceding Year=100	2000 年=100 2000 Year=100	1978 年=100 1978 Year=100	1950 年=100 1950 Year=100
1951	109.1			109.1
1952	97.3			106.2
1953	98.7			104.8
1954	100.2			105.0
1955	101.4			106.5
1956	102.4			109.1
1957	104.6			114.1
1958	99.3			113.3
1959	99.8			113.0
1960	99.9			112.9
1961	135.6			153.1
1962	95.2			145.8
1963	91.9			134.0
1964	95.3			127.7
1965	98.0			125.1
1966	101.5			127.0
1967	102.1			129.7
1968	100.3			130.1
1969	99.7			129.7
1970	99.6			129.2
1971	100.5			129.8
1972	100.1			129.9
1973	100.4			130.4
1974	100.3			130.8
1975	100.3			131.2
1976	100.2			131.5
1977	100.1			131.6
1978	102.9		100.0	135.4
1979	101.5		101.5	137.5
1980	107.9		109.5	148.3
1981	101.3		110.9	150.3
1982	102.7		113.9	154.3
1983	102.8		117.1	158.6

3-2 居民消费价格总指数（1951-2016 年）
Consumer Price Indices （CPI） （1951-2016）

续表（continued）

年份 Year	以不同基期计算的价格指数 CPI Calculated by Different Base Period			
	上年=100 Preceding Year=100	2000 年=100 2000 Year=100	1978 年=100 1978 Year=100	1950 年=100 1950 Year=100
1984	102.9		120.5	163.2
1985	109.9		132.4	179.4
1986	104.2		138.0	186.9
1987	109.8		151.5	205.2
1988	122.7		185.9	251.8
1989	117.1		217.7	294.9
1990	101.4		220.7	299.0
1991	107.0		236.1	319.9
1992	111.2		262.5	355.7
1993	118.7		311.6	422.2
1994	129.7		404.1	547.6
1995	119.4		482.5	653.8
1996	109.7		529.3	717.2
1997	103.3		546.8	741.2
1998	96.4		527.1	714.5
1999	99.3		523.4	709.5
2000	96.7	100.0	506.1	686.1
2001	101.7	101.7	514.7	697.8
2002	99.6	101.3	512.6	695.0
2003	100.6	101.9	515.7	699.2
2004	103.7	105.6	534.8	725.1
2005	100.8	106.5	539.1	730.9
2006	102.4	109.0	552.0	748.4
2007	104.7	114.2	577.9	783.6
2008	105.6	120.6	610.3	827.5
2009	98.4	118.7	600.5	814.3
2010	103.2	122.5	619.8	840.3
2011	105.3	129.0	652.6	884.9
2012	102.6	132.3	669.5	907.8
2013	102.7	135.8	687.2	931.8
2014	101.8	138.2	699.3	948.2
2015	101.3	140.0	708.1	960.1
2016	101.8	142.5	720.8	977.3
2017	101.0	143.9	728.0	987.1

3-3 商品零售价格指数（1951-2016 年）
Retail Price Indices（1951-2016）

年份 Year	以不同基期计算的价格指数 RPI Calculated by Different Base Period			
	上年=100 Preceding Year=100	2000 年=100 2000 Year=100	1978 年=100 1978 Year=100	1950 年=100 1950 Year=100
1951	111.8			111.8
1952	97.2			108.6
1953	97.9			106.3
1954	100.6			107.0
1955	101.5			108.6
1956	103.2			112.1
1957	103.9			116.4
1958	98.3			114.4
1959	99.5			113.9
1960	99.9			113.8
1961	146.2			166.3
1962	95.0			158.0
1963	90.6			143.2
1964	94.6			135.4
1965	98.2			133.0
1966	101.7			135.2
1967	102.4			138.5
1968	100.3			138.9
1969	99.7			138.5
1970	99.5			137.8
1971	100.6			138.6
1972	100.1			138.8
1973	100.4			139.3
1974	100.3			139.7
1975	100.3			140.2
1976	100.2			140.4
1977	100.1			140.6
1978	103.2		100.0	145.1
1979	101.6		101.6	147.4
1980	108.6		110.3	160.1
1981	101.4		111.9	162.3
1982	102.7		114.9	166.7
1983	102.8		118.1	171.4

3-3 商品零售价格指数（1951-2016 年）
Retail Price Indices（1951-2016）

续表（continued）

年份 Year	以不同基期计算的价格指数 RPI Calculated by Different Base Period			
	上年=100 Preceding Year=100	2000 年=100 2000 Year=100	1978 年=100 1978 Year=100	1950 年=100 1950 Year=100
1984	101.7		120.1	174.3
1985	110.0		132.0	191.7
1986	104.2		137.5	199.8
1987	110.5		151.9	220.7
1988	123.3		187.3	272.2
1989	116.5		218.2	317.1
1990	100.1		218.4	317.4
1991	106.1		231.7	336.7
1992	109.8		254.4	369.7
1993	116.3		295.9	430.0
1994	126.5		374.3	544.0
1995	116.3		435.3	632.6
1996	106.1		461.9	671.2
1997	101.7		470.4	682.6
1998	94.5		444.5	645.1
1999	96.5		428.9	622.5
2000	95.5	100.0	409.6	594.5
2001	99.0	99.0	405.5	588.6
2002	98.9	97.9	401.0	582.1
2003	99.5	97.4	399.0	579.2
2004	101.4	98.8	404.6	587.3
2005	98.7	97.5	399.3	579.7
2006	101.6	99.1	405.7	589.0
2007	103.7	102.7	420.7	610.8
2008	105.0	107.8	441.7	641.3
2009	97.3	104.9	429.8	624.0
2010	101.7	106.7	437.1	634.6
2011	104.7	111.7	457.5	664.2
2012	101.6	113.5	464.8	674.7
2013	101.8	115.5	473.2	687.0
2014	100.9	116.5	477.3	693.0
2015	100.2	116.8	478.3	694.4
2016	101.3	118.3	484.4	703.3
2017	100.8	119.3	488.5	709.2

3-4 居民消费价格分类指数（2001-2016 年）
Consumer Price Indices by Category （2001-2016）

上年=100

项 目	Item	2001 年	2002 年	2003 年	2004 年	2005 年	2006 年	2007 年	2008 年
居民消费价格总指数	**Consumer Price Index**	**101.7**	**99.6**	**100.6**	**103.7**	**100.8**	**102.4**	**104.7**	**105.6**
非食品价格指数	Non-food Price Index	103.1	100.0	98.5	99.5	101.1	102.0	100.0	100.1
服务项目价格指数	Price Index of Service Item	113.6	105.7	100.6	104.3	105.0	103.8	100.7	101.4
工业品价格指数	Industrial Price Index						100.8	99.5	99.3
扣除食品烟酒和能源价格指数	Excluding Food Tobacco Liquor and Energy Price Index						101.6	99.7	100.0
消费品价格指数	Consumer Goods Price Index	98.2	97.5	100.6	103.4	99.3	101.9	106.2	107.1
食品	**Food**	**99.2**	**98.7**	**104.3**	**111.0**	**100.1**	**103.1**	**114.1**	**115.7**
粮食	Grain	96.3	103.0	100.5	127.1	102.7	101.3	107.9	112.0
大米	Rice	94.4	105.3	101.0	130.3	98.8	101.6	108.5	109.7
油脂	Oil or Fat	91.7	99.3	114.2	121.4	83.8	98.8	132.3	128.5
肉禽及其制品	Meal, Poultry and Processed Products	97.8	103.8	99.2	121.5	101.4	99.6	136.7	122.7
食用畜肉及副产品	Meat and its Subsidiary Products	99.2	102.3	98.0	126.1	96.3	99.6	143.5	126.5
猪肉	Pork	99.4	104.6	98.5	131.6	93.8	98.7	149.8	122.4
禽	Poultry	95.1	109.2	103.4	118.1	109.4	98.8	134.3	111.7
蛋	Eggs	104.2	104.2	98.3	117.2	104.8	97.7	120.5	103.2
水产品	Aquatic Products	98.4	97.8	104.7	111.6	104.1	98.7	109.8	125.0
菜	Vegetables	108.9	88.9	120.6	112.6	98.7	114.2	110.5	108.2
鲜菜	Fresh Vegetables	110.8	88.3	122.8	114.5	98.7	114.7	111.1	107.4
调味品	Flavoring	97.1	100.0	97.5	102.5	98.8	101.9	103.5	105.5
糖	Carbohydrate	102.3	95.3	100.3	103.1	102.9	105.7	104.9	109.6
茶及饮料	Tea and Beverages	96.3	99.3	98.5	101.9	97.6	100.5	103.2	105.6
干鲜瓜果	Dried and Fresh Melons and Fruits	103.1	89.7	122.6	99.6	96.0	116.2	99.3	118.1
糕点饼干面包	Cake, Biscuit and Bread	104.4	100.3	99.5	101.4	101.1	99.6	107.4	111.0
液体乳及乳制品	Milk and Its Products	95.1	97.9	100.5	100.1	97.0	103.6	101.6	114.2
在外用膳食品	Dining Out	98.2	98.0	101.3	100.1	101.4	100.9	107.2	110.2
其他食品	Other Foods and Manufacturing Services	97.7	100.5	102.6	101.2	99.1	102.3	102.1	112.6
烟酒	**Tobacco and Liquor**	**96.8**	**98.4**	**98.2**	**100.4**	**101.2**	**100.3**	**102.4**	**102.8**
烟草	Tobacco	95.4	98.0	97.0	98.5	101.8	99.3	99.8	99.4
酒	Liquor	99.9	99.2	101.1	106.0	99.8	102.6	109.6	112.4
吸烟、饮酒用品	Articles for Smoking and Drinking	97.1	98.5	98.2	98.6	100.3	100.9	100.3	96.3

注：根据国家统计局城市司 2011 年新的调查制度，2011 年数据中，原指标“扣除食品和能源价格指数”改为“扣除食品烟酒和能源价格指数”；原指标“烟酒及用品”改为“烟酒”，原“吸烟、饮酒用品”指标取消。下同。

Note：According to the new survey system of 2011 from Department of Urban Surveys National Bureau of Statistics, in the data of 2011, the original “Excluding Food and Energy Price Index” changed to “Excluding Food Tobacco Liquor and Energy Price Index”, the original index “Tobacco, Liquor and Articles” changed to “Tobacco and Liquor”, the original “Articles for Smoking and Drinking” index canceled. （the same below）

3-4 居民消费价格分类指数（2001-2017 年）
Consumer Price Indices by Category （2001-2017）

续表 1（continued 1）　　　　上年=100

项　目	Item	2009 年	2010 年	2011 年	2012 年	2013 年	2014 年	2015 年
居民消费价格总指数	**Consumer Price Index**	**98.4**	**103.2**	**105.3**	**102.6**	**102.7**	**101.8**	**101.3**
非食品价格指数	Non-food Price Index	97.5	101.7	101.5	101.5	101.9	101.0	101.0
服务项目价格指数	Price Index of Service Item	98.4	104.6	102.5	102.1	102.0	101.4	101.5
工业品价格指数	Industrial Price Index	96.9	100.0	100.8	101.1	101.8	100.6	100.5
扣除食品烟酒和能源价格指数	Excluding Food Tobacco Liquor and Energy Price Index	97.5	101.4	101.0	101.2	102.0	101.1	101.4
消费品价格指数	Consumer Goods Price Index	98.4	102.8	106.5	102.8	102.9	101.9	101.1
食品	**Food**	**100.0**	**106.5**	**114.1**	**104.7**	**104.1**	**103.3**	**101.8**
粮食	Grain	106.2	113.1	115.4	107.7	103.0	101.8	102.3
大米	Rice	108.4	117.7	115.8	107.1	102.7	98.8	100.7
油脂	Oil or Fat	80.9	105.2	116.0	106.0	98.6	94.7	96.1
肉禽及其制品	Meal, Poultry and Processed Products	86.7	104.7	130.1	99.1	103.7	99.4	106.7
食用畜肉及副产品	Meat and its Subsidiary Products	80.5	102.8	135.6	97.3	104.5	97.6	109.6
猪肉	Pork	76.4	103.1	140.2	93.1	100.8	94.0	111.8
禽	Poultry	92.8	106.8	121.5	102.3	101.7	103.4	101.3
蛋	Eggs	98.8	106.4	120.2	100.6	109.1	103.5	95.7
水产品	Aquatic Products	102.3	106.0	107.2	106.7	102.7	104.7	102.3
菜	Vegetables	115.0	109.3	103.5	112.3	107.1	105.7	100.6
鲜菜	Fresh Vegetables	116.6	108.7	103.8	113.2	106.4	105.4	100.3
调味品	Flavoring	104.1	112.3	110.1	103.4	104.7	102.0	100.8
糖	Carbohydrate	103.5	106.3	109.4	104.1	104.4	100.0	97.6
茶及饮料	Tea and Beverages	100.7	104.4	108.2	104.3	104.2	101.6	100.4
干鲜瓜果	Dried and Fresh Melons and Fruits	113.2	114.9	116.4	108.0	101.7	117.7	102.4
糕点饼干面包	Cake, Biscuit and Bread	101.6	102.3	109.2	102.4	103.2	101.8	100.3
液体乳及乳制品	Milk and Its Products	101.0	103.3	107.5	104.4	106.1	108.5	94.9
在外用膳食品	Dining Out	103.9	104.2	107.1	105.9	104.6	102.5	101.4
其他食品	Other Foods and Manufacturing Services	98.9	96.7	106.8	107.6	100.8	101.5	98.4
烟酒	**Tobacco and Liquor**	**101.6**	**104.3**	**103.7**	**107.1**	**100.6**	**97.8**	**99.1**
烟草	Tobacco	100.0	101.4	99.8	99.8	100.0	99.7	102.8
酒	Liquor	105.3	112.7	112.7	122.0	101.6	94.5	92.6
吸烟、饮酒用品	Articles for Smoking and Drinking	100.6	101.1					

注：根据国家统计局城市司 2011 年新的调查制度，2011 年数据中，原指标“扣除食品和能源价格指数”改为“扣除食品烟酒和能源价格指数”；原指标“烟酒及用品”改为“烟酒”，原“吸烟、饮酒用品”指标取消。下同。

Note：According to the new survey system of 2011 from Department of Urban Surveys National Bureau of Statistics, in the data of 2011, the original “Excluding Food and Energy Price Index” changed to “Excluding Food Tobacco Liquor and Energy Price Index”, the original index “Tobacco, Liquor and Articles” changed to “Tobacco and Liquor”, the original “Articles for Smoking and Drinking” index canceled. (the same below)

3-4 居民消费价格分类指数（2001-2017 年）
Consumer Price Indices by Category （2001-2017）

续表 2（continued 2） 上年=100

类　别	Item	2016 年	2017 年
居民消费价格总指数	**Consumer Price Index**	**101.8**	**101.0**
非食品价格指数	Non-food Price Index	101.1	102.0
服务价格指数	Price Index of Service Item	101.0	102.7
工业品价格指数	Industrial Price Index	101.0	101.8
扣除食品和能源价格指数	Excluding Food Tobacco Liquor and Energy Price Index	101.3	101.9
消费品价格指数	Consumer Goods Price Index	102.2	100.1
食品烟酒	Food,Tobacco,Liquor	103.6	98.2
食品	**Food**	**104.7**	**97.0**
粮食	Grain	102.4	100.6
大米	rice	100.7	100.6
薯类	Tubers	126.0	94.1
食用油	Oil	103.0	98.7
菜	Vegetables	108.7	93.0
鲜菜	Fresh Vegetable	109.3	92.3
畜肉类	Livestock ,Meat	111.9	92.1
猪肉	Pork	117.1	86.8
禽肉类	Poultry	100.3	101.3
水产品	Aquatic Products	104.7	103.0
蛋类	Eggs	96.4	98.3
奶类	Dairy Products	99.4	98.2
干鲜瓜果类	Dried and Fresh Melons and Fruits	97.8	99.9
糖果糕点类	Confectionery，Cakes	101.4	101.2
调味品	Flavoring	100.5	101.4
其他食品类	Other Foods	101.6	101.4
茶及饮料	Tea and Beverages	98.9	102.2
烟酒	Tabacoo，Liquor	100.2	101.0
烟草	Tobacco	100.4	99.8
酒类	Liquor	99.8	103.0
在外餐饮	Dining out	102.3	100.2

注：根据国家统计局城市司 2016 年新的调查制度，2016 年数据中，原指标“食品”改为“食品烟酒”，原“吸烟”指标取消。下同。

Note：According to the new survey system of 2016 from Department of Urban Surveys National Bureau of Statistics, in the data of 2016,the original index “Food” changed to “Food alcohol and tobacco”, the original “Tobacco and Liquor” index canceled. （the same below）

3-4 居民消费价格分类指数（2001-2017 年）
Consumer Price Indices by Category （2001-2017）

续表 3（continued 3） 上年=100

项 目	Item	2001 年	2002 年	2003 年	2004 年	2005 年	2006 年	2007 年	2008 年
衣着	**Clothing**	**97.4**	**93.5**	**94.2**	**91.2**	**92.1**	**98.2**	**94.2**	**94.2**
服装	Garments	98.2	92.3	93.9	93.4	94.0	100.4	95.7	94.5
衣着材料	Clothing Material	101.0	98.9	103.1	101.8	96.3	100.0	100.0	100.0
鞋袜帽	Footgear and Hats	94.8	96.0	94.3	84.4	86.1	91.3	89.0	92.9
衣着加工服务费	Clothing Manufacturing Services	100.0	101.3	98.9	98.8	101.0	102.5	100.3	102.1
家庭设备用品及维修服务	**Household Facilities, Articles and Services**	**95.7**	**96.8**	**95.5**	**98.5**	**100.1**	**100.3**	**101.8**	**102.5**
耐用消费品	Durable Consumer Goods	92.6	93.8	94.2	95.6	99.1	99.8	102.5	101.3
室内装饰品	Interior Decorations	91.5	99.9	99.6	99.1	100.3	98.2	97.0	96.6
床上用品	Bed Articles	99.7	100.4	99.0	99.1	99.1	92.7	95.0	102.4
家庭日用杂品	Daily Use Household Articles	98.8	97.4	94.0	103.8	100.3	99.4	102.3	102.8
家庭服务及加工维修服务	Household Services and Maintenance and Renovation	101.7	105.3	99.8	100.8	104.6	109.5	104.0	108.6
医疗保健和个人用品	**Health Care and Personal Articles**	**98.9**	**95.6**	**99.3**	**99.4**	**102.5**	**100.8**	**99.1**	**101.9**
医疗保健	Health Care	98.7	94.4	99.2	98.7	104.0	100.1	98.8	101.4
西药	Western Medicine	93.7	89.5	97.7	91.9	101.5	101.1	98.5	101.9
医疗保健服务	Health Care Services	100.0	101.2	104.3	116.0	107.2	99.8	98.2	100.0
个人用品及服务	Personal Articles and Services	99.3	99.1	99.8	101.2	98.1	102.8	100.0	103.1
交通和通信	**Transportation and Communication**	**102.4**	**99.4**	**98.7**	**99.2**	**99.9**	**98.7**	**99.0**	**99.3**
交通	Transportation	106.7	100.7	100.2	100.8	102.3	102.1	100.4	102.7
市区公共交通费	Incity Traffic Fare	120.8	103.6	99.2	100.0	100.0	100.0	100.0	100.0
城市间交通费	Intercity Traffic Fare	101.4	99.0	102.2	101.1	103.9	98.2	99.6	102.5
通信	Communication	99.5	98.4	97.7	98.0	98.1	96.6	98.0	97.3
娱乐教育文化用品及服务	**Recreation, Education and Culture Articles**	**114.8**	**105.5**	**99.6**	**103.2**	**104.1**	**104.3**	**99.4**	**100.3**
文娱用耐用消费品及服务	Durable Consumer Goods for Cultural and Recreational Use and Services	91.2	91.4	93.0	93.0	90.4	94.8	93.4	93.4
教育	Education	133.5	111.8	102.2	107.2	112.2	106.4	103.6	101.2
文化娱乐类	Cultural and Recreational Articles	104.0	103.2	98.8	99.0	100.7	102.1	102.0	101.5
旅游	Touring and Outing	91.4	94.3	98.7	105.5	90.5	109.3	88.4	104.6
居住	**Residence**	**102.6**	**104.1**	**102.2**	**100.9**	**103.0**	**106.0**	**105.5**	**101.8**
建房及装修材料	Building and Building Decoration Materials	99.1	99.9	100.0	97.6	101.2	107.5	108.2	104.5
租房	Renting	108.5	115.6	99.9	100.5	100.0	100.0	101.5	103.8
自有住房	Private Housing	100.0	92.4	98.5	103.1	106.1	102.7	105.5	101.7
水、电、燃料	Water, Electricity and Fuels	104.4	109.0	106.1	102.1	103.6	108.0	105.1	100.4
水	Water	121.0	149.3	105.4	101.9	107.8	102.6	102.6	100.0
电	Electricity	103.9	100.7	108.0	102.8	103.9	105.4	105.0	100.0
管道燃气	Pipeline Gas	100.0	103.7	100.9	100.0	100.0	117.4	107.4	100.0

3-4 居民消费价格分类指数（2001–2017 年）
Consumer Price Indices by Category （2001–2017）

续表 4（continued 4） 上年=100

项 目	Item	2009 年	2010 年	2011 年	2012 年	2013 年	2014 年	2015 年
衣着	**Clothing**	**94.7**	**98.4**	**101.3**	**102.2**	**106.3**	**102.0**	**102.8**
服装	Garments	98.7	99.6	101.6	101.1	106.2	102.3	103.1
衣着材料	Clothing Material	100.3	100.5	114.1	101.4	102.6	100.9	99.0
鞋袜帽	Footgear and Hats	82.2	94.8	100.1	105.2	106.9	101.0	102.2
衣着加工服务费	Clothing Manufacturing Services	100.0	100.0	102.4	108.0	106.7	105.7	103.8
家庭设备用品及维修服务	**Household Facilities, Articles and Services**	**97.2**	**100.2**	**102.2**	**100.9**	**101.6**	**100.5**	**100.0**
耐用消费品	Durable Consumer Goods	94.4	96.0	97.3	99.9	100.4	100.6	98.9
室内装饰品	Interior Decorations	96.2	99.6	95.3	98.0	98.0	98.6	100.2
床上用品	Bed Articles	96.5	100.6	109.9	97.9	101.0	98.1	100.1
家庭日用杂品	Daily Use Household Articles	102.4	104.9	104.6	102.8	100.6	99.5	100.2
家庭服务及加工维修服务	Household Services and Maintenance and Renovation	100.5	107.4	110.6	104.2	111.4	106.0	102.9
医疗保健和个人用品	**Health Care and Personal Articles**	**99.4**	**102.5**	**102.0**	**101.9**	**101.0**	**101.7**	**102.6**
医疗保健	Health Care	99.8	103.4	101.5	102.0	101.2	102.8	104.1
西药	Western Medicine	100.9	100.4	98.8	100.4	101.1	100.5	100.8
医疗保健服务	Health Care Services	100.3	101.0	100.3	100.6	100.6	100.5	101.0
个人用品及服务	Personal Articles and Services	97.9	101.0	102.7	101.7	100.6	99.8	99.9
交通和通信	**Transportation and Communication**	**98.2**	**99.5**	**99.1**	**98.3**	**98.3**	**100.3**	**98.0**
交通	Transportation	100.7	103.6	103.2	101.3	99.3	102.0	97.6
市区公共交通费	Incity Traffic Fare	100.3	105.7	102.7	100.8	101.1	106.5	103.0
城市间交通费	Intercity Traffic Fare	109.0	98.3	103.3	103.8	96.1	99.6	99.1
通信	Communication	96.5	96.4	95.5	95.5	97.2	98.5	98.4
娱乐教育文化用品及服务	**Recreation, Education and Culture Articles**	**98.5**	**102.7**	**98.9**	**100.9**	**101.4**	**100.1**	**101.2**
文娱用耐用消费品及服务	Durable Consumer Goods for Cultural and Recreational Use and Services	88.8	86.6	86.8	95.6	99.3	96.9	98.7
教育	Education	102.8	105.9	101.8	102.6	103.3	101.1	103.2
文化娱乐类	Cultural and Recreational Articles	102.3	101.6	100.3	101.0	101.9	101.0	101.6
旅游	Touring and Outing	88.3	112.5	104.2	102.5	98.2	99.1	98.0
居住	**Residence**	**95.9**	**105.4**	**103.7**	**102.5**	**102.8**	**101.6**	**101.2**
建房及装修材料	Building and Building Decoration Materials	100.9	101.4	104.0	102.6	102.9	102.9	100.2
租房	Renting	99.9	103.2	106.5	104.9	103.7	102.5	101.4
自有住房	Private Housing	81.4	107.0	103.1	102.9	103.3	101.8	102.1
水、电、燃料	Water, Electricity and Fuels	100.0	106.9	103.6	101.0	101.5	100.3	100.1
水	Water	100.0	124.3	101.9	100.7	101.6	101.5	100.2
电	Electricity	100.0	100.0	100.0	101.1	101.0	100.0	100.0
管道燃气	Pipeline Gas	100.0	109.1	112.6	101.1	102.2	100.0	100.0

3–4 居民消费价格分类指数（2001–2017 年）
Consumer Price Indices by Category （2001–2017）

续表 5（continued 5） 上年=100

项 目	Item	2016 年	2017 年
衣着	**Clothing**	**102.4**	**102.8**
服装	Garments	102.3	102.7
服装材料	Clothing Material	99.7	99.5
其他衣着及配件	Other Clothing and Parts	100.3	100.3
衣着加工服务费	Clothing M,anufacturing Management	101.7	104.5
居住	**Residence**	**101.1**	**101.9**
租赁房房租	Rent of Rental House	101.6	103.5
住房保养维修及管理	Housing Maintenance and Management	100.2	102.2
水电燃料	Water，Electricity and Fuels	100.1	100.3
自有住房	Private Housing	101.9	102.5
生活用品及服务	**Articles for Daily Use and Services**	**100.6**	**100.7**
家具及室内装饰品	Furniture and Interior Decorations	102.6	101.0
家用器具	Home Appliances	98.8	101.7
家用纺织品	Home Textiles	101.2	101.9
家庭日用杂品	Daily Use Household Articles	100.8	98.7
个人护理用品	Personal–care Supplies	100.6	99.8
家庭服务	Household Services	100.7	102.6
交通和通信	**Transportation and Communications**	**100.6**	**101.5**
交通	Transportation	101.0	101.9
交通工具用燃料	Fuels for Transport Facility	95.5	111.3
交通费	Traffic Fee	105.7	101.9
通信	Telecommuication	99.9	100.7
教育文化和娱乐	**Education，Culture and Recreation**	**99.5**	**103.3**
教育	Education	101.3	101.4
文化娱乐	Culture and Recreation	97.9	104.9
旅游	Touring and Outing	95.6	110.5
医疗保健	**Health Care**	**101.8**	**104.2**
药品及医疗器具	Medicine and Medical Instrument	104.3	105.7
中药	Traditional Chinese Medicines	107.7	107.8
西药	Western Medicines	103.6	106.5
医疗服务	Medical Services	100.0	103.2
其他用品和服务	**Other Articles and Services**	**102.6**	**100.8**
其他用品类	Other Articles	104.1	100.1
其他服务类	Other Services	101.6	101.2

3-5 商品零售价格分类指数（2003-2017 年）
Retail Price Indices by Category （2003-2017）

上年=100

项　目	Item	2003 年	2004 年	2005 年	2006 年	2007 年	2008 年	2009 年
商品零售价格总指数	**Retail Price Index**	**99.5**	**101.4**	**98.7**	**101.6**	**103.7**	**105.0**	**97.3**
食品	Food	104.4	111.2	100.2	103.1	114.4	116.0	100.1
饮料烟酒	Beverages, Tobacco and Liquor	98.6	101.4	100.4	100.4	103.0	103.9	101.6
服装鞋帽	Garments, Shoes and Hats	94.0	91.1	92.2	98.4	94.2	94.1	94.7
纺织品	Textiles	100.5	99.8	98.7	93.6	95.8	102.2	96.9
家用电器及音像器材	Household Appliances, Music and Video Equipment	93.5	93.0	95.6	96.3	97.6	97.8	91.0
文化办公用品	Cultural and Office Appliances	98.2	98.2	99.8	100.0	99.3	97.9	96.3
日用品	Articles for Daily Use	94.9	99.9	100.0	101.0	101.7	103.3	100.5
体育娱乐用品	Sports and Recreation Articles	98.9	96.7	94.1	98.1	95.0	98.2	99.1
交通、通信用品	Transportation and Communication Appliances	90.8	89.6	88.9	88.8	88.6	89.4	91.5
家具	Furniture	98.2	99.7	101.3	100.5	101.0	100.4	96.8
化妆品	Cosmetics	97.1	101.8	100.8	98.5	99.0	101.1	100.6
金银珠宝	Gold, Silver and Jewelry	110.5	106.5	104.0	123.5	106.5	119.7	91.0
中西药品及医疗保健用品	Traditional Chinese and Western Medicines and Health Care Articles	97.8	93.2	102.6	100.2	98.9	102.0	99.7
书报杂志及电子出版物	Books, Newspapers, Magazines and Electronic Publications	100.2	101.1	99.7	100.5	100.0	100.4	103.4
燃料	Fuels	105.3	106.2	107.9	116.5	106.0	107.0	95.3
建筑材料及五金电料	Building Materials and Hardware	100.1	99.0	101.3	106.4	109.2	105.1	99.7

3-5 商品零售价格分类指数（2003-2017 年）
Retail Price Indices by Category （2003-2017）

续表（continued） 上年=100

项 目	Item	2010 年	2011 年	2012 年	2013 年	2014 年	2015 年	2016 年	2017 年
商品零售价格总指数	**Retail Price Index**	**101.7**	**104.7**	**101.6**	**101.8**	**100.9**	**100.2**	**101.3**	**100.8**
食品	Food	106.5	113.6	104.8	103.3	101.8	101.4	104.0	97.9
饮料烟酒	Beverages, Tobacco and Liquor	104.5	105.6	106.2	102.0	99.2	99.6	99.9	101.3
服装鞋帽	Garments, Shoes and Hats	98.4	101.4	101.8	106.3	102.1	102.9	102.4	102.8
纺织品	Textiles	100.6	111.9	96.4	100.8	98.2	100.0	101.1	102.4
家用电器及音像器材	Household Appliances, Music and Video Equipment	88.4	90.5	98.4	100.4	98.7	97.8	97.9	101.7
文化办公用品	Cultural and Office Appliances	95.0	93.2	98.2	98.7	99.7	100.1	102.4	102.6
日用品	Articles for Daily Use	99.5	104.5	102.5	100.5	100.3	101.2	99.6	98.8
体育娱乐用品	Sports and Recreation Articles	96.8	96.9	100.5	99.8	99.8	100.0	100.0	100.0
交通、通信用品	Transportation and Communication Appliances	92.3	93.2	90.7	96.9	98.5	96.4	99.6	99.5
家具	Furniture	101.0	99.8	98.5	99.6	100.3	101.4	103.0	101.0
化妆品	Cosmetics	100.1	102.0	102.3	102.6	100.9	100.2	100.9	100.1
金银珠宝	Gold, Silver and Jewelry	119.2	113.3	99.0	93.9	94.3	95.4	109.5	100.6
中西药品及医疗保健用品	Traditional Chinese and Western Medicines and Health Care Articles	104.3	102.4	102.7	101.3	104.3	105.5	104.3	105.7
书报杂志及电子出版物	Books, Newspapers, Magazines and Electronic Publications	100.6	101.0	101.9	100.7	100.9	103.0	100.0	100.4
燃料	Fuels	109.2	111.3	102.1	100.7	99.4	93.4	98.1	105.1
建筑材料及五金电料	Building Materials and Hardware	103.1	105.1	102.6	103.1	102.6	99.5	100.3	101.2

3-6 各月居民消费价格指数（2011 年）
Consumer Price Indices by Month （2011）

上年同期=100

类 别	Item	1 月 January	2 月 February	3 月 March	4 月 April	5 月 May	6 月 June
居民消费价格总指数	**General Consumer Price Index**	**105.0**	**105.4**	**105.5**	**104.8**	**104.6**	**105.5**
非食品价格指数	Non-food Price Index	101.5	101.4	101.6	101.2	101.1	101.3
服务项目价格指数	Price Indices of Service Item	105.0	103.9	104.2	102.7	101.3	101.1
工业品价格指数	Industrial Products Price Index	99.1	99.7	99.8	100.2	100.9	101.4
扣除食品烟酒和能源价格指数	Excluding Food Tobacco Liquor and Energy Price Index	100.9	100.8	101.0	100.5	100.4	100.6
消费品价格指数	Consumer Goods Price Index	105.0	106.0	106.0	105.6	105.9	107.3
食品	**Food**	**113.3**	**114.8**	**114.6**	**113.1**	**112.8**	**115.5**
粮食	Grain	117.2	116.5	115.0	115.7	115.1	115.9
大米	Rice	121.9	120.9	117.5	117.5	117.0	116.5
油脂	Oil or Fat	117.8	116.7	118.0	119.1	117.8	119.0
肉禽及其制品	Meal, Poultry and Processed Products	118.7	122.1	126.0	131.2	131.7	138.0
食用畜肉及副产品	Meat and its Subsidiary Products	120.4	125.1	130.9	137.6	138.0	147.1
猪肉	Pork	121.4	127.4	135.9	144.9	144.6	155.1
禽	Poultry	117.4	118.0	118.6	122.3	123.4	125.2
蛋	Eggs	117.6	117.8	116.1	119.7	119.8	122.7
水产品	Aquatic Products	106.5	102.0	103.2	106.2	109.1	109.8
菜	Vegetables	117.0	128.4	118.8	90.8	86.9	92.4
鲜菜	Fresh Vegetables	117.9	130.6	120.2	89.5	85.5	92.4
调味品	Flavoring	117.2	114.2	113.2	116.3	112.9	113.0
糖	Carbohydrate	109.3	108.4	108.2	108.7	109.2	110.3
茶及饮料	Tea and Beverages	108.8	108.5	108.6	109.7	110.7	111.3
干鲜瓜果	Dried and Fresh Melons and Fruits	121.5	120.0	119.7	124.4	121.8	124.0
糕点饼干面包	Cake, Biscuit and Bread	107.4	108.9	108.7	110.1	109.8	109.8
液体乳及乳制品	Milk and Its Products	107.9	107.4	105.7	107.4	106.1	106.5
在外用膳食品	Dining Out	106.2	105.7	106.8	106.8	108.5	108.3
其他食品	Other Foods and Manufacturing Services	99.7	100.9		102.4	103.2	106.6
烟酒	**Tobacco and Liquor**	**103.4**	**102.7**	**103.1**	**103.4**	**103.2**	**102.8**
烟草	Tobacco	99.9	100.0	99.8	99.8	99.8	99.8
酒	Liquor	112.0	109.3	110.9	112.0	111.2	109.7

3-6 各月居民消费价格指数（2011 年）
Consumer Price Indices by Month （2011）

续表 1（continued 1） 上年同期=100

类 别	Item	7 月 July	8 月 August	9 月 September	10 月 October	11 月 November	12 月 December
居民消费价格总指数	**General Consumer Price Index**	**105.6**	**105.7**	**106.1**	**105.8**	**104.8**	**104.9**
非食品价格指数	Non-food Price Index	101.2	101.2	101.5	101.9	101.8	102.1
服务项目价格指数	Price Indices of Service Item	100.8	101.3	101.6	103.3	101.8	102.8
工业品价格指数	Industrial Products Price Index	101.4	101.1	101.4	100.9	101.7	101.6
扣除食品烟酒和能源价格指数	Excluding Food Tobacco Liquor and Energy Price Index	100.5	100.8	101.3	101.7	101.4	101.8
消费品价格指数	Consumer Goods Price Index	107.6	107.5	107.9	106.8	106.0	105.8
食品	**Food**	**116.1**	**116.0**	**116.4**	**114.5**	**111.3**	**111.1**
粮食	Grain	117.4	115.5	115.7	115.4	114.3	111.6
大米	Rice	117.1	112.9	112.4	113.1	114.0	110.7
油脂	Oil or Fat	117.4	119.9	120.3	116.9	106.8	105.9
肉禽及其制品	Meal, Poultry and Processed Products	142.9	140.0	137.2	131.5	124.0	120.7
食用畜肉及副产品	Meat and its Subsidiary Products	153.6	147.2	144.0	136.8	127.9	123.7
猪肉	Pork	163.2	153.9	149.2	139.9	129.8	125.2
禽	Poultry	126.1	128.7	125.6	122.5	116.5	115.4
蛋	Eggs	125.1	125.0	120.8	124.7	119.0	114.3
水产品	Aquatic Products	109.8	108.6	107.7	107.1	107.7	108.8
菜	Vegetables	92.1	95.9	107.0	102.7	101.9	111.8
鲜菜	Fresh Vegetables	92.2	95.6	107.7	102.9	102.2	113.3
调味品	Flavoring	109.4	109.5	104.7	104.8	104.5	104.5
糖	Carbohydrate	110.1	110.3	111.1	111.9	108.3	106.5
茶及饮料	Tea and Beverages	108.6	108.5	105.5	106.1	106.0	106.3
干鲜瓜果	Dried and Fresh Melons and Fruits	115.8	110.3	110.9	112.0	111.5	106.3
糕点饼干面包	Cake, Biscuit and Bread	110.6	110.4	110.1	108.9	108.5	107.9
液体乳及乳制品	Milk and Its Products	107.7	110.1	107.8	108.4	107.8	107.3
在外用膳食品	Dining Out	108.6	108.6	108.5	107.3	104.8	105.5
其他食品	Other Foods and Manufacturing Services	106.9	111.3	109.5	112.6	113.7	113.5
烟酒	**Tobacco and Liquor**	**102.6**	**103.0**	**103.2**	**103.6**	**106.5**	**107.3**
烟草	Tobacco	99.8	99.8	99.9	99.9	99.8	99.9
酒	Liquor	108.9	110.3	110.6	111.9	121.3	123.6

3-6 各月居民消费价格指数（2011 年）
Consumer Price Indices by Month (2011)

续表 2（continued 2）

上年同期=100

类 别	Item	1 月 January	2 月 February	3 月 March	4 月 April	5 月 May	6 月 June
衣着	**Clothing**	**95.8**	**97.2**	**96.8**	**99.2**	**102.3**	**104.1**
服装	Garments	98.8	99.3	99.1	102.3	102.7	105.1
衣着材料	Clothing Material	109.8	113.5	114.9	116.2	117.1	115.4
鞋袜帽	Footgear and Hats	87.5	91.0	90.1	90.3	101.1	101.2
衣着加工服务费	Clothing Manufacturing Services	100.9	100.9	100.9	100.9	102.0	102.0
家庭设备用品及维修服务	**Household Facilities, Articles and Services**	**101.5**	**101.6**	**101.9**	**101.3**	**101.3**	**101.2**
耐用消费品	Durable Consumer Goods	95.5	96.2	95.9	95.1	96.0	95.0
室内装饰品	Interior Decorations	97.0	95.4	95.1	94.9	94.9	94.9
床上用品	Bed Articles	111.5	112.0	112.0	112.0	112.0	111.5
家庭日用杂品	Daily Use Household Articles	104.3	103.7	104.5	103.5	103.2	104.5
家庭服务及加工维修服务	Household Services and Maintenance and Renovation	111.2	110.5	112.6	112.8	108.8	108.9
医疗保健和个人用品	**Health Care and Personal Articles**	**101.9**	**102.1**	**102.0**	**102.1**	**101.6**	**101.5**
医疗保健	Health Care	102.7	102.7	102.4	101.9	101.3	101.3
西药	Western Medicine	100.9	101.2	100.7	98.7	98.5	97.8
医疗保健服务	Health Care Services	100.0	100.0	100.0	100.0	100.0	100.0
个人用品及服务	Personal Articles and Services	100.6	101.2	101.4	102.4	102.1	102.0
交通和通信	**Transportation and Communication**	**98.1**	**98.9**	**99.3**	**99.6**	**99.6**	**100.3**
交通	Transportation	102.0	102.5	103.0	103.8	103.7	104.5
市区公共交通费	Incity Traffic Fare	105.1	105.1	105.1	105.1	105.4	105.4
城市间交通费	Intercity Traffic Fare	95.0	97.8	98.2	101.4	102.3	103.9
通信	Communication	94.8	95.8	96.1	96.1	96.2	96.7
娱乐教育文化用品及服务	**Recreation, Education and Culture Articles**	**101.4**	**100.8**	**99.1**	**96.9**	**96.9**	**97.5**
文娱用耐用消费品及服务	Durable Consumer Goods for Cultural and Recreational Use and Services	82.9	85.6	85.8	84.9	85.0	84.9
教育	Education	108.6	108.7	106.1	99.9	99.3	99.3
文化娱乐类	Cultural and Recreational Articles	100.8	100.8	97.9	98.8	98.8	99.2
旅游	Touring and Outing	113.4	103.6	103.3	101.7	102.5	106.2
居住	**Residence**	**106.0**	**104.7**	**106.4**	**105.1**	**103.3**	**102.4**
建房及装修材料	Building and Building Decoration Materials	103.3	103.4	103.9	103.7	105.1	105.0
租房	Renting	107.5	107.5	109.8	109.8	109.8	107.0
自有住房	Private Housing	105.9	104.1	107.0	104.4	100.4	99.3
水、电、燃料	Water, Electricity and Fuels	106.8	105.4	105.4	105.4	105.9	105.9
水	Water	107.1	100.0	100.0	100.0	102.0	102.0
电	Electricity	100.0	100.0	100.0	100.0	100.0	100.0
管道燃气	Pipeline Gas	122.9	122.9	122.9	122.9	122.9	122.9

3-6 各月居民消费价格指数（2011 年）
Consumer Price Indices by Month (2011)

续表 3（continued 3）　　上年同期=100

类 别	Item	7 月 July	8 月 August	9 月 September	10 月 October	11 月 November	12 月 December
衣着	**Clothing**	**102.5**	**103.1**	**103.7**	**102.9**	**104.1**	**103.8**
服装	Garments	102.7	102.2	102.4	101.6	101.7	101.7
衣着材料	Clothing Material	115.5	115.5	115.0	115.8	113.5	107.4
鞋袜帽	Footgear and Hats	102.0	105.7	107.3	106.4	111.3	109.9
衣着加工服务费	Clothing Manufacturing Services	102.0	102.2	103.4	104.7	104.7	104.3
家庭设备用品及维修服务	**Household Facilities, Articles and Services**	**101.3**	**101.8**	**104.0**	**103.9**	**103.8**	**102.6**
耐用消费品	Durable Consumer Goods	95.6	97.0	101.0	100.1	100.6	100.0
室内装饰品	Interior Decorations	94.9	95.0	94.3	94.1	95.7	96.7
床上用品	Bed Articles	111.1	109.1	107.8	110.7	106.7	103.5
家庭日用杂品	Daily Use Household Articles	104.1	104.2	105.8	105.7	105.8	105.6
家庭服务及加工维修服务	Household Services and Maintenance and Renovation	108.9	110.9	112.0	112.0	112.0	106.6
医疗保健和个人用品	**Health Care and Personal Articles**	**102.0**	**102.1**	**102.2**	**102.0**	**102.1**	**101.9**
医疗保健	Health Care	101.5	100.8	101.0	101.0	101.0	100.9
西药	Western Medicine	97.9	98.1	98.2	97.8	97.8	97.5
医疗保健服务	Health Care Services	100.0	100.6	100.6	100.6	100.6	100.6
个人用品及服务	Personal Articles and Services	102.9	104.4	104.3	103.8	104.1	103.7
交通和通信	**Transportation and Communication**	**100.0**	**99.6**	**98.5**	**98.4**	**98.5**	**98.3**
交通	Transportation	103.2	103.6	103.5	103.3	103.0	102.4
市区公共交通费	Incity Traffic Fare	100.3	100.3	100.3	100.3	100.3	100.3
城市间交通费	Intercity Traffic Fare	105.0	106.2	106.2	107.7	109.8	107.2
通信	Communication	97.1	96.1	94.1	94.1	94.5	94.7
娱乐教育文化用品及服务	**Recreation, Education and Culture Articles**	**98.1**	**97.8**	**98.2**	**100.4**	**99.9**	**99.8**
文娱用耐用消费品及服务	Durable Consumer Goods for Cultural and Recreational Use and Services	86.3	86.4	89.0	90.5	90.9	91.2
教育	Education	99.4	99.8	100.5	100.5	100.5	101.2
文化娱乐类	Cultural and Recreational Articles	101.1	101.0	101.1	101.3	101.5	101.5
旅游	Touring and Outing	103.7	100.7	97.6	110.1	105.7	102.8
居住	**Residence**	**102.5**	**102.3**	**102.7**	**103.3**	**101.9**	**103.9**
建房及装修材料	Building and Building Decoration Materials	105.0	104.5	105.0	99.8	104.8	104.6
租房	Renting	103.0	103.1	103.1	104.0	106.9	107.4
自有住房	Private Housing	99.9	102.1	103.3	105.7	101.2	105.0
水、电、燃料	Water, Electricity and Fuels	105.9	101.5	100.5	100.5	100.5	100.5
水	Water	102.0	102.0	102.0	102.0	102.0	102.0
电	Electricity	100.0	100.0	100.0	100.0	100.0	100.0
管道燃气	Pipeline Gas	122.9	103.8	100.0	100.0	100.0	100.0

3-6 各月居民消费价格指数（2012 年）
Consumer Price Indices by Month （2012）

上年同期=100

类别	Item	1月 January	2月 February	3月 March	4月 April	5月 May	6月 June
居民消费价格总指数	**General Consumer Price Index**	**105.0**	**103.6**	**103.6**	**103.8**	**103.3**	**102.2**
非食品价格指数	Non-food Price Index	102.0	102.0	101.7	101.5	100.8	100.5
服务项目价格指数	Price Indices of Service Item	102.8	102.3	101.7	101.6	101.6	101.6
工业品价格指数	Industrial Products Price Index	101.5	101.8	101.8	101.4	100.2	99.7
扣除食品烟酒和能源价格指数	Excluding Food Tobacco Liquor and Energy Price Index	101.7	101.7	101.3	101.1	100.4	100.1
消费品价格指数	Consumer Goods Price Index	105.9	104.1	104.4	104.7	103.9	102.4
食品	**Food**	**111.3**	**106.8**	**107.5**	**108.7**	**108.5**	**105.7**
粮食	Grain	111.1	110.2	110.3	108.9	110.0	108.1
大米	Rice	110.1	107.7	108.2	106.9	107.9	107.3
油脂	Oil or Fat	105.5	105.5	104.9	105.7	107.8	107.6
肉禽及其制品	Meal, Poultry and Processed Products	120.6	111.9	109.4	104.8	102.6	96.4
食用畜肉及副产品	Meat and its Subsidiary Products	124.1	113.6	109.2	103.2	100.5	93.4
猪肉	Pork	124.8	113.1	106.7	99.4	96.5	88.5
禽	Poultry	114.0	108.2	110.0	108.2	106.5	101.9
蛋	Eggs	107.9	99.7	98.0	95.1	94.1	102.6
水产品	Aquatic Products	110.2	107.7	109.5	108.8	109.7	108.5
菜	Vegetables	109.7	96.5	109.6	135.9	142.1	131.6
鲜菜	Fresh Vegetables	111.2	96.7	111.0	140.6	147.2	133.7
调味品	Flavoring	104.3	103.7	101.4	103.9	105.2	102.9
糖	Carbohydrate	106.9	106.4	105.7	104.7	104.2	103.7
茶及饮料	Tea and Beverages	106.2	107.0	106.8	105.3	104.4	104.3
干鲜瓜果	Dried and Fresh Melons and Fruits	113.0	109.3	107.5	104.0	106.8	107.2
糕点饼干面包	Cake, Biscuit and Bread	106.4	104.4	104.4	103.4	102.5	101.7
液体乳及乳制品	Milk and Its Products	107.4	106.0	106.0	104.9	104.3	105.1
在外用膳食品	Dining Out	105.9	106.2	105.9	107.0	105.1	104.4
其他食品	Other Foods and Manufacturing Services	113.8	113.7	113.3	112.3	110.5	109.4
烟酒	**Tobacco and Liquor**	**108.1**	**108.5**	**108.5**	**108.5**	**108.3**	**108.2**
烟草	Tobacco	100.1	100.1	100.1	100.3	99.9	99.8
酒	Liquor	125.5	126.8	126.5	125.8	125.9	126.0

3-6 各月居民消费价格指数（2012 年）
Consumer Price Indices by Month （2012）

续表 1（continued 1） 上年同期=100

类 别	Item	7 月 July	8 月 August	9 月 September	10 月 October	11 月 November	12 月 December
居民消费价格总指数	**General Consumer Price Index**	**101.6**	**101.3**	**101.5**	**101.6**	**101.6**	**102.0**
非食品价格指数	Non-food Price Index	101.0	101.2	101.9	102.2	101.8	101.9
服务项目价格指数	Price Indices of Service Item	102.2	102.5	102.9	102.7	101.9	101.8
工业品价格指数	Industrial Products Price Index	100.1	100.2	101.3	101.8	101.7	101.9
扣除食品烟酒和能源价格指数	Excluding Food Tobacco Liquor and Energy Price Index	100.7	100.9	101.6	101.8	101.6	101.7
消费品价格指数	Consumer Goods Price Index	101.4	100.8	101.0	101.2	101.5	102.1
食品	**Food**	**103.0**	**101.5**	**100.7**	**100.6**	**101.3**	**102.3**
粮食	Grain	106.1	105.1	105.5	106.7	105.5	105.3
大米	Rice	105.6	105.1	106.9	107.6	106.4	105.8
油脂	Oil or Fat	107.3	105.2	105.7	105.9	105.6	105.6
肉禽及其制品	Meal, Poultry and Processed Products	91.6	88.9	89.2	91.1	93.6	96.7
食用畜肉及副产品	Meat and its Subsidiary Products	87.4	85.3	85.7	88.5	91.6	95.9
猪肉	Pork	81.7	79.9	80.3	82.8	86.4	91.3
禽	Poultry	100.2	95.8	96.1	96.1	96.8	97.7
蛋	Eggs	95.1	98.2	103.7	101.5	102.4	107.4
水产品	Aquatic Products	107.1	105.8	104.2	104.2	102.9	102.7
菜	Vegetables	119.8	117.4	104.1	97.4	98.0	100.0
鲜菜	Fresh Vegetables	120.7	118.6	103.7	96.2	96.5	98.8
调味品	Flavoring	103.8	102.4	103.8	104.0	102.8	102.9
糖	Carbohydrate	104.1	103.6	103.5	102.0	102.2	103.0
茶及饮料	Tea and Beverages	103.8	103.2	102.0	102.4	103.0	103.3
干鲜瓜果	Dried and Fresh Melons and Fruits	112.7	109.8	108.1	106.6	105.5	105.8
糕点饼干面包	Cake, Biscuit and Bread	102.2	101.1	100.6	101.6	100.6	100.2
液体乳及乳制品	Milk and Its Products	103.6	101.9	101.7	101.4	105.2	105.6
在外用膳食品	Dining Out	104.2	105.0	106.8	107.6	106.8	105.9
其他食品	Other Foods and Manufacturing Services	109.3	104.6	104.3	102.0	100.6	100.1
烟酒	**Tobacco and Liquor**	**108.1**	**107.7**	**107.2**	**106.5**	**103.5**	**103.0**
烟草	Tobacco	99.7	99.7	99.5	99.5	99.7	99.8
酒	Liquor	125.7	124.2	122.7	120.3	110.6	108.6

3–6 各月居民消费价格指数（2012 年）
Consumer Price Indices by Month （2012）

续表 2（continued 2） 上年同期=100

类 别	Item	1月 January	2月 February	3月 March	4月 April	5月 May	6月 June
衣着	**Clothing**	**103.9**	**104.3**	**104.4**	**102.2**	**98.7**	**96.9**
服装	Garments	101.7	101.6	101.7	99.1	98.5	96.1
衣着材料	Clothing Material	105.7	104.2	103.1	102.1	101.4	100.8
鞋袜帽	Footgear and Hats	110.7	112.2	112.5	111.7	99.1	99.0
衣着加工服务费	Clothing Manufacturing Services	106.0	106.2	107.0	109.2	109.3	109.3
家庭设备用品及维修服务	**Household Facilities, Articles and Services**	**102.3**	**102.8**	**101.8**	**102.2**	**101.4**	**100.7**
耐用消费品	Durable Consumer Goods	99.6	100.4	100.1	100.9	101.0	100.9
室内装饰品	Interior Decorations	97.1	99.3	99.1	98.2	98.1	97.8
床上用品	Bed Articles	100.7	100.5	100.7	96.6	95.0	95.0
家庭日用杂品	Daily Use Household Articles	106.1	106.4	104.1	106.3	104.5	101.9
家庭服务及加工维修服务	Household Services and Maintenance and Renovation	107.1	107.1	104.8	104.8	104.8	104.7
医疗保健和个人用品	**Health Care and Personal Articles**	**101.9**	**102.1**	**102.2**	**102.3**	**102.0**	**101.8**
医疗保健	Health Care	101.1	101.3	101.7	102.3	102.2	102.1
西药	Western Medicine	97.9	97.7	98.2	100.4	100.6	100.8
医疗保健服务	Health Care Services	100.6	100.6	100.6	100.6	100.6	100.6
个人用品及服务	Personal Articles and Services	103.3	103.4	103.0	102.2	101.5	101.4
交通和通信	**Transportation and Communication**	**98.0**	**98.1**	**98.4**	**98.2**	**97.7**	**97.4**
交通	Transportation	102.0	101.9	102.2	102.3	101.5	100.7
市区公共交通费	Incity Traffic Fare	100.3	100.3	100.3	100.3	100.0	100.0
城市间交通费	Intercity Traffic Fare	106.7	105.8	106.1	105.1	103.4	103.7
通信	Communication	94.5	94.7	95.0	94.4	94.1	94.2
娱乐教育文化用品及服务	**Recreation, Education and Culture Articles**	**99.9**	**99.1**	**99.8**	**100.1**	**100.1**	**100.3**
文娱用耐用消费品及服务	Durable Consumer Goods for Cultural and Recreational Use and Services	91.6	93.2	93.8	95.4	94.7	95.0
教育	Education	101.2	101.2	101.3	101.4	101.7	101.9
文化娱乐类	Cultural and Recreational Articles	101.2	101.9	101.9	101.6	101.6	101.5
旅游	Touring and Outing	103.3	95.3	98.5	99.2	99.3	99.7
居住	**Residence**	**103.8**	**103.7**	**102.2**	**102.1**	**101.9**	**102.2**
建房及装修材料	Building and Building Decoration Materials	103.9	103.3	102.0	102.1	101.6	103.4
租房	Renting	107.1	106.8	104.6	104.6	104.6	104.0
自有住房	Private Housing	105.0	105.0	102.8	102.6	102.6	102.7
水、电、燃料	Water, Electricity and Fuels	100.4	100.4	100.4	100.4	100.0	100.0
水	Water	102.0	102.0	102.0	102.0	100.0	100.0
电	Electricity	100.0	100.0	100.0	100.0	100.0	100.0
管道燃气	Pipeline Gas	100.0	100.0	100.0	100.0	100.0	100.0

3-6 各月居民消费价格指数（2012 年）
Consumer Price Indices by Month （2012）

续表 3（continued 3） 上年同期=100

类 别	Item	7 月 July	8 月 August	9 月 September	10 月 October	11 月 November	12 月 December
衣着	**Clothing**	**99.2**	**99.9**	**102.1**	**104.4**	**104.9**	**106.0**
服装	Garments	99.1	100.0	101.3	103.8	105.3	105.8
衣着材料	Clothing Material	100.5	100.1	100.5	99.5	99.4	99.7
鞋袜帽	Footgear and Hats	99.2	99.4	104.5	106.2	103.9	106.5
衣着加工服务费	Clothing Manufacturing Services	109.3	109.1	107.9	106.6	107.4	108.9
家庭设备用品及维修服务	**Household Facilities, Articles and Services**	**100.5**	**100.1**	**99.5**	**99.4**	**99.7**	**100.1**
耐用消费品	Durable Consumer Goods	100.4	98.9	98.9	98.8	99.2	100.0
室内装饰品	Interior Decorations	97.7	97.4	97.7	98.5	97.4	97.4
床上用品	Bed Articles	95.0	99.4	99.0	97.4	97.5	97.5
家庭日用杂品	Daily Use Household Articles	102.2	101.3	99.8	100.2	100.9	101.0
家庭服务及加工维修服务	Household Services and Maintenance and Renovation	104.8	103.3	102.2	102.3	102.4	102.6
医疗保健和个人用品	**Health Care and Personal Articles**	**101.7**	**101.5**	**101.7**	**102.0**	**101.9**	**101.9**
医疗保健	Health Care	102.2	102.1	102.1	102.4	102.4	102.3
西药	Western Medicine	101.2	101.0	101.2	101.9	102.1	102.1
医疗保健服务	Health Care Services	100.6	100.6	100.6	100.6	100.6	100.6
个人用品及服务	Personal Articles and Services	100.9	100.5	101.1	101.3	100.9	101.3
交通和通信	**Transportation and Communication**	**97.1**	**97.7**	**99.6**	**99.4**	**99.2**	**98.8**
交通	Transportation	100.1	99.9	101.6	101.4	101.3	100.4
市区公共交通费	Incity Traffic Fare	101.0	102.1	101.8	101.1	101.1	101.1
城市间交通费	Intercity Traffic Fare	103.4	100.7	105.5	102.3	103.0	99.8
通信	Communication	94.2	95.6	97.7	97.5	97.2	97.2
娱乐教育文化用品及服务	**Recreation, Education and Culture Articles**	**101.4**	**101.6**	**102.4**	**102.4**	**101.9**	**102.1**
文娱用耐用消费品及服务	Durable Consumer Goods for Cultural and Recreational Use and Services	95.2	96.1	98.6	97.9	98.1	98.0
教育	Education	102.5	102.1	104.1	104.1	104.7	104.9
文化娱乐类	Cultural and Recreational Articles	100.6	100.6	100.5	100.4	100.2	100.4
旅游	Touring and Outing	107.0	108.0	105.9	107.2	103.0	103.1
居住	**Residence**	102.4	102.6	103.0	102.8	102.0	101.8
建房及装修材料	Building and Building Decoration Materials	102.9	102.6	102.3	101.4	102.6	102.7
租房	Renting	104.5	105.5	106.2	105.6	102.8	102.4
自有住房	Private Housing	102.5	102.9	103.2	103.1	101.7	101.4
水、电、燃料	Water, Electricity and Fuels	101.1	101.1	102.0	102.0	102.0	102.0
水	Water	100.0	100.0	100.0	100.0	100.0	100.0
电	Electricity	102.1	102.1	102.1	102.1	102.1	102.1
管道燃气	Pipeline Gas	100.0	100.0	103.3	103.3	103.3	103.3

3–6 各月居民消费价格指数（2013 年）
Consumer Price Indices by Month （2013）

上年同期=100

类 别	Item	1 月 January	2 月 February	3 月 March	4 月 April	5 月 May	6 月 June
居民消费价格总指数	**General Consumer Price Index**	**102.0**	**103.4**	**102.6**	**102.5**	**102.1**	**102.5**
非食品价格指数	Non–food Price Index	102.1	102.4	102.8	102.5	102.3	102.3
服务项目价格指数	Price Indices of Service Item	102.1	103.3	103.1	102.6	102.0	102.2
工业品价格指数	Industrial Products Price Index	102.1	101.8	102.5	102.5	102.6	102.5
扣除食品烟酒和能源价格指数	Excluding Food Tobacco Liquor and Energy Price Index	102.0	102.4	102.8	102.6	102.5	102.4
消费品价格指数	Consumer Goods Price Index	102.0	103.5	102.4	102.5	102.1	102.7
食品	**Food**	**101.9**	**105.4**	**102.2**	**102.6**	**101.5**	**102.9**
粮食	Grain	104.9	104.3	103.9	104.0	102.9	103.3
大米	Rice	105.3	105.3	104.5	104.0	102.9	103.4
油脂	Oil or Fat	104.9	105.7	105.5	103.0	98.7	98.2
肉禽及其制品	Meal, Poultry and Processed Products	97.6	104.8	99.7	99.2	100.1	103.6
食用畜肉及副产品	Meat and its Subsidiary Products	97.4	105.7	98.2	98.8	100.9	105.2
猪肉	Pork	93.8	102.1	92.2	93.0	95.2	101.1
禽	Poultry	97.0	103.2	102.9	99.0	97.1	99.2
蛋	Eggs	110.5	119.3	117.8	118.0	119.4	105.9
水产品	Aquatic Products	101.3	107.5	103.3	102.0	100.0	100.3
菜	Vegetables	104.0	108.4	93.5	101.4	93.9	98.8
鲜菜	Fresh Vegetables	103.2	107.6	91.5	100.2	92.1	97.3
调味品	Flavoring	103.3	103.9	106.5	104.0	104.4	105.1
糖	Carbohydrate	103.4	103.8	104.0	105.0	106.1	105.6
茶及饮料	Tea and Beverages	104.0	103.7	104.3	103.5	103.4	103.7
干鲜瓜果	Dried and Fresh Melons and Fruits	93.3	99.5	99.1	97.7	96.9	98.5
糕点饼干面包	Cake, Biscuit and Bread	100.2	101.2	101.4	102.1	103.4	104.3
液体乳及乳制品	Milk and Its Products	104.9	105.6	106.1	105.7	106.7	105.2
在外用膳食品	Dining Out	105.8	105.7	106.1	105.3	105.2	105.8
其他食品	Other Foods and Manufacturing Services	99.1	99.0	98.3	100.2	101.4	101.4
烟酒	**Tobacco and Liquor**	**102.2**	**101.6**	**101.0**	**100.8**	**100.9**	**101.0**
烟草	Tobacco	99.8	99.7	99.7	99.5	100.0	100.2
酒	Liquor	106.4	104.8	103.3	103.0	102.4	102.3

3-6 各月居民消费价格指数（2013 年）
Consumer Price Indices by Month （2013）

续表 1（continued 1）　　上年同期=100

类别	Item	7月 July	8月 August	9月 September	10月 October	11月 November	12月 December
居民消费价格总指数	**General Consumer Price Index**	**103.3**	**103.2**	**103.1**	**102.5**	**102.5**	**102.0**
非食品价格指数	Non-food Price Index	102.3	102.0	101.5	101.0	100.9	100.9
服务项目价格指数	Price Indices of Service Item	102.1	101.9	101.7	100.9	101.0	101.3
工业品价格指数	Industrial Products Price Index	102.5	102.1	101.3	101.0	100.8	100.6
扣除食品烟酒和能源价格指数	Excluding Food Tobacco Liquor and Energy Price Index	102.3	102.0	101.6	101.1	101.0	100.9
消费品价格指数	Consumer Goods Price Index	103.8	103.8	103.7	103.1	103.1	102.2
食品	**Food**	**105.3**	**105.7**	**106.4**	**105.7**	**105.8**	**104.2**
粮食	Grain	103.6	103.5	102.2	100.6	101.6	102.0
大米	Rice	103.6	103.5	101.2	99.4	99.7	99.7
油脂	Oil or Fat	98.0	95.4	92.4	93.0	94.3	95.2
肉禽及其制品	Meal, Poultry and Processed Products	107.2	108.0	107.8	106.2	106.1	104.7
食用畜肉及副产品	Meat and its Subsidiary Products	109.0	109.6	109.6	107.4	107.5	105.1
猪肉	Pork	106.3	107.5	107.1	105.1	105.1	102.3
禽	Poultry	103.3	104.9	103.6	103.3	103.1	103.8
蛋	Eggs	110.1	105.9	101.5	102.3	103.3	101.5
水产品	Aquatic Products	100.1	100.9	102.8	103.8	105.5	105.6
菜	Vegetables	109.2	107.1	117.0	122.4	125.2	111.6
鲜菜	Fresh Vegetables	108.5	106.3	117.3	123.5	126.9	111.5
调味品	Flavoring	105.1	105.1	105.2	104.1	105.0	104.8
糖	Carbohydrate	105.0	103.8	103.7	104.4	104.5	103.6
茶及饮料	Tea and Beverages	103.8	105.4	105.8	104.7	104.7	103.6
干鲜瓜果	Dried and Fresh Melons and Fruits	101.2	110.0	113.0	104.7	103.2	104.6
糕点饼干面包	Cake, Biscuit and Bread	103.7	104.3	105.3	103.3	104.2	105.1
液体乳及乳制品	Milk and Its Products	105.5	105.9	108.0	109.1	105.0	105.1
在外用膳食品	Dining Out	105.7	105.1	103.5	102.5	102.4	102.2
其他食品	Other Foods and Manufacturing Services	102.6	102.3	101.6	100.2	101.7	101.4
烟酒	**Tobacco and Liquor**	**100.5**	**99.9**	**100.0**	**99.7**	**99.7**	**99.4**
烟草	Tobacco	100.1	100.1	100.2	100.2	100.1	100.0
酒	Liquor	101.4	99.6	99.7	99.1	99.1	98.3

3-6 各月居民消费价格指数（2013 年）
Consumer Price Indices by Month （2013）

续表 2（continued 2）　　　　上年同期=100

类　别	Item	1 月 January	2 月 February	3 月 March	4 月 April	5 月 May	6 月 June
衣着	**Clothing**	**106.6**	**107.0**	**108.5**	**108.9**	**108.9**	**108.9**
服装	Garments	106.5	107.1	108.4	108.5	108.3	108.4
衣着材料	Clothing Material	99.6	100.0	101.0	101.4	101.7	102.5
鞋袜帽	Footgear and Hats	107.2	106.8	108.7	110.1	110.9	110.6
衣着加工服务费	Clothing Manufacturing Services	106.8	107.1	107.6	106.0	104.8	104.8
家庭设备用品及维修服务	**Household Facilities, Articles and Services**	**100.4**	**99.6**	**101.4**	**101.0**	**101.5**	**101.6**
耐用消费品	Durable Consumer Goods	100.4	99.1	100.1	99.5	100.0	99.4
室内装饰品	Interior Decorations	97.3	97.7	98.2	99.3	99.7	97.9
床上用品	Bed Articles	98.1	98.8	98.8	103.1	104.4	104.4
家庭日用杂品	Daily Use Household Articles	100.6	98.3	101.5	99.1	99.5	100.1
家庭服务及加工维修服务	Household Services and Maintenance and Renovation	104.6	107.4	110.2	110.3	110.5	112.4
医疗保健和个人用品	**Health Care and Personal Articles**	**101.8**	**101.4**	**101.6**	**101.5**	**101.4**	**101.1**
医疗保健	Health Care	101.8	101.6	101.5	101.5	101.4	101.2
西药	Western Medicine	101.9	101.8	102.0	101.8	101.6	101.3
医疗保健服务	Health Care Services	100.6	100.6	100.6	101.0	101.0	101.0
个人用品及服务	Personal Articles and Services	101.8	101.1	101.7	101.4	101.4	101.0
交通和通信	**Transportation and Communication**	**98.6**	**99.6**	**98.8**	**98.1**	**96.7**	**97.7**
交通	Transportation	99.7	101.5	99.8	97.9	97.3	98.9
市区公共交通费	Incity Traffic Fare	101.1	101.1	101.1	101.1	101.1	101.1
城市间交通费	Intercity Traffic Fare	95.5	105.8	98.0	94.7	92.5	97.2
通信	Communication	97.6	97.7	97.8	98.3	96.2	96.5
娱乐教育文化用品及服务	**Recreation, Education and Culture Articles**	**102.3**	**103.9**	**103.7**	**102.5**	**102.4**	**102.3**
文娱用耐用消费品及服务	Durable Consumer Goods for Cultural and Recreational Use and Services	98.8	99.3	100.2	99.9	101.0	100.7
教育	Education	105.2	105.2	105.4	105.1	104.7	104.5
文化娱乐类	Cultural and Recreational Articles	101.5	100.7	101.4	101.8	102.5	101.9
旅游	Touring and Outing	100.7	112.4	108.0	100.7	98.2	99.7
居住	**Residence**	**102.5**	**102.6**	**103.0**	**103.2**	**103.1**	**102.7**
建房及装修材料	Building and Building Decoration Materials	103.1	102.3	103.9	104.0	103.7	101.3
租房	Renting	102.3	102.7	102.9	103.8	104.2	104.3
自有住房	Private Housing	102.6	102.9	103.2	103.3	103.1	103.0
水、电、燃料	Water, Electricity and Fuels	102.0	102.0	102.0	102.4	102.4	102.4
水	Water	100.0	100.0	100.0	102.1	102.1	102.1
电	Electricity	102.1	102.1	102.1	102.1	102.1	102.1
管道燃气	Pipeline Gas	103.3	103.3	103.3	103.3	103.3	103.3

3–6 各月居民消费价格指数（2013 年）
Consumer Price Indices by Month （2013）

续表 3（continued 3）

上年同期=100

类 别	Item	7 月 July	8 月 August	9 月 September	10 月 October	11 月 November	12 月 December
衣着	**Clothing**	**108.8**	**106.9**	**104.6**	**102.8**	**102.8**	**102.0**
服装	Garments	108.2	106.5	104.7	102.7	102.6	102.5
衣着材料	Clothing Material	103.1	103.9	104.1	104.6	105.0	104.3
鞋袜帽	Footgear and Hats	110.5	107.9	104.3	103.0	103.1	100.6
衣着加工服务费	Clothing Manufacturing Services	104.8	104.8	107.8	108.9	108.7	108.1
家庭设备用品及维修服务	**Household Facilities, Articles and Services**	**102.1**	**102.5**	**102.5**	**102.8**	**102.3**	**101.6**
耐用消费品	Durable Consumer Goods	100.4	101.6	101.0	101.8	101.2	100.6
室内装饰品	Interior Decorations	97.7	97.4	97.9	97.9	97.4	97.4
床上用品	Bed Articles	104.4	100.1	100.4	100.7	100.0	99.5
家庭日用杂品	Daily Use Household Articles	100.2	101.8	102.2	102.1	101.4	100.2
家庭服务及加工维修服务	Household Services and Maintenance and Renovation	113.1	113.3	113.4	113.4	113.9	114.1
医疗保健和个人用品	**Health Care and Personal Articles**	**100.8**	**100.7**	**100.4**	**100.4**	**100.3**	**100.4**
医疗保健	Health Care	100.9	100.7	100.7	100.8	100.7	101.0
西药	Western Medicine	100.7	100.5	100.6	100.3	100.2	100.2
医疗保健服务	Health Care Services	101.0	100.4	100.4	100.4	100.4	100.4
个人用品及服务	Personal Articles and Services	100.7	100.6	99.8	99.5	99.4	99.3
交通和通信	**Transportation and Communication**	**98.4**	**98.4**	**98.5**	**97.9**	**98.0**	**98.5**
交通	Transportation	99.8	99.8	99.8	98.7	98.8	99.9
市区公共交通费	Incity Traffic Fare	101.1	100.0	100.3	101.4	101.6	101.6
城市间交通费	Intercity Traffic Fare	95.7	95.9	97.5	92.4	92.2	95.5
通信	Communication	96.9	97.0	97.1	97.1	97.1	97.1
娱乐教育文化用品及服务	**Recreation, Education and Culture Articles**	**101.8**	**100.9**	**100.0**	**99.0**	**99.2**	**99.2**
文娱用耐用消费品及服务	Durable Consumer Goods for Cultural and Recreational Use and Services	100.4	99.3	98.2	98.7	97.9	97.6
教育	Education	104.2	104.0	100.8	100.8	100.2	100.0
文化娱乐类	Cultural and Recreational Articles	102.2	102.5	102.2	101.9	102.1	102.0
旅游	Touring and Outing	97.2	92.8	96.0	89.9	92.9	93.1
居住	**Residence**	**102.7**	**103.1**	**102.8**	**102.6**	**102.4**	**102.7**
建房及装修材料	Building and Building Decoration Materials	101.7	102.2	102.4	103.6	102.5	103.6
租房	Renting	104.1	104.4	104.3	103.8	103.6	103.6
自有住房	Private Housing	103.5	104.1	104.0	103.4	103.1	103.6
水、电、燃料	Water, Electricity and Fuels	101.3	101.3	100.4	100.4	100.4	100.4
水	Water	102.1	102.1	102.1	102.1	102.1	102.1
电	Electricity	100.0	100.0	100.0	100.0	100.0	100.0
管道燃气	Pipeline Gas	103.3	103.3	100.0	100.0	100.0	100.0

3–6 各月居民消费价格指数（2014年）
Consumer Price Indices by Month （2014）

上年同期=100

类 别	Item	1月 January	2月 February	3月 March	4月 April	5月 May	6月 June
居民消费价格总指数	**General Consumer Price Index**	**101.9**	**101.5**	**101.8**	**101.2**	**101.8**	**102.0**
非食品价格指数	Non–food Price Index	100.7	100.7	100.2	100.3	100.7	100.8
服务项目价格指数	Price Indices of Service Item	101.2	101.1	100.8	101.0	101.4	101.4
工业品价格指数	Industrial Products Price Index	100.3	100.4	99.7	99.8	100.2	100.4
扣除食品烟酒和能源价格指数	Excluding Food Tobacco Liquor and Energy Price Index	100.7	100.8	100.3	100.4	100.8	100.9
消费品价格指数	Consumer Goods Price Index	102.1	101.6	102.1	101.2	101.9	102.2
食品	**Food**	**104.1**	**102.9**	**104.8**	**102.8**	**103.9**	**104.4**
粮食	Grain	102.7	102.8	103.1	100.6	100.5	100.7
大米	Rice	100.6	100.7	100.8	97.3	97.0	97.0
油脂	Oil or Fat	94.8	93.7	92.6	93.7	94.4	94.5
肉禽及其制品	Meal, Poultry and Processed Products	100.4	94.0	96.9	97.5	102.5	102.0
食用畜肉及副产品	Meat and its Subsidiary Products	99.2	91.3	95.6	94.8	101.1	100.2
猪肉	Pork	95.1	85.9	91.4	90.3	98.8	96.6
禽	Poultry	103.3	99.2	98.4	102.9	106.1	106.9
蛋	Eggs	99.5	96.7	100.3	101.2	105.5	103.1
水产品	Aquatic Products	105.2	101.8	104.0	104.0	104.3	104.7
菜	Vegetables	108.8	113.2	122.0	103.4	101.7	106.2
鲜菜	Fresh Vegetables	108.8	113.7	123.4	102.9	101.1	106.4
调味品	Flavoring	105.1	104.2	104.9	103.7	101.9	101.8
糖	Carbohydrate	102.6	102.1	102.0	100.5	98.5	99.2
茶及饮料	Tea and Beverages	102.8	102.3	102.8	103.1	102.7	102.1
干鲜瓜果	Dried and Fresh Melons and Fruits	118.7	121.1	121.2	122.7	123.1	121.8
糕点饼干面包	Cake, Biscuit and Bread	104.6	104.0	104.8	103.3	101.1	101.5
液体乳及乳制品	Milk and Its Products	109.5	111.0	111.3	111.9	110.7	110.6
在外用膳食品	Dining Out	102.4	102.3	101.8	101.4	101.4	102.7
其他食品	Other Foods and Manufacturing Services	102.9	102.8	104.3	102.2	102.2	100.3
烟酒	**Tobacco and Liquor**	**99.4**	**99.0**	**98.7**	**97.6**	**97.4**	**97.3**
烟草	Tobacco	100.0	99.9	100.0	99.7	99.6	99.5
酒	Liquor	98.5	97.5	96.6	94.3	93.8	93.6

3-6 各月居民消费价格指数（2014 年）
Consumer Price Indices by Month （2014）

续表 1（continued 1） 上年同期=100

类 别	Item	7 月 July	8 月 August	9 月 September	10 月 October	11 月 November	12 月 December
居民消费价格总指数	**General Consumer Price Index**	**101.9**	**101.7**	**101.6**	**102.2**	**101.9**	**101.8**
非食品价格指数	Non–food Price Index	100.8	101.1	101.4	101.6	101.6	101.5
服务项目价格指数	Price Indices of Service Item	101.2	101.0	101.9	102.1	102.0	101.9
工业品价格指数	Industrial Products Price Index	100.6	101.2	101.0	101.3	101.3	101.3
扣除食品烟酒和能源价格指数	Excluding Food Tobacco Liquor and Energy Price Index	100.9	101.2	101.6	101.9	101.9	101.9
消费品价格指数	Consumer Goods Price Index	102.2	101.9	101.5	102.2	101.8	101.8
食品	**Food**	**104.0**	**102.8**	**102.1**	**103.2**	**102.4**	**102.4**
粮食	Grain	101.1	101.2	101.5	102.6	102.1	102.5
大米	Rice	97.9	97.9	98.2	99.0	98.8	99.9
油脂	Oil or Fat	94.8	96.5	97.8	95.7	95.1	93.0
肉禽及其制品	Meal, Poultry and Processed Products	99.1	100.0	100.6	101.3	100.8	98.2
食用畜肉及副产品	Meat and its Subsidiary Products	97.4	98.6	98.8	99.8	99.1	96.1
猪肉	Pork	93.0	95.2	96.3	97.2	96.3	92.5
禽	Poultry	102.7	103.2	105.1	105.5	105.1	103.2
蛋	Eggs	106.2	106.4	106.0	106.2	106.0	105.3
水产品	Aquatic Products	103.2	104.7	105.3	106.9	106.6	105.8
菜	Vegetables	112.0	103.3	96.4	98.4	97.2	108.2
鲜菜	Fresh Vegetables	112.9	102.6	95.0	97.3	95.9	108.3
调味品	Flavoring	100.9	99.0	100.6	101.1	99.6	100.9
糖	Carbohydrate	99.1	100.1	100.6	99.0	98.1	98.5
茶及饮料	Tea and Beverages	101.6	100.5	100.4	100.7	100.2	100.7
干鲜瓜果	Dried and Fresh Melons and Fruits	115.8	110.5	110.7	119.7	115.2	112.5
糕点饼干面包	Cake, Biscuit and Bread	101.1	100.4	99.9	101.1	100.7	99.4
液体乳及乳制品	Milk and Its Products	109.9	108.1	105.9	105.7	105.8	101.7
在外用膳食品	Dining Out	103.3	103.2	103.0	103.1	102.9	102.8
其他食品	Other Foods and Manufacturing Services	99.0	99.4	101.1	102.0	100.4	101.1
烟酒	**Tobacco and Liquor**	**97.7**	**98.0**	**97.5**	**97.3**	**96.8**	**96.5**
烟草	Tobacco	99.7	99.7	99.7	99.7	99.7	99.7
酒	Liquor	94.5	95.1	93.9	93.2	91.9	91.2

3-6 各月居民消费价格指数（2014 年）
Consumer Price Indices by Month （2014）

续表 2（continued 2） 上年同期=100

类 别	Item	1 月 January	2 月 February	3 月 March	4 月 April	5 月 May	6 月 June
衣着	**Clothing**	**101.4**	**100.9**	**99.9**	**100.3**	**100.8**	**101.1**
服装	Garments	101.8	101.3	100.3	100.8	101.2	101.6
衣着材料	Clothing Material	104.5	104.1	102.1	101.3	100.8	100.6
鞋袜帽	Footgear and Hats	100.2	99.6	98.7	99.0	99.4	99.5
衣着加工服务费	Clothing Manufacturing Services	108.1	108.9	107.0	106.5	106.4	106.4
家庭设备用品及维修服务	**Household Facilities, Articles and Services**	**101.3**	**102.1**	**100.4**	**100.5**	**100.9**	**100.6**
耐用消费品	Durable Consumer Goods	100.2	101.3	101.0	101.2	101.5	102.0
室内装饰品	Interior Decorations	97.4	96.9	96.7	96.8	96.6	98.7
床上用品	Bed Articles	99.6	98.3	96.5	98.5	98.4	97.3
家庭日用杂品	Daily Use Household Articles	100.3	102.4	99.5	98.9	99.8	98.9
家庭服务及加工维修服务	Household Services and Maintenance and Renovation	111.5	110.8	106.5	106.3	106.3	104.8
医疗保健和个人用品	**Health Care and Personal Articles**	**100.4**	**100.8**	**100.7**	**100.4**	**100.7**	**100.9**
医疗保健	Health Care	101.1	101.2	101.4	101.2	101.4	101.4
西药	Western Medicine	100.4	100.5	100.3	100.3	100.6	100.6
医疗保健服务	Health Care Services	100.3	100.3	100.6	100.2	100.2	100.3
个人用品及服务	Personal Articles and Services	99.0	99.9	99.4	99.0	99.5	100.1
交通和通信	**Transportation and Communication**	**99.3**	**99.3**	**99.3**	**99.7**	**101.6**	**101.6**
交通	Transportation	101.9	101.8	101.8	102.3	103.5	103.3
市区公共交通费	Incity Traffic Fare	103.8	107.0	107.0	107.0	107.0	107.0
城市间交通费	Intercity Traffic Fare	100.4	97.5	98.0	97.8	100.2	98.4
通信	Communication	96.7	96.8	96.8	97.1	99.7	99.8
娱乐教育文化用品及服务	**Recreation, Education and Culture Articles**	**99.3**	**98.6**	**98.7**	**99.7**	**99.4**	**99.5**
文娱用耐用消费品及服务	Durable Consumer Goods for Cultural and Recreational Use and Services	96.2	95.2	94.3	94.9	95.1	95.8
教育	Education	99.8	99.9	100.0	100.1	100.0	100.0
文化娱乐类	Cultural and Recreational Articles	101.0	101.2	101.0	101.1	100.6	101.0
旅游	Touring and Outing	97.5	94.3	95.3	100.3	100.0	99.2
居住	**Residence**	**102.1**	**102.2**	**101.6**	**101.4**	**101.5**	**101.7**
建房及装修材料	Building and Building Decoration Materials	103.4	104.4	102.0	102.6	102.8	103.5
租房	Renting	104.0	104.1	103.6	102.7	102.3	102.3
自有住房	Private Housing	102.2	102.3	101.7	101.4	101.7	101.9
水、电、燃料	Water, Electricity and Fuels	100.4	100.4	100.6	100.2	100.2	100.2
水	Water	102.1	102.1	103.3	101.2	101.2	101.2
电	Electricity	100.0	100.0	100.0	100.0	100.0	100.0
管道燃气	Pipeline Gas	100.0	100.0	100.0	100.0	100.0	100.0

3-6 各月居民消费价格指数（2014 年）
Consumer Price Indices by Month (2014)

续表 3（continued 3）

上年同期=100

类别	Item	7月 July	8月 August	9月 September	10月 October	11月 November	12月 December
衣着	**Clothing**	**101.0**	**102.7**	**102.8**	**104.1**	**104.5**	**104.2**
服装	Garments	101.5	102.9	103.4	104.4	104.5	103.9
衣着材料	Clothing Material	100.1	99.8	99.6	99.4	99.0	99.4
鞋袜帽	Footgear and Hats	99.6	102.2	101.1	103.3	104.6	104.9
衣着加工服务费	Clothing Manufacturing Services	106.4	106.4	103.5	102.2	103.6	103.9
家庭设备用品及维修服务	**Household Facilities, Articles and Services**	**100.1**	**100.2**	**100.0**	**99.9**	**99.7**	**100.2**
耐用消费品	Durable Consumer Goods	100.6	100.2	100.2	99.7	99.7	99.7
室内装饰品	Interior Decorations	99.3	100.2	100.1	100.1	100.1	100.1
床上用品	Bed Articles	97.4	98.5	97.2	97.6	98.6	99.3
家庭日用杂品	Daily Use Household Articles	99.0	99.2	98.9	99.3	98.4	99.5
家庭服务及加工维修服务	Household Services and Maintenance and Renovation	104.2	104.5	104.9	104.9	104.2	104.2
医疗保健和个人用品	**Health Care and Personal Articles**	**101.8**	**102.9**	**102.9**	**102.8**	**102.8**	**103.8**
医疗保健	Health Care	102.7	104.6	104.5	104.2	104.3	105.5
西药	Western Medicine	100.7	101.0	100.4	100.3	100.3	100.4
医疗保健服务	Health Care Services	100.4	100.4	100.8	100.8	100.8	100.9
个人用品及服务	Personal Articles and Services	100.3	99.7	100.0	100.2	100.2	100.5
交通和通信	**Transportation and Communication**	**101.6**	**100.9**	**100.3**	**100.4**	**100.0**	**99.3**
交通	Transportation	103.5	102.4	101.6	101.6	100.9	99.7
市区公共交通费	Incity Traffic Fare	107.3	107.3	107.3	106.0	105.8	105.8
城市间交通费	Intercity Traffic Fare	99.9	98.5	99.4	102.0	103.2	100.2
通信	Communication	99.6	99.4	98.9	99.2	99.1	99.0
娱乐教育文化用品及服务	**Recreation, Education and Culture Articles**	**99.1**	**99.4**	**102.0**	**101.9**	**101.9**	**101.8**
文娱用耐用消费品及服务	Durable Consumer Goods for Cultural and Recreational Use and Services	96.1	97.4	99.4	99.5	99.8	99.9
教育	Education	99.7	99.7	103.3	103.4	103.4	103.3
文化娱乐类	Cultural and Recreational Articles	100.8	100.7	101.1	101.3	101.2	101.2
旅游	Touring and Outing	97.2	98.1	103.2	102.0	101.8	101.3
居住	**Residence**	**101.7**	**101.3**	**101.3**	**101.5**	**101.6**	**101.3**
建房及装修材料	Building and Building Decoration Materials	103.6	103.5	102.8	102.4	102.7	101.0
租房	Renting	102.3	101.3	101.8	102.0	102.0	102.0
自有住房	Private Housing	101.8	101.3	101.4	101.9	101.9	101.8
水、电、燃料	Water, Electricity and Fuels	100.2	100.2	100.2	100.2	100.2	100.2
水	Water	101.2	101.2	101.2	101.2	101.2	101.2
电	Electricity	100.0	100.0	100.0	100.0	100.0	100.0
管道燃气	Pipeline Gas	100.0	100.0	100.0	100.0	100.0	100.0

3–6 各月居民消费价格指数（2015 年）
Consumer Price Indices by Month （2015）

上年同期=100

类 别	Item	1 月 January	2 月 February	3 月 March	4 月 April	5 月 May	6 月 June
居民消费价格总指数	**General Consumer Price Index**	**100.9**	**101.2**	**101.4**	**101.5**	**101.4**	**101.3**
非食品价格指数	Non–food Price Index	101.3	101.2	101.3	101.2	101.0	100.9
服务项目价格指数	Price Indices of Service Item	101.9	101.6	101.7	101.6	101.5	101.4
工业品价格指数	Industrial Products Price Index	100.9	100.9	100.9	100.8	100.6	100.5
扣除食品烟酒和能源价格指数	Excluding Food Tobacco Liquor and Energy Price Index	101.8	101.7	101.8	101.6	101.4	101.3
消费品价格指数	Consumer Goods Price Index	100.6	101.1	101.3	101.5	101.3	101.2
食品	**Food**	**100.2**	**101.3**	**101.7**	**102.3**	**102.0**	**102.0**
粮食	Grain	101.9	101.9	101.3	103.1	103.8	101.8
大米	Rice	98.2	98.9	98.4	102.0	103.4	100.5
油脂	Oil or Fat	94.0	93.7	94.6	94.5	95.8	96.8
肉禽及其制品	Meal, Poultry and Processed Products	97.1	102.3	104.9	108.0	106.4	107.2
食用畜肉及副产品	Meat and its Subsidiary Products	95.4	102.0	105.7	111.0	108.2	110.4
猪肉	Pork	91.9	100.9	105.4	113.2	109.5	113.1
禽	Poultry	101.2	104.0	104.4	103.4	103.8	101.2
蛋	Eggs	102.8	103.7	101.0	96.5	93.1	95.1
水产品	Aquatic Products	103.5	103.2	102.7	102.6	102.4	101.9
菜	Vegetables	99.4	101.7	95.9	99.7	101.5	103.1
鲜菜	Fresh Vegetables	98.5	101.3	95.3	99.2	101.1	102.9
调味品	Flavoring	100.1	98.8	96.4	100.0	100.0	99.9
糖	Carbohydrate	97.3	96.5	97.9	97.9	98.6	97.3
茶及饮料	Tea and Beverages	101.1	101.0	100.3	99.7	99.9	100.1
干鲜瓜果	Dried and Fresh Melons and Fruits	107.7	103.7	112.7	106.3	104.2	102.1
糕点饼干面包	Cake, Biscuit and Bread	100.1	99.7	99.5	100.3	101.1	99.3
液体乳及乳制品	Milk and Its Products	96.9	94.1	93.1	92.9	93.1	95.2
在外用膳食品	Dining Out	102.2	102.1	102.5	102.3	102.3	100.9
其他食品	Other Foods and Manufacturing Services	100.4	99.6	97.4	99.2	98.6	99.6
烟酒	**Tobacco and Liquor**	**96.2**	**95.7**	**96.2**	**97.2**	**99.1**	**99.7**
烟草	Tobacco	99.7	99.8	99.8	100.1	103.5	104.4
酒	Liquor	90.4	89.0	90.1	92.0	91.6	91.8

3–6 各月居民消费价格指数（2015 年）
Consumer Price Indices by Month （2015）

续表 1（continued 1）

上年同期=100

类 别	Item	7 月 July	8 月 August	9 月 September	10 月 October	11 月 November	12 月 December
居民消费价格总指数	**General Consumer Price Index**	**101.6**	**101.8**	**101.3**	**101.0**	**100.8**	**101.0**
非食品价格指数	Non–food Price Index	100.9	100.8	100.9	100.7	100.7	100.7
服务项目价格指数	Price Indices of Service Item	101.7	101.8	101.5	101.3	101.2	101.3
工业品价格指数	Industrial Products Price Index	100.3	100.1	100.4	100.3	100.3	100.4
扣除食品烟酒和能源价格指数	Excluding Food Tobacco Liquor and Energy Price Index	101.3	101.3	101.3	101.1	100.9	101.0
消费品价格指数	Consumer Goods Price Index	101.6	101.8	101.2	100.8	100.6	100.8
食品	**Food**	**103.0**	**103.5**	**102.0**	**101.4**	**101.0**	**101.4**
粮食	Grain	101.7	102.2	102.8	102.1	102.2	102.9
大米	Rice	100.3	101.6	102.4	101.3	99.9	101.5
油脂	Oil or Fat	96.8	95.5	95.0	97.5	98.8	100.3
肉禽及其制品	Meal, Poultry and Processed Products	112.9	113.3	109.7	107.5	105.3	106.4
食用畜肉及副产品	Meat and its Subsidiary Products	118.5	119.6	114.8	111.7	108.6	109.9
猪肉	Pork	124.5	124.8	118.5	115.2	111.9	114.0
禽	Poultry	102.5	101.0	99.0	98.6	98.3	99.0
蛋	Eggs	91.9	94.0	93.2	93.2	91.4	93.7
水产品	Aquatic Products	103.5	102.9	102.0	100.9	100.6	101.5
菜	Vegetables	97.5	103.2	105.7	100.8	100.6	99.1
鲜菜	Fresh Vegetables	96.5	103.4	106.0	100.8	100.6	98.9
调味品	Flavoring	101.8	102.8	102.5	102.7	102.8	102.0
糖	Carbohydrate	97.6	97.9	96.8	98.2	97.1	97.6
茶及饮料	Tea and Beverages	100.0	100.1	100.3	100.4	101.0	101.0
干鲜瓜果	Dried and Fresh Melons and Fruits	108.2	102.0	91.5	96.5	98.3	95.7
糕点饼干面包	Cake, Biscuit and Bread	99.9	100.3	100.4	101.0	100.8	101.3
液体乳及乳制品	Milk and Its Products	95.0	94.8	95.2	95.0	95.0	99.0
在外用膳食品	Dining Out	100.5	100.6	100.7	100.7	100.9	100.9
其他食品	Other Foods and Manufacturing Services	97.7	99.7	98.5	97.5	96.9	96.6
烟酒	**Tobacco and Liquor**	**99.6**	**100.3**	**100.7**	**101.2**	**101.3**	**101.9**
烟草	Tobacco	104.4	104.5	104.3	104.4	104.6	104.5
酒	Liquor	91.3	93.0	94.4	95.5	95.4	97.3

3-6 各月居民消费价格指数（2015 年）
Consumer Price Indices by Month (2015)

续表 2（continued 2） 上年同期=100

类 别	Item	1月 January	2月 February	3月 March	4月 April	5月 May	6月 June
衣着	**Clothing**	**103.7**	**104.4**	**103.9**	**103.3**	**102.6**	**102.1**
服装	Garments	103.3	103.9	103.8	103.1	102.7	102.4
衣着材料	Clothing Material	99.1	99.1	99.8	99.5	99.2	99.0
鞋袜帽	Footgear and Hats	105.0	105.9	104.4	103.7	102.2	101.4
衣着加工服务费	Clothing Manufacturing Services	103.9	102.8	104.2	104.3	104.4	104.4
家庭设备用品及维修服务	**Household Facilities, Articles and Services**	**100.0**	**99.4**	**100.0**	**100.2**	**99.2**	**99.6**
耐用消费品	Durable Consumer Goods	99.7	98.9	99.0	99.4	98.9	98.5
室内装饰品	Interior Decorations	100.1	100.6	100.9	100.9	101.2	100.8
床上用品	Bed Articles	99.8	99.7	99.8	99.2	99.3	99.7
家庭日用杂品	Daily Use Household Articles	98.6	98.7	99.5	100.0	97.5	99.1
家庭服务及加工维修服务	Household Services and Maintenance and Renovation	104.1	101.9	104.4	104.0	103.6	103.4
医疗保健和个人用品	**Health Care and Personal Articles**	103.7	103.6	103.3	103.6	103.5	103.4
医疗保健	Health Care	105.5	105.4	105.3	105.4	105.3	105.5
西药	Western Medicine	100.3	100.4	100.3	100.4	100.3	100.7
医疗保健服务	Health Care Services	101.3	101.3	101.0	101.2	101.2	101.1
个人用品及服务	Personal Articles and Services	100.3	100.5	99.7	100.4	100.0	99.7
交通和通信	**Transportation and Communication**	**98.0**	**97.1**	**98.2**	**98.0**	**97.8**	**97.4**
交通	Transportation	96.9	95.4	97.6	97.3	97.2	96.9
市区公共交通费	Incity Traffic Fare	103.6	100.5	100.5	100.5	100.5	100.5
城市间交通费	Intercity Traffic Fare	98.3	93.5	104.3	102.4	98.9	97.5
通信	Communication	99.1	99.0	98.9	98.9	98.5	97.9
娱乐教育文化用品及服务	**Recreation, Education and Culture Articles**	**101.6**	**102.3**	**101.5**	**101.0**	**101.4**	**101.5**
文娱用耐用消费品及服务	Durable Consumer Goods for Cultural and Recreational Use and Services	100.3	100.0	100.0	98.7	99.2	98.7
教育	Education	103.3	103.3	103.7	103.2	103.4	103.5
文化娱乐类	Cultural and Recreational Articles	102.5	102.7	101.6	101.8	101.7	101.3
旅游	Touring and Outing	97.1	101.4	97.0	96.2	97.7	99.4
居住	**Residence**	**101.7**	**101.4**	**101.6**	**101.5**	**101.3**	**101.1**
建房及装修材料	Building and Building Decoration Materials	100.8	100.9	101.9	100.8	100.5	100.2
租房	Renting	102.5	101.5	101.8	101.8	101.5	101.7
自有住房	Private Housing	102.7	102.1	102.4	102.4	102.2	101.8
水、电、燃料	Water, Electricity and Fuels	100.2	100.2	100.0	100.0	100.0	100.0
水	Water	101.2	101.2	100.0	100.0	100.0	100.0
电	Electricity	100.0	100.0	100.0	100.0	100.0	100.0
管道燃气	Pipeline Gas	100.0	100.0	100.0	100.0	100.0	100.0

3-6 各月居民消费价格指数（2015 年）
Consumer Price Indices by Month （2015）

续表 3（continued 3） 上年同期=100

类 别	Item	7 月 July	8 月 August	9 月 September	10 月 October	11 月 November	12 月 December
衣着	**Clothing**	**102.1**	**102.4**	**103.1**	**102.4**	**101.7**	**102.2**
服装	Garments	102.6	102.8	103.3	103.2	102.7	102.9
衣着材料	Clothing Material	98.9	98.6	98.4	98.5	98.9	98.5
鞋袜帽	Footgear and Hats	100.9	101.1	102.4	100.1	98.8	100.4
衣着加工服务费	Clothing Manufacturing Services	104.4	104.4	104.4	104.4	102.4	102.4
家庭设备用品及维修服务	**Household Facilities, Articles and Services**	**100.3**	**100.2**	**100.3**	**100.1**	**100.4**	**100.5**
耐用消费品	Durable Consumer Goods	98.9	99.1	98.7	98.7	98.5	99.0
室内装饰品	Interior Decorations	99.8	100.1	100.1	98.9	99.7	99.7
床上用品	Bed Articles	100.6	100.0	101.3	100.4	100.7	100.5
家庭日用杂品	Daily Use Household Articles	101.0	101.0	101.3	101.3	102.3	102.2
家庭服务及加工维修服务	Household Services and Maintenance and Renovation	103.2	102.5	102.0	102.0	102.1	101.6
医疗保健和个人用品	**Health Care and Personal Articles**	**102.7**	**101.6**	**101.6**	**101.5**	**101.6**	**100.9**
医疗保健	Health Care	104.5	102.6	102.7	102.7	102.6	101.5
西药	Western Medicine	100.8	100.8	101.5	101.4	101.4	101.3
医疗保健服务	Health Care Services	101.1	101.1	100.6	100.6	100.6	100.5
个人用品及服务	Personal Articles and Services	99.3	99.8	99.7	99.5	99.7	99.7
交通和通信	**Transportation and Communication**	**97.5**	**97.7**	**97.8**	**98.1**	**98.7**	**99.7**
交通	Transportation	97.2	97.8	97.3	98.0	98.9	100.6
市区公共交通费	Incity Traffic Fare	102.4	104.2	104.2	103.7	106.1	108.7
城市间交通费	Intercity Traffic Fare	99.0	100.9	98.1	100.0	96.8	100.4
通信	Communication	97.8	97.7	98.3	98.2	98.5	98.7
娱乐教育文化用品及服务	**Recreation, Education and Culture Articles**	**101.6**	**101.5**	**100.7**	**100.4**	**100.5**	**100.5**
文娱用耐用消费品及服务	Durable Consumer Goods for Cultural and Recreational Use and Services	98.1	98.5	97.6	97.7	97.6	97.6
教育	Education	103.6	103.7	102.7	102.7	102.7	102.6
文化娱乐类	Cultural and Recreational Articles	101.5	101.3	101.5	101.4	101.0	100.7
旅游	Touring and Outing	100.6	99.4	97.3	95.2	96.6	97.2
居住	**Residence**	**101.1**	**101.2**	**101.2**	**101.2**	**100.7**	**100.5**
建房及装修材料	Building and Building Decoration Materials	99.7	99.6	99.7	100.0	99.5	99.3
租房	Renting	101.7	101.7	100.7	100.6	100.6	100.6
自有住房	Private Housing	101.9	102.1	102.4	102.2	101.4	101.1
水、电、燃料	Water, Electricity and Fuels	100.0	100.0	100.0	100.0	100.0	100.0
水	Water	100.0	100.0	100.0	100.0	100.0	100.0
电	Electricity	100.0	100.0	100.0	100.0	100.0	100.0
管道燃气	Pipeline Gas	100.0	100.0	100.0	100.0	100.0	100.0

3-6 各月居民消费价格指数（2016 年）
Consumer Price Indices by Month （2016）

上年同期=100

类 别	Item	1 月 January	2 月 February	3 月 March	4 月 April	5 月 May	6 月 June
居民消费价格总指数	**Consumer Price Index**	**101.4**	**101.7**	**102.0**	**102.2**	**102.2**	**102.1**
非食品价格指数	Non-food Price Index	100.8	100.7	100.8	100.8	100.8	100.9
服务价格指数	Price Index of Service Item	101.2	100.9	101.1	101.2	101.1	101.1
工业品价格指数	Industrial Price Index	100.3	100.3	100.2	100.2	100.3	100.4
扣除食品和能源价格指数	Excluding Food Tobacco Liquor and Energy Price Index	101.1	100.9	101.0	101.1	101.1	101.2
消费品价格指数	Consumer Goods Price Index	101.4	102.2	102.5	102.8	102.8	102.7
食品烟酒	**Food,Tobacco and Liquor**	**102.7**	**104.3**	**105.1**	**105.6**	**105.6**	**105.3**
食品	Food	103.7	106.0	107.3	108.0	107.9	107.5
粮食	Grain	101.3	101.4	101.7	102.0	102.0	102.2
大米	rice	100.6	100.4	100.5	100.6	100.4	100.5
薯类	Tubers	107.4	110.7	112.0	119.2	125.0	128.9
食用油	Oil	102.5	103.7	104.3	104.1	104.1	104.0
菜	Vegetables	104.3	113.9	119.3	120.0	118.1	114.4
鲜菜	Fresh Vegetables	104.4	114.9	120.6	121.4	119.4	115.5
畜肉类	Meat of Livestock	114.8	116.9	118.4	120.2	121.0	121.0
猪肉	Pork	123.7	126.6	129.5	131.9	132.9	132.6
禽肉类	Meat of Poultry	100.6	100.4	100.4	100.5	100.3	100.3
水产品	Aquatic Products	103.6	104.9	105.0	105.4	105.3	105.4
蛋类	Eggs	96.0	96.8	96.4	97.1	97.3	97.4
奶类	Milk	99.4	100.1	100.2	100.3	100.2	99.8
干鲜瓜果类	Dried and Fresh Melons and Fruits	92.0	92.1	91.6	92.6	94.0	95.6
糖果糕点类	Candy and Cake	101.9	101.3	100.7	101.0	101.0	101.2
调味品	Flavoring	102.1	101.1	100.9	100.9	100.8	100.7
其他食品类	Other Foods	102.4	102.5	103.0	103.0	103.0	102.7
茶及饮料	Tea and Beveages	99.7	99.2	98.9	98.7	98.8	98.8
烟酒	Tobacco and liquor	100.1	100.4	100.4	100.4	100.3	100.1
烟草	Tobacco	101.7	101.7	101.7	101.7	101.2	100.8
酒类	Liquor	97.4	98.1	98.1	98.2	98.6	98.7
在外餐饮	Dining Out	101.3	101.5	101.7	101.9	102.1	102.2

3-6 各月居民消费价格指数（2016 年）
Consumer Price Indices by Month （2016）

续表 1（continued 1） 上年同期=100

类 别	Item	7 月 July	8 月 August	9 月 September	10 月 October	11 月 November	12 月 December
居民消费价格总指数	**Consumer Price Index**	**102.0**	**101.9**	**101.8**	**101.8**	**101.8**	**101.8**
非食品价格指数	Non-food Price Index	100.9	100.9	101.0	101.0	101.1	101.1
服务价格指数	Price Index of Service Item	101.1	101.0	101.0	101.0	101.0	101.0
工业品价格指数	Industrial Price Index	100.5	100.6	100.7	100.8	100.9	101.0
扣除食品和能源价格指数	Excluding Food Tobacco Liquor and Energy Price Index	101.2	101.2	101.2	101.3	101.3	101.3
消费品价格指数	Consumer Goods Price Index	102.5	102.3	102.2	102.2	102.2	102.2
食品烟酒	**Food,Tobacco and Liquor**	**104.8**	**104.2**	**103.9**	**103.8**	**103.7**	**103.6**
食品	Food	106.6	105.7	105.3	105.0	104.9	104.7
粮食	Grain	102.4	102.5	102.4	102.5	102.5	102.4
大米	rice	100.7	100.5	100.4	100.4	100.6	100.7
薯类	Tubers	131.2	131.1	129.9	128.3	127.0	126.0
食用油	Oil	103.7	103.6	103.4	103.4	103.1	103.0
菜	Vegetables	111.3	109.0	108.2	108.3	109.0	108.7
鲜菜	Fresh Vegetables	112.1	109.6	108.8	108.8	109.7	109.3
畜肉类	Meat of Livestock	119.2	116.6	114.8	113.5	112.6	111.9
猪肉	Pork	129.3	124.9	121.8	119.7	118.3	117.1
禽肉类	Meat of Poultry	100.3	100.2	100.2	100.3	100.3	100.3
水产品	Aquatic Products	105.5	105.3	105.1	105.0	104.9	104.7
蛋类	Eggs	97.2	96.6	96.5	96.4	96.5	96.4
奶类	Milk	99.5	99.6	99.7	99.7	99.6	99.4
干鲜瓜果类	Dried and Fresh Melons and Fruits	96.1	96.7	97.4	97.4	97.7	97.8
糖果糕点类	Candy and Cake	101.3	101.3	101.4	101.4	101.4	101.4
调味品	Flavoring	100.4	100.4	100.3	100.5	100.5	100.5
其他食品类	Other Foods	102.6	102.2	102.1	102.0	101.8	101.6
茶及饮料	Tea and Beveages	98.9	98.9	98.9	98.9	98.9	98.9
烟酒	Tobacco and liquor	100.0	100.1	100.1	100.1	100.2	100.2
烟草	Tobacco	100.7	100.5	100.5	100.4	100.4	100.4
酒类	Liquor	98.9	99.2	99.3	99.5	99.7	99.8
在外餐饮	Dining Out	102.2	102.3	102.3	102.3	102.3	102.3

3-6 各月居民消费价格指数（2016 年）
Consumer Price Indices by Month （2016）

续表 2（continued 2） 上年同期=100

类 别	Item	1 月 January	2 月 February	3 月 March	4 月 April	5 月 May	6 月 June
衣着	**Clothing**	**102.3**	**102.2**	**102.4**	**102.5**	**102.6**	**102.6**
服装	Garments	102.4	102.4	102.7	102.8	102.8	102.8
服装材料	Garments Material	99.4	99.4	99.4	99.4	99.5	99.5
其他衣着及配件	Other Clothing and Parts	99.1	98.8	99.4	99.7	99.8	99.8
衣着加工服务费	Clothing Manufacturing Services	103.3	103.6	103.0	102.5	102.3	102.1
居住	**Residence**	**100.6**	**100.8**	**101.1**	**101.1**	**101.1**	**101.1**
租赁房房租	Rent of Rental Housing	99.9	100.6	101.2	101.1	101.2	101.1
住房保养维修及管理	Housing Maintenance and Management	99.8	99.6	99.6	99.6	99.7	99.7
水电燃料	Water,Electricity and Fuels	100.0	100.0	100.0	100.0	100.0	100.0
自有住房	Private Housing	101.3	101.6	102.0	102.0	102.0	102.1
生活用品及服务	**Articles for Daily Use and Sevices**	**100.5**	**100.5**	**100.4**	**100.3**	**100.3**	**100.3**
家具及室内装饰品	Furniture and Interior Decorations	103.8	103.5	103.1	102.9	103.0	102.8
家用器具	Home Appliances	98.5	98.5	98.2	98.1	98.0	97.8
家用纺织品	Home Textiles	100.0	100.1	100.4	100.5	100.5	100.8
家庭日用杂品	Daily Use Household Articles	101.0	100.8	101.0	101.1	101.2	101.2
个人护理用品	Pesonal-care Supplies	98.9	99.2	99.2	99.4	99.7	99.9
家庭服务	Household Services	102.1	102.2	101.4	101.1	101.0	100.9
交通和通信	**Transport and Communications**	**100.3**	**100.1**	**99.3**	**99.2**	**99.1**	**99.4**
交通	Transport	101.0	101.2	100.1	99.9	99.7	99.9
交通工具用燃料	Fuels for Transport Facility	92.2	92.8	91.3	90.8	90.1	90.3
交通费	Traffic Fee	106.1	106.0	104.5	104.9	105.0	105.8
通信	Communications	99.2	98.3	98.0	97.8	98.0	98.4
教育文化和娱乐	**Education,Culture and Recreation**	**100.6**	**99.4**	**99.8**	**100.0**	**99.8**	**99.6**
教育	Education	102.0	101.9	101.6	101.6	101.5	101.4
文化娱乐	Culture and Recreation	99.3	97.3	98.3	98.6	98.3	98.0
旅游	Touring and Outing	99.3	94.3	96.2	96.7	95.8	95.2
医疗保健	**Health Care**	**100.8**	**100.9**	**101.0**	**101.1**	**101.1**	**101.2**
药品及医疗器具	Medecine and Medical Instrument	101.7	101.9	102.0	102.3	102.5	102.7
中药	Traditional Chinese Medicines	101.4	101.9	102.1	102.8	103.2	103.8
西药	Western Medicines	101.3	101.3	101.3	101.4	101.5	101.8
医疗服务	Medical Services	100.2	100.2	100.2	100.2	100.1	100.1
其他用品和服务	**Other Articles and Sevices**	**100.9**	**101.4**	**101.8**	**102.0**	**102.1**	**102.1**
其他用品类	Other Aricles	98.7	100.5	101.6	101.9	102.2	102.6
其他服务类	Other Sercices	102.3	102.0	101.9	102.0	102.0	101.8

3-6 各月居民消费价格指数（2016 年）
Consumer Price Indices by Month （2016）

续表 3（continued 3）

上年同期=100

类 别	Item	7 月 July	8 月 August	9 月 September	10 月 October	11 月 November	12 月 December
衣着	**Clothing**	**102.7**	**102.7**	**102.6**	**102.5**	**102.5**	**102.4**
服装	Garments	102.8	102.8	102.7	102.5	102.4	102.3
服装材料	Garments Material	99.5	99.6	99.7	99.7	99.7	99.7
其他衣着及配件	Other Clothing and Parts	99.8	100.1	100.1	100.1	100.2	100.3
衣着加工服务费	Clothing Manufacturing Services	101.9	101.8	101.8	101.7	101.7	101.7
居住	**Residence**	**101.1**	**101.2**	**101.1**	**101.1**	**101.1**	**101.1**
租赁房房租	Rent of Rental Housing	101.2	101.3	101.4	101.4	101.5	101.6
住房保养维修及管理	Housing Maintenance and Management	99.8	99.8	99.9	100.0	100.1	100.2
水电燃料	Water,Electricity and Fuels	100.0	100.0	100.0	100.1	100.1	100.1
自有住房	Private Housing	102.1	102.1	102.0	102.0	101.9	101.9
生活用品及服务	**Articles for Daily Use and Sevices**	**100.3**	**100.4**	**100.5**	**100.5**	**100.6**	**100.6**
家具及室内装饰品	Furniture and Interior Decorations	102.8	102.8	102.8	102.7	102.7	102.6
家用器具	Home Appliances	97.8	97.9	98.1	98.3	98.5	98.8
家用纺织品	Home Textiles	100.9	101.1	101.1	101.2	101.1	101.2
家庭日用杂品	Daily Use Household Articles	101.1	101.1	101.1	101.0	101.0	100.8
个人护理用品	Pesonal-care Supplies	100.0	100.1	100.3	100.4	100.5	100.6
家庭服务	Household Services	100.8	100.8	100.8	100.7	100.7	100.7
交通和通信	**Transport and Communications**	**99.6**	**99.8**	**100.0**	**100.3**	**100.4**	**100.6**
交通	Transport	100.1	100.2	100.4	100.6	100.7	101.0
交通工具用燃料	Fuels for Transport Facility	90.7	91.3	92.4	93.3	94.2	95.5
交通费	Traffic Fee	106.1	106.0	106.0	106.2	106.0	105.7
通信	Communications	98.8	99.2	99.5	99.7	99.8	99.9
教育文化和娱乐	**Education,Culture and Recreation**	**99.4**	**99.3**	**99.3**	**99.3**	**99.4**	**99.5**
教育	Education	101.4	101.3	101.3	101.3	101.3	101.3
文化娱乐	Culture and Recreation	97.7	97.6	97.5	97.6	97.7	97.9
旅游	Touring and Outing	94.7	94.6	94.6	94.8	95.0	95.6
医疗保健	**Health Care**	**101.3**	**101.4**	**101.4**	**101.6**	**101.7**	**101.8**
药品及医疗器具	Medecine and Medical Instrument	103.0	103.2	103.4	103.7	104.0	104.3
中药	Traditional Chinese Medicines	104.7	105.4	105.9	106.5	107.0	107.7
西药	Western Medicines	102.0	102.3	102.4	102.9	103.2	103.6
医疗服务	Medical Services	100.1	100.1	100.1	100.1	100.0	100.0
其他用品和服务	**Other Articles and Sevices**	**102.3**	**102.5**	**102.6**	**102.6**	**102.6**	**102.6**
其他用品类	Other Aricles	103.2	103.7	104.0	104.0	104.1	104.1
其他服务类	Other Sercices	101.7	101.7	101.7	101.7	101.6	101.6

3-6 各月居民消费价格指数（2017年）
Consumer Price Indices by Month （2017）

上年同期=100

类 别	Item	1月 January	2月 February	3月 March	4月 April	5月 May	6月 June
居民消费价格总指数	**Consumer Price Index**	**101.9**	**101.0**	**100.6**	**100.5**	**100.5**	**100.6**
非食品价格指数	Non-food Price Index	102.1	101.9	101.7	101.8	101.8	101.8
服务价格指数	Price Index of Service Item	102.1	101.7	101.6	101.7	101.8	101.9
工业品价格指数	Industrial Price Index	102.2	102.3	102.2	102.2	102.1	102.0
扣除食品和能源价格指数	Excluding Food Tobacco Liquor and Energy Price Index	101.9	101.6	101.5	101.6	101.6	101.7
消费品价格指数	Consumer Goods Price Index	101.7	100.5	100.0	99.8	99.8	99.8
食品烟酒	**Food,Tobacco and Liquor**	**101.1**	**98.7**	**97.8**	**97.3**	**97.3**	**97.4**
食品	Food	100.9	97.3	96.0	95.4	95.4	95.6
粮食	Grain	102.0	102.3	102.2	102.1	101.6	101.6
大米	rice	101.0	101.5	101.7	101.7	101.3	101.4
薯类	Tubers	108.8	105.1	105.0	99.7	95.7	92.6
食用油	Oil	100.5	99.9	100.0	99.7	99.5	98.9
菜	Vegetables	99.8	85.9	81.9	81.5	83.6	86.4
鲜菜	Fresh Vegetables	99.8	84.8	80.6	80.2	82.3	85.2
畜肉类	Meat of Livestock	103.7	100.4	98.8	97.0	94.9	93.0
猪肉	Pork	103.4	98.8	96.4	93.8	90.8	88.2
禽肉类	Meat of Poultry	100.6	99.3	98.4	98.3	98.8	98.9
水产品	Aquatic Products	103.7	101.9	101.9	101.8	102.1	102.3
蛋类	Eggs	92.8	90.4	90.6	90.9	90.7	91.2
奶类	Milk	98.2	97.9	97.9	98.1	98.2	98.4
干鲜瓜果类	Dried and Fresh Melons and Fruits	100.6	102.0	101.6	100.7	100.7	100.8
糖果糕点类	Candy and Cake	98.3	99.5	100.5	100.4	100.3	100.5
调味品	Flavoring	99.9	101.0	101.6	101.7	101.9	101.9
其他食品类	Other Foods	99.8	100.6	100.6	100.9	101.2	101.1
茶及饮料	Tea and Beveages	100.3	101.0	101.1	101.6	101.8	101.9
烟酒	Tobacco and liquor	100.9	101.2	101.3	101.5	101.5	101.6
烟草	Tobacco	100.0	100.0	100.0	100.0	100.0	100.0
酒类	Liquor	102.5	103.2	103.6	104.0	104.2	104.5
在外餐饮	Dining Out	101.8	101.3	101.0	100.7	100.6	100.4

3-6 各月居民消费价格指数（2017 年）
Consumer Price Indices by Month （2017）

续表 1（continued 1）　　　　上年同期=100

类 别	Item	7 月 July	8 月 August	9 月 September	10 月 October	11 月 November	12 月 December
居民消费价格总指数	**Consumer Price Index**	**100.6**	**100.7**	**100.8**	**100.9**	**101.0**	**101.0**
非食品价格指数	Non-food Price Index	101.8	101.8	101.9	101.9	102.0	102.0
服务价格指数	Price Index of Service Item	102.0	102.1	102.4	102.5	102.6	102.7
工业品价格指数	Industrial Price Index	101.9	101.8	101.8	101.8	101.8	101.8
扣除食品和能源价格指数	Excluding Food Tobacco Liquor and Energy Price Index	101.7	101.7	101.8	101.8	101.9	101.9
消费品价格指数	Consumer Goods Price Index	99.8	99.9	100.0	100.0	100.0	100.1
食品烟酒	**Food,Tobacco and Liquor**	**97.6**	**97.8**	**98.0**	**98.1**	**98.1**	**98.2**
食品	Food	95.9	96.3	96.5	96.7	96.8	97.0
粮食	Grain	101.4	101.1	101.0	100.8	100.8	100.6
大米	rice	101.4	101.2	101.1	100.9	100.8	100.6
薯类	Tubers	91.6	92.1	93.0	93.9	94.2	94.1
食用油	Oil	98.9	98.7	98.6	98.7	98.8	98.7
菜	Vegetables	89.1	91.5	92.4	93.0	92.9	93.0
鲜菜	Fresh Vegetables	88.1	90.7	91.6	92.3	92.2	92.3
畜肉类	Meat of Livestock	91.9	91.4	91.3	91.5	91.8	92.1
猪肉	Pork	86.6	85.9	85.8	86.1	86.5	86.8
禽肉类	Meat of Poultry	99.0	99.4	100.0	100.5	100.9	101.3
水产品	Aquatic Products	102.4	102.7	102.9	102.9	103.0	103.0
蛋类	Eggs	92.5	94.4	95.7	96.5	97.4	98.3
奶类	Milk	98.4	98.2	98.1	98.0	98.1	98.2
干鲜瓜果类	Dried and Fresh Melons and Fruits	101.1	100.8	100.5	100.1	99.9	99.9
糖果糕点类	Candy and Cake	100.6	100.7	100.7	100.9	101.0	101.2
调味品	Flavoring	101.9	101.8	101.6	101.3	101.2	101.4
其他食品类	Other Foods	101.2	101.3	101.5	101.4	101.4	101.4
茶及饮料	Tea and Beveages	102.0	102.1	102.1	102.1	102.2	102.2
烟酒	Tobacco and liquor	101.6	101.5	101.3	101.2	101.1	101.0
烟草	Tobacco	100.0	99.9	99.9	99.9	99.9	99.8
酒类	Liquor	104.5	104.2	103.9	103.6	103.3	103.0
在外餐饮	Dining Out	100.4	100.3	100.3	100.2	100.2	100.2

3-6 各月居民消费价格指数（2017年）
Consumer Price Indices by Month （2017）

续表2（continued 2）　　上年同期=100

类 别	Item	1月 January	2月 February	3月 March	4月 April	5月 May	6月 June
衣着	Clothing	102.3	102.6	102.4	102.4	102.5	102.5
服装	Garments	102.3	102.7	102.5	102.5	102.4	102.5
服装材料	Garments Material	99.0	99.1	99.1	99.1	99.1	99.1
其他衣着及配件	Other Clothing and Parts	101.9	102.0	101.6	101.5	101.2	101.1
衣着加工服务费	Clothing Manufacturing Services	101.6	101.7	101.8	101.9	102.7	103.2
居住	Residence	101.3	101.2	101.0	101.2	101.3	101.4
租赁房房租	Rent of Rental Housing	102.5	102.4	102.1	102.3	102.6	102.8
住房保养维修及管理	Housing Maintenance and Management	101.3	101.5	101.4	101.4	101.5	101.7
水电燃料	Water,Electricity and Fuels	100.2	100.2	100.2	100.2	100.2	100.2
自有住房	Private Housing	101.5	101.3	101.2	101.4	101.6	101.7
生活用品及服务	Articles for Daily Use and Sevices	100.4	100.2	100.4	100.6	100.7	100.6
家具及室内装饰品	Furniture and Interior Decorations	99.2	99.5	99.7	99.9	99.8	99.9
家用器具	Home Appliances	101.3	101.4	101.9	102.2	102.4	102.4
家用纺织品	Home Textiles	102.0	102.5	102.7	102.7	102.8	102.6
家庭日用杂品	Daily Use Household Articles	99.8	99.2	98.8	98.9	98.9	98.7
个人护理用品	Pesonal-care Supplies	100.4	99.7	100.0	100.0	99.9	100.0
家庭服务	Household Services	100.3	99.7	100.4	100.8	101.0	101.2
交通和通信	Transport and Communications	104.4	103.9	103.5	103.6	103.3	102.8
交通	Transport	106.0	105.3	104.7	104.7	104.3	103.7
交通工具用燃料	Fuels for Transport Facility	118.5	118.9	118.9	118.3	116.9	114.8
交通费	Traffic Fee	107.5	105.5	104.3	104.8	104.5	104.2
通信	Communications	101.5	101.5	101.4	101.5	101.5	101.3
教育文化和娱乐	Education,Culture and Recreation	102.6	102.2	102.2	102.2	102.4	102.7
教育	Education	101.6	101.5	101.4	101.4	101.4	101.4
文化娱乐	Culture and Recreation	103.4	102.8	102.9	102.9	103.4	103.9
旅游	Touring and Outing	109.1	106.8	106.7	106.8	107.9	108.9
医疗保健	Health Care	102.2	102.2	102.1	102.1	102.2	102.3
药品及医疗器具	Medecine and Medical Instrument	105.4	105.3	105.2	105.1	105.3	105.5
中药	Traditional Chinese Medicines	113.0	112.2	111.9	111.1	110.8	110.6
西药	Western Medicines	104.6	104.6	104.7	104.8	105.1	105.4
医疗服务	Medical Services	100.0	100.0	100.0	100.0	100.0	100.0
其他用品和服务	Other Articles and Sevices	102.5	101.2	100.8	100.9	100.9	101.0
其他用品类	Other Aricles	103.0	101.9	101.1	101.3	101.1	101.1
其他服务类	Other Sercices	102.1	100.8	100.6	100.7	100.7	100.9

3-6 各月居民消费价格指数（2017 年）
Consumer Price Indices by Month （2017）

续表 3（continued 3）

上年同期=100

类 别	Item	7 月 July	8 月 August	9 月 September	10 月 October	11 月 November	12 月 December
衣着	**Clothing**	**102.6**	**102.6**	**102.7**	**102.8**	**102.8**	**102.8**
服装	Garments	102.5	102.5	102.5	102.6	102.7	102.7
服装材料	Garments Material	99.1	99.1	99.1	99.1	99.3	99.5
其他衣着及配件	Other Clothing and Parts	101.0	100.8	100.7	100.5	100.4	100.3
衣着加工服务费	Clothing Manufacturing Services	103.6	103.9	104.1	104.2	104.4	104.5
居住	**Residence**	**101.4**	**101.5**	**101.7**	**101.8**	**101.9**	**101.9**
租赁房房租	Rent of Rental Housing	102.7	102.8	103.0	103.2	103.4	103.5
住房保养维修及管理	Housing Maintenance and Management	101.9	102.0	102.1	102.1	102.1	102.2
水电燃料	Water,Electricity and Fuels	100.2	100.2	100.2	100.3	100.3	100.3
自有住房	Private Housing	101.7	101.8	102.0	102.2	102.3	102.5
生活用品及服务	**Articles for Daily Use and Sevices**	**100.6**	**100.6**	**100.6**	**100.6**	**100.6**	**100.7**
家具及室内装饰品	Furniture and Interior Decorations	100.0	100.0	100.2	100.5	100.8	101.0
家用器具	Home Appliances	102.3	102.1	101.9	101.9	101.8	101.7
家用纺织品	Home Textiles	102.4	102.3	102.1	102.1	102.0	101.9
家庭日用杂品	Daily Use Household Articles	98.8	98.8	98.7	98.6	98.6	98.7
个人护理用品	Pesonal-care Supplies	99.9	99.9	100.0	99.9	99.8	99.8
家庭服务	Household Services	101.5	101.8	102.0	102.2	102.4	102.6
交通和通信	**Transport and Communications**	**102.4**	**102.0**	**101.8**	**101.6**	**101.6**	**101.5**
交通	Transport	103.1	102.6	102.3	102.0	102.0	101.9
交通工具用燃料	Fuels for Transport Facility	113.0	112.4	111.7	111.5	111.5	111.3
交通费	Traffic Fee	103.7	103.0	102.6	101.9	102.0	101.9
通信	Communications	101.2	101.0	100.9	100.8	100.8	100.7
教育文化和娱乐	**Education,Culture and Recreation**	**103.0**	**103.2**	**103.5**	**103.4**	**103.4**	**103.3**
教育	Education	101.4	101.4	101.4	101.4	101.4	101.4
文化娱乐	Culture and Recreation	104.4	104.9	105.3	105.3	105.1	104.9
旅游	Touring and Outing	109.8	110.9	111.6	111.5	111.0	110.5
医疗保健	**Health Care**	**102.3**	**102.4**	**102.9**	**103.5**	**103.9**	**104.2**
药品及医疗器具	Medecine and Medical Instrument	105.5	105.7	105.8	105.8	105.8	105.7
中药	Traditional Chinese Medicines	110.0	109.4	109.0	108.6	108.2	107.8
西药	Western Medicines	105.5	106.0	106.4	106.5	106.5	106.5
医疗服务	Medical Services	100.0	100.0	100.9	101.8	102.6	103.2
其他用品和服务	**Other Articles and Sevices**	**100.8**	**100.7**	**100.7**	**100.7**	**100.7**	**100.8**
其他用品类	Other Aricles	100.6	100.3	100.1	100.0	100.0	100.1
其他服务类	Other Sercices	100.9	101.0	101.1	101.1	101.1	101.2

3-7 各月商品零售价格分类指数（2011 年）
Retail Price Index by Month（2011）

上年同期=100

类 别	Item	1 月 January	2 月 February	3 月 March	4 月 April	5 月 May	6 月 June
商品零售价格总指数	**Retail Price Index**	**103.0**	**104.2**	**104.4**	**104.1**	**104.1**	**105.4**
食品	Food	111.0	113.1	113.0	111.3	111.0	114.3
饮料烟酒	Beverages, Tobacco and Liquor	105.6	105.1	105.4	106.0	106.2	106.2
服装鞋帽	Garments, Shoes and Hats	96.8	97.9	97.6	100.3	102.4	104.5
纺织品	Textiles	113.9	114.5	114.6	114.7	114.7	114.1
家用电器及音像器材	Household Appliances, Music and Video Equipment	85.2	88.4	88.6	88.4	89.6	88.9
文化办公用品	Cultural and Office Appliances	94.6	94.2	92.4	92.3	91.3	91.4
日用品	Articles for Daily Use	103.0	102.4	103.0	103.5	103.5	104.2
体育娱乐用品	Sports and Recreation Articles	96.3	96.1	96.5	95.7	95.9	95.8
交通、通信用品	Transportation and Communication Appliances	92.2	93.7	94.0	93.8	93.7	94.2
家具	Furniture	99.9	100.1	99.1	99.0	98.9	99.4
化妆品	Cosmetics	100.5	100.7	101.0	101.3	101.5	101.8
金银珠宝	Gold, Silver and Jewelry	116.9	116.8	118.0	116.4	112.2	111.3
中西药品及医疗保健用品	Traditional Chinese and Western Medicines and Health Care Articles	104.2	104.1	103.8	103.2	102.2	102.0
书报杂志及电子出版物	Books, Newspapers, Magazines and Electronic Publications	100.2	100.3	100.3	100.3	100.3	100.6
燃料	Fuels	114.2	114.7	117.2	116.1	115.8	117.3
建筑材料及五金电料	Building Materials and Hardware	105.3	105.6	106.6	105.7	105.7	105.4

3-7 各月商品零售价格分类指数（2011 年）
Retail Price Index by Month（2011）

续表（continued）

上年同期=100

类 别	Item	7 月 July	8 月 August	9 月 September	10 月 October	11 月 November	12 月 December
商品零售价格总指数	**Retail Price Index**	**105.8**	**105.8**	**105.8**	**104.7**	**104.5**	**104.2**
食品	Food	115.3	116.5	116.5	115.3	112.9	112.7
饮料烟酒	Beverages, Tobacco and Liquor	105.1	105.3	104.2	104.7	106.5	107.1
服装鞋帽	Garments, Shoes and Hats	102.6	102.8	103.2	102.4	103.2	103.0
纺织品	Textiles	113.5	111.9	111.6	111.5	106.7	102.8
家用电器及音像器材	Household Appliances, Music and Video Equipment	90.1	90.9	94.1	94.3	94.7	94.9
文化办公用品	Cultural and Office Appliances	91.4	91.0	94.9	94.6	95.3	95.5
日用品	Articles for Daily Use	104.5	107.0	106.7	106.9	105.2	103.9
体育娱乐用品	Sports and Recreation Articles	96.2	98.2	97.7	97.4	97.4	99.3
交通、通信用品	Transportation and Communication Appliances	94.8	95.1	91.7	91.5	91.5	91.8
家具	Furniture	99.8	100.1	100.4	100.5	100.7	99.2
化妆品	Cosmetics	102.1	102.5	102.7	103.2	103.2	103.2
金银珠宝	Gold, Silver and Jewelry	113.6	117.7	117.8	107.3	108.5	105.5
中西药品及医疗保健用品	Traditional Chinese and Western Medicines and Health Care Articles	102.2	101.1	101.4	101.5	101.6	101.3
书报杂志及电子出版物	Books, Newspapers, Magazines and Electronic Publications	102.1	101.4	101.7	101.7	101.7	101.7
燃料	Fuels	117.3	108.0	105.8	105.0	104.3	102.9
建筑材料及五金电料	Building Materials and Hardware	106.0	106.1	107.0	98.3	105.8	104.8

3-7 各月商品零售价格分类指数（2012 年）
Retail Price Index by Month（2012）

上年同期=100

类 别	Item	1 月 January	2 月 February	3 月 March	4 月 April	5 月 May	6 月 June
商品零售价格总指数	**Retail Price Index**	**103.9**	**102.8**	**103.0**	**103.2**	**102.6**	**101.4**
食品	Food	112.4	107.9	108.7	109.8	109.4	106.3
饮料烟酒	Beverages, Tobacco and Liquor	107.5	108.1	108.1	107.4	106.9	106.8
服装鞋帽	Garments, Shoes and Hats	103.1	103.3	103.4	101.0	98.6	96.6
纺织品	Textiles	99.5	99.3	99.5	94.7	92.9	92.9
家用电器及音像器材	Household Appliances, Music and Video Equipment	95.1	96.6	97.2	98.4	98.1	98.6
文化办公用品	Cultural and Office Appliances	96.2	96.4	99.1	99.3	99.0	98.7
日用品	Articles for Daily Use	104.1	104.5	103.4	103.2	103.7	103.0
体育娱乐用品	Sports and Recreation Articles	99.5	99.5	99.1	100.0	99.8	99.9
交通、通信用品	Transportation and Communication Appliances	89.5	89.8	90.5	89.7	89.5	89.9
家具	Furniture	99.3	99.1	99.1	99.8	100.1	99.7
化妆品	Cosmetics	102.1	102.3	101.8	102.0	102.6	102.7
金银珠宝	Gold, Silver and Jewelry	104.5	104.9	102.3	99.9	97.9	96.7
中西药品及医疗保健用品	Traditional Chinese and Western Medicines and Health Care Articles	101.7	102.0	102.5	103.1	103.1	102.8
书报杂志及电子出版物	Books, Newspapers, Magazines and Electronic Publications	101.5	102.6	102.6	102.6	102.6	102.4
燃料	Fuels	102.4	102.9	101.8	103.7	102.2	100.3
建筑材料及五金电料	Building Materials and Hardware	104.0	103.5	102.2	102.3	102.1	103.8

3–7 各月商品零售价格分类指数（2012 年）
Retail Price Index by Month（2012）

续表（continued）

上年同期=100

类 别	Item	7 月 July	8 月 August	9 月 September	10 月 October	11 月 November	12 月 December
商品零售价格总指数	**Retail Price Index**	**100.5**	**99.8**	**100.3**	**100.4**	**100.4**	**100.8**
食品	Food	103.4	101.1	100.1	99.5	99.8	100.8
饮料烟酒	Beverages, Tobacco and Liquor	106.6	106.1	105.2	105.0	103.4	103.1
服装鞋帽	Garments, Shoes and Hats	99.1	99.9	101.8	104.2	105.0	105.9
纺织品	Textiles	92.9	97.8	97.3	96.6	96.8	96.8
家用电器及音像器材	Household Appliances, Music and Video Equipment	98.9	98.0	100.1	99.7	99.8	100.0
文化办公用品	Cultural and Office Appliances	97.9	98.9	98.3	98.5	98.1	97.9
日用品	Articles for Daily Use	102.9	101.8	101.3	100.7	100.8	100.9
体育娱乐用品	Sports and Recreation Articles	100.3	101.2	101.7	101.8	102.0	101.5
交通、通信用品	Transportation and Communication Appliances	89.7	89.7	93.2	92.6	92.2	92.3
家具	Furniture	98.8	97.7	96.4	95.8	97.1	98.7
化妆品	Cosmetics	102.5	102.2	102.4	102.3	102.2	102.5
金银珠宝	Gold, Silver and Jewelry	97.1	94.0	96.4	99.9	96.8	98.6
中西药品及医疗保健用品	Traditional Chinese and Western Medicines and Health Care Articles	102.9	102.7	102.7	102.9	103.0	102.8
书报杂志及电子出版物	Books, Newspapers, Magazines and Electronic Publications	100.9	101.6	101.6	101.6	101.6	101.6
燃料	Fuels	98.5	99.1	102.8	104.2	103.9	103.3
建筑材料及五金电料	Building Materials and Hardware	103.2	102.6	101.8	101.3	102.3	102.0

3-7 各月商品零售价格分类指数（2013 年）
Retail Price Index by Month（2013）

上年同期=100

类 别	Item	1 月 January	2 月 February	3 月 March	4 月 April	5 月 May	6 月 June
商品零售价格总指数	**Retail Price Index**	**101.3**	**102.1**	**101.3**	**101.5**	**101.3**	**101.7**
食品	Food	101.1	104.0	100.7	101.8	101.1	102.4
饮料烟酒	Beverages, Tobacco and Liquor	102.9	102.4	102.3	101.9	101.9	102.1
服装鞋帽	Garments, Shoes and Hats	106.6	107.0	108.5	108.7	108.7	108.8
纺织品	Textiles	97.8	98.3	98.1	103.1	104.6	104.6
家用电器及音像器材	Household Appliances, Music and Video Equipment	100.8	100.2	101.2	100.6	101.4	100.5
文化办公用品	Cultural and Office Appliances	97.5	97.8	98.1	98.4	98.9	99.0
日用品	Articles for Daily Use	101.0	100.3	101.5	101.1	100.4	99.9
体育娱乐用品	Sports and Recreation Articles	100.1	100.5	100.1	100.6	100.7	100.6
交通、通信用品	Transportation and Communication Appliances	94.9	95.0	95.2	96.2	96.1	96.6
家具	Furniture	98.3	97.7	98.7	98.0	98.0	98.1
化妆品	Cosmetics	103.2	102.3	103.1	103.3	103.0	102.8
金银珠宝	Gold, Silver and Jewelry	100.2	98.7	98.8	97.6	97.0	94.8
中西药品及医疗保健用品	Traditional Chinese and Western Medicines and Health Care Articles	102.1	101.9	101.7	101.6	101.4	101.1
书报杂志及电子出版物	Books, Newspapers, Magazines and Electronic Publications	102.0	100.9	100.9	100.9	100.8	100.8
燃料	Fuels	103.2	102.6	102.2	98.9	98.8	100.5
建筑材料及五金电料	Building Materials and Hardware	102.3	101.6	103.7	104.3	104.1	101.7

3-7 各月商品零售价格分类指数（2013 年）
Retail Price Index by Month（2013）

续表（continued） 上年同期=100

类 别	Item	7 月 July	8 月 August	9 月 September	10 月 October	11 月 November	12 月 December
商品零售价格总指数	**Retail Price Index**	**102.7**	**102.5**	**102.3**	**101.8**	**102.0**	**101.5**
食品	Food	104.8	104.6	105.2	104.7	105.4	103.8
饮料烟酒	Beverages, Tobacco and Liquor	101.8	102.1	102.2	101.6	101.6	101.0
服装鞋帽	Garments, Shoes and Hats	108.6	106.8	104.6	102.7	102.7	102.1
纺织品	Textiles	104.7	99.7	100.1	100.6	99.8	99.2
家用电器及音像器材	Household Appliances, Music and Video Equipment	100.3	100.8	99.3	100.2	99.9	99.3
文化办公用品	Cultural and Office Appliances	99.6	99.4	99.2	99.0	98.8	99.1
日用品	Articles for Daily Use	99.9	100.4	100.6	100.7	100.5	100.1
体育娱乐用品	Sports and Recreation Articles	100.2	99.5	99.4	98.1	99.1	98.9
交通、通信用品	Transportation and Communication Appliances	97.7	97.9	98.2	98.3	98.8	98.7
家具	Furniture	100.1	100.8	101.9	102.5	100.9	100.0
化妆品	Cosmetics	102.6	102.6	102.2	102.1	102.1	102.2
金银珠宝	Gold, Silver and Jewelry	92.3	93.2	90.4	88.4	88.6	87.5
中西药品及医疗保健用品	Traditional Chinese and Western Medicines and Health Care Articles	100.8	100.8	101.0	101.2	101.1	101.4
书报杂志及电子出版物	Books, Newspapers, Magazines and Electronic Publications	100.7	100.6	100.4	100.2	100.2	100.2
燃料	Fuels	102.6	102.9	100.2	98.7	98.7	99.7
建筑材料及五金电料	Building Materials and Hardware	102.4	102.8	103.1	103.9	103.0	104.2

3-7 各月商品零售价格分类指数（2014年）
Retail Price Index by Month（2014）

上年同期=100

类 别	Item	1月 January	2月 February	3月 March	4月 April	5月 May	6月 June
商品零售价格总指数	**Retail Price Index**	**101.1**	**100.6**	**101.0**	**100.3**	**100.9**	**101.1**
食品	Food	103.0	101.6	103.9	101.3	102.2	102.2
饮料烟酒	Beverages, Tobacco and Liquor	100.7	100.3	100.2	99.7	99.4	99.1
服装鞋帽	Garments, Shoes and Hats	101.5	101.0	100.0	100.5	100.9	101.2
纺织品	Textiles	99.0	98.3	96.4	98.6	98.5	97.1
家用电器及音像器材	Household Appliances, Music and Video Equipment	98.2	98.2	97.4	98.0	98.2	98.9
文化办公用品	Cultural and Office Appliances	99.4	99.2	99.0	98.7	99.3	99.7
日用品	Articles for Daily Use	99.7	100.3	99.4	99.1	99.6	100.1
体育娱乐用品	Sports and Recreation Articles	100.5	99.6	100.5	100.1	100.0	100.1
交通、通信用品	Transportation and Communication Appliances	98.1	98.3	98.2	98.4	99.2	99.3
家具	Furniture	100.1	100.7	100.8	101.0	101.3	101.2
化妆品	Cosmetics	102.0	103.0	102.1	101.0	100.8	100.3
金银珠宝	Gold, Silver and Jewelry	87.0	89.8	91.7	93.1	94.2	96.0
中西药品及医疗保健用品	Traditional Chinese and Western Medicines and Health Care Articles	102.0	102.2	102.3	102.4	102.6	102.4
书报杂志及电子出版物	Books, Newspapers, Magazines and Electronic Publications	100.1	100.2	100.2	100.2	100.2	100.2
燃料	Fuels	100.2	99.5	99.4	100.4	101.8	102.2
建筑材料及五金电料	Building Materials and Hardware	103.9	104.8	101.8	101.9	102.2	103.0

3-7 各月商品零售价格分类指数（2014 年）
Retail Price Index by Month（2014）

续表（continued） 上年同期=100

类 别	Item	7 月 July	8 月 August	9 月 September	10 月 October	11 月 November	12 月 December
商品零售价格总指数	**Retail Price Index**	**101.1**	**101.0**	**100.7**	**101.1**	**100.7**	**100.8**
食品	Food	101.8	101.1	100.9	101.8	101.0	101.4
饮料烟酒	Beverages, Tobacco and Liquor	99.2	98.9	98.6	98.6	98.0	98.1
服装鞋帽	Garments, Shoes and Hats	101.2	102.8	103.0	104.2	104.5	104.1
纺织品	Textiles	97.2	99.1	97.8	98.0	98.9	99.7
家用电器及音像器材	Household Appliances, Music and Video Equipment	98.7	98.9	99.8	99.3	99.4	99.4
文化办公用品	Cultural and Office Appliances	99.8	99.9	100.4	100.4	100.7	100.5
日用品	Articles for Daily Use	100.4	100.1	100.2	101.5	101.4	101.6
体育娱乐用品	Sports and Recreation Articles	99.8	99.1	99.1	100.4	99.1	99.5
交通、通信用品	Transportation and Communication Appliances	99.0	98.8	97.8	98.4	98.2	97.8
家具	Furniture	99.2	99.7	99.7	99.8	99.8	100.4
化妆品	Cosmetics	100.5	99.7	100.3	100.5	100.4	100.1
金银珠宝	Gold, Silver and Jewelry	99.4	97.3	95.6	95.6	95.5	97.9
中西药品及医疗保健用品	Traditional Chinese and Western Medicines and Health Care Articles	104.2	106.9	106.5	106.1	106.2	107.9
书报杂志及电子出版物	Books, Newspapers, Magazines and Electronic Publications	100.5	100.6	101.5	101.7	101.7	103.0
燃料	Fuels	102.0	100.2	98.1	97.7	96.2	94.5
建筑材料及五金电料	Building Materials and Hardware	102.9	103.0	102.4	101.9	102.2	100.7

3-7 各月商品零售价格分类指数（2015 年）
Retail Price Index by Month（2015）

上年同期=100

类 别	Item	1 月 January	2 月 February	3 月 March	4 月 April	5 月 May	6 月 June
商品零售价格总指数	**Retail Price Index**	**99.9**	**100.2**	**100.0**	**100.5**	**100.4**	**100.4**
食品	Food	99.6	100.8	100.1	101.7	101.5	101.9
饮料烟酒	Beverages, Tobacco and Liquor	98.1	97.8	97.7	98.2	99.4	99.8
服装鞋帽	Garments, Shoes and Hats	103.6	104.2	103.8	103.2	102.6	102.2
纺织品	Textiles	100.1	99.0	99.7	99.1	99.3	100.6
家用电器及音像器材	Household Appliances, Music and Video Equipment	99.5	98.9	98.8	98.3	98.4	97.8
文化办公用品	Cultural and Office Appliances	100.4	100.3	100.3	100.2	99.8	99.5
日用品	Articles for Daily Use	101.9	102.0	101.9	102.4	101.5	101.5
体育娱乐用品	Sports and Recreation Articles	99.4	99.7	99.2	99.7	99.6	99.7
交通、通信用品	Transportation and Communication Appliances	97.3	97.3	97.0	97.2	96.5	95.6
家具	Furniture	100.6	100.7	101.7	101.7	101.0	101.8
化妆品	Cosmetics	100.0	99.7	100.2	100.7	100.4	100.5
金银珠宝	Gold, Silver and Jewelry	98.3	95.7	93.1	94.3	95.0	94.6
中西药品及医疗保健用品	Traditional Chinese and Western Medicines and Health Care Articles	107.3	107.1	107.1	107.3	107.2	107.6
书报杂志及电子出版物	Books, Newspapers, Magazines and Electronic Publications	103.5	103.6	103.6	103.6	103.6	103.6
燃料	Fuels	92.1	91.7	92.9	93.0	94.4	94.1
建筑材料及五金电料	Building Materials and Hardware	100.5	100.6	101.5	100.3	99.9	99.4

3-7 各月商品零售价格分类指数（2015 年）
Retail Price Index by Month（2015）

续表（continued） 上年同期=100

类 别	Item	7 月 July	8 月 August	9 月 September	10 月 October	11 月 November	12 月 December
商品零售价格总指数	**Retail Price Index**	**100.3**	**100.5**	**100.4**	**100.0**	**99.8**	**100.0**
食品	Food	102.2	103.6	102.5	101.3	100.6	100.9
饮料烟酒	Beverages, Tobacco and Liquor	99.7	100.2	100.5	100.8	101.1	101.5
服装鞋帽	Garments, Shoes and Hats	102.3	102.5	103.2	102.7	102.0	102.5
纺织品	Textiles	101.0	99.7	100.9	100.1	100.4	100.1
家用电器及音像器材	Household Appliances, Music and Video Equipment	97.8	97.8	96.9	96.7	96.4	96.6
文化办公用品	Cultural and Office Appliances	99.2	99.5	100.2	100.3	100.8	100.9
日用品	Articles for Daily Use	101.6	100.8	100.8	99.7	99.8	100.3
体育娱乐用品	Sports and Recreation Articles	99.8	100.8	100.8	100.7	100.6	100.4
交通、通信用品	Transportation and Communication Appliances	95.1	95.3	96.4	96.0	96.4	97.0
家具	Furniture	101.8	101.4	101.4	101.1	101.5	101.7
化妆品	Cosmetics	100.2	100.9	100.1	99.6	100.1	100.1
金银珠宝	Gold, Silver and Jewelry	92.6	93.3	95.6	97.9	97.3	97.4
中西药品及医疗保健用品	Traditional Chinese and Western Medicines and Health Care Articles	106.2	103.6	103.7	103.7	103.7	102.2
书报杂志及电子出版物	Books, Newspapers, Magazines and Electronic Publications	103.3	103.3	102.3	102.3	102.3	101.0
燃料	Fuels	93.2	92.2	92.3	93.7	95.2	95.6
建筑材料及五金电料	Building Materials and Hardware	98.9	98.5	98.6	98.9	98.5	98.1

3-7 各月商品零售价格分类指数（2016年）
Retail Price Index by Month（2016）

上年同期=100

类 别	Item	1月 January	2月 February	3月 March	4月 April	5月 May	6月 June
商品零售价格总指数	**Retail Price Index**	100.4	100.6	100.6	100.7	100.7	100.8
食品	Food	102.9	104.7	105.6	106.2	106.2	105.9
饮料烟酒	Beverages, Tobacco and Liquor	100.0	100.1	100.0	100.0	99.9	99.8
服装鞋帽	Garments, Shoes and Hats	102.2	102.2	102.4	102.5	102.6	102.7
纺织品	Textiles	99.6	99.6	100.1	100.1	100.1	100.5
家用电器及音像器材	Household Appliances, Music and Video Equipment	98.0	97.9	97.7	97.6	97.3	97.2
文化办公用品	Cultural and Office Appliances	101.3	101.4	101.6	101.8	102.0	102.1
日用品	Articles for Daily Use	99.6	99.6	99.8	99.8	100.0	100.0
体育娱乐用品	Sports and Recreation Articles	99.6	99.7	99.7	100.0	100.2	100.3
交通、通信用品	Transportation and Communication Appliances	99.2	97.7	96.8	96.4	96.6	97.3
家具	Furniture	104.5	104.1	103.6	103.4	103.5	103.3
化妆品	Cosmetics	98.7	99.1	99.2	99.5	99.8	99.9
金银珠宝	Gold, Silver and Jewelry	97.7	100.8	103.3	104.1	104.8	105.7
中西药品及医疗保健用品	Traditional Chinese and Western Medicines and Health Care Articles	101.7	101.9	102.0	102.3	102.5	102.7
书报杂志及电子出版物	Books, Newspapers, Magazines and Electronic Publications	100.3	100.4	100.4	100.3	100.2	100.1
燃料	Fuels	97.2	97.3	96.6	96.4	96.1	96.1
建筑材料及五金电料	Building Materials and Hardware	99.5	99.5	99.6	99.7	99.8	99.9

3-7 各月商品零售价格分类指数（2016 年）
Retail Price Index by Month（2016）

续表（continued）　　上年同期=100

类 别	Item	7 月 July	8 月 August	9 月 September	10 月 October	11 月 November	12 月 December
商品零售价格总指数	**Retail Price Index**	100.9	101.0	101.0	101.1	101.2	101.3
食品	Food	105.3	104.7	104.4	104.2	104.1	104.0
饮料烟酒	Beverages, Tobacco and Liquor	99.8	99.8	99.8	99.8	99.9	99.9
服装鞋帽	Garments, Shoes and Hats	102.7	102.7	102.6	102.5	102.5	102.4
纺织品	Textiles	100.8	101.0	101.1	101.1	101.0	101.1
家用电器及音像器材	Household Appliances, Music and Video Equipment	97.1	97.2	97.3	97.5	97.7	97.9
文化办公用品	Cultural and Office Appliances	102.4	102.4	102.3	102.3	102.3	102.4
日用品	Articles for Daily Use	99.9	99.9	99.9	99.7	99.7	99.6
体育娱乐用品	Sports and Recreation Articles	100.3	100.3	100.2	100.2	100.1	100.0
交通、通信用品	Transportation and Communication Appliances	98.0	98.6	98.9	99.2	99.4	99.6
家具	Furniture	103.3	103.3	103.2	103.1	103.1	103.0
化妆品	Cosmetics	100.1	100.3	100.5	100.6	100.8	100.9
金银珠宝	Gold, Silver and Jewelry	107.2	108.4	109.1	109.2	109.5	109.5
中西药品及医疗保健用品	Traditional Chinese and Western Medicines and Health Care Articles	103.0	103.2	103.4	103.7	104.0	104.3
书报杂志及电子出版物	Books, Newspapers, Magazines and Electronic Publications	100.0	100.0	100.0	100.0	100.0	100.0
燃料	Fuels	96.2	96.5	96.9	97.3	97.6	98.1
建筑材料及五金电料	Building Materials and Hardware	100.0	100.0	100.1	100.1	100.2	100.3

3-7 各月商品零售价格分类指数（2017 年）
Retail Price Index by Month（2017）

上年同期=100

类 别	Item	1 月 January	2 月 February	3 月 March	4 月 April	5 月 May	6 月 June
商品零售价格总指数	**Retail Price Index**	**102.0**	**101.4**	**101.1**	**101.1**	**101.0**	**101.0**
食品	Food	101.1	98.4	97.4	96.9	96.9	97.0
饮料烟酒	Beverages, Tobacco and Liquor	100.8	101.1	101.3	101.5	101.6	101.7
服装鞋帽	Garments, Shoes and Hats	102.3	102.7	102.4	102.4	102.5	102.5
纺织品	Textiles	102.4	102.9	103.2	103.2	103.3	103.2
家用电器及音像器材	Household Appliances, Music and Video Equipment	100.3	100.7	101.2	101.6	101.9	102.0
文化办公用品	Cultural and Office Appliances	102.3	102.4	102.4	102.3	102.3	102.4
日用品	Articles for Daily Use	99.0	98.3	98.1	98.3	98.4	98.4
体育娱乐用品	Sports and Recreation Articles	99.5	99.6	99.6	99.7	99.8	99.8
交通、通信用品	Transportation and Communication Appliances	101.3	101.6	101.4	101.6	101.5	101.0
家具	Furniture	99.2	99.5	99.7	100.0	99.9	99.9
化妆品	Cosmetics	101.2	100.4	100.7	100.7	100.4	100.4
金银珠宝	Gold, Silver and Jewelry	107.1	105.3	104.1	104.1	103.6	103.2
中西药品及医疗保健用品	Traditional Chinese and Western Medicines and Health Care Articles	105.4	105.3	105.2	105.1	105.3	105.5
书报杂志及电子出版物	Books, Newspapers, Magazines and Electronic Publications	99.4	99.3	99.3	99.5	99.6	99.8
燃料	Fuels	106.7	107.1	107.2	107.1	106.7	106.1
建筑材料及五金电料	Building Materials and Hardware	101.6	101.5	101.2	101.0	101.0	101.0

3-7 各月商品零售价格分类指数（2017 年）
Retail Price Index by Month（2017）

续表（continued）上年同期=100

类 别	Item	7 月 July	8 月 August	9 月 September	10 月 October	11 月 November	12 月 December
商品零售价格总指数	**Retail Price Index**	**100.9**	**100.9**	**100.8**	**100.8**	**100.8**	**100.8**
食品	Food	97.2	97.5	97.6	97.7	97.8	97.9
饮料烟酒	Beverages, Tobacco and Liquor	101.7	101.6	101.5	101.4	101.4	101.3
服装鞋帽	Garments, Shoes and Hats	102.6	102.6	102.7	102.7	102.8	102.8
纺织品	Textiles	102.9	102.7	102.6	102.6	102.5	102.4
家用电器及音像器材	Household Appliances, Music and Video Equipment	102.0	101.9	101.8	101.8	101.8	101.7
文化办公用品	Cultural and Office Appliances	102.4	102.5	102.5	102.5	102.6	102.6
日用品	Articles for Daily Use	98.5	98.6	98.6	98.6	98.7	98.8
体育娱乐用品	Sports and Recreation Articles	99.9	100.0	100.0	100.0	100.0	100.0
交通、通信用品	Transportation and Communication Appliances	100.7	100.2	99.9	99.8	99.7	99.5
家具	Furniture	100.0	100.0	100.2	100.5	100.7	101.0
化妆品	Cosmetics	100.3	100.3	100.3	100.3	100.2	100.1
金银珠宝	Gold, Silver and Jewelry	102.0	101.2	100.7	100.5	100.4	100.6
中西药品及医疗保健用品	Traditional Chinese and Western Medicines and Health Care Articles	105.5	105.7	105.8	105.8	105.8	105.7
书报杂志及电子出版物	Books, Newspapers, Magazines and Electronic Publications	100.0	100.1	100.2	100.3	100.3	100.4
燃料	Fuels	105.5	105.3	105.1	105.1	105.1	105.1
建筑材料及五金电料	Building Materials and Hardware	101.0	101.0	101.0	101.0	101.1	101.2

3-8 全国各地区居民消费价格指数（2005–2017年）
Consumer Price Indices by Region of the Nation（2005–2017）

上年=100

地 区	Region	2005年	2006年	2007年	2008年	2009年	2010年	2011年	2012年	2013年	2014年	2015年	2016年	2017年
全 国	National Total	101.8	101.5	104.8	105.9	99.3	103.3	105.4	102.6	102.6	102.0	101.4	102.0	101.6
东部地区	Eastern Region													
北 京	Beijing	101.5	100.9	102.4	105.1	98.5	102.4	105.6	103.3	103.3	101.6	101.8	101.4	101.9
天 津	Tianjin	101.5	101.5	104.2	105.4	99.0	103.5	104.9	102.7	103.1	101.9	101.7	102.1	102.1
河 北	Hebei	101.8	101.7	104.7	106.2	99.3	103.1	105.7	102.6	103.0	101.7	100.9	101.5	101.7
辽 宁	Liaoning	101.4	101.2	105.1	104.6	100.0	103.0	105.2	102.8	102.4	101.7	101.4	101.6	101.4
上 海	Shanghai	101.0	101.2	103.2	105.8	99.6	103.1	105.2	102.8	102.3	102.7	102.4	103.2	101.7
江 苏	Jiangsu	102.1	101.6	104.3	105.4	99.6	103.8	105.3	102.6	102.3	102.2	101.7	102.3	101.7
浙 江	Zhejiang	101.3	101.1	104.2	105.0	98.5	103.8	105.4	102.2	102.3	102.1	101.4	101.9	102.1
福 建	Fujian	102.2	100.8	105.2	104.6	98.2	103.2	105.3	102.4	102.5	102.0	101.7	101.7	101.2
山 东	Shandong	101.7	101.0	104.4	105.3	100.0	102.9	105.0	102.1	102.2	101.9	101.2	102.1	101.5
广 东	Guangdong	102.3	101.8	103.7	105.6	97.7	103.1	105.3	102.8	102.5	102.3	101.5	102.3	101.5
海 南	Hainan	101.5	101.5	105.0	106.9	99.3	104.8	106.1	103.2	102.8	102.4	101.0	102.8	102.8
中部地区	Central Region													
山 西	Shanxi	102.3	102.0	104.6	107.2	99.6	103.0	105.2	102.5	103.1	101.7	100.6	101.1	101.1
吉 林	Jilin	101.5	101.4	104.8	105.1	100.1	103.7	105.2	102.5	102.9	102.0	101.7	101.6	101.6
黑龙江	Heilongjiang	101.2	101.9	105.4	105.6	100.2	103.9	105.8	103.2	102.2	101.5	101.1	101.5	101.3
安 徽	Anhui	101.4	101.2	105.3	106.2	99.1	103.1	105.6	102.3	102.4	101.6	101.3	101.8	101.2
江 西	Jiangxi	101.7	101.2	104.8	106.0	99.3	103.0	105.2	102.7	102.4	102.3	101.5	102.0	102.0
河 南	Henan	102.1	101.3	105.4	107.0	99.4	103.5	105.6	102.5	102.9	101.9	101.3	101.9	101.4
湖 北	Hubei	102.9	101.6	104.8	106.3	99.6	102.9	105.8	102.9	102.8	102.0	101.5	102.2	101.5
湖 南	Hunan	102.3	101.4	105.6	106.0	99.6	103.1	105.5	102.0	102.5	101.9	101.4	101.9	101.4
西部地区	Western Region													
重 庆	Chongqing	100.8	102.4	104.7	105.6	98.4	103.2	105.3	102.6	102.7	101.8	101.3	101.8	101.0
四 川	Sichuan	101.7	102.3	105.9	105.1	100.8	103.2	105.3	102.5	102.8	101.6	101.5	101.9	101.4
贵 州	Guizhou	101.0	101.7	106.4	107.6	98.7	102.9	105.1	102.7	102.5	102.4	101.8	101.4	100.9
云 南	Yunnan	101.4	101.9	105.9	105.7	100.4	103.7	104.9	102.7	103.1	102.4	101.9	101.5	100.9
西 藏	Tibet	101.5	102.0	103.4	105.7	101.4	102.2	105.0	103.5	103.6	102.9	102.0	102.5	101.6
陕 西	Shaanxi	101.2	101.5	105.1	106.4	100.5	104.0	105.7	102.8	103.0	101.6	101.0	101.3	101.6
甘 肃	Gansu	101.7	101.3	105.5	108.2	101.3	104.1	105.9	102.7	103.2	102.1	101.6	101.3	101.4
青 海	Qinghai	100.8	101.6	106.6	110.1	102.6	105.4	106.1	103.1	103.9	102.8	102.6	101.8	101.5
宁 夏	Ningxia	101.5	101.9	105.4	108.5	100.7	104.1	106.3	102.0	103.4	101.9	101.1	101.5	101.6
新 疆	Xinjiang	100.7	101.3	105.5	108.1	100.7	104.3	105.9	103.8	103.9	102.1	100.6	101.4	102.2
内蒙古	Inner Mongolia	102.4	101.5	104.6	105.7	99.7	103.2	105.6	103.1	103.2	101.6	101.1	101.2	101.7
广 西	Guangxi	102.4	101.3	106.1	107.8	97.9	103.0	105.9	103.2	102.2	102.1	101.5	101.6	101.6

3-9 全国各地区商品零售价格指数（2005-2017 年）
Retail Price Indices by Region of the Nation（2005-2017）

上年=100

地 区	Region	2005 年	2006 年	2007 年	2008 年	2009 年	2010 年	2011 年	2012 年	2013 年	2014 年	2015 年	2016 年	2017 年
全 国	**National Total**	**100.8**	**101.0**	**103.8**	**105.9**	**98.8**	**103.1**	**104.9**	**102.0**	**101.4**	**101.0**	**100.1**	**100.7**	**101.1**
东部地区	**Eastern Region**													
北 京	Beijing	99.7	100.2	100.8	104.4	97.8	100.4	103.2	100.6	99.8	99.1	98.5	98.1	99.2
天 津	Tianjin	99.9	100.4	103.2	105.1	98.9	103.4	104.7	103.0	101.7	100.9	100.3	100.5	100.8
河 北	Hebei	101.1	101.5	104.1	106.7	99.0	103.1	105.0	102.2	102.2	101.0	100.2	101.2	101.4
辽 宁	Liaoning	100.1	101.3	104.4	105.3	99.8	103.2	105.0	102.2	101.6	101.0	100.5	101.0	100.7
上 海	Shanghai	99.4	100.2	102.4	105.3	99.4	101.7	104.1	101.2	100.2	100.9	101.1	100.8	100.9
江 苏	Jiangsu	100.3	100.8	102.9	104.9	98.9	103.2	104.6	102.1	101.4	101.6	100.6	100.8	101.9
浙 江	Zhejiang	100.9	100.8	103.8	106.3	98.8	103.9	105.5	101.9	101.0	100.9	99.9	101.0	101.4
福 建	Fujian	100.6	100.5	104.3	105.7	97.9	103.4	104.8	101.8	101.1	101.1	99.9	100.7	100.6
山 东	Shandong	100.6	100.6	103.6	104.9	99.4	102.7	104.7	101.6	101.4	101.0	100.2	101.3	100.8
广 东	Guangdong	101.8	101.5	103.4	106.0	96.8	103.3	105.1	102.2	101.0	101.4	99.6	100.8	101.6
海 南	Hainan	100.9	101.3	103.8	106.7	98.5	104.6	105.4	102.7	101.5	101.2	99.8	101.0	102.0
中部地区	**Central Region**													
山 西	Shanxi	100.3	101.2	104.2	107.2	99.1	102.3	104.9	101.8	101.8	100.6	99.3	100.5	101.3
吉 林	Jilin	101.1	101.5	103.3	106.2	99.3	104.1	104.9	101.7	101.6	101.2	99.8	101.3	101.4
黑龙江	Heilongjiang	100.4	101.5	105.6	105.8	98.9	103.1	104.5	102.2	101.1	100.8	100.1	101.1	99.9
安 徽	Anhui	100.6	100.8	104.5	106.3	99.0	103.2	105.3	102.1	101.3	100.4	99.7	100.8	101.7
江 西	Jiangxi	100.9	101.2	104.0	106.1	99.1	102.7	104.8	102.1	101.5	101.2	100.5	100.6	101.0
河 南	Henan	101.7	100.9	104.4	107.5	99.4	103.7	105.7	102.3	101.9	101.0	99.8	100.3	101.3
湖 北	Hubei	102.1	101.1	104.2	106.3	98.6	103.1	105.6	102.6	101.8	100.9	100.5	100.8	100.3
湖 南	Hunan	102.3	101.3	104.3	105.6	98.5	103.1	105.5	101.7	101.7	101.2	99.9	101.0	101.3
西部地区	**Western Region**													
重 庆	Chongqing	98.7	101.6	103.7	105.0	97.3	101.7	104.7	101.6	101.8	100.9	100.2	101.3	100.8
四 川	Sichuan	100.6	101.7	105.3	105.3	100.1	103.0	104.6	101.6	101.7	100.6	100.2	100.8	100.5
贵 州	Guizhou	101.3	100.9	104.2	107.2	97.6	103.0	105.5	102.0	101.5	101.2	100.1	100.2	100.9
云 南	Yunnan	100.1	100.8	104.4	106.1	100.1	103.6	105.1	102.4	102.6	101.6	100.8	100.7	101.3
西 藏	Tibet	100.8	100.2	101.7	103.9	99.5	101.0	103.7	102.9	103.0	102.2	101.4	102.1	101.4
陕 西	Shaanxi	100.1	101.8	105.0	106.9	99.9	103.6	104.8	102.3	101.8	100.7	99.8	100.3	101.3
甘 肃	Gansu	99.9	101.2	104.4	107.9	101.8	104.6	105.4	102.6	102.6	101.7	101.0	100.9	101.4
青 海	Qinghai	100.7	102.0	106.0	110.6	101.6	104.3	105.4	102.1	102.7	101.5	101.0	100.4	101.2
宁 夏	Ningxia	100.4	101.3	104.1	108.5	99.5	103.2	105.3	101.0	102.4	100.9	100.1	100.7	101.8
新 疆	Xinjiang	99.4	101.8	105.1	108.5	100.4	104.6	105.1	103.3	103.3	101.7	99.6	100.5	100.9
内蒙古	Inner Mongolia	101.5	101.4	103.6	104.7	99.5	103.0	104.9	102.5	102.6	100.7	100.5	100.6	101.2
广 西	Guangxi	101.1	100.3	104.8	107.6	98.0	103.0	106.0	102.3	101.2	101.4	100.1	100.4	101.2

3-10 全国36个大中城市居民消费价格指数（2006-2017年）
Consumer Price Indices in Thirty-Six Large and Medium Cities of the Nation（2006-2017）

上年=100

地区	Region	2006年	2007年	2008年	2009年	2010年	2011年	2012年	2013年	2014年	2015年	2016年	2017年
北　京	Beijing	100.9	102.4	105.1	98.5	102.4	105.6	103.3	103.3	101.6	101.8	101.4	101.9
天　津	Tianjin	101.5	104.2	105.4	99.0	103.5	104.9	102.7	103.1	101.9	101.7	102.1	102.1
石家庄	Shijiazhuang	101.8	104.3	106.7	100.3	103.0	105.7	102.8	102.9	102.0	101.0	101.6	101.4
太　原	Taiyuan	101.6	104.1	107.4	99.9	103.0	105.4	102.1	103.1	102.2	100.4	101.2	101.8
呼和浩特	Hohhot	101.7	103.7	104.6	100.1	102.6	105.5	103.1	103.8	101.2	101.8	101.4	101.4
沈　阳	Shenyang	101.8	104.5	104.4	99.9	102.9	105.4	103.0	102.5	102.2	101.2	101.7	101.4
大　连	Dalian	101.4	104.0	104.4	100.2	102.7	105.4	103.4	102.5	102.0	101.6	101.9	102.1
长　春	Changchun	101.3	103.7	104.4	99.8	103.6	105.5	102.3	103.0	102.2	101.3	101.4	101.3
哈尔滨	Harbin	101.1	104.1	104.7	100.2	103.7	105.6	103.2	102.1	102.0	101.4	101.8	101.6
上　海	Shanghai	101.2	103.2	105.8	99.6	103.1	105.2	102.8	102.3	102.7	102.4	103.2	101.7
南　京	Nanjing	101.7	103.7	106.2	100.1	104.2	105.4	102.7	102.7	102.6	102.0	102.7	101.9
杭　州	Hangzhou	101.2	103.5	104.9	98.6	103.9	104.8	102.5	102.5	102.0	101.8	102.6	102.5
宁　波	Ningbo	101.9	103.9	105.0	99.4	103.7	105.3	101.7	102.2	101.9	101.8	102.1	101.8
合　肥	Hefei	100.9	105.6	106.4	99.1	102.7	105.7	102.2	102.7	102.0	101.6	102.6	101.4
福　州	Fuzhou	100.3	104.1	104.2	98.7	103.5	104.9	102.0	102.6	101.7	101.4	102.5	101.4
厦　门	Xiamen	100.8	104.6	104.9	97.3	103.0	105.2	102.1	102.3	102.2	101.7	101.7	102.0
南　昌	Nanchang	101.9	104.3	106.1	99.7	103.3	105.0	102.9	102.3	102.5	101.6	102.1	102.1
济　南	Jinan	100.9	103.9	105.7	100.3	102.1	105.4	102.4	102.8	102.2	101.9	102.7	102.0
青　岛	Qingdao	100.9	104.5	104.7	100.5	102.2	105.0	102.7	102.5	102.6	101.2	102.5	102.0
郑　州	Zhengzhou	101.4	105.6	106.1	99.8	103.0	104.9	102.7	102.8	102.0	101.1	102.3	101.8
武　汉	Wuhan	101.4	104.1	105.7	99.4	103.0	105.2	102.8	102.4	101.9	101.4	102.4	101.9
长　沙	Changsha	101.1	104.9	105.2	99.4	102.9	105.5	102.3	102.8	102.7	101.1	101.9	101.3
广　州	Guangzhou	102.3	103.4	105.9	97.5	103.2	105.5	103.0	102.6	102.3	101.7	102.7	102.3
深　圳	Shenzhen	102.2	104.1	105.9	98.7	103.5	105.4	102.8	102.7	102.0	102.2	102.4	101.4
南　宁	Nanning	102.5	104.4	108.4	98.2	102.5	105.7	102.9	102.1	101.6	101.9	101.4	102.3
海　口	Haikou	101.3	104.4	105.8	99.9	104.2	105.4	103.3	102.9	102.2	101.2	103.0	103.3
重　庆	Chongqing	102.4	104.7	105.6	98.4	103.2	105.3	102.6	102.7	101.8	101.3	101.8	101.0
成　都	Chengdu	101.8	105.2	104.3	100.3	103.0	105.4	103.0	103.1	101.3	101.1	102.2	102.0
贵　阳	Guiyang	101.1	105.1	107.0	97.7	102.9	105.5	102.6	103.2	102.7	102.3	101.1	101.0
昆　明	Kunming	101.6	105.8	105.8	100.8	104.2	104.9	103.1	103.9	103.1	102.4	101.7	100.5
拉　萨	Lhasa	100.6	103.2	106.4	101.7	102.2	105.0	103.2	103.4	103.0	102.2	102.6	101.4
西　安	Xi' an	101.6	104.7	106.0	99.7	103.5	105.6	102.8	102.7	101.4	100.7	100.9	102.0
兰　州	Lanzhou	101.7	105.3	107.2	99.6	103.8	105.4	102.4	103.5	102.2	101.3	100.8	101.5
西　宁	Xining	101.8	106.4	108.2	102.2	104.5	105.7	102.7	103.8	102.8	102.5	102.1	101.8
银　川	Yinchuan	101.6	105.3	107.6	99.7	103.8	105.5	102.6	103.5	102.1	101.6	101.7	101.7
乌鲁木齐	Urumqi	100.1	104.6	107.0	100.4	102.7	104.5	103.4	103.5	102.8	100.7	101.5	102.8

3–11 全国 36 个大中城市商品零售价格指数（2006–2017 年）
Retail Price Indices in Thirty–Six Large and Medium Cities of the Nation （2006–2017）

上年=100

地 区	Region	2006 年	2007 年	2008 年	2009 年	2010 年	2011 年	2012 年	2013 年	2014 年	2015 年	2016 年	2017 年
北 京	Beijing	100.2	100.8	104.4	97.8	100.4	103.2	100.6	99.8	99.1	98.5	98.1	99.2
天 津	Tianjin	100.4	103.2	105.1	98.9	103.4	104.7	103.0	101.7	100.9	100.3	100.5	100.8
石家庄	Shijiazhuang	101.8	104.4	107.7	100.1	103.4	104.9	101.9	102.1	101.2	100.2	101.7	100.9
太 原	Taiyuan	100.6	102.9	107.9	99.1	102.6	104.8	101.2	101.3	100.7	98.6	100.8	101.7
呼和浩特	Hohhot	101.6	102.7	105.4	99.9	102.6	104.7	101.5	101.9	98.6	99.5	101.1	101.2
沈 阳	Shenyang	101.9	103.2	105.0	97.9	102.6	105.2	102.4	101.6	101.3	100.0	100.6	101.0
大 连	Dalian	101.4	101.9	106.0	99.4	104.0	104.4	102.5	101.0	101.0	99.5	102.0	101.5
长 春	Changchun	101.5	102.1	105.6	99.6	104.6	104.8	101.8	101.3	101.2	99.1	101.2	101.2
哈尔滨	Harbin	100.3	103.7	105.3	98.5	101.9	104.4	102.5	101.2	101.5	100.2	101.6	99.7
上 海	Shanghai	100.2	102.4	105.3	99.4	101.7	104.1	101.2	100.2	100.9	101.1	100.8	100.9
南 京	Nanjing	98.9	99.9	103.7	98.7	103.5	104.2	101.4	101.2	102.0	100.6	100.5	101.6
杭 州	Hangzhou	100.2	103.1	106.0	98.6	103.7	104.4	101.9	101.5	100.8	100.2	101.5	101.0
宁 波	Ningbo	101.8	103.3	107.1	98.8	103.9	105.7	101.8	101.0	100.3	100.4	101.8	101.1
合 肥	Hefei	100.6	104.6	106.3	99.8	102.1	105.1	101.9	101.2	100.3	99.5	100.8	102.3
福 州	Fuzhou	99.9	103.1	104.4	99.1	102.9	104.0	101.1	101.0	100.6	99.4	100.7	100.3
厦 门	Xiamen	100.3	103.9	104.5	97.8	102.8	104.7	101.6	100.4	100.7	100.0	100.0	100.8
南 昌	Nanchang	101.9	103.5	106.2	99.4	103.0	105.2	102.4	101.3	101.1	100.5	100.4	101.0
济 南	Jinan	100.3	102.2	104.5	98.7	101.3	104.6	101.8	101.3	101.2	100.3	100.8	101.0
青 岛	Qingdao	99.7	102.7	103.9	98.6	101.4	104.5	101.7	101.4	102.3	100.0	102.0	100.8
郑 州	Zhengzhou	100.9	102.7	106.0	100.3	102.7	104.9	102.4	101.4	101.1	99.0	100.2	101.7
武 汉	Wuhan	100.7	103.0	105.1	98.4	103.1	104.7	102.3	100.9	100.5	100.0	101.3	100.1
长 沙	Changsha	101.1	102.3	103.9	97.7	103.8	105.4	101.5	101.2	101.7	99.6	100.9	101.4
广 州	Guangzhou	101.2	102.9	105.7	96.8	103.2	105.1	101.9	100.5	101.5	99.1	101.2	102.0
深 圳	Shenzhen	101.8	103.5	106.5	97.5	103.2	105.3	102.4	100.7	101.0	99.7	100.3	101.5
南 宁	Nanning	101.0	103.1	107.9	98.5	102.3	104.9	101.7	100.8	100.7	100.4	99.8	100.9
海 口	Haikou	100.6	103.4	105.6	99.2	103.7	105.0	102.8	101.6	101.2	100.2	100.9	101.7
重 庆	Chongqing	101.6	103.7	105.0	97.3	101.7	104.7	101.6	101.8	100.9	100.2	101.3	100.8
成 都	Chengdu	101.2	104.2	104.5	99.0	102.4	104.3	101.4	101.7	100.4	99.5	100.8	99.4
贵 阳	Guiyang	100.3	102.8	105.4	98.2	103.2	105.0	102.0	101.9	101.2	99.7	99.5	101.4
昆 明	Kunming	99.7	103.4	105.4	100.0	103.6	104.9	102.0	102.5	101.8	100.7	100.8	101.3
拉 萨	Lhasa	99.6	101.2	104.6	100.1	101.2	103.9	102.9	103.5	102.3	101.5	102.4	101.2
西 安	Xi' an	101.5	103.7	105.4	99.5	102.7	104.4	102.3	101.7	100.7	99.7	100.1	101.7
兰 州	Lanzhou	100.3	103.1	107.2	100.5	103.9	105.4	102.4	102.7	101.8	100.6	100.7	101.8
西 宁	Xining	102.6	105.7	110.1	102.3	104.6	106.0	102.3	102.5	101.2	100.2	100.6	101.4
银 川	Yinchuan	101.3	103.6	105.9	98.5	102.5	104.2	100.6	102.3	100.8	100.2	100.8	101.5
乌鲁木齐	Urumqi	99.9	104.6	108.7	100.1	103.4	104.1	102.9	103.5	102.4	99.4	100.6	100.7

3-12 农产品生产价格指数（2003-2017 年）
Producers' Price Indices of Farm Products（2003-2017）

上年=100

项 目	Item	2003 年	2004 年	2005 年	2006 年	2007 年	2008 年	2009 年
农产品生产价格指数	**Producers' Price Indices of Farm Products**	**103.8**	**125.5**	**100.0**	**93.6**	**121.8**	**120.4**	**89.0**
农业产品	**Planting Products**	**105.5**	**120.3**	**102.2**	**100.4**	**108.6**	**108.9**	**104.2**
谷物	Cereal	105.4	129.5	101.3	97.3	108.2	108.5	100.4
小麦	Wheat	102.3	131.6	102.7	95.1	103.9	106.4	103.5
稻谷	Rice	106.0	141.5	101.2	97.8	108.2	109.2	100.8
玉米	Corn	102.3	130.4	101.7	94.9	109.0	106.2	97.9
薯类	Tubers	78.1	102.2	101.6	101.1	104.2	109.1	109.9
油料	Oil-bearing Crops	116.9	123.2	93.1	102.8	120.1	118.9	80.3
油菜籽	Rapeseeds	117.3	117.9	86.6	104.0	123.7	119.2	70.8
大豆	Beans	118.7	122.1	97.4	100.0	107.9	115.4	98.9
未加工烟草	Raw Tobacco	109.4	117.0	104.3	101.8	106.8	107.7	110.4
蔬菜	Vegetables	104.3	106.0	103.8	102.5	109.8	106.6	110.5
叶菜类	Leafy Vegetables	107.8	105.9	102.9	102.9	108.0	108.3	110.7
瓜菜类	Melons as Vegetables	103.2	110.1	103.1	108.1	114.2	105.1	111.0
根茎类	Root, Tuber Vegetables	104.7	105.6	104.5	100.6	108.7	109.9	106.8
茄果类	Eggplant Fruit	99.4	101.9	104.3	103.3	113.7	98.4	121.4
葱蒜类	Garlic & Chives Kind	105.8	105.9	102.3	101.7	107.4	109.3	108.8
豆类	Vegetable Bean	96.5	114.5	102.3	106.1	111.7	104.0	115.2
水生菜类	Water Lettuce	110.4	106.9	104.8	101.7	108.8	110.0	109.7
水果	Fruits	94.3	103.4	103.4	101.3	104.5	109.2	107.0
柑橘类	Citrus	94.3	100.0	102.4	100.6	105.6	100.7	102.7
林业产品	**Forestry Products**			**100.6**	**106.4**	**110.7**	**116.1**	**111.4**
饲养动物及其产品	**Animal Husbandry Products**	**103.2**	**128.8**	**98.8**	**89.8**	**128.8**	**126.1**	**80.8**
牛	Cattle and Buffaloes	104.6	101.7	103.9	101.6	120.6	116.0	104.2
羊	Sheep and Goats	102.3	111.1	102.8	101.2	108.0	128.9	100.7
活猪	Pig	103.6	131.2	97.5	86.9	132.2	127.2	77.1
活家禽	Poultry	98.5	117.2	104.3	100.2	116.2	111.7	102.8
禽蛋	Eggs	103.0	111.9	103.9	98.9	110.1	112.1	101.9
渔业产品	**Fishery Products**	**100.9**	**107.8**	**105.7**	**101.7**	**105.9**	**110.3**	**104.7**
养殖淡水鱼	Breeding Freshwater Fish							
捕捞淡水鱼	Fishing Freshwater Fish							

注：根据新《农业产值和价格综合统计报表制度》，原“肉禽（毛重）”指标替换为“活家禽”，原“淡水鱼”指标替换为“养殖淡水鱼”和“捕捞淡水鱼”。2011 年采用新指标指数，2010 年及以前采用旧指标指数。（下表同）

Note: According to the new "*Farm Products Value and The Comprehensive Statistics Report Forms System of Price*", the "Poultry (gross weight)" index changed to "Poultry", the original "Freshwater Fish" index changed to "Breeding Freshwater Fish" and "Fishing Freshwater Fish". The data of 2011 uses new index, 2010 and before use old index. (the same below)

3-12 农产品生产价格指数（2003-2017 年）
Producers' Price Indices of Farm Products（2003-2017）

续表（continued） 上年=100

项 目	Item	2010 年	2011 年	2012 年	2013 年	2014 年	2015 年	2016 年	2017 年
农产品生产价格指数	Producers' Price Indices of Farm Products	103.2	120.2	104.6	102.96	100.2	102.35	109.81	96.84
农业产品	Planting Products	109.1	113.8	106.0	103.08	102.6	100.56	104.35	102.78
谷物	Cereal	108.4	114.4	108.0	102.48	100.3	102.56	99.79	100.84
小麦	Wheat	104.3	110.6	112.0		100.0			
稻谷	Rice	106.8	116.2	107.1	101.68	99.4	103.67	103.80	102.41
玉米	Corn	113.4	111.4	109.4	104.38	102.6	100.42	92.04	97.82
薯类	Tubers	113.2	111.5	107.6	105.71	104.3	100.88	97.82	98.54
油料	Oil-bearing Crops	108.8	109.0	105.7	106.82	101.2	107.65	98.10	103.69
油菜籽	Rapeseeds	108.3	110.0	104.6	107.69	102.7	107.65	98.10	103.69
大豆	Beans	106.6	111.5	105.8	102.79	104.4	102.35	96.69	100
未加工烟草	Raw Tobacco	114.0	118.0	113.6	107.95	97.3	105.28	101.49	83.52
蔬菜	Vegetables	107.9	111.1	108.7	103.66	104.2	98.04	110.65	102.95
叶菜类	Leafy Vegetables	104.5	110.7	108.8	102.55	106.4	98.62	119.14	101.55
瓜菜类	Melons as Vegetables	108.8	109.0	105.1	104.83	96.9	90.70	111.53	109.55
根茎类	Root, Tuber Vegetables	108.2	111.7	108.1	103.71	106.5	91.25	122.76	103.50
茄果类	Eggplant Fruit	107.6	106.0	112.1	104.15	105.6	102.37	100.06	102.31
葱蒜类	Garlic & Chives Kind	112.9	114.1	110.5	102.67	108.2			
豆类	Vegetable Bean	108.8	117.1	109.4	103.99	103.7	105.98	99.39	110.08
水生菜类	Water Lettuce	119.0	93.4	104.3	103.99	110.6	101.70	92.01	92.22
水果	Fruits	111.2	118.1	91.2	108.04	104.8	108.17	102.07	116.19
柑橘类	Citrus	111.9	122.3	89.3	109.32	105.3	106.82	99.57	108.63
林业产品	Forestry Products	104.3	113.5	103.8	102.26	103.2	94.47	107.31	99.34
饲养动物及其产品	Animal Husbandry Products	98.4	126.6	103.3	102.91	97.6	104.41	114.83	91.33
牛	Cattle and Buffaloes	103.4	107.6	104.9	109.27	110.1	99.74	99.25	99.48
羊	Sheep and Goats	100.0	116.6	115.7	110.40	107.9	95.03	87.26	97.83
活猪	Pig	94.4	134.5	101.8	101.68	92.9	105.30	122.32	84.62
活家禽	Poultry	105.6	111.8	107.1	105.29	106.8	102.26	100.62	108.42
禽蛋	Eggs	104.2	105.6	104.7	104.40	104.2	105.39	100.25	100.46
渔业产品	Fishery Products	102.2	108.2	108.1	102.04	104.7	101.19	104.22	104.06
养殖淡水鱼	Breeding Freshwater Fish		108.6	108.2	102.04	101.8	101.19	104.22	104.06
捕捞淡水鱼	Fishing Freshwater Fish		110.5	104.1		107.0			

3-13 农产品生产价格分季度指数（2011 年）
Producers' Price Indices of Farm Products by Quarter（2011）

上年同期=100

指　数	Index	2011 年 1 季度 1st Quarter	2 季度 2nd Quarter	3 季度 3rd Quarter	4 季度 4th Quarter
农产品生产价格指数	**Producers' Price Indices for Farm Products**	**118.3**	**116.0**	**123.5**	**119.5**
农业产品	**Planting Products**	**115.4**	**110.0**	**113.4**	**112.4**
谷物	Cereal	111.0	113.6	113.4	113.9
小麦	Wheat		113.3	109.1	113.8
稻谷	Rice	111.2	113.1	115.0	116.3
玉米	Corn	108.5	115.2	111.1	107.4
薯类	Tubers	111.2	114.2	118.5	102.3
油料	Oil-bearing Crops		107.7	111.8	110.6
油菜籽	Rapeseeds		108.2	110.3	112.5
大豆	Beans	108.5	111.4	115.1	110.6
未加工烟草	Raw Tobacco		120.5	112.8	118.3
蔬菜	Vegetables	115.6	110.0	113.6	109.6
叶菜类	Leafy Vegetables	113.8	114.4	107.9	117.7
瓜菜类	Melons as Vegetables		109.5	114.2	99.4
根茎类	Root, Tuber Vegetables	116.9	109.1	120.4	110.3
茄果类	Eggplant Fruit		108.8	111.4	115.7
葱蒜类	Garlic & Chives Kind	139.2	107.7	109.5	115.3
豆类	Vegetable Bean		109.7	112.9	109.3
水生菜类	Water Lettuce	106.8	100.5	97.8	91.2
水果	Fruits	111.9	112.3	118.1	117.7
柑橘类	Citrus	111.9	112.6	128.6	120.7
林业产品	**Forestry Products**	**105.9**	**117.3**	**108.2**	**114.3**
饲养动物及其产品	**Animal Husbandry Products**	**120.5**	**129.7**	**139.0**	**125.5**
牛	Cattle and Buffaloes	100.0	103.1	105.5	108.9
羊	Sheep and Goats	109.6	109.3	114.2	117.7
活猪	Pig	123.2	143.6	157.1	133.3
活家禽	Poultry	119.1	111.2	121.5	113.8
禽蛋	Eggs	111.4	106.2	107.1	112.4
渔业产品	**Fishery Products**	**101.4**	**104.7**	**109.0**	**108.1**
养殖淡水鱼	Breeding Freshwater Fish	101.4	105.1	109.0	106.7
捕捞淡水鱼	Fishing Freshwater Fish		104.2		111.5

3-13 农产品生产价格分季度指数（2012 年）
Producers' Price Indices of Farm Products by Quarter（2012）

续表 1（continued 1）

上年同期=100

指 数	Index	2012 年 1 季度 1st Quarter	2 季度 2nd Quarter	3 季度 3rd Quarter	4 季度 4th Quarter
农产品生产价格指数	**Producers' Price Indices for Farm Products**	**119.0**	**108.5**	**103.2**	**99.5**
农业产品	**Planting Products**	**111.5**	**111.9**	**105.9**	**105.4**
谷物	Cereal	111.2	117.4	105.3	103.8
小麦	Wheat	108.3	120.8	102.1	101.6
稻谷	Rice	111.5	110.4	106.1	103.7
玉米	Corn	108.9	114.7	106.6	105.4
薯类	Tubers	111.2	110.0	106.5	111.0
油料	Oil-bearing Crops	108.0	105.1	104.3	103.7
油菜籽	Rapeseeds	108.2	104.6	104.2	102.7
大豆	Beans	108.1	104.5	105.1	103.4
未加工烟草	Raw Tobacco		120.0	109.7	114.9
蔬菜	Vegetables	112.3	116.5	107.9	105.9
叶菜类	Leafy Vegetables	110.7	117.8	103.3	104.5
瓜菜类	Melons as Vegetables	140.2	123.7	103.5	103.9
根茎类	Root, Tuber Vegetables	109.4	109.5	109.0	105.3
茄果类	Eggplant Fruit	121.9	110.5	113.1	108.1
葱蒜类	Garlic & Chives Kind	109.5	107.9	117.9	107.4
豆类	Vegetable Bean	106.5	115.0	107.8	105.9
水生菜类	Water Lettuce	103.7	99.2	105.8	109.5
水果	Fruits	98.2	91.2	104.3	108.3
柑橘类	Citrus	98.2	85.0	106.1	108.3
林业产品	**Forestry Products**	**104.7**	**103.3**	**102.0**	**102.3**
饲养动物及其产品	**Animal Husbandry Products**	**122.7**	**102.2**	**99.0**	**94.8**
牛	Cattle and Buffaloes	103.3	105.1	103.7	109.2
羊	Sheep and Goats	120.2	116.8	113.0	109.9
活猪	Pig	127.4	99.6	96.2	88.7
活家禽	Poultry	109.7	105.5	102.1	106.8
禽蛋	Eggs	107.5	103.9	102.6	103.2
渔业产品	**Fishery Products**	**103.3**	**108.3**	**112.1**	**104.8**
养殖淡水鱼	Breeding Freshwater Fish	103.3	112.8	112.1	103.4
捕捞淡水鱼	Fishing Freshwater Fish	101.8	105.4		98.7

3-13 农产品生产价格分季度指数（2013 年）
Producers' Price Indices of Farm Products by Quarter（2013）

续表 2（continued 2）

上年同期=100

指　数	Index	2013 年			
		1 季度 1st Quarter	2 季度 2nd Quarter	3 季度 3rd Quarter	4 季度 4th Quarter
农产品生产价格指数	**Producers' Price Indices for Farm Products**	**105.33**	**102.09**	**104.38**	**101.60**
农业产品	**Planting Products**	**106.84**	**102.07**	**105.07**	**102.41**
谷物	Cereal	103.07	100.66	101.13	102.52
小麦	Wheat				
稻谷	Rice	102.67	103.23	100.61	102.21
玉米	Corn	107.08	97.54	102.09	103.27
薯类	Tubers	110.16	106.70	102.50	105.94
油料	Oil-bearing Crops	107.89	104.09	109.11	100.99
油菜籽	Rapeseeds	109.75	103.88	109.80	100.00
大豆	Beans	113.73	101.31	106.36	102.58
未加工烟草	Raw Tobacco			108.37	109.52
蔬菜	Vegetables	107.13	101.43	106.14	102.71
叶菜类	Leafy Vegetables	102.69	102.63	96.55	101.41
瓜菜类	Melons as Vegetables	105.56	102.18	115.52	102.25
根茎类	Root, Tuber Vegetables	112.24	100.00	105.13	103.83
茄果类	Eggplant Fruit	105.26	101.71	106.54	102.84
葱蒜类	Garlic & Chives Kind	102.92	101.33	104.73	100.08
豆类	Vegetable Bean	0.00	95.73	105.70	105.00
水生菜类	Water Lettuce	107.00	100.00	126.93	102.95
水果	Fruits	107.83	102.16	107.78	111.01
柑橘类	Citrus	107.83	100.00		113.21
林业产品	**Forestry Products**	**107.18**	**100.51**	**105.87**	**98.33**
饲养动物及其产品	**Animal Husbandry Products**	**104.07**	**100.62**	**103.56**	**101.22**
牛	Cattle and Buffaloes	102.27	109.63	103.42	109.97
羊	Sheep and Goats	111.45	103.75	108.16	113.38
活猪	Pig	102.40	99.14	103.18	99.88
活家禽	Poultry	109.51	102.75	102.73	102.05
禽蛋	Eggs	104.40	102.61	106.68	101.64
渔业产品	**Fishery Products**	**117.42**	**112.07**	**102.04**	**102.04**
养殖淡水鱼	Breeding Freshwater Fish			102.04	102.04
捕捞淡水鱼	Fishing Freshwater Fish	117.42	112.07		

3-13 农产品生产价格分季度指数（2014 年）
Producers' Price Indices of Farm Products by Quarter（2014）

续表 3（continued 3） 上年同期=100

指 数	Index	2014 年			
		1 季度 1st Quarter	2 季度 2nd Quarter	3 季度 3rd Quarter	4 季度 4th Quarter
农产品生产价格指数	**Producers' Price Indices for Farm Products**	**98.0**	**101.8**	**101.3**	**100.1**
农业产品	**Planting Products**	**103.4**	**103.3**	**102.1**	**102.9**
谷物	Cereal	98.6	100.3	101.6	100.1
小麦	Wheat	95.2	100.0	102.2	
稻谷	Rice	98.1	96.7	101.2	100.8
玉米	Corn	104.5	105.8	104.4	98.4
薯类	Tubers	105.2	103.4	107.5	106.4
油料	Oil-bearing Crops	101.5	102.8	103.7	99.1
油菜籽	Rapeseeds	102.7	104.4	105.4	97.6
大豆	Beans	102.3	104.2	102.9	104.8
未加工烟草	Raw Tobacco			91.0	101.8
蔬菜	Vegetables	104.6	105.2	103.1	104.7
叶菜类	Leafy Vegetables	104.7	107.0	104.7	108.8
瓜菜类	Melons as Vegetables	99.5	103.6	92.2	98.8
根茎类	Root, Tuber Vegetables	104.4	105.0	110.3	107.5
茄果类	Eggplant Fruit	104.5	103.8	103.5	105.8
葱蒜类	Garlic & Chives Kind	103.6	104.6	115.2	110.8
豆类	Vegetable Bean	0.0	100.9	109.0	102.1
水生菜类	Water Lettuce	124.5	115.4	99.2	105.7
水果	Fruits	108.9	106.1	101.9	101.4
柑橘类	Citrus	108.9	108.8		101.4
林业产品	**Forestry Products**	**105.8**	**105.2**	**100.1**	**104.4**
饲养动物及其产品	**Animal Husbandry Products**	**95.9**	**98.8**	**100.2**	**97.4**
牛	Cattle and Buffaloes	112.2	114.1	103.3	97.3
羊	Sheep and Goats	98.2	112.0	108.3	100.1
活猪	Pig	92.3	91.6	94.6	93.3
活家禽	Poultry	104.7	107.5	105.6	109.4
禽蛋	Eggs	102.3	106.1	105.6	104.8
渔业产品	**Fishery Products**	**101.5**	**101.4**	**102.5**	**105.4**
养殖淡水鱼	Breeding Freshwater Fish	101.5	101.2	102.5	104.7
捕捞淡水鱼	Fishing Freshwater Fish				107.0

3-13 农产品生产价格分季度指数（2015 年）
Producers' Price Indices of Farm Products by Quarter（2015）

续表 4（continued 4） 上年同期=100

指 数	Index	2015 年 1 季度 1st Quarter	2015 年 2 季度 2nd Quarter	2015 年 3 季度 3rd Quarter	2015 年 4 季度 4th Quarter
农产品生产价格指数	**Producers' Price Indices for Farm Products**	**99.83**	**101.29**	**109.66**	**105.57**
农业产品	**Planting Products**	**98.20**	**100.69**	**105.56**	**99.40**
谷物	Cereal	101.91	101.80	104.89	99.79
小麦	Wheat				
稻谷	Rice	102.09	103.33	104.62	103.57
玉米	Corn	100.00	100.00	105.58	92.62
薯类	Tubers	100.89	100.78	100.52	102.28
油料	Oil–bearing Crops	103.57	102.86	120.00	
油菜籽	Rapeseeds	103.57	102.86	120.00	
大豆	Beans	104.06		100.28	101.07
未加工烟草	Raw Tobacco			99.44	105.28
蔬菜	Vegetables	96.42	97.39	102.84	97.24
叶菜类	Leafy Vegetables	102.68	98.44	99.42	104.50
瓜菜类	Melons as Vegetables	107.61	88.59	99.76	100.00
根茎类	Root, Tuber Vegetables	92.50	98.48	0.00	93.13
茄果类	Eggplant Fruit	98.98	101.19	105.09	97.16
葱蒜类	Garlic & Chives Kind				
豆类	Vegetable Bean		105.49	108.42	
水生菜类	Water Lettuce	103.35		101.68	100.17
水果	Fruits	115.98	121.38	107.80	103.82
柑橘类	Citrus	115.98	127.21		103.82
林业产品	**Forestry Products**				**94.47**
饲养动物及其产品	**Animal Husbandry Products**	**100.44**	**102.23**	**115.73**	**111.01**
牛	Cattle and Buffaloes	99.85	100.23	100.56	98.52
羊	Sheep and Goats	93.73	101.34	91.03	90.94
活猪	Pig	98.87	101.16	127.13	115.35
活家禽	Poultry	103.89	103.66	103.10	101.75
禽蛋	Eggs	108.80	104.57	103.63	102.65
渔业产品	**Fishery Products**	**98.56**	**102.88**	**102.64**	**100.65**
养殖淡水鱼	Breeding Freshwater Fish	98.56	102.88	102.64	100.65
捕捞淡水鱼	Fishing Freshwater Fish				

3-13 农产品生产价格分季度指数（2016 年）
Producers' Price Indices of Farm Products by Quarter（2016）

续表 5（continued 5）　　　　上年同期=100

指　数	Index	2016 年 1 季度 1st Quarter	 2 季度 2nd Quarter	 3 季度 3rd Quarter	 4 季度 4th Quarter
农产品生产价格指数	**Producers' Price Indices for Farm Products**	**116.34**	**110.33**	**107.77**	**106.53**
农业产品	**Planting Products**	**106.76**	**103.93**	**107.25**	**110.44**
谷物	Cereal	103.10	99.91	98.05	101.40
小麦	Wheat				
稻谷	Rice	104.12	103.19	104.00	103.92
玉米	Corn	92.37	96.05	83.18	96.62
薯类	Tubers	98.52	101.65	100.00	101.46
油料	Oil-bearing Crops		98.20	98.00	
油菜籽	Rapeseeds		98.20	98.00	
大豆	Beans		100.00	100.90	90.56
未加工烟草	Raw Tobacco			101.92	101.12
蔬菜	Vegetables	108.47	106.93	116.72	116.14
叶菜类	Leafy Vegetables	110.15	150.84	103.47	99.34
瓜菜类	Melons as Vegetables	104.44	104.01	119.56	102.48
根茎类	Root, Tuber Vegetables	106.12	124.21	138.89	139.76
茄果类	Eggplant Fruit	108.81	101.31	93.26	98.83
葱蒜类	Garlic & Chives Kind				
豆类	Vegetable Bean		100.00	98.22	100.00
水生菜类	Water Lettuce	92.05	92.82	88.11	98.50
水果	Fruits	89.78	103.65	109.74	109.02
柑橘类	Citrus	89.78	100.00		109.02
林业产品	**Forestry Products**	**115.56**	**113.53**	**101.04**	**102.92**
饲养动物及其产品	**Animal Husbandry Products**	**120.31**	**124.31**	**109.14**	**104.07**
牛	Cattle and Buffaloes	98.19	98.94	99.71	100.20
羊	Sheep and Goats	82.50	85.17	91.08	91.77
活猪	Pig	135.43	143.91	112.54	104.08
活家禽	Poultry	98.67	100.18	103.19	100.62
禽蛋	Eggs	100.10	99.14	101.56	100.00
渔业产品	**Fishery Products**	**101.80**	**101.58**	**104.21**	**104.17**
养殖淡水鱼	Breeding Freshwater Fish	101.80	101.58	104.21	104.17
捕捞淡水鱼	Fishing Freshwater Fish				

3-13 农产品生产价格分季度指数（2017年）
Producers' Price Indices of Farm Products by Quarter（2017）

续表 6（continued 6）　　　　上年同期=100

指　数	Index	2017年 1季度 1st Quarter	 2季度 2nd Quarter	 3季度 3rd Quarter	 4季度 4th Quarter
农产品生产价格指数	**Producers' Price Indices for Farm Products**	**103.96**	**96.59**	**95.42**	**98.21**
农业产品	**Planting Products**	**107.45**	**102.71**	**97.91**	**104.54**
谷物	Cereal	99.54	100.24	99.82	106.43
小麦	Wheat				
稻谷	Rice	100.36	102.57	102.29	104.55
玉米	Corn	90.91	97.50	93.66	110.00
薯类	Tubers	100.25	97.84	101.46	97.35
油料	Oil-bearing Crops	100.00	101.09	109.97	
油菜籽	Rapeseeds	100.00	101.09	109.97	
大豆	Beans	91.22	100.00	110.58	102.35
未加工烟草	Raw Tobacco			68.56	98.80
蔬菜	Vegetables	109.39	103.34	89.32	105.36
叶菜类	Leafy Vegetables		106.10	109.28	90.00
瓜菜类	Melons as Vegetables	111.90	106.95	110.26	99.37
根茎类	Root, Tuber Vegetables	118.23	101.18	53.61	117.87
茄果类	Eggplant Fruit	99.12	108.61	107.09	93.47
葱蒜类	Garlic & Chives Kind				
豆类	Vegetable Bean		96.35	103.05	133.82
水生菜类	Water Lettuce	100.39	66.67	99.33	93.02
水果	Fruits	111.14	113.39	128.93	106.28
柑橘类	Citrus	111.14	115.09		106.28
林业产品	**Forestry Products**	**114.00**	**105.80**		**77.51**
饲养动物及其产品	**Animal Husbandry Products**	**102.50**	**81.80**	**91.38**	**94.92**
牛	Cattle and Buffaloes	98.74	99.72	98.96	100.42
羊	Sheep and Goats	98.45	103.76	92.97	96.32
活猪	Pig	99.53	70.72	80.48	88.30
活家禽	Poultry	106.38	96.48	113.52	117.34
禽蛋	Eggs	100.46	90.38	104.57	103.92
渔业产品	**Fishery Products**	**105.95**	**109.12**	**104.13**	**98.37**
养殖淡水鱼	Breeding Freshwater Fish	105.95	109.12	104.13	98.37
捕捞淡水鱼	Fishing Freshwater Fish				

3-14 全国各地区农产品生产价格指数（2002-2017 年）
Producers' Price Indices of Farm Products by Region of the Nation（2002-2017）

上年=100

地 区	Region	2002 年	2003 年	2004 年	2005 年	2006 年	2007 年	2008 年	2009 年
全 国	National Total	99.7	104.4	113.1	101.4	101.2	118.5	114.1	97.6
东部地区	Eastern Region								
北 京	Beijing	104.1	102.5	105.8	103.5	99.1	114.4	112.3	98.3
天 津	Tianjin	104.2	104.4	108.1	103.4	103.4	107.8	107.1	103.0
河 北	Hebei	97.7	107.5	110.1	102.5	100.2	116.2	109.0	99.7
辽 宁	Liaoning	99.4	103.3	120.4	101.5	105.8	116.6	109.8	102.9
上 海	Shanghai	100.0	102.1	110.8	105.7	101.9	110.2	109.7	102.2
江 苏	Jiangsu	97.3	107.2	122.7	100.3	99.9	112.6	114.3	99.9
浙 江	Zhejiang	101.2	101.9	116.8	105.9	102.7	108.6	112.9	100.3
福 建	Fujian	99.1	101.7	106.8	103.9	102.7	112.6	110.7	98.0
山 东	Shandong	102.2	108.5	112.3	102.9	103.4	114.0	112.5	101.2
广 东	Guangdong	98.5	101.3	110.7	103.5	102.6	109.7	113.9	95.0
海 南	Hainan	100.0	104.3	106.4	102.2	105.6	104.7	112.5	101.9
中部地区	Central Region								
山 西	Shanxi	94.7	103.9	110.6	103.5	100.2	113.0	109.2	100.4
吉 林	Jilin	98.6	136.9	118.1	100.3	104.6	114.0	104.5	103.8
黑龙江	Heilongjiang	102.4	110.2	117.3	101.0	100.0	119.9	117.0	98.1
安 徽	Anhui	99.8	106.4	117.8	98.7	99.3	114.1	114.7	99.1
江 西	Jiangxi	100.0	105.1	119.5	100.5	101.4	115.0	114.2	96.8
河 南	Henan	99.7	111.8	121.9	100.7	100.9	117.7	115.0	99.1
湖 北	Hubei	100.9	106.9	121.7	100.3	99.5	117.0	117.0	96.3
湖 南	Hunan	99.9	111.7	127.3	99.5	100.7	130.6	126.7	90.6
西部地区	Western Region								
重 庆	Chongqing	101.1	103.8	125.5	100.0	93.6	121.8	120.4	89.0
四 川	Sichuan	101.8	103.5	120.4	103.2	102.7	120.8	118.4	96.9
贵 州	Guizhou	103.9	101.9	111.1	101.8	101.4	113.0	115.5	96.1
云 南	Yunnan	108.1	100.3	112.9	104.0	106.6	117.5	115.5	96.5
西 藏	Tibet								
陕 西	Shaanxi	101.1	105.5	111.7	104.9	103.2	115.4	111.2	95.8
甘 肃	Gansu	97.8	103.4	113.1	103.1	102.6	111.4	114.0	100.2
青 海	Qinghai	101.2	105.7	108.8	103.3	104.5	119.0	114.9	94.6
宁 夏	Ningxia	93.4	104.4	114.2	103.3	101.2	115.0	118.7	99.4
新 疆	Xinjiang	100.9	126.2	100.8	108.3	98.4	114.7	119.8	92.9
内蒙古	Inner Mongolia	99.3	106.5	112.0	103.2	103.6	114.9	111.0	99.8
广 西	Guangxi	100.0	104.5	118.9	100.0	106.8	121.5	113.0	89.3

3-14 全国各地区农产品生产价格指数（2002-2017 年）
Producers' Price Indices of Farm Products by Region of the Nation（2002-2017）

续表（continued） 上年=100

地 区	Region	2010 年	2011 年	2012 年	2013 年	2014 年	2015 年	2016 年	2017 年
全 国	**National Total**	**110.9**	**116.5**	**101.9**	**103.2**	**99.8**	**101.7**	**103.4**	**96.5**
东部地区	**Eastern Region**								
北 京	Beijing	106.5	110.7	102.2	104.7	99.7	99.8	99.7	96.2
天 津	Tianjin	110.2	105.0	105.6	105.4	102.9	100.7	103.0	95.5
河 北	Hebei	115.1	110.9	107.8	105.1	100.2	97.5	96.8	96.2
辽 宁	Liaoning	110.6	114.2	101.2	101.1	101.7	99.5	100.7	93.6
上 海	Shanghai	107.1	110.9	98.2	104.1	99.5	102.4	106.6	98.4
江 苏	Jiangsu	108.8	112.1	104.5	103.4	101.3	102.3	104.0	97.9
浙 江	Zhejiang	114.8	113.6	106.1	103.0	99.5	102.0	104.5	99.1
福 建	Fujian	111.5	113.3	102.5	103.0	100.3	101.2	108.3	98.9
山 东	Shandong	118.8	109.7	109.1	105.9	100.5	100.1	102.8	98.6
广 东	Guangdong	107.6	112.4	102.0	103.5	102.2	102.3	106.5	99.4
海 南	Hainan	107.9	115.3	98.0	100.0	105.6	99.1	106.7	101.9
中部地区	**Central Region**								
山 西	Shanxi	110.2	111.0	106.3	106.1	101.5	95.8	95.2	95.9
吉 林	Jilin	111.8	116.8	99.4	100.4	102.9	100.6	93.1	89.5
黑龙江	Heilongjiang	109.2	116.5	99.6	101.0	101.0	98.7	93.6	95.1
安 徽	Anhui	110.8	112.8	104.2	103.7	100.2	99.8	101.0	98.4
江 西	Jiangxi	107.5	114.3	102.3	102.3	100.3	103.7	104.1	97.3
河 南	Henan	112.5	111.5	102.4	102.6	97.5	100.7	103.2	94.9
湖 北	Hubei	112.3	111.7	104.2	101.8	100.0	99.5	106.2	99.3
湖 南	Hunan	109.9	121.9	101.8	102.1	98.6	104.1	104.7	98.0
西部地区	**Western Region**								
重 庆	Chongqing	103.2	120.2	105.3	103.0	100.2	102.4	109.8	96.8
四 川	Sichuan	105.9	117.8	101.4	102.6	99.9	103.3	105.6	97.8
贵 州	Guizhou	106.7	120.3	98.7	102.4	99.5	104.6	108.7	96.7
云 南	Yunnan	112.5	117.9	104.6	104.9	100.6	101.3	103.9	98.7
西 藏	Tibet								
陕 西	Shaanxi	121.7	113.8	105.7	107.4	102.1	96.3	98.0	98.4
甘 肃	Gansu	113.8	111.3	105.9	105.9	102.1	99.8	99.2	99.1
青 海	Qinghai	124.3	117.3	111.7	110.4	100.0	96.1	104.5	101.0
宁 夏	Ningxia	117.0	111.3	107.9	106.7	98.3	98.4	98.7	99.3
新 疆	Xinjiang	131.5	103.7	109.2	108.5	97.8	90.4	107.6	100.7
内蒙古	Inner Mongolia	111.4	112.8	102.4	103.3	102.7	98.0	95.1	95.6
广 西	Guangxi	107.6	124.5	98.5	102.5	98.1	102.0	106.1	98.2

3-15 工业生产者出厂价格主要分组指数（2000-2017 年）
Producer Price Indices （PPI） by Main Classification（2000-2017 年）

上年=100

项目名称	Item	2000 年	2001 年	2002 年	2003 年	2004 年	2005 年	2006 年	2007 年	2008 年
总指数	General Index	98.6	97.8	97.6	100.6	103.3	103.0	102.2	103.5	105.8
按生产生活资料分	By Means of Production and Consumer Goods									
生产资料	Means of Production	99.5	101.5	98.6	101.9	104.6	104.0	102.8	103.7	106.7
采　掘	Mining & Quarrying Industry	93.4	105.7	104.3	102.7	122.5	127.7	103.6	107.1	130.4
原　料	Raw Materials Industry	102.3	104.0	99.2	103.0	107.8	106.1	104.1	106.0	105.9
加　工	Processing Industry	97.7	98.9	97.8	101.6	103.3	102.2	102.3	102.8	105.6
生活资料	Consumer Goods	97.5	91.4	95.2	97.7	99.1	100.5	100.7	102.8	103.3
食　品	Food	97.9	97.6	99.6	102.0	104.1	101.6	101.3	107.8	110.3
衣　着	Clothing	106.6	99.1	96.3	96.9	100.2	103.5	103.4	100.6	103.6
一般日用品	Articles for Daily Use	98.9	99.2	97.3	99.6	100.3	101.6	100.9	101.4	102.2
耐用消费品	Durable Consumer Goods	95.1	88.4	92.7	93.9	96.1	99.7	100.1	100.4	99.6
按工业部门分	By Sector									
冶金工业	Metallurgical Industry	106.0	98.8	95.8	110.2	114.9	105.8	105.5	108.9	107.9
电力工业	Electric Power Industry	101.2	106.1	100.6	103.3	101.0	102.7	103.6	103.7	102.2
煤炭及炼焦工业	Coal Industry	93.2	108.6	105.1	101.4	118.3	137.2	104.1	104.8	136.8
石油工业	Petroleum Industry	100.9	99.7	99.4	105.4	102.6	102.9	114.9	107.4	109.1
化学工业	Chemical Industry	101.8	102.8	100.6	100.6	106.9	110.8	100.6	105.1	111.3
机械工业	MachineManufacturingIndustry	96.5	94.0	95.4	96.7	99.0	99.8	101.1	100.9	101.5
建筑材料工业	Building Materials Industry	92.6	103.0	100.3	100.8	100.7	103.6	101.6	106.0	116.0
森林工业	Timber Industry		91.9	93.0	101.7	99.5	102.2	103.3	104.7	103.0
食品工业	Food Industry	97.6	97.5	99.3	101.6	106.3	100.9	101.5	108.6	113.3
纺织工业	Textile Industry	107.2	92.4	90.0	106.0	112.9	103.4	107.4	96.5	96.8
缝纫工业	Tailoring Industry	90.5	98.3	93.2	96.3	100.6	108.9	106.7	99.0	111.3
皮革工业	Leather Industry	100.0	101.6	98.7	98.5	97.1	99.4	99.9	100.4	96.8
造纸工业	Paper Industry	82.5	100.1	95.5	99.4	100.6	100.2	100.7	101.2	104.2
文教艺术用品工业	Cultural,Educational& Handicrafts Articles		94.9	104.7	99.8	99.4	99.9	99.7	99.7	99.7
其它工业	Others	103.2	114.0	126.1	106.9	104.4	107.7	103.2	103.0	104.0

注：国家统计局从 2011 年 1 月开始实施新的工业生产者价格统计调查制度方法。“工业品价格统计”改称为“工业生产者价格统计”，相应地将“工业品出厂价格指数”改称为“工业生产者出厂价格指数”。（下同）

Note：Since January 2011，NBS begins to conduct new statistical system and survey methods on PPI. “Prices Statistics on Industrial Goods” is renamed to “Prices Statistics on Industrial Producers” . Accordingly, “Producer Price Index of Industrial Products” is renamed to “Producer Price Index（PPI）for Manufactured Goods” .（the same below）

3-15 工业生产者出厂价格主要分组指数（2000-2017 年）
Producer Price Indices （PPI） by Main Classification（2000-2017 年）

续表（continued） 上年=100

项目名称	Item	2009 年	2010 年	2011 年	2012 年	2013 年	2014 年	2015 年	2016 年	2017 年
总指数	General Index	95.5	103.1	103.8	99.9	98.0	98.3	97.2	98.6	104.1
按生产生活资料分	By Means of Production and Consumer Goods									
生产资料	Means of Production	94.2	103.9	104.2	99.6	97.6	98.2	96.6	98.0	105.6
采　掘	Mining & Quarrying Industry	97.5	112.2	110.8	96.9	93.9	94.7	93.0	98.0	115.9
原　料	Raw Materials Industry	91.5	108.2	105.7	100.1	96.6	97.9	95.7	96.3	106.3
加　工	Processing Industry	94.7	102.4	103.4	99.6	98.1	98.5	97.0	98.3	105.2
生活资料	Consumer Goods	99.0	100.5	102.5	100.7	99.1	98.6	98.8	99.9	100.9
食　品	Food	98.8	102.5	107.2	102.4	101.0	100.5	100.6	100.6	101.3
衣　着	Clothing	101.4	103.2	104.7	101.5	101.0	100.9	100.4	99.4	100.9
一般日用品	Articles for Daily Use	101.5	100.4	101.4	98.5	99.4	100.9	99.2	99.0	100.5
耐用消费品	Durable Consumer Goods	98.6	99.1	100.1	100.4	97.7	96.7	97.5	99.8	100.8
按工业部门分	By Sector									
冶金工业	Metallurgical Industry	83.5	108.5	104.9	97.2	94.8	96.3	90.9	98.3	114.4
电力工业	Electric Power Industry	102.1	104.6	101.2	106.0	99.9	98.8	97.6	96.4	99.6
煤炭及炼焦工业	Coal Industry	97.0	115.2	115.3	95.6	91.2	92.4	90.8	95.5	123.5
石油工业	Petroleum Industry	98.9	107.0	111.4	100.5	100.6	101.8	100.7	93.7	99.5
化学工业	Chemical Industry	90.7	105.5	105.4	98.5	97.2	98.9	98.0	98.3	103.7
机械工业	MachineManufacturingIndustry	97.6	99.7	101.2	100.3	98.3	98.3	98.3	98.7	101.8
建筑材料工业	Building Materials Industry	99.9	98.3	106.5	98.8	98.0	100.3	96.6	99.0	109.5
森林工业	Timber Industry	104.3	101.5	102.8	100.4	100.6	100.9	100.2	100.0	99.7
食品工业	Food Industry	97.9	102.5	106.9	102.1	101.8	100.4	99.3	100.5	101.9
纺织工业	Textile Industry	99.0	126.0	109.9	96.1	99.8	98.6	96.3	98.0	103.1
缝纫工业	Tailoring Industry	102.2	102.2	103.7	100.6	100.8	100.7	99.3	97.8	101.6
皮革工业	Leather Industry	100.5	104.3	104.3	101.9	101.4	101.3	100.3	100.6	100.7
造纸工业	Paper Industry	97.2	104.2	105.7	100.1	98.0	97.3	97.9	99.4	114.2
文教艺术用品工业	Cultural,Educational& Handicrafts Articles	99.5	102.3	101.2	99.9	99.9	100.7	98.3	99.5	103.5
其它工业	Others	99.4	107.6	105.0	101.6	100.1	99.5	99.9	100.7	103.7

3-16 工业生产者出厂价格分类指数（2012-2017 年）
Producer Price Indices（PPI）by Sector（2012-2017）

上年=100

项目名称	Item	2012 年	2013 年	2014 年	2015 年	2016 年	2017 年
总指数	**General Index**	**99.9**	**98.0**	**98.3**	**97.2**	**98.6**	**104.1**
煤炭开采和洗选业	Mining and Washing of Coal	95.3	91.5	92.6	90.8	95.5	123.1
石油和天然气开采业	Extraction of Petroleum and Natural Gas	100.0	100.0	99.6	93.9	98.0	100.4
黑色金属矿采选业	Mining and Processing of Ferrous Metal Ores	98.9	90.7	93.4	88.7	91.4	108.4
有色金属矿采选业	Mining and Processing of Non-Ferrous Metal Ores	98.8	97.2	96.2	95.3	101.8	107.7
非金属矿采选业	Mining and Processing of Nonmetal Ores	102.6	99.5	99.4	99.3	99.4	105.2
农副食品加工业	Processing of Food from Agricultural Products	101.3	103.1	99.9	99.0	101.0	102.3
食品制造业	Processing of Foodstuff	102.7	100.4	102.2	101.1	100.5	100.9
酒、饮料和精制茶制造业	Manufacture of Liquor, Beverages and Refined Tea	102.3	100.5	100.7	97.7	99.1	102.9
烟草制品业	Manufacture of Tobacco	103.6	100.4	100.0	100.0	99.8	99.9
纺织业	Manufacture of Textile	96.5	100.0	99.0	96.6	98.2	103.1
纺织服装、服饰业	Manufacture of Textile Wearing Apparel, and Dress Adornment	99.6	100.4	99.8	98.9	97.8	102.0
皮革、毛皮、羽毛及其制品和制鞋业	Manufacture of Leather, Fur, Feather Related Products and Footware	101.9	101.4	100.4	99.5	100.1	100.1
木材加工及木、竹、藤、棕、草制品业	Processing of Timber, Manufacture of Wood, Bamboo, Rattan, Palm and Straw Products	99.8	100.2	100.1	97.5	99.3	98.7
家具制造业	Manufacture of Furniture	100.8	100.8	101.6	101.6	103.1	106.9
造纸和纸制品业	Manufacture of Paper and Paper Products	100.1	98.0	97.3	97.9	99.4	114.2
印刷和记录媒介复制业	Printing, Reproduction of Recording Media	99.4	98.7	99.3	97.9	99.3	102.2
文教、工美、体育和娱乐用品制造业	Manufacture of Culture, Education, Handicraft, Fine Arts SportsandEntertainmentArticles	108.5	99.3	96.5	100.5	107.4	104.1
石油加工、炼焦和核燃料加工业	Processing of Petroleum, Coking, Processing of Nuclear Fuel	99.6	92.9	95.3	94.3	96.1	105.4
化学原料和化学制品制造业	Manufacture of Raw Chemical Materials and Chemical Products	97.3	96.2	98.3	97.5	97.9	105.1
医药制造业	Manufacture of Medicines	102.3	100.8	101.2	101.4	100.0	102.2
化学纤维制造业	Manufacture of Chemical Fibers	89.5	89.9	96.5	85.6	87.6	102.3
橡胶和塑料制品业	Manufacture of Rubber and Plastics	99.0	97.6	98.7	97.4	97.5	101.0
非金属矿物制品业	Manufacture of Non-metallic Mineral Products	98.8	97.9	100.2	96.7	98.8	109.5
黑色金属冶炼和压延加工业	Smelting and Pressing of Ferrous Metals	94.7	94.2	95.3	86.3	98.3	121.5
有色金属冶炼和压延加工业	Smelting and Pressing of Non-ferrous Metals	98.3	95.3	96.4	94.0	98.2	111.4
金属制品业	Manufacture of Metal Products	104.6	99.7	100.1	98.4	98.2	103.6
通用设备制造业	Manufacture of General Purpose Machinery	99.4	99.0	99.7	98.9	98.8	101.3
专用设备制造业	Manufacture of Special Purpose Machinery	100.8	99.5	100.0	98.9	96.0	100.3
汽车制造业	Manufacture of Motor Vehicles	100.0	98.2	97.6	97.9	99.1	100.2
铁路、船舶、航空航天和其他运输设备制造业	Manufacture of Railway, Ship, Aviation and Other Transporting Equipment	100.6	98.5	98.3	99.2	98.3	100.9
电气机械和器材制造业	Manufacture of Electrical Machinery and Equipment	100.7	97.9	99.3	98.8	98.7	101.9
计算机、通信和其他电子设备制造业	Manufacture of Communication Equipment, Computers and Other Electronic Equipment	99.3	96.9	97.6	97.6	98.5	104.1
仪器仪表制造业	Manufacture of Instrument and Apparatus	100.7	99.7	99.6	98.4	101.5	104.1
其他制造业	Other Manufacture	100.2	99.4	99.0	100.0	96.8	105.9
废弃资源综合利用业	Comprehensive Utilization of Waste Resources	96.5	89.1	96.7	80.5	96.8	134.0
金属制品、机械和设备修理业	Repair Services of Metal Products, Machinery and Equipment	99.5	96.4	97.3	97.9	83.9	102.9
电力、热力生产和供应业	Production and Supply of Electric Power and Heat Power	106.0	99.9	98.8	97.6	96.4	99.6
燃气生产和供应业	Production and Supply of Gas	100.7	101.7	102.6	103.1	90.8	99.9
水的生产和供应业	Production and Supply of Water	101.3	100.8	100.4	100.7	100.3	100.5

3-17 工业生产者出厂价格主要分组分月指数（2011年）
Producer Price Indices （PPI） by Main Classification & Month（2011）

上年同期=100

类 别	Item	1月 January	2月 February	3月 March	4月 April	5月 May	6月 June
总指数	**General Index**	**103.0**	**103.3**	**103.5**	**103.7**	**104.1**	**104.4**
按生产生活资料分	**By Means of Production and Consumer Goods**						
生产资料	Means of Production	103.4	103.9	103.9	104.1	104.5	104.9
采 掘	Mining & Quarrying Industry	113.1	113.8	112.3	112.1	111.4	111.6
原 料	Raw Materials Industry	106.0	106.0	105.4	105.5	106.2	106.9
加 工	Processing Industry	102.2	102.8	103.0	103.2	103.6	104.0
生活资料	Consumer Goods	101.9	101.6	102.2	102.6	103.1	102.8
食 品	Food	104.5	104.9	106.1	107.3	107.6	108.3
衣 着	Clothing	105.0	105.7	105.4	104.7	105.2	105.2
一般日用品	Articles for Daily Use	103.3	102.7	103.3	103.5	102.5	101.5
耐用消费品	Durable Consumer Goods	99.7	99.1	99.4	99.7	100.6	100.1
按工业部门分	**By Sector**						
冶金工业	Metallurgical Industry	104.4	105.6	104.7	104.2	104.2	106.1
电力工业	Electric Power Industry	100.1	100.3	100.3	100.0	100.2	100.6
煤炭及炼焦工业	Coal Industry	117.1	118.1	117.6	117.4	116.4	116.3
石油工业	Petroleum Industry	113.9	113.9	114.3	115.6	115.5	115.2
化学工业	Chemical Industry	106.0	105.6	105.1	105.6	106.5	106.3
机械工业	Machine Manufacturing Industry	99.9	100.1	100.6	100.7	101.3	101.4
建筑材料工业	Building Materials Industry	103.6	103.5	104.0	106.7	108.3	109.7
森林工业	Timber Industry	102.8	102.4	102.5	102.5	102.4	102.6
食品工业	Food Industry	104.9	105.3	106.5	107.6	107.6	108.0
纺织工业	Textile Industry	121.0	122.3	121.0	117.0	114.0	111.6
缝纫工业	Tailoring Industry	102.4	105.1	105.0	104.0	104.1	104.1
皮革工业	Leather Industry	107.1	105.6	105.6	104.4	104.5	104.6
造纸工业	Paper Industry	105.9	106.9	106.7	106.8	106.2	105.5
文教艺术用品工业	Cultural,Educational& Handicrafts Articles	101.2	101.6	101.6	101.5	101.2	101.1
其它工业	Others	104.7	105.1	104.9	104.6	104.9	105.0

3-17 工业生产者出厂价格主要分组分月指数（2011 年）
Producer Price Indices （PPI） by Main Classification & Month（2011）

续表（continued） 上年同期=100

类别	Item	7 月 July	8 月 August	9 月 September	10 月 October	11 月 November	12 月 December
总指数	General Index	104.8	104.8	104.6	104.0	102.8	102.4
按生产生活资料分	By Means of Production and Consumer Goods						
生产资料	Means of Production	105.3	105.3	105.1	104.5	103.2	102.6
采　掘	Mining & Quarrying Industry	111.9	111.4	109.9	109.7	107.6	105.3
原　料	Raw Materials Industry	107.7	107.2	106.4	105.3	103.2	103.2
加　工	Processing Industry	104.3	104.4	104.5	103.9	102.9	102.3
生活资料	Consumer Goods	103.3	103.2	103.1	102.5	101.9	102.0
食　品	Food	108.7	108.8	108.9	108.0	106.7	106.5
衣　着	Clothing	105.3	105.0	104.8	103.6	103.8	103.1
一般日用品	Articles for Daily Use	101.2	100.9	100.6	99.5	98.7	98.7
耐用消费品	Durable Consumer Goods	100.8	100.6	100.6	100.3	100.0	100.3
按工业部门分	By Sector						
冶金工业	Metallurgical Industry	107.2	107.3	106.7	104.4	102.4	102.4
电力工业	Electric Power Industry	101.1	101.4	101.4	102.1	102.1	105.4
煤炭及炼焦工业	Coal Industry	117.1	116.4	115.3	114.2	110.9	107.6
石油工业	Petroleum Industry	114.5	112.8	109.3	105.7	104.5	103.3
化学工业	Chemical Industry	106.8	106.7	106.5	105.6	103.0	101.8
机械工业	Machine Manufacturing Industry	101.9	101.9	102.1	101.9	101.6	101.5
建筑材料工业	Building Materials Industry	109.0	109.4	108.8	107.6	105.8	102.4
森林工业	Timber Industry	102.9	103.1	103.3	103.4	103.0	102.8
食品工业	Food Industry	108.0	108.1	108.2	107.2	105.8	105.5
纺织工业	Textile Industry	109.8	106.6	104.4	102.3	98.7	96.2
缝纫工业	Tailoring Industry	104.4	103.7	103.4	103.1	102.7	102.8
皮革工业	Leather Industry	104.4	104.6	104.6	102.0	102.4	102.6
造纸工业	Paper Industry	105.0	105.6	106.5	105.1	105.1	103.2
文教艺术用品工业	Cultural,Educational& Handicrafts Articles	100.8	100.8	101.0	101.0	101.2	101.0
其它工业	Others	105.7	105.7	105.7	104.8	104.6	104.1

3-17 工业生产者出厂价格主要分组分月指数（2012 年）
Producer Price Indices （PPI） by Main Classification & Month（2012）

上年同期=100

类 别	Item	1 月 January	2 月 February	3 月 March	4 月 April	5 月 May	6 月 June
总指数	General Index	102.0	101.6	101.3	100.9	100.3	100.0
按生产生活资料分	By Means of Production and Consumer Goods						
生产资料	Means of Production	102.2	101.6	101.2	100.9	100.1	99.7
采 掘	Mining & Quarrying Industry	103.4	102.3	102.5	101.3	100.1	97.1
原 料	Raw Materials Industry	103.2	103.0	102.5	101.9	100.9	100.1
加 工	Processing Industry	101.9	101.2	100.8	100.5	99.9	99.7
生活资料	Consumer Goods	101.5	101.6	101.3	101.1	100.7	100.9
食 品	Food	105.5	104.5	104.0	103.6	103.2	102.6
衣 着	Clothing	102.6	102.0	102.2	102.0	101.8	101.4
一般日用品	Articles for Daily Use	97.5	97.8	97.4	97.1	98.1	99.0
耐用消费品	Durable Consumer Goods	100.3	101.0	100.9	100.8	99.9	100.5
按工业部门分	By Sector						
冶金工业	Metallurgical Industry	101.7	100.4	99.9	99.6	98.9	98.5
电力工业	Electric Power Industry	107.0	106.7	107.3	107.5	107.0	106.3
煤炭及炼焦工业	Coal Industry	105.0	102.7	102.1	100.9	98.9	96.0
石油工业	Petroleum Industry	102.9	103.1	102.1	100.6	100.0	99.0
化学工业	Chemical Industry	100.9	101.3	100.6	99.8	99.3	98.9
机械工业	Machine Manufacturing Industry	101.5	101.2	101.0	100.9	100.3	100.4
建筑材料工业	Building Materials Industry	101.7	102.4	101.9	100.1	97.7	97.0
森林工业	Timber Industry	100.6	100.7	100.6	100.3	100.4	100.2
食品工业	Food Industry	104.3	103.3	102.6	102.3	102.3	102.1
纺织工业	Textile Industry	94.8	94.1	93.3	94.1	94.0	94.9
缝纫工业	Tailoring Industry	102.0	100.6	100.7	100.7	100.4	100.4
皮革工业	Leather Industry	102.3	102.7	102.7	102.5	102.5	102.1
造纸工业	Paper Industry	102.2	100.9	101.1	100.9	100.2	99.7
文教艺术用品工业	Cultural,Educational& Handicrafts Articles	100.3	99.9	99.9	99.8	100.2	100.1
其它工业	Others	102.9	102.7	102.4	102.3	102.0	101.7

3-17 工业生产者出厂价格主要分组分月指数（2012 年）
Producer Price Indices （PPI） by Main Classification & Month（2012）

续表（continued） 上年同期=100

类 别	Item	7 月 July	8 月 August	9 月 September	10 月 October	11 月 November	12 月 December
总指数	General Index	99.6	99.0	98.5	98.4	98.6	98.6
按生产生活资料分	By Means of Production and Consumer Goods						
生产资料	Means of Production	99.2	98.5	98.0	97.8	97.9	98.0
采 掘	Mining & Quarrying Industry	95.0	93.3	91.7	91.5	92.1	93.1
原 料	Raw Materials Industry	99.5	98.5	98.2	97.8	98.0	97.5
加 工	Processing Industry	99.4	98.8	98.3	98.1	98.3	98.4
生活资料	Consumer Goods	100.5	100.3	100.0	100.1	100.2	100.3
食 品	Food	101.6	101.0	100.5	100.6	100.7	100.8
衣 着	Clothing	101.3	101.3	101.4	101.2	100.8	100.4
一般日用品	Articles for Daily Use	98.7	98.6	98.4	99.2	99.9	100.0
耐用消费品	Durable Consumer Goods	100.4	100.3	100.1	100.1	100.0	100.0
按工业部门分	By Sector						
冶金工业	Metallurgical Industry	97.7	94.8	93.6	93.8	93.9	94.3
电力工业	Electric Power Industry	105.8	105.8	106.0	105.3	105.5	102.3
煤炭及炼焦工业	Coal Industry	93.1	91.1	89.4	89.0	89.6	90.3
石油工业	Petroleum Industry	98.9	99.2	99.3	99.9	100.3	100.5
化学工业	Chemical Industry	98.2	97.4	96.4	96.0	96.4	96.9
机械工业	Machine Manufacturing Industry	100.1	100.0	99.7	99.6	99.5	99.5
建筑材料工业	Building Materials Industry	97.5	97.4	97.2	96.8	97.8	98.3
森林工业	Timber Industry	100.1	100.3	100.2	100.1	100.4	100.2
食品工业	Food Industry	101.5	101.2	101.2	101.3	101.4	101.8
纺织工业	Textile Industry	95.6	97.0	97.9	98.5	99.3	100.2
缝纫工业	Tailoring Industry	100.5	100.6	100.7	100.8	100.3	99.8
皮革工业	Leather Industry	101.8	101.7	101.6	101.2	100.9	100.7
造纸工业	Paper Industry	99.9	99.6	99.2	99.1	98.6	100.0
文教艺术用品工业	Cultural,Educational& Handicrafts Articles	99.9	99.9	99.7	99.7	99.6	99.6
其它工业	Others	101.3	100.8	100.8	100.5	100.6	100.8

3–17 工业生产者出厂价格主要分组分月指数（2013 年）
Producer Price Indices (PPI) by Main Classification & Month (2013)

上年同期=100

类 别	Item	1 月 January	2 月 February	3 月 March	4 月 April	5 月 May	6 月 June
总指数	**General Index**	**98.7**	**98.7**	**98.5**	**98.3**	**98.3**	**97.1**
按生产生活资料分	**By Means of Production and Consumer Goods**						
生产资料	Means of Production	98.1	98.2	97.9	97.8	97.8	96.6
采 掘	Mining & Quarrying Industry	93.4	93.7	93.6	93.1	93.0	91.4
原 料	Raw Materials Industry	97.6	97.5	97.2	96.6	96.6	95.5
加 工	Processing Industry	98.5	98.6	98.4	98.4	98.4	97.2
生活资料	Consumer Goods	100.3	100.2	100.0	99.9	99.9	98.5
食 品	Food	101.5	101.8	101.5	101.1	100.9	100.7
衣 着	Clothing	100.6	100.8	101.0	100.8	100.8	100.9
一般日用品	Articles for Daily Use	99.7	99.7	99.4	99.2	99.0	98.9
耐用消费品	Durable Consumer Goods	99.8	99.5	99.3	99.4	99.5	96.9
按工业部门分	**By Sector**						
冶金工业	Metallurgical Industry	94.2	94.8	94.5	94.4	94.4	93.1
电力工业	Electric Power Industry	101.0	100.8	100.5	100.6	100.5	99.9
煤炭及炼焦工业	Coal Industry	91.0	91.2	91.2	90.8	90.4	87.9
石油工业	Petroleum Industry	100.7	100.6	100.7	100.6	100.7	100.0
化学工业	Chemical Industry	97.7	97.7	97.3	96.7	96.7	96.1
机械工业	Machine Manufacturing Industry	99.5	99.4	99.2	99.2	99.1	97.6
建筑材料工业	Building Materials Industry	98.1	97.8	97.5	97.3	98.0	97.5
森林工业	Timber Industry	100.8	100.8	100.6	100.6	100.4	100.4
食品工业	Food Industry	102.3	102.9	102.8	102.3	102.0	101.5
纺织工业	Textile Industry	100.6	100.5	100.9	101.1	101.7	99.2
缝纫工业	Tailoring Industry	100.4	100.6	100.5	100.3	100.3	100.6
皮革工业	Leather Industry	101.1	101.1	101.4	101.5	101.4	101.4
造纸工业	Paper Industry	100.0	100.2	99.7	99.4	99.3	97.3
文教艺术用品工业	Cultural,Educational& Handicrafts Articles	99.7	99.6	99.6	99.7	99.7	99.9
其它工业	Others	100.8	100.7	100.9	100.8	100.9	100.1

3-17 工业生产者出厂价格主要分组分月指数（2013 年）
Producer Price Indices （PPI） by Main Classification & Month（2013）

续表（continued） 上年同期=100

类 别	Item	7 月 July	8 月 August	9 月 September	10 月 October	11 月 November	12 月 December
总指数	**General Index**	**97.0**	**97.3**	**97.7**	**97.9**	**98.0**	**98.0**
按生产生活资料分	**By Means of Production and Consumer Goods**						
生产资料	Means of Production	96.5	97.0	97.5	97.7	97.8	97.9
采 掘	Mining & Quarrying Industry	92.3	93.8	95.6	96.0	95.6	95.6
原 料	Raw Materials Industry	95.7	96.3	96.6	96.6	96.6	96.9
加 工	Processing Industry	97.0	97.4	97.9	98.1	98.3	98.3
生活资料	Consumer Goods	98.4	98.2	98.3	98.3	98.3	98.3
食 品	Food	100.8	100.8	100.7	100.6	100.6	100.6
衣 着	Clothing	100.9	101.0	101.0	101.2	101.3	101.6
一般日用品	Articles for Daily Use	99.1	99.4	99.6	99.9	99.8	99.7
耐用消费品	Durable Consumer Goods	96.7	96.2	96.4	96.4	96.4	96.4
按工业部门分	**By Sector**						
冶金工业	Metallurgical Industry	92.7	94.6	95.7	96.2	96.6	96.8
电力工业	Electric Power Industry	99.9	99.7	99.7	98.9	98.7	98.5
煤炭及炼焦工业	Coal Industry	89.2	91.1	92.8	93.0	92.9	93.2
石油工业	Petroleum Industry	100.0	100.3	100.8	100.9	100.9	101.2
化学工业	Chemical Industry	96.3	96.8	97.4	97.8	97.7	98.1
机械工业	Machine Manufacturing Industry	97.4	97.4	97.5	97.6	97.8	97.8
建筑材料工业	Building Materials Industry	97.4	97.7	98.2	98.8	98.8	98.6
森林工业	Timber Industry	100.6	100.5	100.6	100.6	100.7	100.8
食品工业	Food Industry	101.5	101.2	101.2	101.3	101.4	101.3
纺织工业	Textile Industry	99.3	99.4	99.2	99.1	98.7	98.4
缝纫工业	Tailoring Industry	100.6	101.0	100.7	101.2	101.6	102.1
皮革工业	Leather Industry	101.5	101.4	101.6	101.6	101.5	101.7
造纸工业	Paper Industry	96.8	96.4	96.3	96.6	97.0	96.8
文教艺术用品工业	Cultural,Educational& Handicrafts Articles	100.0	100.0	100.0	100.0	100.1	100.1
其它工业	Others	99.4	99.4	99.5	99.7	99.4	99.3

3-17 工业生产者出厂价格主要分组分月指数（2014年）
Producer Price Indices （PPI） by Main Classification & Month（2014）

上年同期=100

类 别	Item	1月 January	2月 February	3月 March	4月 April	5月 May	6月 June
总指数	General Index	97.8	97.7	97.7	97.7	97.9	98.5
按生产生活资料分	By Means of Production and Consumer Goods						
生产资料	Means of Production	97.6	97.5	97.4	97.4	97.6	98.6
采 掘	Mining & Quarrying Industry	95.2	95.0	94.5	94.1	94.2	95.7
原 料	Raw Materials Industry	96.4	96.2	96.3	97.1	97.6	98.6
加 工	Processing Industry	98.1	98.0	97.9	97.7	97.8	98.7
生活资料	Consumer Goods	98.3	98.3	98.3	98.4	98.5	98.5
食 品	Food	99.8	99.6	99.7	100.0	100.5	100.6
衣 着	Clothing	101.3	101.3	101.1	101.1	101.2	101.2
一般日用品	Articles for Daily Use	100.3	100.5	100.7	100.6	100.8	100.7
耐用消费品	Durable Consumer Goods	96.5	96.6	96.6	96.5	96.5	96.4
按工业部门分	By Sector						
冶金工业	Metallurgical Industry	96.2	95.7	95.2	95.0	95.3	96.5
电力工业	Electric Power Industry	98.6	98.6	98.4	98.3	98.5	98.9
煤炭及炼焦工业	Coal Industry	92.6	92.3	91.9	91.6	91.9	94.2
石油工业	Petroleum Industry	101.2	101.3	101.4	101.5	101.2	102.0
化学工业	Chemical Industry	97.4	97.2	97.4	98.3	98.6	99.2
机械工业	Machine Manufacturing Industry	97.7	97.8	97.8	97.6	97.8	98.3
建筑材料工业	Building Materials Industry	98.9	99.3	99.6	100.2	100.3	101.0
森林工业	Timber Industry	100.8	100.9	101.0	100.9	101.1	101.1
食品工业	Food Industry	100.5	100.2	99.9	100.2	100.6	101.0
纺织工业	Textile Industry	98.4	98.3	98.4	98.2	97.9	100.2
缝纫工业	Tailoring Industry	101.1	101.1	101.1	101.3	101.5	101.3
皮革工业	Leather Industry	101.4	101.3	101.3	101.1	101.3	101.5
造纸工业	Paper Industry	96.5	96.4	96.2	96.3	96.6	97.7
文教艺术用品工业	Cultural,Educational& Handicrafts Articles	100.3	100.5	100.6	100.6	100.5	100.6
其它工业	Others	100.0	100.0	99.8	99.5	98.9	99.0

3-17 工业生产者出厂价格主要分组分月指数（2014 年）
Producer Price Indices （PPI） by Main Classification & Month（2014）

续表（continued）

上年同期=100

类 别	Item	7 月 July	8 月 August	9 月 September	10 月 October	11 月 November	12 月 December
总指数	**General Index**	**98.8**	**99.0**	**98.9**	**98.8**	**98.6**	**98.3**
按生产生活资料分	**By Means of Production and Consumer Goods**						
生产资料	Means of Production	98.8	98.9	98.9	98.8	98.5	98.1
采 掘	Mining & Quarrying Industry	95.6	95.2	94.8	94.5	93.8	93.2
原 料	Raw Materials Industry	98.7	99.0	99.2	99.2	98.8	98.1
加 工	Processing Industry	99.0	99.1	99.1	99.0	98.7	98.4
生活资料	Consumer Goods	98.7	99.0	98.9	98.9	98.9	98.8
食 品	Food	100.8	101.1	100.9	100.9	100.8	100.4
衣 着	Clothing	101.2	101.0	100.9	100.5	100.3	100.1
一般日用品	Articles for Daily Use	100.9	101.0	101.2	101.2	101.2	101.3
耐用消费品	Durable Consumer Goods	96.6	97.0	96.9	96.9	97.1	97.0
按工业部门分	**By Sector**						
冶金工业	Metallurgical Industry	97.4	97.7	97.7	97.2	96.5	95.6
电力工业	Electric Power Industry	98.9	98.9	98.7	99.3	99.3	99.4
煤炭及炼焦工业	Coal Industry	93.9	93.0	92.5	92.4	91.6	90.8
石油工业	Petroleum Industry	102.2	101.6	102.1	102.5	102.6	102.1
化学工业	Chemical Industry	99.5	99.9	100.3	100.1	99.7	99.1
机械工业	Machine Manufacturing Industry	98.5	98.7	98.8	98.8	98.7	98.7
建筑材料工业	Building Materials Industry	100.8	101.1	101.0	100.9	100.1	99.8
森林工业	Timber Industry	101.0	101.0	100.9	100.8	100.6	100.6
食品工业	Food Industry	101.2	101.3	100.6	100.3	100.2	99.3
纺织工业	Textile Industry	99.7	99.0	98.9	98.3	98.2	97.8
缝纫工业	Tailoring Industry	101.2	100.6	100.8	99.9	99.5	99.3
皮革工业	Leather Industry	101.4	101.6	101.5	101.4	101.2	101.0
造纸工业	Paper Industry	97.9	98.5	98.2	97.8	97.7	97.8
文教艺术用品工业	Cultural,Educational& Handicrafts Articles	100.6	100.6	100.8	100.8	100.6	101.2
其它工业	Others	99.3	99.2	99.1	99.2	99.9	100.4

3-17 工业生产者出厂价格主要分组分月指数（2015 年）
Producer Price Indices （PPI） by Main Classification & Month（2015）

上年同期=100

类 别	Item	1 月 January	2 月 February	3 月 March	4 月 April	5 月 May	6 月 June
总指数	General Index	98.0	97.8	97.6	97.4	97.2	97.4
按生产生活资料分	By Means of Production and Consumer Goods						
生产资料	Means of Production	97.8	97.6	97.4	97.2	96.9	96.8
采 掘	Mining & Quarrying Industry	92.8	92.2	92.1	92.5	92.5	93.6
原 料	Raw Materials Industry	97.6	97.4	97.2	96.7	96.2	95.8
加 工	Processing Industry	98.2	98.0	97.8	97.6	97.3	97.2
生活资料	Consumer Goods	98.3	98.2	98.1	98.1	98.2	99.3
食 品	Food	100.5	100.7	100.6	100.6	100.7	100.8
衣 着	Clothing	100.8	100.9	100.7	100.6	100.4	100.1
一般日用品	Articles for Daily Use	100.6	100.4	99.6	99.6	99.5	99.8
耐用消费品	Durable Consumer Goods	96.1	96.0	96.0	96.0	96.2	98.3
按工业部门分	By Sector						
冶金工业	Metallurgical Industry	94.9	94.4	93.9	93.0	92.3	91.5
电力工业	Electric Power Industry	99.4	99.4	99.4	99.3	98.7	96.2
煤炭及炼焦工业	Coal Industry	90.2	90.0	89.9	90.2	90.2	91.5
石油工业	Petroleum Industry	102.1	102.2	101.9	101.7	101.9	101.6
化学工业	Chemical Industry	98.6	98.1	98.2	98.1	98.0	98.7
机械工业	Machine Manufacturing Industry	98.3	98.3	98.2	98.2	98.0	98.8
建筑材料工业	Building Materials Industry	99.2	98.8	97.9	96.9	96.6	96.1
森林工业	Timber Industry	100.6	100.7	100.5	100.1	100.5	99.0
食品工业	Food Industry	99.5	99.5	99.6	99.5	99.4	99.1
纺织工业	Textile Industry	97.2	97.1	96.7	96.7	96.4	96.1
缝纫工业	Tailoring Industry	99.6	99.5	99.8	99.6	99.2	98.9
皮革工业	Leather Industry	101.0	101.1	100.5	100.5	100.3	100.1
造纸工业	Paper Industry	98.1	98.3	98.0	97.0	97.0	97.9
文教艺术用品工业	Cultural,Educational& Handicrafts Articles	100.5	100.3	98.3	98.0	97.9	98.2
其它工业	Others	100.0	100.1	100.1	99.9	100.3	100.1

3-17 工业生产者出厂价格主要分组分月指数（2015 年）

Producer Price Indices （PPI） by Main Classification & Month（2015）

续表（continued） 上年同期=100

类 别	Item	7 月 July	8 月 August	9 月 September	10 月 October	11 月 November	12 月 December
总指数	General Index	97.3	97.0	96.8	96.6	96.4	96.3
按生产生活资料分	By Means of Production and Consumer Goods						
生产资料	Means of Production	96.5	96.2	96.0	95.6	95.5	95.3
采 掘	Mining & Quarrying Industry	94.3	94.5	93.8	93.1	92.7	92.4
原 料	Raw Materials Industry	95.7	95.4	94.7	94.4	94.0	93.5
加 工	Processing Industry	96.9	96.6	96.5	96.2	96.1	96.0
生活资料	Consumer Goods	99.4	99.3	99.2	99.1	99.0	99.1
食 品	Food	100.8	100.7	100.4	100.3	100.4	100.7
衣 着	Clothing	100.2	100.1	100.2	100.2	100.3	100.4
一般日用品	Articles for Daily Use	99.4	99.0	98.5	98.2	97.9	97.5
耐用消费品	Durable Consumer Goods	98.5	98.5	98.7	98.7	98.5	98.6
按工业部门分	By Sector						
冶金工业	Metallurgical Industry	90.3	89.2	88.5	87.6	87.4	86.9
电力工业	Electric Power Industry	96.4	96.3	96.5	96.7	96.6	96.6
煤炭及炼焦工业	Coal Industry	92.3	92.7	92.1	91.5	90.3	89.1
石油工业	Petroleum Industry	101.3	101.4	100.0	99.0	98.9	96.8
化学工业	Chemical Industry	98.7	98.4	97.6	97.4	97.2	97.0
机械工业	Machine Manufacturing Industry	98.6	98.5	98.6	98.3	98.3	98.2
建筑材料工业	Building Materials Industry	95.8	95.7	95.3	95.2	95.4	96.0
森林工业	Timber Industry	99.6	100.4	100.1	100.0	100.3	100.6
食品工业	Food Industry	99.4	99.3	99.0	99.0	98.8	99.3
纺织工业	Textile Industry	96.1	95.9	95.7	95.9	95.7	96.0
缝纫工业	Tailoring Industry	98.9	99.0	99.1	99.2	99.3	99.3
皮革工业	Leather Industry	100.1	99.9	99.9	99.9	100.0	100.2
造纸工业	Paper Industry	98.2	98.0	98.3	97.8	98.4	98.2
文教艺术用品工业	Cultural,Educational& Handicrafts Articles	98.2	98.1	97.8	97.8	97.5	97.3
其它工业	Others	100.1	100.2	100.2	99.9	99.0	98.5

3-17 工业生产者出厂价格主要分组分月指数（2016 年）
Producer Price Indices （PPI） by Main Classification & Month（2016）

上年同期=100

类 别	Item	1 月 January	2 月 February	3 月 March	4 月 April	5 月 May	6 月 June
总指数	General Index	96.4	96.3	96.8	97.2	97.6	98.2
按生产生活资料分	By Means of Production and Consumer Goods						
生产资料	Means of Production	95.0	94.8	95.5	96.1	96.8	97.4
采 掘	Mining & Quarrying Industry	93.3	92.0	92.6	94.1	94.5	95.3
原 料	Raw Materials Industry	93.7	93.2	93.9	94.1	94.3	95.7
加 工	Processing Industry	95.3	95.2	95.9	96.6	97.3	97.8
生活资料	Consumer Goods	99.4	99.5	99.7	99.6	99.6	99.9
食 品	Food	100.4	100.4	100.8	100.7	100.5	100.5
衣 着	Clothing	98.3	98.2	98.9	98.9	99.2	99.3
一般日用品	Articles for Daily Use	97.6	97.7	98.9	99.0	99.2	99.1
耐用消费品	Durable Consumer Goods	99.5	99.7	99.5	99.3	99.3	99.9
按工业部门分	By Sector						
冶金工业	Metallurgical Industry	87.3	88.3	90.5	94.6	95.9	96.9
电力工业	Electric Power Industry	96.1	95.4	95.2	94.5	94.7	97.3
煤炭及炼焦工业	Coal Industry	89.0	87.3	87.9	89.8	90.4	91.2
石油工业	Petroleum Industry	95.3	93.1	93.1	93.1	93.1	93.1
化学工业	Chemical Industry	97.2	97.3	97.9	98.2	97.9	97.8
机械工业	Machine Manufacturing Industry	97.7	97.4	97.7	97.6	98.0	98.5
建筑材料工业	Building Materials Industry	96.2	96.2	96.3	96.7	97.5	98.1
森林工业	Timber Industry	100.1	100.1	100.5	100.0	100.0	100.1
食品工业	Food Industry	99.8	99.8	100.3	100.3	100.1	100.4
纺织工业	Textile Industry	96.0	96.1	96.3	96.3	96.8	97.4
缝纫工业	Tailoring Industry	96.1	95.9	96.9	97.2	97.4	97.7
皮革工业	Leather Industry	100.0	99.9	100.3	100.2	100.4	100.4
造纸工业	Paper Industry	98.3	98.3	98.6	98.8	98.5	98.7
文教艺术用品工业	Cultural,Educational& Handicrafts Articles	97.0	97.0	99.7	100.0	100.0	99.8
其它工业	Others	98.5	99.4	100.2	100.3	100.5	100.5

3-17 工业生产者出厂价格主要分组分月指数（2016 年）
Producer Price Indices （PPI） by Main Classification & Month（2016）

续表（continued）

上年同期=100

类别	Item	7 月 July	8 月 August	9 月 September	10 月 October	11 月 November	12 月 December
总指数	**General Index**	**98.7**	**99.0**	**99.4**	**100.2**	**101.1**	**102.4**
按生产生活资料分	**By Means of Production and Consumer Goods**						
生产资料	Means of Production	98.2	98.6	99.0	100.2	101.5	103.2
采　掘	Mining & Quarrying Industry	95.8	96.5	99.9	104.9	107.9	111.1
原　料	Raw Materials Industry	96.0	96.3	97.4	98.8	100.6	102.8
加　工	Processing Industry	98.6	99.0	99.3	100.2	101.4	103.0
生活资料	Consumer Goods	99.9	99.9	100.2	100.2	100.3	100.5
食　品	Food	100.3	100.1	100.7	100.6	100.8	101.4
衣　着	Clothing	99.3	99.2	99.7	100.4	100.6	100.7
一般日用品	Articles for Daily Use	99.1	99.2	99.5	99.3	99.7	99.5
耐用消费品	Durable Consumer Goods	99.9	100.0	100.2	100.2	100.3	100.3
按工业部门分	**By Sector**						
冶金工业	Metallurgical Industry	98.9	101.1	101.9	104.8	109.1	113.7
电力工业	Electric Power Industry	97.0	96.8	97.5	97.2	97.4	97.3
煤炭及炼焦工业	Coal Industry	92.0	94.0	97.6	103.9	109.8	116.8
石油工业	Petroleum Industry	93.0	93.1	93.7	94.0	94.0	95.9
化学工业	Chemical Industry	97.9	97.7	98.4	99.0	99.8	101.0
机械工业	Machine Manufacturing Industry	99.0	99.2	99.3	99.6	99.9	100.5
建筑材料工业	Building Materials Industry	98.4	98.1	99.3	101.8	103.9	105.6
森林工业	Timber Industry	99.9	99.6	99.9	99.7	99.9	100.0
食品工业	Food Industry	100.3	100.2	100.8	100.8	101.2	102.0
纺织工业	Textile Industry	97.9	98.5	99.4	99.7	100.8	101.4
缝纫工业	Tailoring Industry	98.1	98.2	98.5	99.2	99.3	99.5
皮革工业	Leather Industry	100.2	100.0	100.6	101.4	101.9	101.9
造纸工业	Paper Industry	98.4	98.8	99.2	99.3	100.1	105.9
文教艺术用品工业	Cultural,Educational& Handicrafts Articles	99.6	99.6	99.9	99.9	100.6	100.6
其它工业	Others	101.4	101.3	101.2	101.6	102.4	101.6

3-17 工业生产者出厂价格主要分组分月指数（2017 年）
Producer Price Indices （PPI） by Main Classification & Month（2017）

上年同期=100

类 别	Item	1 月 January	2 月 February	3 月 March	4 月 April	5 月 May	6 月 June
总指数	General Index	103.4	104.3	104.5	104.6	104.1	103.9
按生产生活资料分	By Means of Production and Consumer Goods						
生产资料	Means of Production	104.4	105.8	106.1	106.2	105.6	105.4
采 掘	Mining & Quarrying Industry	112.7	115.9	120.5	119.0	118.6	119.6
原 料	Raw Materials Industry	104.6	105.8	106.2	106.4	106.2	105.5
加 工	Processing Industry	104.1	105.5	105.5	105.8	105.0	104.9
生活资料	Consumer Goods	101.1	100.9	101.0	100.9	100.9	100.7
食 品	Food	101.5	101.7	101.4	101.0	101.0	100.9
衣 着	Clothing	101.6	101.9	101.6	101.0	100.9	100.7
一般日用品	Articles for Daily Use	99.7	99.8	100.4	100.4	100.2	100.3
耐用消费品	Durable Consumer Goods	101.3	100.8	101.0	101.0	101.0	100.7
按工业部门分	By Sector						
冶金工业	Metallurgical Industry	114.6	118.0	117.2	114.6	112.4	112.0
电力工业	Electric Power Industry	97.7	98.5	99.0	99.6	99.7	100.1
煤炭及炼焦工业	Coal Industry	120.9	125.2	130.6	128.4	127.8	128.7
石油工业	Petroleum Industry	97.3	99.3	99.9	99.8	99.2	99.4
化学工业	Chemical Industry	102.1	103.0	103.6	103.3	103.1	102.4
机械工业	Machine Manufacturing Industry	101.5	101.9	101.9	102.6	102.3	102.1
建筑材料工业	Building Materials Industry	106.8	108.6	109.5	110.0	109.5	109.3
森林工业	Timber Industry	99.9	99.8	99.5	99.7	99.7	99.8
食品工业	Food Industry	102.0	102.0	102.7	102.3	102.2	101.8
纺织工业	Textile Industry	102.4	102.8	103.1	103.1	103.3	103.1
缝纫工业	Tailoring Industry	101.8	102.3	101.8	101.8	101.8	101.5
皮革工业	Leather Industry	102.0	102.1	102.0	100.7	100.5	100.5
造纸工业	Paper Industry	108.1	108.9	108.4	106.3	106.7	109.4
文教艺术用品工业	Cultural,Educational& Handicrafts Articles	101.4	102.3	102.4	102.4	102.4	104.3
其它工业	Others	102.3	102.1	102.2	102.8	103.0	103.1

3-17 工业生产者出厂价格主要分组分月指数（2017 年）
Producer Price Indices （PPI） by Main Classification & Month（2017）

续表（continued） 上年同期=100

类别	Item	7 月 July	8 月 August	9 月 September	10 月 October	11 月 November	12 月 December
总指数	General Index	104.0	104.3	104.7	104.5	104.1	103.5
按生产生活资料分	By Means of Production and Consumer Goods						
生产资料	Means of Production	105.5	105.9	106.4	106.1	105.5	104.7
采　掘	Mining & Quarrying Industry	118.7	118.6	117.3	112.8	110.5	108.4
原　料	Raw Materials Industry	105.6	106.3	107.8	107.7	107.5	106.3
加　工	Processing Industry	105.0	105.3	105.7	105.6	105.0	104.3
生活资料	Consumer Goods	100.7	100.8	100.9	100.9	100.9	100.9
食　品	Food	101.3	101.4	101.6	101.5	101.4	100.8
衣　着	Clothing	100.7	101.0	100.9	100.2	100.3	100.5
一般日用品	Articles for Daily Use	100.2	100.3	100.8	101.0	101.1	101.5
耐用消费品	Durable Consumer Goods	100.5	100.7	100.7	100.7	100.7	100.8
按工业部门分	By Sector						
冶金工业	Metallurgical Industry	112.0	114.5	116.9	116.7	114.1	110.5
电力工业	Electric Power Industry	100.4	100.6	99.6	99.9	99.9	100.0
煤炭及炼焦工业	Coal Industry	128.1	126.5	125.2	118.6	115.5	110.6
石油工业	Petroleum Industry	99.7	100.0	100.2	100.0	99.8	99.9
化学工业	Chemical Industry	102.4	103.1	104.8	105.2	105.6	105.7
机械工业	Machine Manufacturing Industry	102.1	101.9	101.6	101.5	101.4	101.2
建筑材料工业	Building Materials Industry	109.6	110.2	111.1	109.5	108.6	111.1
森林工业	Timber Industry	99.9	99.7	99.4	99.5	99.3	99.4
食品工业	Food Industry	101.8	101.8	101.7	101.7	101.6	100.8
纺织工业	Textile Industry	103.2	103.4	103.3	103.7	103.4	102.8
缝纫工业	Tailoring Industry	101.3	101.9	101.9	101.2	101.2	101.3
皮革工业	Leather Industry	100.5	100.7	100.3	99.5	99.7	100.0
造纸工业	Paper Industry	112.7	116.3	125.1	128.3	123.8	115.8
文教艺术用品工业	Cultural,Educational& Handicrafts Articles	104.3	104.3	105.3	104.7	104.1	104.2
其它工业	Others	102.0	104.3	105.0	104.9	106.6	106.5

3-18 工业生产者出厂价格分类分月指数（2011 年）
Producer Price Indices （PPI） by Sector & Month （2011）

上年同期=100

类 别	Item	1月 January	2月 February	3月 March	4月 April	5月 May	6月 June
总指数	**General Index**	**103.0**	**103.3**	**103.5**	**103.7**	**104.1**	**104.4**
煤炭开采和洗选业	Mining and Washing of Coal	117.9	119.0	118.6	118.4	117.3	116.9
石油和天然气开采业	Extraction of Petroleum and Natural Gas	101.5	101.5	101.5	101.5	101.5	100.5
黑色金属矿采选业	Mining and Processing of Ferrous Metal Ores	100.2	100.4	100.0	104.8	104.6	106.0
有色金属矿采选业	Mining and Processing of Non-Ferrous Metal Ores	102.0	101.8	103.2	102.5	102.1	101.5
非金属矿采选业	Mining and Processing of Nonmetal Ores	105.4	104.8	103.6	104.6	104.0	106.0
农副食品加工业	Processing of Food from Agricultural Products	107.0	107.7	109.6	111.3	111.3	111.6
食品制造业	Processing of Foodstuff	105.2	104.6	105.9	107.2	107.0	106.5
酒、饮料和精制茶制造业	Manufacture of Liquor, Beverages and Refined Tea	101.3	102.0	102.5	102.4	103.3	105.4
烟草制品业	Manufacture of Tobacco	101.8	101.8	101.8	101.8	101.8	101.8
纺织业	Manufacture of Textile	119.3	121.2	119.9	116.0	113.2	111.0
纺织服装、服饰业	Manufacture of Textile Wearing Apparel, and Dress Adornment	101.4	102.4	102.2	102.2	102.1	101.9
皮革、毛皮、羽毛及其制品和制鞋业	Manufacture of Leather, Fur, Feather Related Products and Footware	110.5	109.7	109.0	107.8	108.2	108.2
木材加工及木、竹、藤、棕、草制品业	Processing of Timber, Manufacture of Wood, Bamboo, Rattan, Palm and Straw Products	106.8	106.7	106.9	106.1	105.6	106.0
家具制造业	Manufacture of Furniture	102.1	101.6	101.6	102.1	103.1	102.7
造纸和纸制品业	Manufacture of Paper and Paper Products	105.9	106.9	106.7	106.8	106.2	105.5
印刷和记录媒介复制业	Printing, Reproduction of Recording Media	101.1	101.5	101.5	101.3	101.0	100.8
文教、工美、体育和娱乐用品制造业	Manufacture of Culture, Education, Handicraft, Fine Arts, Sports and Entertainment Articles	105.8	103.7	103.8	108.7	109.9	112.2
石油加工、炼焦和核燃料加工业	Processing of Petroleum, Coking, Processing of Nuclear Fuel	110.9	111.1	111.2	112.3	113.8	115.7
化学原料和化学制品制造业	Manufacture of Raw Chemical Materials and Chemical Products	107.2	106.3	105.2	106.2	107.3	106.9
医药制造业	Manufacture of Medicines	103.9	103.5	103.9	104.1	105.0	105.0
化学纤维制造业	Manufacture of Chemical Fibers	94.2	95.6	97.8	96.3	96.9	98.9
橡胶和塑料制品业	Manufacture of Rubber and Plastics	104.9	107.2	107.5	106.1	105.5	105.9
非金属矿物制品业	Manufacture of Non-metallic Mineral Products	102.9	103.0	103.6	106.1	108.0	109.4
黑色金属冶炼和压延加工业	Smelting and Pressing of Ferrous Metals	106.5	106.9	105.0	104.4	103.5	104.7
有色金属冶炼和压延加工业	Smelting and Pressing of Non-ferrous Metals	102.6	104.6	104.2	103.3	104.0	107.1
金属制品业	Manufacture of Metal Products	102.7	103.6	103.9	103.9	104.1	104.4
通用设备制造业	Manufacture of General Purpose Machinery	103.2	103.6	104.5	103.7	103.1	103.0
专用设备制造业	Manufacture of Special Purpose Machinery	100.5	100.9	101.0	101.7	101.8	101.9
汽车制造业	Manufacture of Motor Vehicles	97.6	97.3	97.4	97.6	97.8	97.7
铁路、船舶、航空航天和其他运输设备制造业	Manufacture of Railway, Ship, Aviation and Other Transporting Equipment	101.6	101.6	101.8	101.9	102.3	102.5
电气机械和器材制造业	Manufacture of Electrical Machinery and Equipment	103.3	103.5	103.7	103.8	107.0	107.5
计算机、通信和其他电子设备制造业	Manufacture of Communication Equipment, Computers and Other Electronic Equipment	99.7	100.8	102.7	103.6	104.7	104.7
仪器仪表制造业	Manufacture of Instrument and Apparatus	100.1	102.2	103.7	103.9	104.6	105.1
其他制造业	Other Manufacture	101.5	101.5	102.1	100.6	100.1	101.4
废弃资源综合利用业	Comprehensive Utilization of Waste Resources	99.4	98.8	100.2	100.5	100.5	99.4
金属制品、机械和设备修理业	Repair Services of Metal Products, Machinery and Equipment	103.2	105.2	105.1	105.3	105.3	106.2
电力、热力生产和供应业	Production and Supply of Electric Power and Heat Power	100.1	100.3	100.3	100.0	100.2	100.6
燃气生产和供应业	Production and Supply of Gas	115.5	115.5	115.5	116.2	115.0	114.7
水的生产和供应业	Production and Supply of Water	109.4	109.6	109.5	109.7	109.0	105.4

3-18 工业生产者出厂价格分类分月指数（2011 年）
Producer Price Indices （PPI） by Sector & Month （2011）

续表（continued）

上年同期=100

类 别	Item	7月 July	8月 August	9月 September	10月 October	11月 November	12月 December
总指数	**General Index**	**104.8**	**104.8**	**104.6**	**104.0**	**102.8**	**102.4**
煤炭开采和洗选业	Mining and Washing of Coal	117.7	116.7	115.6	114.5	111.0	107.6
石油和天然气开采业	Extraction of Petroleum and Natural Gas	100.5	100.5	100.5	100.5	100.5	100.5
黑色金属矿采选业	Mining and Processing of Ferrous Metal Ores	109.4	109.1	108.0	107.0	107.0	107.5
有色金属矿采选业	Mining and Processing of Non-Ferrous Metal Ores	101.5	101.5	101.5	99.4	98.6	98.5
非金属矿采选业	Mining and Processing of Nonmetal Ores	107.2	105.8	104.5	104.3	104.2	103.2
农副食品加工业	Processing of Food from Agricultural Products	111.1	111.3	111.0	108.8	106.7	106.3
食品制造业	Processing of Foodstuff	107.7	108.0	109.4	107.8	106.8	106.6
酒、饮料和精制茶制造业	Manufacture of Liquor, Beverages and Refined Tea	105.2	104.9	105.0	105.1	104.3	105.2
烟草制品业	Manufacture of Tobacco	101.8	101.8	101.8	103.6	103.6	101.8
纺织业	Manufacture of Textile	109.5	106.4	104.4	102.4	99.0	96.7
纺织服装、服饰业	Manufacture of Textile Wearing Apparel, and Dress Adornment	101.8	101.5	101.6	101.7	101.9	102.1
皮革、毛皮、羽毛及其制品和制鞋业	Manufacture of Leather, Fur, Feather Related Products and Footware	107.9	107.5	106.8	104.6	104.3	103.0
木材加工及木、竹、藤、棕、草制品业	Processing of Timber, Manufacture of Wood, Bamboo, Rattan, Palm and Straw Products	106.1	106.0	106.2	106.3	105.9	105.3
家具制造业	Manufacture of Furniture	102.8	103.2	103.2	103.2	102.8	101.8
造纸和纸制品业	Manufacture of Paper and Paper Products	105.0	105.6	106.5	105.1	105.1	103.2
印刷和记录媒介复制业	Printing, Reproduction of Recording Media	100.6	100.6	100.7	100.8	100.9	100.8
文教、工美、体育和娱乐用品制造业	Manufacture of Culture, Education, Handicraft, Fine Arts, Sports and Entertainment Articles	112.5	115.1	114.8	114.8	114.7	115.5
石油加工、炼焦和核燃料加工业	Processing of Petroleum, Coking, Processing of Nucle-ar Fuel	116.3	117.0	116.5	114.3	111.3	110.0
化学原料和化学制品制造业	Manufacture of Raw Chemical Materials and Chemical Products	107.3	107.4	107.0	105.5	102.0	100.3
医药制造业	Manufacture of Medicines	105.7	105.2	106.5	106.8	106.0	105.9
化学纤维制造业	Manufacture of Chemical Fibers	99.7	100.6	99.6	100.1	99.1	103.0
橡胶和塑料制品业	Manufacture of Rubber and Plastics	106.6	106.1	105.9	105.6	104.4	104.2
非金属矿物制品业	Manufacture of Non-metallic Mineral Products	108.7	109.1	108.7	107.4	105.6	102.5
黑色金属冶炼和压延加工业	Smelting and Pressing of Ferrous Metals	106.8	107.6	107.7	105.9	103.2	102.8
有色金属冶炼和压延加工业	Smelting and Pressing of Non-ferrous Metals	107.8	107.7	105.9	102.8	100.5	100.9
金属制品业	Manufacture of Metal Products	105.8	105.8	106.4	105.6	105.4	105.1
通用设备制造业	Manufacture of General Purpose Machinery	102.6	102.5	102.9	102.8	102.1	101.2
专用设备制造业	Manufacture of Special Purpose Machinery	101.8	101.9	102.2	101.6	102.0	102.1
汽车制造业	Manufacture of Motor Vehicles	98.3	98.3	98.6	98.7	98.4	98.6
铁路、船舶、航空航天和其他运输设备制造业	Manufacture of Railway, Ship, Aviation and Other Transporting Equipment	102.7	103.5	103.1	102.8	102.6	102.7
电气机械和器材制造业	Manufacture of Electrical Machinery and Equipment	108.9	108.5	108.6	107.8	106.7	105.7
计算机、通信和其他电子设备制造业	Manufacture of Communication Equipment, Computers and Other Electronic Equipment	104.8	104.0	103.9	104.4	104.1	104.2
仪器仪表制造业	Manufacture of Instrument and Apparatus	105.1	104.9	105.0	104.9	104.8	104.5
其他制造业	Other Manufacture	101.5	101.3	101.6	101.5	101.0	100.9
废弃资源综合利用业	Comprehensive Utilization of Waste Resources	99.4	98.8	98.8	98.8	98.8	98.2
金属制品、机械和设备修理业	Repair Services of Metal Products, Machinery and E-quipment	106.2	105.5	107.4	102.3	103.1	103.1
电力、热力生产和供应业	Production and Supply of Electric Power and Heat Power	101.1	101.4	101.4	102.1	102.1	105.4
燃气生产和供应业	Production and Supply of Gas	113.2	111.1	105.9	102.0	102.0	100.7
水的生产和供应业	Production and Supply of Water	107.0	107.0	105.8	104.0	103.9	103.9

3-18 工业生产者出厂价格分类分月指数（2012 年）

Producer Price Indices （PPI） by Sector & Month（2012）

上年同期=100

类 别	Item	1月 January	2月 February	3月 March	4月 April	5月 May	6月 June
总指数	General Index	102.0	101.6	101.3	100.9	100.3	100.0
煤炭开采和洗选业	Mining and Washing of Coal	105.2	102.7	101.9	100.6	98.7	95.7
石油和天然气开采业	Extraction of Petroleum and Natural Gas	100.0	100.0	100.0	100.0	100.0	100.0
黑色金属矿采选业	Mining and Processing of Ferrous Metal Ores	106.3	104.6	103.8	102.9	101.6	100.4
有色金属矿采选业	Mining and Processing of Non-Ferrous Metal Ores	97.8	99.7	98.5	99.0	99.1	99.6
非金属矿采选业	Mining and Processing of Nonmetal Ores	103.0	103.3	104.5	103.6	103.9	101.7
农副食品加工业	Processing of Food from Agricultural Products	105.0	102.4	101.3	100.6	100.8	101.1
食品制造业	Processing of Foodstuff	103.8	104.6	104.2	103.2	103.5	103.5
酒、饮料和精制茶制造业	Manufacture of Liquor, Beverages and Refined Tea	105.0	104.8	103.2	104.3	103.4	101.3
烟草制品业	Manufacture of Tobacco	101.8	102.7	104.0	104.5	104.5	104.5
纺织业	Manufacture of Textile	95.4	94.6	93.9	94.6	94.5	95.3
纺织服装、服饰业	Manufacture of Textile Wearing Apparel, and Dress Adornment	100.9	99.6	99.7	99.5	99.4	99.4
皮革、毛皮、羽毛及其制品和制鞋业	Manufacture of Leather, Fur, Feather Related Products and Footware	102.8	102.8	103.0	102.7	102.5	101.9
木材加工及木、竹、藤、棕、草制品业	Processing of Timber, Manufacture of Wood, Bamboo, Rattan, Palm and Straw Products	99.5	99.6	99.4	99.5	100.0	99.9
家具制造业	Manufacture of Furniture	101.7	101.6	101.5	101.2	100.8	100.7
造纸和纸制品业	Manufacture of Paper and Paper Products	102.2	100.9	101.1	100.9	100.2	99.7
印刷和记录媒介复制业	Printing, Reproduction of Recording Media	100.1	99.4	99.4	99.5	99.7	99.8
文教、工美、体育和娱乐用品制造业	Manufacture of Culture, Education, Handicraft, Fine Arts, Sports and Entertainment Articles	114.4	115.2	114.8	110.8	110.7	107.8
石油加工、炼焦和核燃料加工业	Processing of Petroleum, Coking, Processing of Nuclear Fuel	106.1	106.8	105.1	103.1	100.0	97.6
化学原料和化学制品制造业	Manufacture of Raw Chemical Materials and Chemical Products	99.8	100.7	99.9	98.7	98.1	97.8
医药制造业	Manufacture of Medicines	103.2	103.1	103.0	102.9	102.8	102.7
化学纤维制造业	Manufacture of Chemical Fibers	108.5	105.1	98.7	95.8	89.5	86.9
橡胶和塑料制品业	Manufacture of Rubber and Plastics	102.6	101.0	100.2	99.2	99.5	99.4
非金属矿物制品业	Manufacture of Non-metallic Mineral Products	101.7	102.3	101.6	100.1	97.7	97.1
黑色金属冶炼和压延加工业	Smelting and Pressing of Ferrous Metals	102.1	99.6	98.9	98.0	96.8	96.2
有色金属冶炼和压延加工业	Smelting and Pressing of Non-ferrous Metals	100.2	99.9	99.6	99.9	99.6	99.4
金属制品业	Manufacture of Metal Products	104.5	104.0	103.5	107.4	107.1	107.0
通用设备制造业	Manufacture of General Purpose Machinery	100.3	99.8	99.1	99.4	99.4	99.6
专用设备制造业	Manufacture of Special Purpose Machinery	101.6	101.1	101.0	101.0	101.1	101.1
汽车制造业	Manufacture of Motor Vehicles	99.2	99.7	99.9	100.0	99.9	100.4
铁路、船舶、航空航天和其他运输设备制造业	Manufacture of Railway, Ship, Aviation and Other Transporting Equipment	102.6	102.3	101.9	101.5	101.3	100.9
电气机械和器材制造业	Manufacture of Electrical Machinery and Equipment	104.5	103.3	104.1	103.2	100.4	99.8
计算机、通信和其他电子设备制造业	Manufacture of Communication Equipment, Computers and Other Electronic Equipment	104.3	102.8	100.9	99.5	98.3	98.3
仪器仪表制造业	Manufacture of Instrument and Apparatus	104.2	102.3	100.3	100.3	100.2	100.2
其他制造业	Other Manufacture	101.2	101.6	100.7	100.9	100.7	100.7
废弃资源综合利用业	Comprehensive Utilization of Waste Resources	98.0	99.2	98.7	99.6	98.4	96.4
金属制品、机械和设备修理业	Repair Services of Metal Products, Machinery and Equipment	103.0	102.5	102.4	101.9	101.5	100.5
电力、热力生产和供应业	Production and Supply of Electric Power and Heat Power	107.0	106.7	107.3	107.5	107.0	106.3
燃气生产和供应业	Production and Supply of Gas	100.7	100.7	100.7	100.1	100.4	100.4
水的生产和供应业	Production and Supply of Water	102.4	102.2	102.7	102.4	102.3	101.7

3-18 工业生产者出厂价格分类分月指数（2012 年）
Producer Price Indices （PPI） by Sector & Month（2012）

续表（continued） 上年同期=100

类 别	Item	7 月 July	8 月 August	9 月 September	10 月 October	11 月 November	12 月 December
总指数	**General Index**	**99.6**	**99.0**	**98.5**	**98.4**	**98.6**	**98.6**
煤炭开采和洗选业	Mining and Washing of Coal	92.7	90.6	88.9	88.5	89.3	90.0
石油和天然气开采业	Extraction of Petroleum and Natural Gas	100.0	100.0	100.0	100.0	100.0	100.0
黑色金属矿采选业	Mining and Processing of Ferrous Metal Ores	99.8	98.6	93.2	92.1	91.9	92.3
有色金属矿采选业	Mining and Processing of Non-Ferrous Metal Ores	99.1	97.5	97.5	99.1	99.0	99.3
非金属矿采选业	Mining and Processing of Nonmetal Ores	102.2	102.3	102.2	101.6	101.5	102.0
农副食品加工业	Processing of Food from Agricultural Products	100.3	99.7	100.2	100.9	101.0	101.9
食品制造业	Processing of Foodstuff	102.5	101.8	101.4	101.3	101.3	101.7
酒、饮料和精制茶制造业	Manufacture of Liquor, Beverages and Refined Tea	100.9	101.5	100.6	100.8	101.1	100.7
烟草制品业	Manufacture of Tobacco	104.5	104.5	104.5	102.6	102.6	102.6
纺织业	Manufacture of Textile	96.1	97.4	98.3	98.9	99.5	100.2
纺织服装、服饰业	Manufacture of Textile Wearing Apparel, and Dress Adornment	99.4	99.5	99.5	99.6	99.5	99.2
皮革、毛皮、羽毛及其制品和制鞋业	Manufacture of Leather, Fur, Feather Related Products and Footware	101.6	101.6	101.5	101.1	100.9	100.7
木材加工及木、竹、藤、棕、草制品业	Processing of Timber, Manufacture of Wood, Bamboo, Rattan, Palm and Straw Products	99.6	100.1	100.0	99.8	100.2	99.7
家具制造业	Manufacture of Furniture	100.7	100.4	100.2	100.2	100.3	100.4
造纸和纸制品业	Manufacture of Paper and Paper Products	99.9	99.6	99.2	99.1	98.6	100.0
印刷和记录媒介复制业	Printing, Reproduction of Recording Media	99.6	99.4	99.0	99.0	98.9	98.6
文教、工美、体育和娱乐用品制造业	Manufacture of Culture, Education, Handicraft, Fine Arts, Sports and Entertainment Articles	107.2	104.7	105.3	105.3	104.1	103.6
石油加工、炼焦和核燃料加工业	Processing of Petroleum, Coking, Processing of Nuclear Fuel	96.9	96.9	95.7	96.0	96.1	96.1
化学原料和化学制品制造业	Manufacture of Raw Chemical Materials and Chemical Products	97.1	95.7	94.8	94.2	94.8	95.5
医药制造业	Manufacture of Medicines	102.0	102.6	101.2	101.0	101.3	101.5
化学纤维制造业	Manufacture of Chemical Fibers	82.8	81.4	81.8	81.3	82.9	83.1
橡胶和塑料制品业	Manufacture of Rubber and Plastics	98.7	98.4	97.2	97.0	97.4	97.4
非金属矿物制品业	Manufacture of Non-metallic Mineral Products	97.6	97.5	97.3	96.9	98.0	98.3
黑色金属冶炼和压延加工业	Smelting and Pressing of Ferrous Metals	95.0	91.8	89.5	89.1	89.5	90.1
有色金属冶炼和压延加工业	Smelting and Pressing of Non-ferrous Metals	98.8	95.5	95.7	96.8	97.0	97.1
金属制品业	Manufacture of Metal Products	105.4	104.2	103.4	103.1	102.9	102.8
通用设备制造业	Manufacture of General Purpose Machinery	99.7	99.5	99.2	98.8	99.0	99.1
专用设备制造业	Manufacture of Special Purpose Machinery	101.2	100.9	100.2	100.0	100.0	100.0
汽车制造业	Manufacture of Motor Vehicles	100.3	100.3	100.2	100.2	100.1	100.0
铁路、船舶、航空航天和其他运输设备制造业	Manufacture of Railway, Ship, Aviation and Other Transporting Equipment	100.6	99.9	99.2	99.1	99.0	98.9
电气机械和器材制造业	Manufacture of Electrical Machinery and Equipment	99.1	98.8	98.5	98.7	98.9	99.5
计算机、通信和其他电子设备制造业	Manufacture of Communication Equipment, Computers and Other Electronic Equipment	98.0	98.6	98.5	98.0	97.6	97.1
仪器仪表制造业	Manufacture of Instrument and Apparatus	100.1	100.2	100.1	100.0	100.1	100.2
其他制造业	Other Manufacture	100.4	99.5	99.2	99.0	99.3	99.3
废弃资源综合利用业	Comprehensive Utilization of Waste Resources	94.4	94.7	94.9	95.1	94.1	94.6
金属制品、机械和设备修理业	Repair Services of Metal Products, Machinery and Equipment	100.5	97.9	95.3	96.2	96.3	96.8
电力、热力生产和供应业	Production and Supply of Electric Power and Heat Power	105.8	105.8	106.0	105.3	105.5	102.3
燃气生产和供应业	Production and Supply of Gas	100.3	100.4	101.2	101.2	101.2	101.3
水的生产和供应业	Production and Supply of Water	100.2	100.2	100.1	100.1	100.2	101.0

3-18 工业生产者出厂价格分类分月指数（2013 年）
Producer Price Indices （PPI） by Sector & Month（2013）

上年同期=100

类 别	Item	1月 January	2月 February	3月 March	4月 April	5月 May	6月 June
总指数	**General Index**	**98.7**	**98.7**	**98.5**	**98.3**	**98.3**	**97.1**
煤炭开采和洗选业	Mining and Washing of Coal	90.9	91.1	91.2	90.8	90.4	88.2
石油和天然气开采业	Extraction of Petroleum and Natural Gas	100.0	100.0	100.0	100.0	100.0	100.0
黑色金属矿采选业	Mining and Processing of Ferrous Metal Ores	91.4	91.5	91.5	90.7	90.7	90.3
有色金属矿采选业	Mining and Processing of Non-Ferrous Metal Ores	98.9	97.3	96.8	96.9	97.0	95.5
非金属矿采选业	Mining and Processing of Nonmetal Ores	100.6	101.2	100.9	99.8	99.4	98.9
农副食品加工业	Processing of Food from Agricultural Products	102.9	104.8	104.5	104.1	103.7	102.9
食品制造业	Processing of Foodstuff	101.7	101.3	101.0	100.5	100.2	99.9
酒、饮料和精制茶制造业	Manufacture of Liquor, Beverages and Refined Tea	100.2	99.7	101.3	100.7	100.5	100.1
烟草制品业	Manufacture of Tobacco	102.6	101.7	100.4	100.0	100.0	100.0
纺织业	Manufacture of Textile	100.8	100.7	101.0	101.1	101.6	99.3
纺织服装、服饰业	Manufacture of Textile Wearing Apparel, and Dress Adornment	99.4	99.7	99.8	99.9	100.0	100.6
皮革、毛皮、羽毛及其制品和制鞋业	Manufacture of Leather, Fur, Feather Related Products and Footware	100.7	100.8	101.5	101.9	101.9	101.8
木材加工及木、竹、藤、棕、草制品业	Processing of Timber, Manufacture of Wood, Bamboo, Rattan, Palm and Straw Products	101.1	101.1	100.4	100.4	99.9	99.8
家具制造业	Manufacture of Furniture	100.3	100.4	100.5	100.4	100.7	100.7
造纸和纸制品业	Manufacture of Paper and Paper Products	100.0	100.2	99.7	99.4	99.3	97.3
印刷和记录媒介复制业	Printing, Reproduction of Recording Media	98.6	98.8	99.1	99.0	98.9	98.8
文教、工美、体育和娱乐用品制造业	Manufacture of Culture, Education, Handicraft, Fine Arts, Sports and Entertainment Articles	103.3	103.0	103.0	100.6	101.1	100.5
石油加工、炼焦和核燃料加工业	Processing of Petroleum, Coking, Processing of Nucle-ar Fuel	95.9	95.2	95.1	94.4	93.9	90.8
化学原料和化学制品制造业	Manufacture of Raw Chemical Materials and Chemical Products	96.6	96.6	96.2	95.6	95.7	94.9
医药制造业	Manufacture of Medicines	102.1	102.1	101.6	101.2	100.8	100.7
化学纤维制造业	Manufacture of Chemical Fibers	83.0	82.8	85.4	84.3	89.2	90.3
橡胶和塑料制品业	Manufacture of Rubber and Plastics	97.9	97.3	97.0	96.7	96.7	96.3
非金属矿物制品业	Manufacture of Non-metallic Mineral Products	98.2	97.8	97.5	97.3	98.0	97.4
黑色金属冶炼和压延加工业	Smelting and Pressing of Ferrous Metals	90.5	93.0	92.8	93.3	93.6	91.7
有色金属冶炼和压延加工业	Smelting and Pressing of Non-ferrous Metals	97.1	96.2	95.6	95.2	95.1	94.2
金属制品业	Manufacture of Metal Products	102.7	102.4	102.3	98.5	98.5	97.8
通用设备制造业	Manufacture of General Purpose Machinery	98.9	99.0	99.0	98.9	99.0	98.5
专用设备制造业	Manufacture of Special Purpose Machinery	99.8	100.1	99.9	99.6	99.7	99.3
汽车制造业	Manufacture of Motor Vehicles	100.1	99.7	99.4	99.5	99.6	97.2
铁路、船舶、航空航天和其他运输设备制造业	Manufacture of Railway, Ship, Aviation and Other Transporting Equipment	98.9	99.0	99.0	99.1	99.0	98.0
电气机械和器材制造业	Manufacture of Electrical Machinery and Equipment	99.2	99.0	98.2	98.0	98.1	97.5
计算机、通信和其他电子设备制造业	Manufacture of Communication Equipment, Computers and Other Electronic Equipment	97.6	98.0	97.5	99.0	98.4	96.2
仪器仪表制造业	Manufacture of Instrument and Apparatus	100.3	100.0	100.0	99.9	99.7	99.4
其他制造业	Other Manufacture	99.6	99.4	99.8	99.2	98.8	98.5
废弃资源综合利用业	Comprehensive Utilization of Waste Resources	91.7	91.0	89.9	87.5	87.6	89.9
金属制品、机械和设备修理业	Repair Services of Metal Products, Machinery and E-quipment	96.1	96.4	96.5	97.3	97.5	95.6
电力、热力生产和供应业	Production and Supply of Electric Power and Heat Power	101.0	100.8	100.5	100.6	100.5	99.9
燃气生产和供应业	Production and Supply of Gas	101.7	101.7	101.8	101.8	101.9	100.9
水的生产和供应业	Production and Supply of Water	100.9	101.0	100.8	100.9	101.0	101.0

3-18 工业生产者出厂价格分类分月指数（2013 年）
Producer Price Indices （PPI） by Sector & Month （2013）

续表（continued）

上年同期=100

类 别	Item	7月 July	8月 August	9月 September	10月 October	11月 November	12月 December
总指数	**General Index**	**97.0**	**97.3**	**97.7**	**97.9**	**98.0**	**98.0**
煤炭开采和洗选业	Mining and Washing of Coal	89.7	91.7	93.5	93.7	93.5	93.7
石油和天然气开采业	Extraction of Petroleum and Natural Gas	100.0	100.0	100.0	100.0	100.0	100.0
黑色金属矿采选业	Mining and Processing of Ferrous Metal Ores	86.7	87.2	91.6	92.9	92.8	91.9
有色金属矿采选业	Mining and Processing of Non-Ferrous Metal Ores	95.5	96.9	97.5	98.2	98.3	98.1
非金属矿采选业	Mining and Processing of Nonmetal Ores	98.6	98.2	99.2	99.5	99.2	98.7
农副食品加工业	Processing of Food from Agricultural Products	103.0	102.7	102.2	102.3	102.4	101.9
食品制造业	Processing of Foodstuff	99.6	99.3	100.0	100.3	100.4	100.3
酒、饮料和精制茶制造业	Manufacture of Liquor, Beverages and Refined Tea	100.4	99.9	100.6	100.3	100.4	101.3
烟草制品业	Manufacture of Tobacco	100.0	100.0	100.0	100.0	100.0	100.0
纺织业	Manufacture of Textile	99.4	99.4	99.2	99.3	99.1	98.9
纺织服装、服饰业	Manufacture of Textile Wearing Apparel, and Dress Adornment	100.8	101.0	100.9	100.9	100.7	100.9
皮革、毛皮、羽毛及其制品和制鞋业	Manufacture of Leather, Fur, Feather Related Products and Footware	101.3	101.2	101.3	101.5	101.3	101.8
木材加工及木、竹、藤、棕、草制品业	Processing of Timber, Manufacture of Wood, Bamboo, Rattan, Palm and Straw Products	100.1	100.0	100.0	99.9	99.9	100.0
家具制造业	Manufacture of Furniture	100.8	100.8	101.0	101.1	101.2	101.3
造纸和纸制品业	Manufacture of Paper and Paper Products	96.8	96.4	96.3	96.6	97.0	96.8
印刷和记录媒介复制业	Printing, Reproduction of Recording Media	98.6	98.6	98.7	98.6	98.4	98.7
文教、工美、体育和娱乐用品制造业	Manufacture of Culture, Education, Handicraft, Fine Arts, Sports and Entertainment Articles	98.4	98.0	97.4	97.2	95.5	94.5
石油加工、炼焦和核燃料加工业	Processing of Petroleum, Coking, Processing of Nucle-ar Fuel	90.2	90.5	91.5	91.9	92.3	93.0
化学原料和化学制品制造业	Manufacture of Raw Chemical Materials and Chemical Products	95.1	95.9	96.6	96.9	96.9	97.3
医药制造业	Manufacture of Medicines	100.5	100.2	100.0	100.4	100.2	100.3
化学纤维制造业	Manufacture of Chemical Fibers	94.0	94.7	94.1	94.4	95.3	95.5
橡胶和塑料制品业	Manufacture of Rubber and Plastics	96.5	97.0	98.3	98.9	99.1	99.3
非金属矿物制品业	Manufacture of Non-metallic Mineral Products	97.3	97.7	98.1	98.6	98.7	98.5
黑色金属冶炼和压延加工业	Smelting and Pressing of Ferrous Metals	91.6	94.4	97.0	97.8	97.9	98.1
有色金属冶炼和压延加工业	Smelting and Pressing of Non-ferrous Metals	93.8	95.0	94.7	95.0	95.7	95.9
金属制品业	Manufacture of Metal Products	97.6	98.6	99.1	99.3	99.7	99.8
通用设备制造业	Manufacture of General Purpose Machinery	98.5	98.8	99.1	99.4	99.4	99.3
专用设备制造业	Manufacture of Special Purpose Machinery	99.0	99.0	99.4	99.5	99.4	99.5
汽车制造业	Manufacture of Motor Vehicles	97.1	96.9	97.0	97.1	97.2	97.2
铁路、船舶、航空航天和其他运输设备制造业	Manufacture of Railway, Ship, Aviation and Other Transporting Equipment	98.0	97.8	98.2	98.3	98.3	98.3
电气机械和器材制造业	Manufacture of Electrical Machinery and Equipment	97.3	97.3	97.5	97.7	97.6	97.3
计算机、通信和其他电子设备制造业	Manufacture of Communication Equipment, Computers and Other Electronic Equipment	95.7	95.6	95.7	95.4	96.5	97.0
仪器仪表制造业	Manufacture of Instrument and Apparatus	99.5	99.5	99.5	99.5	99.4	99.2
其他制造业	Other Manufacture	98.5	99.4	99.4	99.7	99.7	100.3
废弃资源综合利用业	Comprehensive Utilization of Waste Resources	88.9	88.9	88.0	88.0	88.3	89.3
金属制品、机械和设备修理业	Repair Services of Metal Products, Machinery and E-quipment	93.6	94.3	97.2	97.7	97.9	97.3
电力、热力生产和供应业	Production and Supply of Electric Power and Heat Power	99.9	99.7	99.7	98.9	98.7	98.5
燃气生产和供应业	Production and Supply of Gas	101.0	101.5	101.7	101.8	101.9	102.4
水的生产和供应业	Production and Supply of Water	101.0	100.8	100.8	100.8	100.8	100.1

3-18 工业生产者出厂价格分类分月指数（2014 年）
Producer Price Indices （PPI） by Sector & Month（2014）

上年同期=100

类 别	Item	1 月 January	2 月 February	3 月 March	4 月 April	5 月 May	6 月 June
总指数	**General Index**	**97.8**	**97.7**	**97.7**	**97.7**	**97.9**	**98.5**
煤炭开采和洗选业	Mining and Washing of Coal	92.9	92.7	92.4	92.0	92.3	94.4
石油和天然气开采业	Extraction of Petroleum and Natural Gas	100.0	100.0	100.0	100.0	100.0	100.0
黑色金属矿采选业	Mining and Processing of Ferrous Metal Ores	92.4	92.3	90.9	90.7	91.0	91.1
有色金属矿采选业	Mining and Processing of Non-Ferrous Metal Ores	98.0	96.8	96.6	96.6	96.4	94.7
非金属矿采选业	Mining and Processing of Nonmetal Ores	99.0	98.3	97.7	98.4	99.1	99.3
农副食品加工业	Processing of Food from Agricultural Products	100.2	99.5	99.0	99.7	100.4	101.0
食品制造业	Processing of Foodstuff	101.3	100.9	101.3	101.6	101.8	101.8
酒、饮料和精制茶制造业	Manufacture of Liquor, Beverages and Refined Tea	101.0	101.5	100.8	100.8	100.8	101.3
烟草制品业	Manufacture of Tobacco	100.0	100.0	100.0	100.0	100.0	100.0
纺织业	Manufacture of Textile	98.8	98.8	98.9	98.8	98.5	100.6
纺织服装、服饰业	Manufacture of Textile Wearing Apparel, and Dress Adornment	100.2	100.2	99.9	100.3	100.3	100.0
皮革、毛皮、羽毛及其制品和制鞋业	Manufacture of Leather, Fur, Feather Related Products and Footware	101.9	101.8	101.1	100.7	100.1	100.1
木材加工及木、竹、藤、棕、草制品业	Processing of Timber, Manufacture of Wood, Bamboo, Rattan, Palm and Straw Products	99.9	100.0	100.1	100.1	100.2	100.3
家具制造业	Manufacture of Furniture	101.5	101.7	101.7	101.8	101.7	101.6
造纸和纸制品业	Manufacture of Paper and Paper Products	96.5	96.4	96.2	96.3	96.6	97.7
印刷和记录媒介复制业	Printing, Reproduction of Recording Media	99.0	99.1	98.8	99.0	99.1	99.1
文教、工美、体育和娱乐用品制造业	Manufacture of Culture, Education, Handicraft, Fine Arts, Sports and Entertainment Articles	94.7	94.7	94.7	95.1	94.4	94.7
石油加工、炼焦和核燃料加工业	Processing of Petroleum, Coking, Processing of Nuclear Fuel	93.8	93.7	93.3	93.3	93.7	96.2
化学原料和化学制品制造业	Manufacture of Raw Chemical Materials and Chemical Products	96.3	96.1	96.4	97.6	97.9	98.9
医药制造业	Manufacture of Medicines	99.9	100.0	100.4	100.6	101.0	101.0
化学纤维制造业	Manufacture of Chemical Fibers	96.6	96.6	96.6	99.7	99.8	97.6
橡胶和塑料制品业	Manufacture of Rubber and Plastics	98.8	98.5	98.5	98.9	98.7	98.9
非金属矿物制品业	Manufacture of Non-metallic Mineral Products	98.9	99.4	99.7	100.2	100.3	101.0
黑色金属冶炼和压延加工业	Smelting and Pressing of Ferrous Metals	96.9	96.1	95.5	95.2	95.0	96.2
有色金属冶炼和压延加工业	Smelting and Pressing of Non-ferrous Metals	95.2	94.9	94.1	93.9	94.5	96.0
金属制品业	Manufacture of Metal Products	99.7	99.9	99.8	99.7	99.9	100.4
通用设备制造业	Manufacture of General Purpose Machinery	99.4	99.5	99.5	99.5	99.6	99.8
专用设备制造业	Manufacture of Special Purpose Machinery	99.6	99.7	99.7	99.8	99.6	99.9
汽车制造业	Manufacture of Motor Vehicles	97.1	97.2	97.2	97.1	97.0	97.9
铁路、船舶、航空航天和其他运输设备制造业	Manufacture of Railway, Ship, Aviation and Other Transporting Equipment	98.2	97.9	97.9	97.7	97.7	97.7
电气机械和器材制造业	Manufacture of Electrical Machinery and Equipment	97.9	98.4	98.3	98.2	98.7	99.5
计算机、通信和其他电子设备制造业	Manufacture of Communication Equipment, Computers and Other Electronic Equipment	96.5	96.6	97.2	96.0	96.9	97.4
仪器仪表制造业	Manufacture of Instrument and Apparatus	99.3	99.4	99.7	99.7	99.6	99.8
其他制造业	Other Manufacture	100.1	98.9	98.6	98.8	99.4	99.1
废弃资源综合利用业	Comprehensive Utilization of Waste Resources	93.7	93.6	93.4	95.7	98.1	96.5
金属制品、机械和设备修理业	Repair Services of Metal Products, Machinery and Equipment	97.1	96.7	95.7	94.7	95.2	97.9
电力、热力生产和供应业	Production and Supply of Electric Power and Heat Power	98.6	98.6	98.4	98.3	98.5	98.9
燃气生产和供应业	Production and Supply of Gas	102.0	102.1	102.2	102.2	101.8	102.9
水的生产和供应业	Production and Supply of Water	100.1	100.1	100.1	100.0	99.9	99.9

3–18 工业生产者出厂价格分类分月指数（2014 年）
Producer Price Indices （PPI） by Sector & Month（2014）

续表（continued）

上年同期=100

类别	Item	7月 July	8月 August	9月 September	10月 October	11月 November	12月 December
总指数	General Index	**98.8**	**99.0**	**98.9**	**98.8**	**98.6**	**98.3**
煤炭开采和洗选业	Mining and Washing of Coal	94.0	93.1	92.6	92.4	91.6	90.8
石油和天然气开采业	Extraction of Petroleum and Natural Gas	100.0	100.0	100.0	100.0	100.0	95.5
黑色金属矿采选业	Mining and Processing of Ferrous Metal Ores	95.0	95.7	96.7	95.7	95.4	95.0
有色金属矿采选业	Mining and Processing of Non–Ferrous Metal Ores	96.8	97.1	96.4	96.0	94.8	94.7
非金属矿采选业	Mining and Processing of Nonmetal Ores	99.5	100.3	99.8	100.2	100.3	101.4
农副食品加工业	Processing of Food from Agricultural Products	101.1	101.1	100.1	99.5	99.5	98.4
食品制造业	Processing of Foodstuff	102.7	103.0	102.6	102.6	103.3	102.9
酒、饮料和精制茶制造业	Manufacture of Liquor, Beverages and Refined Tea	101.0	101.6	101.0	101.1	99.8	98.2
烟草制品业	Manufacture of Tobacco	100.0	100.0	100.0	100.0	100.0	100.0
纺织业	Manufacture of Textile	100.2	99.5	99.3	98.6	98.5	98.1
纺织服装、服饰业	Manufacture of Textile Wearing Apparel, and Dress Adornment	99.8	99.4	99.6	99.3	99.1	98.9
皮革、毛皮、羽毛及其制品和制鞋业	Manufacture of Leather, Fur, Feather Related Products and Footware	100.3	99.9	99.5	99.7	99.9	99.9
木材加工及木、竹、藤、棕、草制品业	Processing of Timber, Manufacture of Wood, Bamboo, Rattan, Palm and Straw Products	100.1	100.1	100.1	100.1	100.1	100.1
家具制造业	Manufacture of Furniture	101.6	101.8	101.7	101.5	101.3	101.3
造纸和纸制品业	Manufacture of Paper and Paper Products	97.9	98.5	98.2	97.8	97.7	97.8
印刷和记录媒介复制业	Printing, Reproduction of Recording Media	99.3	99.4	99.7	99.5	99.6	100.1
文教、工美、体育和娱乐用品制造业	Manufacture of Culture, Education, Handicraft, Fine Arts, Sports and Entertainment Articles	96.8	97.3	96.8	97.1	98.6	101.2
石油加工、炼焦和核燃料加工业	Processing of Petroleum, Coking, Processing of Nucle-ar Fuel	97.1	96.8	96.7	96.6	96.5	96.6
化学原料和化学制品制造业	Manufacture of Raw Chemical Materials and Chemical Products	99.1	99.7	100.2	100.0	99.5	98.6
医药制造业	Manufacture of Medicines	101.4	101.5	102.1	101.9	102.1	102.3
化学纤维制造业	Manufacture of Chemical Fibers	97.4	96.2	95.6	95.4	93.4	92.9
橡胶和塑料制品业	Manufacture of Rubber and Plastics	98.9	99.0	98.9	98.5	98.5	98.4
非金属矿物制品业	Manufacture of Non–metallic Mineral Products	100.7	100.9	100.9	100.8	100.0	99.6
黑色金属冶炼和压延加工业	Smelting and Pressing of Ferrous Metals	96.8	96.1	95.3	94.5	93.9	92.4
有色金属冶炼和压延加工业	Smelting and Pressing of Non–ferrous Metals	96.8	98.3	99.1	98.8	98.0	97.4
金属制品业	Manufacture of Metal Products	100.7	100.7	100.5	100.4	100.1	99.9
通用设备制造业	Manufacture of General Purpose Machinery	99.8	99.9	99.9	99.7	99.7	99.7
专用设备制造业	Manufacture of Special Purpose Machinery	100.2	100.4	100.4	100.3	100.3	100.2
汽车制造业	Manufacture of Motor Vehicles	97.9	98.1	98.0	97.9	97.9	97.9
铁路、船舶、航空航天和其他运输设备制造业	Manufacture of Railway, Ship, Aviation and Other Transporting Equipment	98.0	98.5	98.7	99.0	98.9	99.0
电气机械和器材制造业	Manufacture of Electrical Machinery and Equipment	100.0	100.1	100.1	100.1	100.1	99.9
计算机、通信和其他电子设备制造业	Manufacture of Communication Equipment, Computers and Other Electronic Equipment	98.2	98.6	98.8	99.0	98.5	98.3
仪器仪表制造业	Manufacture of Instrument and Apparatus	99.8	99.7	99.7	99.7	99.8	99.6
其他制造业	Other Manufacture	99.4	99.1	98.8	98.8	98.6	98.0
废弃资源综合利用业	Comprehensive Utilization of Waste Resources	99.4	99.9	99.8	98.4	97.7	95.1
金属制品、机械和设备修理业	Repair Services of Metal Products, Machinery and E-quipment	99.4	99.5	97.6	98.1	98.0	98.2
电力、热力生产和供应业	Production and Supply of Electric Power and Heat Power	98.9	98.9	98.7	99.3	99.3	99.4
燃气生产和供应业	Production and Supply of Gas	102.9	102.3	102.7	103.4	103.6	103.5
水的生产和供应业	Production and Supply of Water	100.6	100.7	100.8	100.9	100.8	101.2

3-18 工业生产者出厂价格分类分月指数（2015年）
Producer Price Indices （PPI） by Sector & Month （2015）

上年同期=100

类 别	Item	1月 January	2月 February	3月 March	4月 April	5月 May	6月 June
总指数	**General Index**	**98.0**	**97.8**	**97.6**	**97.4**	**97.2**	**97.4**
煤炭开采和洗选业	Mining and Washing of Coal	90.1	89.8	89.6	90.1	90.1	91.4
石油和天然气开采业	Extraction of Petroleum and Natural Gas	95.0	95.0	95.0	95.0	95.0	95.0
黑色金属矿采选业	Mining and Processing of Ferrous Metal Ores	93.9	91.6	92.7	91.4	90.8	89.8
有色金属矿采选业	Mining and Processing of Non-Ferrous Metal Ores	94.8	95.8	95.4	94.8	94.7	97.8
非金属矿采选业	Mining and Processing of Nonmetal Ores	101.2	100.5	100.2	99.7	99.3	99.2
农副食品加工业	Processing of Food from Agricultural Products	99.1	98.9	99.7	99.5	99.2	98.5
食品制造业	Processing of Foodstuff	101.7	101.8	101.3	101.3	101.3	101.3
酒、饮料和精制茶制造业	Manufacture of Liquor, Beverages and Refined Tea	98.1	98.6	97.3	97.3	97.8	98.1
烟草制品业	Manufacture of Tobacco	100.0	100.0	100.0	100.0	100.0	100.0
纺织业	Manufacture of Textile	97.5	97.4	96.9	97.0	96.6	96.4
纺织服装、服饰业	Manufacture of Textile Wearing Apparel, and Dress Adornment	99.3	99.2	99.5	99.3	98.8	98.7
皮革、毛皮、羽毛及其制品和制鞋业	Manufacture of Leather, Fur, Feather Related Products and Footware	100.2	100.2	99.9	99.5	99.8	99.3
木材加工及木、竹、藤、棕、草制品业	Processing of Timber, Manufacture of Wood, Bamboo, Rattan, Palm and Straw Products	100.2	100.1	100.2	100.1	100.0	95.9
家具制造业	Manufacture of Furniture	101.2	100.9	100.6	100.3	101.0	101.1
造纸和纸制品业	Manufacture of Paper and Paper Products	98.1	98.3	98.0	97.0	97.0	97.9
印刷和记录媒介复制业	Printing, Reproduction of Recording Media	99.5	99.5	97.6	97.3	97.2	97.7
文教、工美、体育和娱乐用品制造业	Manufacture of Culture, Education, Handicraft, Fine Arts, Sports and Entertainment Articles	100.9	101.1	100.8	100.6	100.4	100.4
石油加工、炼焦和核燃料加工业	Processing of Petroleum, Coking, Processing of Nucle-ar Fuel	96.4	96.4	96.3	95.1	95.3	94.8
化学原料和化学制品制造业	Manufacture of Raw Chemical Materials and Chemical Products	97.9	97.5	97.6	97.5	97.3	98.3
医药制造业	Manufacture of Medicines	102.1	101.8	101.3	101.3	101.3	102.1
化学纤维制造业	Manufacture of Chemical Fibers	91.1	91.1	89.6	87.9	87.4	89.8
橡胶和塑料制品业	Manufacture of Rubber and Plastics	98.5	97.8	97.5	97.7	97.9	97.7
非金属矿物制品业	Manufacture of Non-metallic Mineral Products	99.1	98.7	98.0	97.0	96.7	96.3
黑色金属冶炼和压延加工业	Smelting and Pressing of Ferrous Metals	91.8	90.9	89.4	87.6	86.9	85.6
有色金属冶炼和压延加工业	Smelting and Pressing of Non-ferrous Metals	96.6	96.5	97.1	97.8	97.0	96.4
金属制品业	Manufacture of Metal Products	99.8	99.7	99.1	99.2	98.9	98.7
通用设备制造业	Manufacture of General Purpose Machinery	99.6	99.4	98.9	98.9	99.0	99.0
专用设备制造业	Manufacture of Special Purpose Machinery	100.1	99.9	99.7	99.4	99.2	98.9
汽车制造业	Manufacture of Motor Vehicles	97.1	97.2	97.2	97.2	97.1	98.4
铁路、船舶、航空航天和其他运输设备制造业	Manufacture of Railway, Ship, Aviation and Other Transporting Equipment	99.2	99.3	99.1	99.2	99.2	99.7
电气机械和器材制造业	Manufacture of Electrical Machinery and Equipment	99.5	98.5	98.7	99.3	99.1	99.1
计算机、通信和其他电子设备制造业	Manufacture of Communication Equipment, Computers and Other Electronic Equipment	98.3	98.4	98.1	97.7	96.8	98.1
仪器仪表制造业	Manufacture of Instrument and Apparatus	99.5	99.7	99.1	99.2	98.9	98.5
其他制造业	Other Manufacture	98.0	98.9	99.0	99.5	99.9	100.5
废弃资源综合利用业	Comprehensive Utilization of Waste Resources	92.2	90.4	90.6	79.1	79.0	79.5
金属制品、机械和设备修理业	Repair Services of Metal Products, Machinery and E-quipment	98.6	98.4	98.8	98.4	97.9	97.3
电力、热力生产和供应业	Production and Supply of Electric Power and Heat Power	99.4	99.4	99.4	99.3	98.7	96.2
燃气生产和供应业	Production and Supply of Gas	103.9	104.1	103.9	103.9	103.8	104.4
水的生产和供应业	Production and Supply of Water	101.2	101.1	101.1	101.1	101.1	101.1

3-18 工业生产者出厂价格分类分月指数（2015 年）
Producer Price Indices （PPI） by Sector & Month （2015）

续表（continued） 上年同期=100

类 别	Item	7 月 July	8 月 August	9 月 September	10 月 October	11 月 November	12 月 December
总指数	**General Index**	**97.3**	**97.0**	**96.8**	**96.6**	**96.4**	**96.3**
煤炭开采和洗选业	Mining and Washing of Coal	92.2	92.8	92.1	91.6	90.3	89.3
石油和天然气开采业	Extraction of Petroleum and Natural Gas	95.0	95.0	93.0	90.0	90.0	94.2
黑色金属矿采选业	Mining and Processing of Ferrous Metal Ores	89.2	88.2	85.2	85.1	83.6	82.6
有色金属矿采选业	Mining and Processing of Non–Ferrous Metal Ores	96.1	94.8	94.9	94.8	95.2	95.0
非金属矿采选业	Mining and Processing of Nonmetal Ores	99.5	99.1	98.9	98.3	98.4	97.2
农副食品加工业	Processing of Food from Agricultural Products	99.1	99.2	99.0	99.0	98.3	98.8
食品制造业	Processing of Foodstuff	100.7	100.5	100.6	100.4	101.1	101.3
酒、饮料和精制茶制造业	Manufacture of Liquor, Beverages and Refined Tea	98.5	97.6	96.6	96.4	97.3	98.4
烟草制品业	Manufacture of Tobacco	100.0	100.0	100.0	100.0	99.8	99.8
纺织业	Manufacture of Textile	96.3	96.2	96.1	96.3	96.1	96.4
纺织服装、服饰业	Manufacture of Textile Wearing Apparel, and Dress Adornment	98.6	98.9	98.5	98.6	98.7	98.8
皮革、毛皮、羽毛及其制品和制鞋业	Manufacture of Leather, Fur, Feather Related Products and Footware	99.3	99.4	99.6	99.1	98.7	98.4
木材加工及木、竹、藤、棕、草制品业	Processing of Timber, Manufacture of Wood, Bamboo, Rattan, Palm and Straw Products	95.9	96.1	95.8	95.2	95.2	95.3
家具制造业	Manufacture of Furniture	101.8	102.4	102.1	102.2	102.6	103.1
造纸和纸制品业	Manufacture of Paper and Paper Products	98.2	98.0	98.3	97.8	98.4	98.2
印刷和记录媒介复制业	Printing, Reproduction of Recording Media	97.8	97.9	97.6	97.5	97.8	97.4
文教、工美、体育和娱乐用品制造业	Manufacture of Culture, Education, Handicraft, Fine Arts, Sports and Entertainment Articles	100.5	100.5	101.0	100.9	99.2	100.0
石油加工、炼焦和核燃料加工业	Processing of Petroleum, Coking, Processing of Nucle-ar Fuel	94.4	94.4	93.1	92.4	92.2	90.2
化学原料和化学制品制造业	Manufacture of Raw Chemical Materials and Chemical Products	98.3	98.0	97.2	97.0	96.8	96.7
医药制造业	Manufacture of Medicines	102.0	101.8	101.1	101.1	100.9	100.3
化学纤维制造业	Manufacture of Chemical Fibers	85.3	85.0	80.7	78.5	80.1	79.1
橡胶和塑料制品业	Manufacture of Rubber and Plastics	97.7	97.3	97.2	96.8	96.2	96.1
非金属矿物制品业	Manufacture of Non–metallic Mineral Products	96.1	95.9	95.5	95.4	95.5	96.1
黑色金属冶炼和压延加工业	Smelting and Pressing of Ferrous Metals	84.2	83.8	83.7	83.2	83.7	83.9
有色金属冶炼和压延加工业	Smelting and Pressing of Non–ferrous Metals	95.0	93.1	91.4	89.9	89.0	87.6
金属制品业	Manufacture of Metal Products	98.2	97.8	97.6	97.4	97.2	97.1
通用设备制造业	Manufacture of General Purpose Machinery	98.9	98.7	98.7	98.7	98.6	98.5
专用设备制造业	Manufacture of Special Purpose Machinery	98.7	98.5	98.5	98.2	98.0	97.8
汽车制造业	Manufacture of Motor Vehicles	98.4	98.4	98.5	98.5	98.4	98.5
铁路、船舶、航空航天和其他运输设备制造业	Manufacture of Railway, Ship, Aviation and Other Transporting Equipment	99.6	99.4	99.2	98.8	98.8	98.6
电气机械和器材制造业	Manufacture of Electrical Machinery and Equipment	99.0	98.6	98.6	98.6	98.2	97.9
计算机、通信和其他电子设备制造业	Manufacture of Communication Equipment, Computers and Other Electronic Equipment	97.2	97.1	98.0	97.0	97.0	96.8
仪器仪表制造业	Manufacture of Instrument and Apparatus	97.5	97.4	97.2	96.8	97.7	99.1
其他制造业	Other Manufacture	100.3	100.1	101.0	100.9	101.1	101.1
废弃资源综合利用业	Comprehensive Utilization of Waste Resources	78.3	77.2	74.5	74.6	75.6	75.0
金属制品、机械和设备修理业	Repair Services of Metal Products, Machinery and E-quipment	97.0	97.0	98.3	97.4	97.8	98.1
电力、热力生产和供应业	Production and Supply of Electric Power and Heat Power	96.4	96.3	96.5	96.7	96.6	96.6
燃气生产和供应业	Production and Supply of Gas	104.4	104.4	102.9	102.1	101.8	98.1
水的生产和供应业	Production and Supply of Water	100.5	100.5	100.4	100.5	100.1	100.0

3-18 工业生产者出厂价格分类分月指数（2016 年）
Producer Price Indices (PPI) by Sector & Month (2016)

上年同期=100

类别	Item	1月 January	2月 February	3月 March	4月 April	5月 May	6月 June
总指数	**General Index**	**96.4**	**96.3**	**96.8**	**97.2**	**97.6**	**98.2**
煤炭开采和洗选业	Mining and Washing of Coal	89.1	87.4	88.0	89.8	90.4	91.3
石油和天然气开采业	Extraction of Petroleum and Natural Gas	97.1	96.6	96.8	96.8	96.5	96.6
黑色金属矿采选业	Mining and Processing of Ferrous Metal Ores	83.4	86.2	86.2	88.4	89.8	90.3
有色金属矿采选业	Mining and Processing of Non-Ferrous Metal Ores	93.9	94.8	96.4	95.9	95.8	99.9
非金属矿采选业	Mining and Processing of Nonmetal Ores	98.1	98.4	100.3	100.3	99.5	99.6
农副食品加工业	Processing of Food from Agricultural Products	99.9	99.9	100.5	100.6	100.5	101.0
食品制造业	Processing of Foodstuff	100.7	100.8	100.9	100.8	100.5	100.6
酒、饮料和精制茶制造业	Manufacture of Liquor, Beverages and Refined Tea	98.5	98.2	99.1	98.8	98.6	98.4
烟草制品业	Manufacture of Tobacco	99.9	100.0	100.1	99.9	99.7	99.8
纺织业	Manufacture of Textile	96.1	96.3	96.4	96.5	97.0	97.6
纺织服装、服饰业	Manufacture of Textile Wearing Apparel, and Dress Adornment	95.9	95.6	96.8	97.1	97.4	97.6
皮革、毛皮、羽毛及其制品和制鞋业	Manufacture of Leather, Fur, Feather Related Products and Footware	99.0	99.1	99.4	99.4	99.7	100.1
木材加工及木、竹、藤、棕、草制品业	Processing of Timber, Manufacture of Wood, Bamboo, Rattan, Palm and Straw Products	99.8	99.8	100.0	99.4	99.4	99.3
家具制造业	Manufacture of Furniture	100.5	100.8	101.8	101.1	101.7	101.9
造纸和纸制品业	Manufacture of Paper and Paper Products	98.3	98.3	98.6	98.8	98.5	98.7
印刷和记录媒介复制业	Printing, Reproduction of Recording Media	96.7	96.8	99.5	99.8	99.8	99.6
文教、工美、体育和娱乐用品制造业	Manufacture of Culture, Education, Handicraft, Fine Arts, Sports and Entertainment Articles	99.8	102.7	105.4	106.2	107.7	108.2
石油加工、炼焦和核燃料加工业	Processing of Petroleum, Coking, Processing of Nucle-ar Fuel	93.8	93.2	92.6	93.6	94.6	95.2
化学原料和化学制品制造业	Manufacture of Raw Chemical Materials and Chemical Products	96.6	96.3	97.2	97.8	97.5	97.1
医药制造业	Manufacture of Medicines	99.6	99.9	100.2	99.9	99.9	99.8
化学纤维制造业	Manufacture of Chemical Fibers	79.4	79.8	81.8	82.3	82.7	82.7
橡胶和塑料制品业	Manufacture of Rubber and Plastics	96.7	97.2	97.3	97.3	97.0	97.6
非金属矿物制品业	Manufacture of Non-metallic Mineral Products	96.2	96.1	96.1	96.5	97.3	97.8
黑色金属冶炼和压延加工业	Smelting and Pressing of Ferrous Metals	82.8	84.2	87.7	95.5	96.7	96.9
有色金属冶炼和压延加工业	Smelting and Pressing of Non-ferrous Metals	89.4	90.0	91.6	92.8	94.4	96.5
金属制品业	Manufacture of Metal Products	95.6	95.7	96.0	96.8	97.5	97.7
通用设备制造业	Manufacture of General Purpose Machinery	98.3	98.4	98.7	98.6	98.4	98.6
专用设备制造业	Manufacture of Special Purpose Machinery	94.0	94.4	94.6	94.9	95.0	95.7
汽车制造业	Manufacture of Motor Vehicles	98.7	98.7	98.8	98.5	98.6	99.1
铁路、船舶、航空航天和其他运输设备制造业	Manufacture of Railway, Ship, Aviation and Other Transporting Equipment	97.6	97.6	97.7	97.6	97.7	98.3
电气机械和器材制造业	Manufacture of Electrical Machinery and Equipment	98.3	98.5	98.5	98.2	98.0	98.2
计算机、通信和其他电子设备制造业	Manufacture of Communication Equipment, Computers and Other Electronic Equipment	96.6	95.6	96.3	96.1	97.6	98.2
仪器仪表制造业	Manufacture of Instrument and Apparatus	99.0	97.7	99.1	98.9	99.9	100.9
其他制造业	Other Manufacture	98.6	98.9	98.3	97.8	96.3	96.4
废弃资源综合利用业	Comprehensive Utilization of Waste Resources	75.7	77.4	82.0	97.4	99.8	96.7
金属制品、机械和设备修理业	Repair Services of Metal Products, Machinery and E-quipment	75.1	78.3	76.1	79.1	77.4	80.3
电力、热力生产和供应业	Production and Supply of Electric Power and Heat Power	96.1	95.4	95.2	94.5	94.7	97.3
燃气生产和供应业	Production and Supply of Gas	94.3	90.7	90.8	90.6	90.5	90.0
水的生产和供应业	Production and Supply of Water	100.1	100.2	100.3	100.1	100.1	100.1

3-18 工业生产者出厂价格分类分月指数（2016 年）
Producer Price Indices （PPI） by Sector & Month（2016）

续表（continued） 上年同期=100

类 别	Item	7 月 July	8 月 August	9 月 September	10 月 October	11 月 November	12 月 December
总指数	General Index	98.7	99.0	99.4	100.2	101.1	102.4
煤炭开采和洗选业	Mining and Washing of Coal	92.0	94.0	97.4	103.8	109.7	116.7
石油和天然气开采业	Extraction of Petroleum and Natural Gas	96.5	96.3	98.7	101.5	101.5	101.6
黑色金属矿采选业	Mining and Processing of Ferrous Metal Ores	90.8	90.7	94.2	95.4	98.2	106.8
有色金属矿采选业	Mining and Processing of Non-Ferrous Metal Ores	103.5	106.4	106.9	107.9	110.6	111.0
非金属矿采选业	Mining and Processing of Nonmetal Ores	99.8	99.2	99.4	99.2	98.7	100.1
农副食品加工业	Processing of Food from Agricultural Products	101.0	100.8	101.4	101.4	102.0	103.4
食品制造业	Processing of Foodstuff	100.4	100.2	100.4	100.5	99.9	100.0
酒、饮料和精制茶制造业	Manufacture of Liquor, Beverages and Refined Tea	98.3	98.6	100.1	100.0	100.5	100.6
烟草制品业	Manufacture of Tobacco	99.6	99.5	99.8	99.7	99.9	100.0
纺织业	Manufacture of Textile	98.1	98.7	99.5	99.7	100.8	101.4
纺织服装、服饰业	Manufacture of Textile Wearing Apparel, and Dress Adornment	98.1	98.1	98.5	99.3	99.4	99.5
皮革、毛皮、羽毛及其制品和制鞋业	Manufacture of Leather, Fur, Feather Related Products and Footware	99.9	99.9	100.4	101.0	101.4	101.4
木材加工及木、竹、藤、棕、草制品业	Processing of Timber, Manufacture of Wood, Bamboo, Rattan, Palm and Straw Products	99.1	98.6	99.1	98.8	99.0	99.1
家具制造业	Manufacture of Furniture	102.7	103.1	104.0	105.5	106.8	107.6
造纸和纸制品业	Manufacture of Paper and Paper Products	98.4	98.8	99.2	99.3	100.1	105.9
印刷和记录媒介复制业	Printing, Reproduction of Recording Media	99.5	99.4	99.7	99.7	100.4	100.5
文教、工美、体育和娱乐用品制造业	Manufacture of Culture, Education, Handicraft, Fine Arts, Sports and Entertainment Articles	111.2	111.2	110.8	109.9	110.8	105.6
石油加工、炼焦和核燃料加工业	Processing of Petroleum, Coking, Processing of Nucle-ar Fuel	95.6	96.8	98.4	98.5	99.9	101.4
化学原料和化学制品制造业	Manufacture of Raw Chemical Materials and Chemical Products	97.5	97.1	97.7	98.8	99.8	101.7
医药制造业	Manufacture of Medicines	99.6	99.7	100.3	100.1	100.3	100.6
化学纤维制造业	Manufacture of Chemical Fibers	88.7	90.3	94.1	97.0	98.0	101.6
橡胶和塑料制品业	Manufacture of Rubber and Plastics	97.0	96.9	97.3	97.6	98.5	99.2
非金属矿物制品业	Manufacture of Non-metallic Mineral Products	98.1	97.8	99.0	101.6	103.8	105.4
黑色金属冶炼和压延加工业	Smelting and Pressing of Ferrous Metals	99.3	102.9	103.3	107.1	111.5	118.9
有色金属冶炼和压延加工业	Smelting and Pressing of Non-ferrous Metals	98.6	100.0	101.2	104.2	109.8	113.2
金属制品业	Manufacture of Metal Products	98.4	98.7	99.4	100.0	101.1	102.2
通用设备制造业	Manufacture of General Purpose Machinery	98.7	98.8	99.1	99.2	99.4	99.9
专用设备制造业	Manufacture of Special Purpose Machinery	96.0	96.3	96.7	97.8	98.1	98.6
汽车制造业	Manufacture of Motor Vehicles	99.2	99.2	99.4	99.4	99.6	99.7
铁路、船舶、航空航天和其他运输设备制造业	Manufacture of Railway, Ship, Aviation and Other Transporting Equipment	98.3	98.4	98.8	99.1	99.2	99.7
电气机械和器材制造业	Manufacture of Electrical Machinery and Equipment	98.3	98.5	98.8	98.8	99.5	100.3
计算机、通信和其他电子设备制造业	Manufacture of Communication Equipment, Computers and Other Electronic Equipment	99.7	99.9	99.4	100.1	100.6	101.8
仪器仪表制造业	Manufacture of Instrument and Apparatus	102.4	103.2	104.3	105.3	104.5	103.5
其他制造业	Other Manufacture	96.5	96.3	95.5	94.8	94.8	97.2
废弃资源综合利用业	Comprehensive Utilization of Waste Resources	96.7	99.0	108.0	109.7	113.3	119.3
金属制品、机械和设备修理业	Repair Services of Metal Products, Machinery and E-quipment	82.6	84.5	92.8	94.8	94.8	100.6
电力、热力生产和供应业	Production and Supply of Electric Power and Heat Power	97.0	96.8	97.5	97.2	97.4	97.3
燃气生产和供应业	Production and Supply of Gas	89.9	89.8	90.0	89.9	89.9	93.3
水的生产和供应业	Production and Supply of Water	100.0	100.3	100.5	100.4	100.4	100.5

3-18 工业生产者出厂价格分类分月指数（2017 年）
Producer Price Indices （PPI） by Sector & Month（2017）

上年同期=100

类 别	Item	1月 January	2月 February	3月 March	4月 April	5月 May	6月 June
总指数	**General Index**	**103.4**	**104.3**	**104.5**	**104.6**	**104.1**	**103.9**
煤炭开采和洗选业	Mining and Washing of Coal	120.7	125.2	130.3	128.0	127.6	128.4
石油和天然气开采业	Extraction of Petroleum and Natural Gas	99.1	99.6	99.6	99.4	99.6	99.6
黑色金属矿采选业	Mining and Processing of Ferrous Metal Ores	110.0	109.4	109.7	110.6	110.1	109.7
有色金属矿采选业	Mining and Processing of Non–Ferrous Metal Ores	112.4	111.7	111.0	110.7	112.3	109.4
非金属矿采选业	Mining and Processing of Nonmetal Ores	101.3	102.2	102.1	103.7	105.4	106.2
农副食品加工业	Processing of Food from Agricultural Products	103.3	103.0	104.0	103.1	102.7	102.2
食品制造业	Processing of Foodstuff	100.2	100.8	100.9	100.7	100.8	100.9
酒、饮料和精制茶制造业	Manufacture of Liquor, Beverages and Refined Tea	101.2	101.7	102.2	102.6	103.3	103.0
烟草制品业	Manufacture of Tobacco	99.8	99.8	99.8	99.8	100.0	100.0
纺织业	Manufacture of Textile	102.3	102.8	103.0	103.0	103.2	103.0
纺织服装、服饰业	Manufacture of Textile Wearing Apparel, and Dress Adornment	102.2	102.8	102.3	102.3	102.2	101.9
皮革、毛皮、羽毛及其制品和制鞋业	Manufacture of Leather, Fur, Feather Related Products and Footware	101.3	101.2	101.1	100.1	99.9	99.8
木材加工及木、竹、藤、棕、草制品业	Processing of Timber, Manufacture of Wood, Bamboo, Rattan, Palm and Straw Products	98.8	98.5	98.2	98.7	98.9	99.2
家具制造业	Manufacture of Furniture	108.8	108.8	107.8	107.9	106.8	106.4
造纸和纸制品业	Manufacture of Paper and Paper Products	108.1	108.9	108.4	106.3	106.7	109.4
印刷和记录媒介复制业	Printing, Reproduction of Recording Media	101.3	101.9	102.0	102.0	102.0	102.8
文教、工美、体育和娱乐用品制造业	Manufacture of Culture, Education, Handicraft, Fine Arts, Sports and Entertainment Articles	106.8	105.0	103.9	104.2	103.8	105.4
石油加工、炼焦和核燃料加工业	Processing of Petroleum, Coking, Processing of Nucle-ar Fuel	103.0	102.4	107.6	107.3	103.7	104.6
化学原料和化学制品制造业	Manufacture of Raw Chemical Materials and Chemical Products	103.3	104.5	105.2	104.6	104.3	103.3
医药制造业	Manufacture of Medicines	100.9	101.4	101.6	101.6	101.6	101.6
化学纤维制造业	Manufacture of Chemical Fibers	102.1	101.9	101.1	101.6	101.9	104.0
橡胶和塑料制品业	Manufacture of Rubber and Plastics	99.9	100.3	100.9	101.5	101.0	100.5
非金属矿物制品业	Manufacture of Non–metallic Mineral Products	106.6	108.4	109.3	109.7	109.1	108.9
黑色金属冶炼和压延加工业	Smelting and Pressing of Ferrous Metals	121.4	128.4	126.2	120.9	117.7	118.8
有色金属冶炼和压延加工业	Smelting and Pressing of Non–ferrous Metals	112.6	113.5	113.3	112.6	110.7	108.3
金属制品业	Manufacture of Metal Products	102.7	103.4	103.8	103.2	102.9	103.4
通用设备制造业	Manufacture of General Purpose Machinery	100.5	101.0	101.3	101.5	101.4	101.2
专用设备制造业	Manufacture of Special Purpose Machinery	99.9	99.8	100.3	100.3	100.4	100.3
汽车制造业	Manufacture of Motor Vehicles	100.6	100.1	100.1	100.2	100.1	99.9
铁路、船舶、航空航天和其他运输设备制造业	Manufacture of Railway, Ship, Aviation and Other Transporting Equipment	100.4	100.6	100.8	100.8	100.9	100.9
电气机械和器材制造业	Manufacture of Electrical Machinery and Equipment	100.6	101.1	102.1	102.1	102.1	101.8
计算机、通信和其他电子设备制造业	Manufacture of Communication Equipment, Computers and Other Electronic Equipment	103.3	105.0	104.5	106.8	105.6	105.4
仪器仪表制造业	Manufacture of Instrument and Apparatus	103.8	105.4	105.0	104.8	104.7	104.5
其他制造业	Other Manufacture	98.0	100.6	102.5	103.7	105.9	106.8
废弃资源综合利用业	Comprehensive Utilization of Waste Resources	121.9	138.3	130.9	124.0	118.0	124.6
金属制品、机械和设备修理业	Repair Services of Metal Products, Machinery and E-quipment	101.8	101.7	102.0	102.2	102.2	101.7
电力、热力生产和供应业	Production and Supply of Electric Power and Heat Power	97.7	98.5	99.0	99.6	99.7	100.1
燃气生产和供应业	Production and Supply of Gas	96.7	100.3	100.3	100.3	100.3	100.5
水的生产和供应业	Production and Supply of Water	100.4	100.5	100.5	100.5	100.5	100.7

3-18 工业生产者出厂价格分类分月指数（2017 年）
Producer Price Indices （PPI） by Sector & Month （2017）

续表（continued）

上年同期=100

类 别	Item	7 月 July	8 月 August	9 月 September	10 月 October	11 月 November	12 月 December
总指数	General Index	104.0	104.3	104.7	104.5	104.1	103.5
煤炭开采和洗选业	Mining and Washing of Coal	127.8	126.2	125.2	118.5	114.4	109.5
石油和天然气开采业	Extraction of Petroleum and Natural Gas	99.6	101.3	101.3	101.7	101.7	101.7
黑色金属矿采选业	Mining and Processing of Ferrous Metal Ores	109.0	109.5	107.8	108.3	107.4	100.4
有色金属矿采选业	Mining and Processing of Non-Ferrous Metal Ores	104.9	104.1	104.8	104.6	104.4	104.7
非金属矿采选业	Mining and Processing of Nonmetal Ores	105.9	106.1	106.3	107.1	107.7	108.5
农副食品加工业	Processing of Food from Agricultural Products	102.0	102.0	101.9	101.8	101.6	100.3
食品制造业	Processing of Foodstuff	101.1	101.0	101.3	101.3	101.2	101.1
酒、饮料和精制茶制造业	Manufacture of Liquor, Beverages and Refined Tea	103.2	103.3	103.3	103.5	103.5	103.5
烟草制品业	Manufacture of Tobacco	100.0	100.0	100.0	100.0	100.0	100.0
纺织业	Manufacture of Textile	103.1	103.3	103.2	103.6	103.3	102.7
纺织服装、服饰业	Manufacture of Textile Wearing Apparel, and Dress Adornment	101.7	102.3	102.3	101.5	101.4	101.5
皮革、毛皮、羽毛及其制品和制鞋业	Manufacture of Leather, Fur, Feather Related Products and Footware	99.9	100.1	99.9	99.3	99.5	99.7
木材加工及木、竹、藤、棕、草制品业	Processing of Timber, Manufacture of Wood, Bamboo, Rattan, Palm and Straw Products	99.3	99.0	98.5	98.7	98.5	98.5
家具制造业	Manufacture of Furniture	106.4	106.7	107.1	105.9	104.7	106.2
造纸和纸制品业	Manufacture of Paper and Paper Products	112.7	116.3	125.1	128.3	123.8	115.8
印刷和记录媒介复制业	Printing, Reproduction of Recording Media	102.8	102.9	103.1	102.4	101.9	102.0
文教、工美、体育和娱乐用品制造业	Manufacture of Culture, Education, Handicraft, Fine Arts, Sports and Entertainment Articles	101.0	101.5	103.8	104.3	104.1	106.4
石油加工、炼焦和核燃料加工业	Processing of Petroleum, Coking, Processing of Nuclear Fuel	105.1	104.5	103.8	104.6	109.3	108.9
化学原料和化学制品制造业	Manufacture of Raw Chemical Materials and Chemical Products	102.6	103.7	106.2	106.9	107.9	108.0
医药制造业	Manufacture of Medicines	102.5	102.8	103.2	103.2	103.3	103.2
化学纤维制造业	Manufacture of Chemical Fibers	105.2	104.8	104.6	102.8	100.0	97.8
橡胶和塑料制品业	Manufacture of Rubber and Plastics	101.1	101.3	101.7	101.9	101.1	100.9
非金属矿物制品业	Manufacture of Non-metallic Mineral Products	109.2	110.4	111.3	109.8	109.2	111.5
黑色金属冶炼和压延加工业	Smelting and Pressing of Ferrous Metals	119.3	122.3	124.5	123.6	120.9	115.4
有色金属冶炼和压延加工业	Smelting and Pressing of Non-ferrous Metals	108.0	110.7	114.4	114.6	110.8	107.6
金属制品业	Manufacture of Metal Products	103.2	103.7	103.9	104.2	104.2	104.6
通用设备制造业	Manufacture of General Purpose Machinery	101.2	101.1	101.4	101.5	101.6	101.7
专用设备制造业	Manufacture of Special Purpose Machinery	100.4	100.5	100.7	100.6	100.4	100.5
汽车制造业	Manufacture of Motor Vehicles	99.9	100.0	100.1	100.4	100.3	100.3
铁路、船舶、航空航天和其他运输设备制造业	Manufacture of Railway, Ship, Aviation and Other Transporting Equipment	101.0	101.0	101.1	101.1	101.4	101.5
电气机械和器材制造业	Manufacture of Electrical Machinery and Equipment	101.8	101.9	102.3	102.7	102.5	102.2
计算机、通信和其他电子设备制造业	Manufacture of Communication Equipment, Computers and Other Electronic Equipment	105.4	104.4	103.1	102.4	102.1	101.3
仪器仪表制造业	Manufacture of Instrument and Apparatus	104.4	103.9	103.7	103.4	103.1	103.0
其他制造业	Other Manufacture	107.9	108.5	109.3	109.9	110.1	107.7
废弃资源综合利用业	Comprehensive Utilization of Waste Resources	126.9	127.0	150.4	150.3	145.5	146.2
金属制品、机械和设备修理业	Repair Services of Metal Products, Machinery and Equipment	102.6	103.5	104.1	104.3	104.4	103.9
电力、热力生产和供应业	Production and Supply of Electric Power and Heat Power	100.4	100.6	99.6	99.9	99.9	100.0
燃气生产和供应业	Production and Supply of Gas	100.8	100.8	100.8	99.3	99.3	99.1
水的生产和供应业	Production and Supply of Water	100.7	100.5	100.5	100.5	100.5	100.5

3-19 全国各地区工业生产者出厂价格指数（2001-2017 年）
Producer Price Indices（PPI）by Region of the Nation（2001-2017）

上年=100

地　区	Region	2001 年	2002 年	2003 年	2004 年	2005 年	2006 年	2007 年	2008 年
全　国	National Total	98.7	97.7	102.4	106.1	104.9	103.0	103.0	106.9
东部地区	Eastern Region								
北　京	Beijing	99.4	96.6	101.5	103.0	101.3	99.0	99.6	103.3
天　津	Tianjin	95.8	95.4	102.5	104.1	100.1	100.6	101.2	104.1
河　北	Hebei	99.8	99.4	107.1	111.6	104.4	100.8	106.7	116.7
辽　宁	Liaoning	100.5	97.8	103.6	107.1	105.1	104.1	104.3	110.9
上　海	Shanghai	96.8	96.4	101.4	103.6	101.7	100.6	101.1	102.2
江　苏	Jiangsu	99.1	97.6	102.1	106.5	102.6	101.5	102.6	104.6
浙　江	Zhejiang	98.3	96.9	100.8	104.9	102.3	103.8	102.4	104.3
福　建	Fujian	98.1	97.2	100.7	102.6	100.2	99.2	100.8	102.7
山　东	Shandong	99.2	98.7	103.5	106.4	103.7	102.3	103.1	108.6
广　东	Guangdong	98.5	96.4	99.3	101.7	101.5	101.4	101.3	103.1
海　南	Hainan		98.7	99.2	100.0	99.4	100.8	102.6	104.5
中部地区	Central Region								
山　西	Shanxi	100.3	102.5	112.2	116.1	110.2	101.0	107.4	122.4
吉　林	Jilin	100.3	98.6	102.5	105.0	104.3	101.7	102.5	104.9
黑龙江	Heilongjiang	96.0	98.8	111.9	113.1	116.7	109.9	104.4	114.0
安　徽	Anhui	98.6	99.8	103.5	108.1	103.3	103.1	103.6	108.4
江　西	Jiangxi	98.1	98.5	104.0	109.7	108.8	109.7	106.1	106.4
河　南	Henan	100.5	98.6	105.0	110.2	106.1	104.3	105.1	112.1
湖　北	Hubei	98.9	98.2	103.5	105.6	104.5	102.9	103.8	106.1
湖　南	Hunan	99.7	99.5	102.6	108.0	106.0	104.3	106.0	109.3
西部地区	Western Region								
重　庆	Chongqing	97.8	97.6	100.6	103.3	103.0	102.2	103.5	105.8
四　川	Sichuan	99.3	97.7	100.5	105.4	104.0	101.9	103.9	109.3
贵　州	Guizhou	101.8	99.3	103.4	108.0	107.2	104.3	104.8	112.4
云　南	Yunnan	99.6	98.2	101.4	108.8	104.5	104.6	105.7	105.8
西　藏	Tibet								105.6
陕　西	Shaanxi	100.4	100.6	105.6	107.5	110.4	109.6	102.8	108.4
甘　肃	Gansu	98.5	97.9	110.0	114.3	109.6	109.8	105.2	104.9
青　海	Qinghai	93.7	97.6	105.9	111.2	110.2	110.0	103.9	107.6
宁　夏	Ningxia	100.3	99.7	105.4	109.7	106.2	106.2	103.6	112.9
新　疆	Xinjiang	96.3	97.4	115.1	116.4	116.6	114.4	105.4	116.4
内蒙古	Inner Mongolia	101.1	99.3	103.2	105.1	105.1	103.0	105.6	112.5
广　西	Guangxi	106.5	95.6	102.8	109.7	104.9	109.7	104.5	109.0

3–19 全国各地区工业生产者出厂价格指数（2001–2017 年）
Producer Price Indices（PPI）by Region of the Nation（2001–2017）

续表（continued） 上年=100

地 区	Region	2009 年	2010 年	2011 年	2012 年	2013 年	2014 年	2015 年	2016 年	2017 年
全 国	National Total	94.6	105.5	106.0	98.3	98.1	98.1	94.8	98.6	106.3
东部地区	Eastern Region									
北 京	Beijing	94.4	102.2	102.3	98.4	97.4	99.1	96.9	98.1	100.7
天 津	Tianjin	92.5	105.1	103.8	97.0	97.0	96.3	90.3	97.9	108.4
河 北	Hebei	89.1	109.0	107.7	94.7	96.6	95.2	89.1	99.9	115.0
辽 宁	Liaoning	94.0	107.4	106.5	99.9	99.0	98.2	93.9	98.8	108.1
上 海	Shanghai	93.8	102.3	102.9	98.4	98.2	98.9	96.1	98.8	103.5
江 苏	Jiangsu	95.2	107.3	106.2	97.1	98.0	98.3	95.3	98.1	104.8
浙 江	Zhejiang	94.9	106.2	105.0	97.3	98.2	98.8	96.4	98.3	104.8
福 建	Fujian	95.5	103.2	103.9	98.7	98.4	98.6	97.0	99.1	104.1
山 东	Shandong	94.1	107.1	106.0	98.4	98.4	98.4	95.2	98.5	105.5
广 东	Guangdong	95.8	103.2	103.7	99.5	98.8	98.9	96.8	99.4	103.3
海 南	Hainan	90.6	107.7	108.8	100.8	99.5	97.6	89.8	96.0	108.8
中部地区	Central Region									
山 西	Shanxi	92.0	109.5	107.5	94.5	90.7	91.4	87.7	96.8	119.4
吉 林	Jilin	96.1	105.2	105.4	99.1	98.7	99.1	95.3	98.4	103.1
黑龙江	Heilongjiang	87.4	115.0	112.0	100.0	98.0	97.1	86.0	95.1	109.3
安 徽	Anhui	92.8	109.0	108.3	98.3	98.2	97.4	93.9	98.5	108.0
江 西	Jiangxi	93.0	115.2	111.3	96.5	98.5	97.8	93.7	98.6	107.9
河 南	Henan	94.9	107.8	107.2	99.4	98.5	98.1	95.4	99.0	106.8
湖 北	Hubei	95.6	104.9	106.6	100.3	99.2	98.4	96.7	99.0	105.6
湖 南	Hunan	94.3	106.9	108.5	99.1	98.5	98.4	96.3	98.9	105.8
西部地区	Western Region									
重 庆	Chongqing	95.5	103.1	103.8	99.9	98.0	98.3	97.2	98.6	104.1
四 川	Sichuan	96.5	105.0	107.3	98.6	98.7	98.7	96.4	98.9	106.5
贵 州	Guizhou	95.1	104.7	105.4	101.0	97.4	98.3	96.1	97.9	107.2
云 南	Yunnan	91.5	108.8	104.7	97.9	97.5	97.8	94.9	97.6	105.2
西 藏	Tibet	98.2	105.8	104.3	99.7	99.8	99.0	93.2	102.9	110.0
陕 西	Shaanxi	96.1	108.7	107.2	100.7	97.3	97.1	90.8	97.6	110.8
甘 肃	Gansu	91.0	115.0	111.0	96.8	96.9	96.7	87.0	94.9	114.5
青 海	Qinghai	91.3	109.3	107.4	96.9	97.0	96.1	93.1	98.5	116.7
宁 夏	Ningxia	93.9	109.1	109.5	97.4	96.0	96.3	93.7	99.1	112.1
新 疆	Xinjiang	85.5	125.2	114.8	96.9	96.5	96.2	82.4	94.5	113.7
内蒙古	Inner Mongolia	96.2	106.7	107.8	100.2	97.0	97.3	94.0	98.9	110.6
广 西	Guangxi	93.5	112.0	108.5	97.8	98.2	98.4	97.0	99.1	107.6

3-20 工业生产者购进价格主要分组指数（2000-2017 年）
Purchasing Price Indices for Industrial Producers by Main Classification（2000-2017）

上年=100

项目名称	Item	2000 年	2001 年	2002 年	2003 年	2004 年	2005 年	2006 年	2007 年	2008 年
总指数	**General Index**	**105.6**	**99.7**	**99.1**	**104.9**	**113.0**	**108.2**	**104.8**	**106.2**	**112.2**
燃料、动力类	Fuel and Power	101.8	102.3	102.0	103.6	109.4	113.8	106.8	104.9	116.1
黑色金属材料类	Ferrous Metals	104.4	98.6	97.5	109.3	125.1	110.8	97.5	106.1	121.4
钢材	Rolled Steel	105.4	98.9	98.2	107.2	122.6	110.5	96.5	105.3	121.2
其它	Others			97.3	111.8	128.1	111.1	99.9	107.6	121.8
有色金属材料及电线类	Nonferrous Metals and Electric Wires	118.8	93.9	96.5	106.8	128.4	109.5	127.9	109.3	95.6
化工原料类	Raw Chemical Materials	105.3	101.3	97.5	104.5	111.1	109.6	103.9	104.3	106.7
木材及纸浆类	Timber and Paper Pulp		100.3	99.1	100.5	104.6	101.8	103.5	103.7	107.8
建筑材料及非金属矿类	Building Materials and Non-metal Ore	101.0	97.1	98.7	101.2	102.3	110.2	99.4	105.3	122.3
其它工业原材料及半成品类	Other Industrial Raw Materials and Semi-finished Products	103.0	98.6	100.1	102.0	104.5	100.6	102.1	107.8	112.3
农副产品类	Agricultural Produces	104.1	102.0	97.4	108.1	116.3	102.4	104.4	109.3	113.1
纺织原料类	Textile Materials	108.0	102.5	94.2	100.7	101.9	105.7	104.3	105.2	102.9

3-20 工业生产者购进价格主要分组指数（2000-2017 年）
Purchasing Price Indices for Industrial Producers by Main Classification（2000-2017）

续表（continued）

上年=100

项目名称	Item	2009 年	2010 年	2011 年	2012 年	2013 年	2014 年	2015 年	2016 年	2017 年
总指数	**General Index**	**95.0**	**106.9**	**105.7**	**99.5**	**97.6**	**98.1**	**97.1**	**98.4**	**104.4**
燃料、动力类	Fuel and Power	100.5	108.7	107.2	102.2	98.0	98.2	96.8	97.6	105.6
黑色金属材料类	Ferrous Metals	86.3	107.1	107.3	96.1	94.6	94.9	90.5	97.1	107.6
钢材	Rolled Steel	85.4	104.1	105.5	96.4	96.3	96.4	93.1	98.4	108.0
其它	Others	89.6	111.3	110.6	95.5	91.2	92.1	85.7	91.7	106.1
有色金属材料及电线类	Nonferrous Metals and Electric Wires	84.7	116.4	107.0	96.4	95.9	96.7	95.4	97.5	110.2
化工原料类	Raw Chemical Materials	89.6	108.6	108.0	98.1	97.4	98.6	96.1	97.8	103.2
木材及纸浆类	Timber and Paper Pulp	101.1	107.3	104.0	100.2	99.5	99.3	99.3	99.3	106.8
建筑材料及非金属矿类	Building Materials and Non-metal Ore	98.9	103.5	105.6	99.8	98.7	99.4	98.7	98.0	104.6
其它工业原材料及半成品类	Other Industrial Raw Materials and Semi-finished Products	97.3	103.0	103.2	100.5	98.2	98.4	98.7	98.8	102.9
农副产品类	Agricultural Produces	101.1	112.4	110.4	101.6	102.7	104.0	101.6	99.9	102.2
纺织原料类	Textile Materials	98.5	113.5	123.3	97.7	99.3	100.7	100.7	99.4	103.8

3-21 工业生产者购进价格分月指数（2011 年）
Purchasing Price Indices for Industrial Producers by Month (2011)

上年同期=100

类别	Item	1月 January	2月 February	3月 March	4月 April	5月 May	6月 June
总指数	**General Index**	**105.2**	**105.2**	**105.5**	**105.4**	**106.0**	**106.6**
燃料、动力类	Fuel and Power	108.6	107.0	107.1	106.7	107.0	107.7
黑色金属材料类	Ferrous Metals	106.0	107.4	107.8	106.1	108.8	109.2
钢材	Rolled Steel	105.7	107.0	107.5	105.3	104.8	106.2
其它	Others	106.7	108.3	108.5	107.5	116.5	115.1
有色金属材料及电线类	Nonferrous Metals and Electric Wires	105.0	106.3	105.6	104.5	106.1	108.8
化工原料类	Raw Chemical Materials	107.4	107.2	107.7	108.6	108.5	109.1
木材及纸浆类	Timber and Paper Pulp	105.2	104.8	104.5	104.7	104.6	104.4
建筑材料及非金属矿类	Building Materials and Non-metal Ore	104.9	104.5	105.0	106.0	106.5	107.4
其它工业原材料及半成品类	Other Industrial Raw Materials and Semi-finished Products	102.3	102.2	102.8	103.1	103.3	103.5
农副产品类	Agricultural Produces	109.8	111.2	112.6	112.2	111.4	111.7
纺织原料类	Textile Materials	137.7	137.5	132.6	132.9	130.8	130.7

3-21 工业生产者购进价格分月指数（2011 年）
Purchasing Price Indices for Industrial Producers by Month (2011)

续表（continued）

上年同期=100

类别	Item	7月 July	8月 August	9月 September	10月 October	11月 November	12月 December
总指数	**General Index**	**107.3**	**107.2**	**106.7**	**105.9**	**104.2**	**103.3**
燃料、动力类	Fuel and Power	108.1	107.8	107.6	107.4	106.4	105.4
黑色金属材料类	Ferrous Metals	108.6	108.9	108.3	106.9	105.3	104.0
钢材	Rolled Steel	106.4	106.8	105.9	105.1	103.6	102.3
其它	Others	112.6	113.1	112.8	110.4	108.5	107.1
有色金属材料及电线类	Nonferrous Metals and Electric Wires	112.4	111.1	110.2	107.8	103.3	102.8
化工原料类	Raw Chemical Materials	110.1	110.4	109.9	108.8	105.4	103.4
木材及纸浆类	Timber and Paper Pulp	103.7	103.6	103.4	103.6	102.9	102.6
建筑材料及非金属矿类	Building Materials and Non-metal Ore	106.4	107.3	106.6	105.7	104.0	102.4
其它工业原材料及半成品类	Other Industrial Raw Materials and Semi-finished Products	103.9	104.0	103.9	103.8	103.3	102.7
农副产品类	Agricultural Produces	112.3	111.0	111.2	109.0	107.3	106.2
纺织原料类	Textile Materials	129.8	129.6	119.2	111.9	101.8	100.7

3-21 工业生产者购进价格分月指数（2012 年）
Purchasing Price Indices for Industrial Producers by Month (2012)

上年同期=100

类 别	Item	1 月 January	2 月 February	3 月 March	4 月 April	5 月 May	6 月 June
总指数	**General Index**	**102.2**	**101.6**	**100.9**	**100.4**	**99.9**	**99.5**
燃料、动力类	Fuel and Power	104.8	105.1	104.9	104.3	103.8	103.1
黑色金属材料类	Ferrous Metals	101.9	100.3	99.2	98.9	96.7	96.1
钢材	Rolled Steel	100.6	99.1	97.9	97.9	97.3	96.8
其它	Others	104.3	102.4	101.5	100.8	95.5	94.8
有色金属材料及电线类	Nonferrous Metals and Electric Wires	100.6	99.0	98.0	97.1	97.1	96.2
化工原料类	Raw Chemical Materials	102.6	101.5	100.4	99.0	98.1	97.5
木材及纸浆类	Timber and Paper Pulp	101.7	101.4	101.2	100.9	100.5	99.9
建筑材料及非金属矿类	Building Materials and Non-metal Ore	102.2	100.5	100.1	99.1	99.1	99.3
其它工业原材料及半成品类	Other Industrial Raw Materials and Semi-finished Products	102.0	101.9	101.2	101.1	100.8	100.6
农副产品类	Agricultural Produces	104.4	103.4	102.0	101.0	101.3	100.5
纺织原料类	Textile Materials	97.8	97.7	97.0	96.3	97.5	96.9

3-21 工业生产者购进价格分月指数（2012 年）
Purchasing Price Indices for Industrial Producers by Month (2012)

续表（continued）

上年同期=100

类 别	Item	7 月 July	8 月 August	9 月 September	10 月 October	11 月 November	12 月 December
总指数	**General Index**	**98.9**	**98.3**	**97.8**	**97.8**	**98.1**	**98.3**
燃料、动力类	Fuel and Power	101.9	100.8	100.1	99.7	99.6	99.1
黑色金属材料类	Ferrous Metals	96.0	94.2	93.3	91.6	92.8	92.5
钢材	Rolled Steel	96.5	94.3	93.4	93.3	94.4	94.9
其它	Others	95.0	94.1	92.9	88.2	90.0	87.9
有色金属材料及电线类	Nonferrous Metals and Electric Wires	94.9	93.8	92.9	95.0	95.9	96.6
化工原料类	Raw Chemical Materials	96.8	96.4	95.7	95.7	96.3	97.1
木材及纸浆类	Timber and Paper Pulp	99.9	99.7	99.4	99.0	99.2	99.1
建筑材料及非金属矿类	Building Materials and Non-metal Ore	99.6	100.1	99.6	99.3	99.4	99.3
其它工业原材料及半成品类	Other Industrial Raw Materials and Semi-finished Products	100.3	99.9	99.7	99.6	99.5	99.6
农副产品类	Agricultural Produces	100.5	100.5	100.5	101.2	102.0	102.1
纺织原料类	Textile Materials	97.2	97.3	98.2	97.5	99.0	99.6

3-21 工业生产者购进价格分月指数（2013 年）
Purchasing Price Indices for Industrial Producers by Month (2013)

上年同期=100

类 别	Item	1月 January	2月 February	3月 March	4月 April	5月 May	6月 June
总指数	**General Index**	**98.3**	**98.3**	**98.2**	**98.0**	**97.9**	**96.7**
燃料、动力类	Fuel and Power	98.5	98.1	97.9	97.3	97.1	97.0
黑色金属材料类	Ferrous Metals	93.3	94.2	94.3	94.3	94.9	92.8
钢材	Rolled Steel	95.7	96.4	96.4	96.3	96.3	94.4
其它	Others	88.8	90.0	90.4	90.5	92.3	89.8
有色金属材料及电线类	Nonferrous Metals and Electric Wires	96.9	97.1	96.8	96.3	96.0	94.6
化工原料类	Raw Chemical Materials	97.1	97.7	97.6	97.6	97.5	97.0
木材及纸浆类	Timber and Paper Pulp	99.3	99.4	99.2	99.3	99.6	99.7
建筑材料及非金属矿类	Building Materials and Non-metal Ore	99.0	100.1	99.9	99.7	98.9	97.8
其它工业原材料及半成品类	Other Industrial Raw Materials and Semi-finished Products	99.5	99.1	99.1	98.9	98.9	97.4
农副产品类	Agricultural Produces	102.7	102.8	102.8	102.6	102.3	102.6
纺织原料类	Textile Materials	99.5	100.0	100.2	100.1	100.0	98.4

3-21 工业生产者购进价格分月指数（2013 年）
Purchasing Price Indices for Industrial Producers by Month (2013)

续表（continued） 上年同期=100

类 别	Item	7月 July	8月 August	9月 September	10月 October	11月 November	12月 December
总指数	**General Index**	**96.7**	**97.1**	**97.4**	**97.6**	**97.7**	**97.8**
燃料、动力类	Fuel and Power	97.5	98.0	98.6	98.8	98.7	98.7
黑色金属材料类	Ferrous Metals	93.0	94.2	94.6	96.8	96.0	96.9
钢材	Rolled Steel	94.6	96.4	97.5	97.9	97.3	97.0
其它	Others	89.9	89.9	89.3	94.5	93.4	96.5
有色金属材料及电线类	Nonferrous Metals and Electric Wires	94.6	95.4	95.6	95.4	95.8	95.7
化工原料类	Raw Chemical Materials	97.1	97.1	97.5	97.6	97.6	97.8
木材及纸浆类	Timber and Paper Pulp	99.5	99.5	99.6	99.5	99.4	99.4
建筑材料及非金属矿类	Building Materials and Non-metal Ore	97.8	97.8	98.0	98.4	98.2	98.5
其它工业原材料及半成品类	Other Industrial Raw Materials and Semi-finished Products	97.3	97.4	97.6	97.7	97.7	97.6
农副产品类	Agricultural Produces	101.1	101.1	101.0	101.5	106.1	105.9
纺织原料类	Textile Materials	98.8	98.8	98.9	99.2	99.1	99.2

3-21 工业生产者购进价格分月指数（2014 年）
Purchasing Price Indices for Industrial Producers by Month (2014)

上年同期=100

类 别	Item	1 月 January	2 月 February	3 月 March	4 月 April	5 月 May	6 月 June
总指数	**General Index**	**97.7**	**97.6**	**97.4**	**97.5**	**97.4**	**98.2**
燃料、动力类	Fuel and Power	98.5	98.6	98.2	98.5	98.5	98.1
黑色金属材料类	Ferrous Metals	96.3	96.3	95.6	95.2	93.9	94.8
钢材	Rolled Steel	96.3	95.9	95.6	95.5	95.6	97.0
其它	Others	96.4	97.0	95.8	94.8	90.9	90.8
有色金属材料及电线类	Nonferrous Metals and Electric Wires	95.7	95.1	94.5	94.6	95.2	96.8
化工原料类	Raw Chemical Materials	97.8	97.8	97.5	97.5	97.9	98.7
木材及纸浆类	Timber and Paper Pulp	99.4	99.5	99.5	99.4	99.2	99.2
建筑材料及非金属矿类	Building Materials and Non-metal Ore	98.8	98.8	98.9	99.2	99.0	99.5
其它工业原材料及半成品类	Other Industrial Raw Materials and Semi-finished Products	97.7	97.7	97.7	97.7	97.7	98.7
农副产品类	Agricultural Produces	105.0	104.1	103.5	103.5	104.3	104.0
纺织原料类	Textile Materials	99.5	99.1	98.9	99.6	99.5	101.3

3-21 工业生产者购进价格分月指数（2014 年）
Purchasing Price Indices for Industrial Producers by Month (2014)

续表（continued）

上年同期=100

类 别	Item	7 月 July	8 月 August	9 月 September	10 月 October	11 月 November	12 月 December
总指数	**General Index**	**98.6**	**98.7**	**98.8**	**98.6**	**98.4**	**98.1**
燃料、动力类	Fuel and Power	98.2	98.1	98.0	98.0	97.9	97.8
黑色金属材料类	Ferrous Metals	95.0	95.1	94.6	94.3	94.3	93.3
钢材	Rolled Steel	97.3	97.1	96.9	96.6	97.1	96.8
其它	Others	90.9	91.5	90.3	90.0	89.2	87.0
有色金属材料及电线类	Nonferrous Metals and Electric Wires	97.9	98.1	98.7	98.2	97.9	97.8
化工原料类	Raw Chemical Materials	99.4	99.9	100.0	99.6	99.4	98.2
木材及纸浆类	Timber and Paper Pulp	99.2	99.2	99.1	99.3	99.3	99.5
建筑材料及非金属矿类	Building Materials and Non-metal Ore	99.7	100.1	100.1	100.0	99.8	99.4
其它工业原材料及半成品类	Other Industrial Raw Materials and Semi-finished Products	98.9	98.9	98.9	98.9	99.0	98.9
农副产品类	Agricultural Produces	104.0	106.4	106.3	105.7	100.8	100.6
纺织原料类	Textile Materials	101.5	101.4	102.1	101.6	102.2	101.9

3-21 工业生产者购进价格分月指数（2015 年）
Purchasing Price Indices for Industrial Producers by Month （2015）

上年同期=100

类 别	Item	1 月 January	2 月 February	3 月 March	4 月 April	5 月 May	6 月 June
总指数	**General Index**	**97.7**	**97.6**	**97.3**	**97.4**	**97.4**	**97.5**
燃料、动力类	Fuel and Power	97.4	97.1	97.1	96.6	96.6	97.3
黑色金属材料类	Ferrous Metals	92.6	91.5	89.4	90.6	90.7	90.7
钢材	Rolled Steel	96.1	95.7	94.9	94.2	93.6	93.4
其它	Others	86.3	84.0	79.6	84.0	85.2	85.5
有色金属材料及电线类	Nonferrous Metals and Electric Wires	97.0	98.0	97.6	98.1	98.2	97.7
化工原料类	Raw Chemical Materials	97.2	96.6	96.7	96.8	96.9	96.9
木材及纸浆类	Timber and Paper Pulp	99.5	99.4	99.2	99.2	99.2	99.3
建筑材料及非金属矿类	Building Materials and Non-metal Ore	99.1	99.5	99.3	98.9	98.9	98.8
其它工业原材料及半成品类	Other Industrial Raw Materials and Semi-finished Products	98.7	98.7	98.6	98.5	98.6	98.7
农副产品类	Agricultural Produces	101.1	101.5	101.6	102.2	101.4	101.4
纺织原料类	Textile Materials	101.5	101.4	101.8	101.2	101.4	101.3

3-21 工业生产者购进价格分月指数（2015 年）
Purchasing Price Indices for Industrial Producers by Month （2015）

续表（continued）

上年同期=100

类 别	Item	7 月 July	8 月 August	9 月 September	10 月 October	11 月 November	12 月 December
总指数	**General Index**	**97.3**	**96.8**	**96.7**	**96.5**	**96.3**	**96.2**
燃料、动力类	Fuel and Power	97.2	97.1	96.8	96.6	96.1	95.5
黑色金属材料类	Ferrous Metals	90.4	90.1	90.7	89.6	89.8	90.3
钢材	Rolled Steel	93.0	92.1	92.0	91.5	90.7	90.1
其它	Others	85.6	86.3	88.3	85.8	88.1	90.7
有色金属材料及电线类	Nonferrous Metals and Electric Wires	96.3	94.1	93.1	92.8	91.6	90.8
化工原料类	Raw Chemical Materials	96.2	95.4	95.1	94.9	95.1	95.5
木材及纸浆类	Timber and Paper Pulp	99.4	99.4	99.4	99.4	99.2	99.0
建筑材料及非金属矿类	Building Materials and Non-metal Ore	98.6	98.3	98.2	98.2	98.4	98.3
其它工业原材料及半成品类	Other Industrial Raw Materials and Semi-finished Products	98.7	98.6	98.8	98.7	98.6	98.7
农副产品类	Agricultural Produces	104.5	101.8	101.6	101.1	100.8	100.7
纺织原料类	Textile Materials	100.7	100.7	99.9	100.0	99.2	99.2

3-21 工业生产者购进价格分月指数（2016年）
Purchasing Price Indices for Industrial Producers by Month (2016)

上年同期=100

类 别	Item	1月 January	2月 February	3月 March	4月 April	5月 May	6月 June
总指数	**General Index**	**96.3**	**96.2**	**96.7**	**97.0**	**97.4**	**97.9**
燃料、动力类	Fuel and Power	95.9	95.6	95.5	96.0	96.1	96.3
黑色金属材料类	Ferrous Metals	89.7	89.9	93.3	93.8	95.7	97.4
钢材	Rolled Steel	91.2	91.9	93.3	95.5	97.5	98.2
其它	Others	84.1	81.9	93.4	87.0	88.6	93.9
有色金属材料及电线类	Nonferrous Metals and Electric Wires	91.7	91.4	92.6	93.6	94.7	95.8
化工原料类	Raw Chemical Materials	96.1	96.2	96.6	97.1	97.1	97.0
木材及纸浆类	Timber and Paper Pulp	98.5	98.4	98.9	98.7	98.9	98.9
建筑材料及非金属矿类	Building Materials and Non-metal Ore	98.0	97.1	97.2	97.0	97.0	97.1
其它工业原材料及半成品类	Other Industrial Raw Materials and Semi-finished Products	98.0	97.9	98.0	98.1	98.4	98.7
农副产品类	Agricultural Produces	98.1	98.7	99.7	99.9	100.0	100.4
纺织原料类	Textile Materials	98.5	98.3	98.0	98.0	97.8	98.8

3-21 工业生产者购进价格分月指数（2016年）
Purchasing Price Indices for Industrial Producers by Month (2016)

续表（continued）

上年同期=100

类 别	Item	7月 July	8月 August	9月 September	10月 October	11月 November	12月 December
总指数	**General Index**	**98.2**	**98.6**	**98.9**	**99.7**	**100.9**	**102.5**
燃料、动力类	Fuel and Power	96.3	96.9	97.5	99.3	101.8	105.0
黑色金属材料类	Ferrous Metals	98.0	98.3	98.9	101.5	103.3	106.5
钢材	Rolled Steel	98.6	100.0	100.6	102.2	104.6	108.3
其它	Others	95.6	91.3	92.0	98.4	97.6	99.4
有色金属材料及电线类	Nonferrous Metals and Electric Wires	97.5	99.4	99.8	101.3	105.8	107.6
化工原料类	Raw Chemical Materials	97.2	97.8	98.1	98.9	99.8	101.5
木材及纸浆类	Timber and Paper Pulp	98.8	99.2	99.3	99.6	100.3	102.2
建筑材料及非金属矿类	Building Materials and Non-metal Ore	97.3	97.4	97.8	98.7	99.7	101.6
其它工业原材料及半成品类	Other Industrial Raw Materials and Semi-finished Products	98.9	99.1	99.1	99.4	99.8	100.7
农副产品类	Agricultural Produces	99.0	99.0	99.4	100.3	101.5	102.9
纺织原料类	Textile Materials	98.8	99.9	100.3	101.1	101.3	101.7

3-21 工业生产者购进价格分月指数（2017 年）
Purchasing Price Indices for Industrial Producers by Month (2017)

上年同期=100

类 别	Item	1 月 January	2 月 February	3 月 March	4 月 April	5 月 May	6 月 June
总指数	General Index	103.8	104.8	105.2	104.9	104.5	104.2
燃料、动力类	Fuel and Power	107.2	108.1	108.6	107.8	107.7	106.4
黑色金属材料类	Ferrous Metals	108.9	110.2	110.3	109.4	106.8	106.0
钢材	Rolled Steel	110.0	110.1	110.3	108.5	106.3	106.0
其它	Others	104.2	110.7	110.4	113.1	108.7	106.0
有色金属材料及电线类	Nonferrous Metals and Electric Wires	109.4	110.7	111.5	110.8	109.3	108.8
化工原料类	Raw Chemical Materials	102.8	104.0	104.2	103.5	102.9	102.6
木材及纸浆类	Timber and Paper Pulp	103.4	105.2	105.2	105.1	104.6	105.1
建筑材料及非金属矿类	Building Materials and Non-metal Ore	101.5	102.7	103.4	104.0	103.9	104.1
其它工业原材料及半成品类	Other Industrial Raw Materials and Semi-finished Products	101.6	102.6	102.9	103.0	103.0	103.0
农副产品类	Agricultural Produces	103.1	103.9	103.2	102.7	102.5	101.6
纺织原料类	Textile Materials	102.1	103.1	103.7	104.0	104.4	104.1

3-21 工业生产者购进价格分月指数（2017 年）
Purchasing Price Indices for Industrial Producers by Month (2017)

续表（continued）

上年同期=100

类 别	Item	7 月 July	8 月 August	9 月 September	10 月 October	11 月 November	12 月 December
总指数	General Index	104.2	104.3	104.7	104.8	104.2	103.6
燃料、动力类	Fuel and Power	106.9	105.1	104.0	103.3	102.0	100.4
黑色金属材料类	Ferrous Metals	106.1	107.1	107.7	107.5	106.2	105.2
钢材	Rolled Steel	106.6	107.2	108.4	108.5	107.5	106.4
其它	Others	103.9	106.7	104.7	103.7	101.0	100.4
有色金属材料及电线类	Nonferrous Metals and Electric Wires	108.0	109.6	112.2	113.2	110.6	108.9
化工原料类	Raw Chemical Materials	102.7	102.8	103.2	103.5	103.2	102.7
木材及纸浆类	Timber and Paper Pulp	106.0	107.2	109.7	111.0	110.6	108.9
建筑材料及非金属矿类	Building Materials and Non-metal Ore	104.1	105.5	106.3	106.0	105.8	107.8
其它工业原材料及半成品类	Other Industrial Raw Materials and Semi-finished Products	102.9	103.1	103.4	103.5	103.4	103.0
农副产品类	Agricultural Produces	101.4	101.7	101.7	101.9	101.7	101.0
纺织原料类	Textile Materials	104.4	103.8	104.0	103.9	104.4	104.1

3-22 全国各地区工业生产者购进价格指数（2001-2017年）
Purchasing Price Indices for Industrial Producers by Region of the Nation（2001-2017）

上年=100

地 区	Region	2001年	2002年	2003年	2004年	2005年	2006年	2007年	2008年
全 国	**National Total**	**99.8**	**97.7**	**104.8**	**111.4**	**108.3**	**106.0**	**104.4**	**110.5**
东部地区	**Eastern Region**								
北 京	Beijing	100.4	97.1	104.7	114.2	111.4	105.5	105.0	115.8
天 津	Tianjin	98.8	95.9	108.7	115.4	104.9	104.7	105.7	112.9
河 北	Hebei	101.0	97.2	109.4	118.4	107.0	105.0	107.8	115.9
辽 宁	Liaoning	100.0	98.4	105.1	112.1	108.1	104.2	104.8	111.5
上 海	Shanghai	98.7	97.7	106.4	116.4	106.8	104.7	104.1	110.3
江 苏	Jiangsu	99.5	98.6	106.5	116.3	107.6	106.4	105.0	115.0
浙 江	Zhejiang	99.6	97.3	105.8	113.4	105.4	105.6	105.3	110.6
福 建	Fujian	96.6	97.6	106.3	113.3	108.1	103.9	104.3	110.2
山 东	Shandong	100.0	98.2	105.8	113.4	105.9	104.3	104.8	113.1
广 东	Guangdong	99.1	96.3	104.1	110.7	105.0	103.6	103.3	107.9
海 南	Hainan		101.5	102.2	105.9	104.2	101.5	105.0	111.6
中部地区	**Central Region**								
山 西	Shanxi	101.8	102.7	107.8	114.5	108.2	102.6	105.3	118.3
吉 林	Jilin	101.8	97.8	104.8	110.5	107.0	103.8	105.2	111.3
黑龙江	Heilongjiang	99.5	99.3	107.6	115.2	111.8	105.6	105.0	114.1
安 徽	Anhui	100.2	98.2	106.7	115.0	107.1	103.9	105.1	112.4
江 西	Jiangxi	99.3	98.6	106.5	114.5	110.0	108.6	107.9	114.2
河 南	Henan	101.8	97.6	107.8	115.7	108.3	105.3	106.4	111.9
湖 北	Hubei	100.2	97.7	108.2	113.1	107.0	104.9	104.5	110.9
湖 南	Hunan	101.1	99.3	106.7	114.4	109.4	106.5	106.1	112.0
西部地区	**Western Region**								
重 庆	Chongqing	99.7	99.1	104.9	113.0	108.2	104.8	106.2	112.2
四 川	Sichuan	100.2	99.2	101.6	110.3	109.3	104.5	105.7	112.4
贵 州	Guizhou	100.2	97.5	106.0	112.0	107.4	107.3	107.5	112.5
云 南	Yunnan	99.4	97.6	102.7	109.6	106.5	107.6	108.2	111.6
西 藏	Tibet								
陕 西	Shaanxi	100.5	98.6	104.8	110.4	107.5	106.7	106.3	111.2
甘 肃	Gansu	101.4	98.4	105.6	112.5	109.9	108.8	104.3	110.2
青 海	Qinghai	99.1	102.8	102.0	108.5	105.3	102.8	104.4	110.4
宁 夏	Ningxia	102.5	97.8	106.2	117.3	109.7	108.5	107.1	121.8
新 疆	Xinjiang	99.0	94.9	114.8	118.2	110.7	111.1	103.8	117.8
内蒙古	Inner Mongolia	101.3	99.4	102.9	109.2	109.8	105.9	104.8	111.7
广 西	Guangxi	103.7	95.6	101.2	116.3	108.2	111.4	106.1	110.6

3-22 全国各地区工业生产者购进价格指数（2001-2017 年）
Purchasing Price Indices for Industrial Producers by Region of the Nation（2001-2017）

续表（continued） 上年=100

地 区	Region	2009 年	2010 年	2011 年	2012 年	2013 年	2014 年	2015 年	2016 年	2017 年
全 国	National Total	92.1	109.6	109.1	98.2	98.0	97.8	93.9	98.0	108.1
东部地区	Eastern Region									
北 京	Beijing	88.6	110.5	108.4	98.7	97.8	98.8	93.7	98.5	104.4
天 津	Tianjin	90.2	110.0	109.7	97.1	97.4	97.1	92.4	98.3	111.1
河 北	Hebei	93.5	110.9	110.9	96.2	97.6	95.6	90.3	98.3	114.5
辽 宁	Liaoning	93.3	108.6	108.3	99.0	98.5	98.0	93.5	97.9	108.0
上 海	Shanghai	89.8	111.2	107.5	94.7	96.5	95.9	90.6	97.7	108.9
江 苏	Jiangsu	91.9	112.8	108.9	95.8	97.1	97.0	92.1	98.0	109.7
浙 江	Zhejiang	92.6	112.0	108.3	96.7	97.7	98.2	94.5	97.8	109.6
福 建	Fujian	93.2	107.7	108.0	97.7	98.4	98.3	96.1	98.0	105.3
山 东	Shandong	95.5	109.3	109.2	99.2	98.4	98.2	95.0	98.0	107.3
广 东	Guangdong	93.8	107.3	107.3	99.5	98.2	98.8	95.3	98.0	105.3
海 南	Hainan	85.3	110.3	115.3	99.6	97.0	99.0	88.5	94.8	112.4
中部地区	Central Region									
山 西	Shanxi	96.6	109.0	108.1	98.1	95.5	96.2	93.1	98.1	115.2
吉 林	Jilin	95.3	108.6	106.1	99.3	99.4	99.2	96.6	97.8	103.4
黑龙江	Heilongjiang	93.4	114.5	111.1	98.8	98.7	97.6	88.2	96.0	110.2
安 徽	Anhui	95.3	111.8	110.8	98.2	96.9	97.2	93.5	98.4	109.2
江 西	Jiangxi	90.7	111.8	112.4	98.3	98.4	98.4	93.6	97.7	107.2
河 南	Henan	97.1	110.2	110.1	99.2	99.3	98.4	95.4	99.2	107.3
湖 北	Hubei	93.4	110.4	111.5	98.9	98.2	97.8	92.8	98.3	108.3
湖 南	Hunan	92.6	110.0	110.8	100.1	98.4	97.9	94.5	98.0	107.2
西部地区	Western Region									
重 庆	Chongqing	95.0	106.9	105.7	99.5	97.6	98.1	97.1	98.4	104.4
四 川	Sichuan	95.3	106.1	112.6	100.0	99.2	98.7	96.7	98.8	108.3
贵 州	Guizhou	93.5	109.8	115.0	102.3	96.4	98.6	97.5	98.5	109.7
云 南	Yunnan	95.0	109.0	108.0	99.3	98.8	99.0	96.9	95.9	106.2
西 藏	Tibet									
陕 西	Shaanxi	98.4	109.7	109.6	100.0	99.3	98.5	95.2	95.9	106.4
甘 肃	Gansu	90.5	112.9	115.1	98.7	97.8	97.6	87.0	94.6	115.5
青 海	Qinghai	99.8	108.6	107.0	98.6	98.8	97.6	97.7	96.2	108.0
宁 夏	Ningxia	94.7	114.1	112.8	99.5	97.0	97.0	92.1	96.9	112.9
新 疆	Xinjiang	90.6	123.9	117.8	97.9	97.8	97.5	84.3	95.5	112.8
内蒙古	Inner Mongolia	99.1	105.0	106.1	102.0	99.3	98.4	95.9	97.4	106.3
广 西	Guangxi	95.1	111.2	110.0	99.2	98.9	98.2	95.7	98.3	106.5

3-23 固定资产投资价格指数（1994–2017 年）
Price Indices for Investment in Fixed Assets（1994–2017）

上年=100

年份 Year	固定资产投资价格指数 Price Indices for Investment in Fixed Assets"	建筑安装、装饰工程 Construction and Installation	设备、工器具 Equipments and Instruments	其他费用 Others
1994	108.9	109.4	107.4	109.8
1995	104.2	101.2	107.8	114.0
1996	108.1	108.5	100.4	129.1
1997	101.7	103.2	97.6	103.4
1998	98.7	100.0	94.9	99.5
1999	100.5	100.7	97.7	104.4
2000	102.5	103.1	97.0	108.7
2001	100.8	101.4	96.8	103.3
2002	100.7	101.9	96.2	100.4
2003	102.9	104.7	96.7	101.3
2004	105.1	107.0	98.8	102.7
2005	102.3	102.2	99.7	104.6
2006	101.7	101.1	100.7	104.3
2007	105.5	106.0	100.2	107.8
2008	110.2	113.7	100.6	106.6
2009	97.8	97.0	97.7	100.2
2010	102.1	102.7	99.6	101.9
2011	105.9	107.8	101.1	102.5
2012	101.8	102.1	99.1	101.9
2013	100.5	100.5	98.7	101.5
2014	100.3	100.4	99.7	100.4
2015	98.2	97.5	99.4	100.8
2016	98.9	98.5	98.8	100.6
2017	105.3	106.9	100.6	100.4

3-24 住宅销售价格指数（2011–2017 年）
Sales Price Indices of Houses（2011–2017）

项目 Item	新建住宅销售价格指数 Sales Price Indices of New Houses	新建商品住宅 New Commercial-ized Houses	90 平方米以下 below 90㎡	90–144 平方米 90–144㎡	144 平方米以上 over 144㎡	二手住宅销售价格指数 Sales Price Indices of Second-hand Houses	90 平方米以下 below 90㎡	90–144 平方米 90–144㎡	144 平方米以上 over 144㎡
2011	104.1	104.2	105.5	103.7	103.0	100.6	98.7	102.0	102.5
2012	99.2	99.2	100.2	98.5	98.8	99.6	99.2	99.6	101.0
2013	106.7	106.9	107.2	106.8	106.4	102.6	102.5	102.7	102.9
2014	102.2	102.2	102.1	101.9	102.8	100.9	101.4	100.8	100.0
2015	95.0	94.9	95.3	95.0	94.1	97.1	97.0	97.5	96.7
2016	103.6	103.7	103.1	103.7	104.6	103.9	103.8	104.9	101.9
2017	110.6	110.6	112.8	110.3	107.6	107.7	107.6	108.4	105.9

主要指标解释

居民消费价格指数 居民消费价格指数是度量一组代表性消费商品及服务项目价格水平随着时间而变动的相对数，反映居民家庭购买的消费品及服务价格水平的变动情况。它是宏观经济分析和决策、价格总水平监测和调控以及国民经济核算的重要指标。其按年度计算的变动率通常被用来作为反映通货膨胀（或紧缩）程度的指标。

商品零售价格指数 商品的零售价格是商品在流通过程中最后一个环节的价格，是工业、商业、餐饮业和其他零售企业向城乡居民、机关团体出售生活消费品和办公用品的价格。通过系统地调查、搜集和整理市场商品零售价格资料，编制商品零售价格指数，以此反映市场商品零售价格的变动趋势和变动程度。其目的在于掌握商品价格的变动趋势，为国家宏观调控和国民经济核算提供参考依据。

工业生产者价格指数 即原来的工业品价格指数。它是反映工业产品价格变化趋势和变动幅度的统计指标，是工业企业的产品价格在不同时间和空间条件下平均变动的相对数。工业生产者价格包括工业品第一次出售时的出厂价格和企业作为中间投入的原材料、燃料、动力购进价格，简称为工业生产者出厂价格和工业生产者购进价格。工业生产者价格指数是进行国民经济核算和经济管理的重要依据。

固定资产投资价格指数 是反映全社会及各类工程固定资产投资中涉及的各类投资品和取费项目价格的变动趋势和变动幅度的相对数。编制固定资产投资价格指数可以消除按现价计算的固定资产投资指标中的价格变动因素。

住宅销售价格指数 是综合反映住宅商品价格水平总体变化趋势和变化幅度的相对数。中国住宅销售价格指数由 70 个大中城市的新建住宅销售价格指数和二手住宅销售价格指数组成。

农产品生产价格指数 是反映一定时期内，农产品生产者出售农产品价格水平变动趋势及幅度的相对数。该指数可以客观反映全国农产品生产价格水平和结构变动情况，满足农业与国民经济核算需要。其中某代表品生产价格指数是通过对全部有出售该产品行为的调查单位的个体指数进行几何平均数求得的，类价格指数是通过对其所属的类（或代表品）的价格指数进行加权平均求得的。季度累计价格指数的计算方法与分级指数的计算方法相同。

（四）农业农村

Agriculture and Rural Areas

4-1 农村基层组织及人口（1978-2017 年）
Rural Primary-level Organizations and Population（1978-2017）

年份 Year	乡镇个数（个） Number of Township and Town Governments (unit)	# 镇个数（个） Towns (unit)	村委会个数（个） Number of Villagers' Committees (unit)	乡村户数（万户） Number of Rural Households (10 000 households)	乡村人口（万人） Rural Population (10 000 persons)
1978	2072	71	21013	530.01	2316.54
1979	2071	72	21018	529.53	2307.28
1980	2100	111	21084	534.19	2294.08
1981	2100	74	21099	542.44	2336.67
1982	2100	74	21099	551.24	2351.77
1983	2107	78	21091	555.96	2276.10
1984	2096	82	21084	564.08	2276.50
1985	2088	123	21092	573.00	2355.39
1986	2085	143	21090	596.13	2365.34
1987	2081	147	21091	626.70	2391.29
1988	2081	151	21093	650.27	2412.04
1989	2073	167	21095	671.51	2427.70
1990	2069	171	21086	686.26	2446.38
1991	2069	180	21089	697.61	2471.48
1992	1683	360	21093	699.94	2476.10
1993	1477	521	21095	700.88	2463.53
1994	1415	574	21060	710.34	2482.05
1995	1452	623	20864	706.86	2454.17
1996	1268	636	20877	709.86	2464.23
1997	1440	649	20853	708.64	2452.75
1998	1483	653	20647	709.84	2445.12
1999	1452	624	20630	710.99	2442.47
2000	1472	650	20589	710.28	2440.32
2001	1237	663	18264	714.67	2438.79
2002	1233	664	16453	718.31	2443.21
2003	1183	642	14357	718.65	2436.47
2004	1035	614	10143	714.99	2425.25
2005	958	594	10015	718.84	2430.93
2006	905	586	9718	714.86	2418.40
2007	891	580	9035	717.49	2413.95
2008	872	569	8964	724.06	2405.64
2009	862	571	8743	723.55	2385.95
2010	931	577	8692	727.77	2366.66
2011	912	588	8592	721.14	2324.50
2012	913	609	8480	724.14	2303.09
2013	916	607	8428	717.99	2267.73
2014				714.50	2246.31
2015				713.87	2225.75
2016				709.44	2196.19
2017				707.94	2171.22

4–2 乡村从业人员及行业分布（1978–2017 年）

Rural Employed Persons and Its Distribution of Industry（1978–2017）

单位：万人

年份 Year	从业人员数 Number of Employment	按主要行业分 By Main Industry					
		农林牧渔业 Farming, Forestry, Animal Husbandry and Fishery	工业 Industry	建筑业 Construction Industry	交运仓储和邮政业 Transport, Storage and Telecommunication Industry	批发零售住宿餐饮业 Wholesale and Retail Trade, Hotel and Catering Service	其他 Others
1978	926.32	867.59	23.18	9.76	1.76	3.24	20.78
1979	949.52	892.74	23.34	9.10	1.89	3.38	19.07
1980	980.75	923.73	22.66	8.69	2.14	3.43	20.10
1981	1006.17	947.93	22.94	9.70	2.38	4.24	18.99
1982	1031.39	967.78	24.03	10.19	2.63	4.73	22.02
1983	1063.45	989.45	24.30	11.37	3.29	6.51	28.52
1984	1087.42	990.59	28.02	17.43	4.45	10.25	36.68
1985	1114.34	980.05	45.50	29.11	6.01	10.91	42.76
1986	1154.26	1001.27	48.53	34.43	6.76	12.34	50.93
1987	1184.92	1014.10	51.91	40.49	7.57	13.80	57.03
1988	1218.03	1038.31	53.95	42.60	7.85	14.75	60.58
1989	1249.12	1065.43	52.17	42.45	8.68	14.47	65.92
1990	1273.06	1085.57	50.09	42.93	9.07	15.39	70.00
1991	1314.79	1107.06	51.25	45.58	9.23	17.06	84.62
1992	1350.71	1107.18	53.99	49.78	9.82	19.26	110.67
1993	1352.26	1062.48	59.82	60.65	11.16	20.89	137.25
1994	1356.59	1039.95	56.89	62.62	12.25	22.36	162.53
1995	1349.34	1014.47	55.78	65.80	13.42	23.73	176.14
1996	1330.44	991.66	56.07	65.27	14.02	24.07	179.36
1997	1320.91	962.55	56.06	65.78	14.95	26.32	195.26
1998	1316.95	943.66	51.87	68.42	15.77	27.88	209.35
1999	1342.99	955.09	57.68	71.77	17.87	30.77	209.80
2000	1352.60	921.50	59.25	75.58	18.53	33.46	244.27
2001	1345.15	884.62	57.93	78.35	18.99	34.85	270.42
2002	1342.17	852.72	68.00	92.67	21.34	41.49	265.94
2003	1340.25	813.19	78.29	102.52	22.57	36.00	287.68
2004	1361.54	800.83	94.78	112.05	21.71	34.78	297.39
2005	1366.91	775.88	109.79	124.98	23.99	36.91	295.36
2006	1382.62	741.67	130.89	145.43	26.46	40.32	297.85
2007	1378.29	699.28	156.14	165.14	28.07	44.33	285.33
2008	1379.90	676.10	171.39	168.29	29.15	47.84	287.13
2009	1379.94	649.69	183.90	178.04	30.39	50.54	287.38
2010	1379.35	626.12	193.36	191.59	33.23	54.09	280.96
2011	1369.98	604.04					
2012	1365.29	586.86					
2013	1328.79	563.69					
2014	1312.96	562.54					
2015	1309.23	556.95					
2016	1302.54	550.45					
2017	1281.69	546.32					

注：此表批发零售住宿餐饮业栏 2003 年开始未包含住宿餐饮业人员数据。

Note：From 2003 data of 'Sales and Retail Sales Trade and Catering Industry' does not contain hotels and catering services.

4-3 乡村从业人员从业结构（1978-2017 年）
Composition of Rural Employed Persons by Distribution of Industry（1978-2017）

单位：%

年份 Year	从业人员数 Number of Employment	按主要行业分 By Main Industry					
		农林牧渔业 Farming, Forestry, Animal Husbandry and Fishery	工业 Industry	建筑业 Construction Industry	交运仓储和邮政业 Transport, Storage and Telecommunication Industry	批发零售住宿餐饮业 Wholesale and Retail Trade, Hotel and Catering Service	其他 Others
1978	100.00	93.66	2.50	1.05	0.19	0.35	2.24
1979	100.00	94.02	2.46	0.96	0.20	0.36	2.01
1980	100.00	94.19	2.31	0.89	0.22	0.35	2.05
1981	100.00	94.21	2.28	0.96	0.24	0.42	1.89
1982	100.00	93.83	2.33	0.99	0.26	0.46	2.13
1983	100.00	93.04	2.29	1.07	0.31	0.61	2.68
1984	100.00	91.10	2.58	1.60	0.41	0.94	3.37
1985	100.00	87.95	4.08	2.61	0.54	0.98	3.84
1986	100.00	86.75	4.20	2.98	0.59	1.07	4.41
1987	100.00	85.58	4.38	3.42	0.64	1.16	4.81
1988	100.00	85.24	4.43	3.50	0.64	1.21	4.97
1989	100.00	85.29	4.18	3.40	0.69	1.16	5.28
1990	100.00	85.27	3.93	3.37	0.71	1.21	5.50
1991	100.00	84.20	3.90	3.47	0.70	1.30	6.44
1992	100.00	81.97	4.00	3.69	0.73	1.43	8.19
1993	100.00	78.57	4.42	4.49	0.83	1.55	10.15
1994	100.00	76.66	4.19	4.62	0.90	1.65	11.98
1995	100.00	75.18	4.13	4.88	0.99	1.76	13.05
1996	100.00	74.54	4.21	4.91	1.05	1.81	13.48
1997	100.00	72.87	4.24	4.98	1.13	1.99	14.78
1998	100.00	71.65	3.94	5.20	1.20	2.12	15.90
1999	100.00	71.12	4.29	5.34	1.33	2.29	15.62
2000	100.00	68.13	4.38	5.59	1.37	2.47	18.06
2001	100.00	65.76	4.31	5.82	1.41	2.59	20.10
2002	100.00	63.53	5.07	6.90	1.59	3.09	19.81
2003	100.00	60.67	5.84	7.65	1.68	2.69	21.46
2004	100.00	58.82	6.96	8.23	1.59	2.55	21.84
2005	100.00	56.76	8.03	9.14	1.76	2.70	21.61
2006	100.00	53.64	9.47	10.52	1.91	2.92	21.54
2007	100.00	50.74	11.33	11.98	2.04	3.22	20.70
2008	100.00	49.00	12.42	12.20	2.11	3.47	20.81
2009	100.00	47.08	13.33	12.90	2.20	3.66	20.83
2010	100.00	45.39	14.02	13.89	2.41	3.92	20.37
2011	100.00	44.09					
2012	100.00	42.98					
2013	100.00	42.42					
2014	100.00	42.85					
2015	100.00	42.54					
2016	100.00	42.26					
2017	100.00	42.62					

注：此表批发零售住宿餐饮业栏 2003 年开始未包含餐饮业人员数据。

Note：From 2003 data of 'Sales and Retail Sales Trade and Catering Industry' does not contain Catering Services.

4-4 农村基础设施情况（1996-2017 年）
Information of Rural Infrastructure（1996-2017）

单位：个、%

年份 Year	行政村个数 Number of Administrative Villages	自来水受益村 Villages Benefited from Tap-water		通汽车村 Number of Villages Accessible to Auto Vehicles		通电话村 Number of Villages Accessible to Telephones	
		数量 Number	比重 Proportion	数量 Number	比重 Proportion	数量 Number	比重 Proportion
1996	20877	5912	28.3	14497	69.4	2976	14.3
1997	20853	6051	29.0	15830	75.9	5050	24.2
1998	20647	7077	34.3	16550	80.2	8710	42.2
1999	20630	7721	37.4	17348	84.1	13190	63.9
2000	20589	7866	38.2	17993	87.4	16610	80.7
2001	18264	6556	35.9	16280	89.1	15586	85.3
2002	16453	6804	41.4	14990	91.1	14684	89.2
2003	14357	6690	46.6	13450	93.7	13213	92.0
2004	10143	5064	49.9	9755	96.2	9853	97.1
2005	10015	4982	49.7	9691	96.8	9688	96.7
2006	9718	5015	51.6	9512	97.9	9582	98.6
2007	9035	4991	55.2	8871	98.2	8965	99.2
2008	8964	5100	56.9	8872	99.0	8947	99.8
2009	8743	5379	61.5	8655	99.0	8726	99.8
2010	8692	5612	64.6	8660	99.6	8686	99.9
2011	8592	5864	68.2	8569	99.7	8581	99.9
2012	8480	6173	72.8	8474	99.9	8478	99.9
2013	8428	6446	76.5	8421	99.9	8428	100.0
2014		6708					
2015		7074					
2016		7325					
2017		7552					

4-5 农林牧渔业总产值（1978-2017 年）
Gross Output Value of Farming, Forestry,Animal Husbandry and Fishery（1978-2017）

单位：亿元

年 份 Year	农林牧渔业总产值 Gross Output Value					
	合计 Total	农业 Farming	林业 Forestry	牧业 Animal Husbandry	渔业 Fishery	农林牧渔服务业 Serivces in Support of Agriculture, Forestry, animal Husbandry and Fishery
1978	36.25	26.29	2.12	7.57	0.27	
1979	41.92	29.22	2.80	9.53	0.36	
1980	43.36	29.68	2.93	10.25	0.49	
1981	49.62	33.37	3.85	11.71	0.69	
1982	55.84	37.33	4.35	13.25	0.90	
1983	60.69	39.59	4.20	15.72	1.19	
1984	67.31	44.36	4.09	17.43	1.43	
1985	75.56	47.76	4.97	20.88	1.96	
1986	82.18	51.70	4.93	23.11	2.44	
1987	93.00	56.41	5.53	28.28	2.78	
1988	112.69	64.18	6.00	39.34	3.17	
1989	127.64	70.68	7.10	46.33	3.53	
1990	150.30	85.81	7.75	51.88	4.86	
1991	165.53	93.84	8.70	56.52	6.48	
1992	180.26	99.50	10.67	61.25	8.84	
1993	216.94	119.77	11.33	74.98	10.86	
1994	292.39	155.27	11.63	112.74	12.76	
1995	384.69	227.89	12.28	130.42	14.10	
1996	424.99	271.38	11.55	131.17	10.89	
1997	439.35	267.89	11.73	146.89	12.84	
1998	428.88	254.94	15.09	144.48	14.38	
1999	416.88	249.62	11.56	140.95	14.74	
2000	412.63	244.74	10.82	141.99	15.08	
2001	431.17	250.40	11.20	154.40	15.16	
2002	460.98	264.08	13.51	166.20	17.19	
2003	488.57	270.12	14.58	177.64	18.33	7.90
2004	612.77	332.95	18.48	230.94	21.25	9.16
2005	662.19	358.30	19.97	249.50	23.80	10.63
2006	575.24	323.01	22.31	204.22	15.91	9.80
2007	720.73	409.55	17.85	264.48	18.44	10.40
2008	871.39	473.01	21.80	344.15	21.15	11.28
2009	913.11	531.17	25.81	319.42	24.27	12.44
2010	1021.13	623.33	30.40	326.55	27.21	13.63
2011	1265.33	751.22	38.09	425.33	34.94	15.75
2012	1402.03	841.81	43.48	453.90	44.99	17.85
2013	1513.74	909.18	48.02	482.80	53.82	19.92
2014	1594.96	967.87	53.56	486.36	64.93	22.24
2015	1738.15	1033.68	60.44	542.90	74.91	26.22
2016	1968.28	1151.77	73.43	627.45	85.30	30.32
2017	2009.36	1193.69	85.17	601.39	94.79	34.32

注：1.本表按当年价格计算。2.2006 年及以后使用的是农普衔接数。

Note: 1. Data in this table are calculated at current prices. 2. Data after 2006 are adjusted according to the Second National Agricultural Census.

4–6 农林牧渔业总产值指数（1979–2017 年）
Gross Output Indices of Agriculture, Forestry,Animal Husbandry and Fishery（1979–2017）

上年=100

年 份 Year	农林牧渔业总产值指数 Indices of Gross Output					
	合计 Total	农业 Farming	林业 Forestry	牧业 Animal Husbandry	渔业 Fishery	农林牧渔服务业 Serivces in Support of Agriculture, Forestry, animal Husbandry and Fishery
1979	115.6	111.2	132.3	125.9	132.7	
1980	103.4	101.6	104.7	107.5	137.7	
1981	114.4	112.4	131.3	114.2	140.4	
1982	112.5	111.9	113.1	113.2	130.8	
1983	108.7	106.0	96.6	118.6	131.2	
1984	110.9	112.1	97.4	110.9	120.2	
1985	112.3	107.7	121.3	119.8	137.2	
1986	108.8	108.3	99.3	110.7	124.8	
1987	113.2	109.1	112.1	122.4	113.9	
1988	121.2	113.8	108.6	139.1	114.0	
1989	113.3	110.1	118.2	117.8	111.5	
1990	117.8	121.4	109.2	112.0	137.4	
1991	110.1	109.3	112.2	109.0	133.4	
1992	108.9	106.0	122.7	108.4	136.4	
1993	120.3	120.4	106.2	122.4	122.8	
1994	134.8	129.6	102.6	150.4	117.5	
1995	131.6	146.8	105.5	115.7	110.5	
1996	110.5	119.1	94.1	100.6	77.3	
1997	103.4	98.7	101.6	112.0	117.9	
1998	97.6	95.2	128.7	98.4	112.0	
1999	97.2	97.9	76.6	97.6	102.5	
2000	99.0	98.0	93.6	100.7	102.3	
2001	104.5	102.3	103.5	108.7	100.6	
2002	106.9	105.5	120.6	107.6	113.4	
2003	106.0	102.3	107.9	106.9	106.6	
2004	125.4	123.3	126.7	130.0	115.9	115.8
2005	108.1	107.6	108.1	108.0	112.0	116.1
2006	86.9	90.1	111.7	81.9	66.9	92.2
2007	125.3	126.8	80.0	129.5	115.9	106.1
2008	120.9	115.5	122.1	130.1	114.7	108.5
2009	104.8	112.3	118.4	92.8	114.8	110.3
2010	111.8	117.4	117.8	102.2	112.1	109.6
2011	123.9	120.5	125.3	130.2	128.4	115.5
2012	110.8	112.1	114.1	106.7	128.8	113.4
2013	108.0	108.0	110.4	106.4	119.6	111.6
2014	105.4	106.5	111.5	100.7	120.6	111.6
2015	109.0	106.8	112.8	111.6	115.4	117.9
2016	113.2	111.4	121.5	115.6	113.9	115.7
2017	103.7	104.1	111.5	101.2	107.6	110.3

注：1.本表按当年价格计算。2.2006 年及以后使用的是农普衔接数。

Note: 1. Data in this table are calculated at current prices. 2. Data after 2006 are adjusted according to the Second National Agricultural Census.

4-7 农林牧渔业总产值结构（1978-2017 年）
Composition of Gross Output Value of Farming, Forestry, Animal Husbandry and Fishery（1978-2017）

单位：%

年 份 Year	农林牧渔业总产值构成 Composition of Gross Output					
	合计 Total	农业 Farming	林业 Forestry	牧业 Animal Husbandry	渔业 Fishery	农林牧渔服务业 Serivces in Support of Agriculture, Forestry, animal Husbandry and Fishery
1978	100.0	72.5	5.8	20.9	0.7	
1979	100.0	69.7	6.7	22.7	0.9	
1980	100.0	68.5	6.8	23.6	1.1	
1981	100.0	67.2	7.8	23.6	1.4	
1982	100.0	66.9	7.8	23.7	1.6	
1983	100.0	65.2	6.9	25.9	2.0	
1984	100.0	65.9	6.1	25.9	2.1	
1985	100.0	63.2	6.6	27.6	2.6	
1986	100.0	62.9	6.0	28.1	3.0	
1987	100.0	60.7	5.9	30.4	3.0	
1988	100.0	56.9	5.3	34.9	2.8	
1989	100.0	55.4	5.6	36.3	2.8	
1990	100.0	57.1	5.2	34.5	3.2	
1991	100.0	56.7	5.3	34.1	3.9	
1992	100.0	55.2	5.9	34.0	4.9	
1993	100.0	55.2	5.2	34.6	5.0	
1994	100.0	53.1	4.0	38.6	4.4	
1995	100.0	59.2	3.2	33.9	3.7	
1996	100.0	63.9	2.7	30.9	2.6	
1997	100.0	61.0	2.7	33.4	2.9	
1998	100.0	59.4	3.5	33.7	3.4	
1999	100.0	59.9	2.8	33.8	3.5	
2000	100.0	59.3	2.6	34.4	3.7	
2001	100.0	58.1	2.6	35.8	3.5	
2002	100.0	57.3	2.9	36.1	3.7	
2003	100.0	55.3	3.0	36.4	3.8	1.6
2004	100.0	54.3	3.0	37.7	3.5	1.5
2005	100.0	54.1	3.0	37.7	3.6	1.6
2006	100.0	56.2	3.9	35.5	2.8	1.7
2007	100.0	56.8	2.5	36.7	2.6	1.4
2008	100.0	54.3	2.5	39.5	2.4	1.3
2009	100.0	58.2	2.8	35.0	2.7	1.4
2010	100.0	61.0	3.0	32.0	2.7	1.3
2011	100.0	59.4	3.0	33.6	2.8	1.2
2012	100.0	60.0	3.1	32.4	3.2	1.3
2013	100.0	60.1	3.2	31.9	3.6	1.3
2014	100.0	60.7	3.3	30.5	4.1	1.4
2015	100.0	59.5	3.5	31.2	4.3	1.5
2016	100.0	58.5	3.7	31.9	4.3	1.5
2017	100.0	59.4	4.2	29.9	4.7	1.7

注：1.本表按当年价格计算。2.2006 年及以后使用的是农普衔接数。

Note: 1. Data in this table are calculated at current prices. 2. Data after 2006 are adjusted according to the Second National Agricultural Census.

4–8 农林牧渔业增加值（1996–2017 年）
Value Added of Farming, Forestry, Animal Husbandry and Fishery（1996–2017）

单位：亿元

年份 Year	农林牧渔业增加值 Value Added					
	合计 Total	农业 Farming	林业 Forestry	牧业 Animal Husbandry	渔业 Fishery	农林牧渔服务业 Serivces in Support of Agriculture, Forestry, animal Husbandry and Fishery
1996	284.89					
1997	304.51					
1998	298.67					
1999	284.28					
2000	283.00					
2001	293.03					
2002	315.78	204.31	10.78	86.66	14.04	
2003	336.36	209.95	11.62	94.37	14.99	5.42
2004	431.40	265.69	14.59	126.60	16.82	7.68
2005	459.83	280.88	15.19	136.83	18.69	8.25
2006	386.40	243.80	16.30	107.20	12.40	6.70
2007	482.40	309.19	12.81	138.80	14.40	7.20
2008	575.39	357.10	15.69	178.05	16.51	8.04
2009	606.80	396.72	18.37	164.00	18.93	8.78
2010	685.39	465.30	22.21	167.04	21.22	9.62
2011	844.52	560.77	27.82	217.56	27.26	11.11
2012	940.01	628.39	31.76	232.18	35.09	12.59
2013	1016.74	678.67	35.07	246.96	41.98	14.06
2014	1076.72	722.49	39.12	248.78	50.64	15.69
2015	1168.67	771.49	44.33	275.87	58.46	18.52
2016	1324.66	862.30	53.61	320.69	66.64	21.42
2017	1363.87	894.18	62.15	309.56	73.73	24.24

注：1.本表按当年价格计算。2.2006 年及以后使用的是农普衔接数。

Note: 1. Data in this table are calculated at current prices. 2. Data after 2006 are adjusted according to the Second National Agricultural Census.

4–9 农林牧渔业增加值指数（1997–2017 年）
Indices of Value Added of Farming, Forestry,Animal Husbandry and Fishery（1997–2017）

上年=100

年 份 Year	农林牧渔业增加值指数 Indices of Value Added					
	合计 Total	农业 Farming	林业 Forestry	牧业 Animal Husbandry	渔业 Fishery	农林牧渔服务业 Serivces in Support of Agriculture, Forestry, animal Husbandry and Fishery
1997	106.9					
1998	98.1					
1999	95.2					
2000	99.5					
2001	103.5					
2002	107.8					
2003	106.5	102.8	107.8	108.9	106.8	
2004	128.3	126.5	125.6	134.1	112.2	141.7
2005	106.6	105.7	104.1	108.1	111.2	107.4
2006	84.0	86.8	107.3	78.3	66.3	81.2
2007	124.8	126.8	78.6	129.5	116.1	107.5
2008	119.3	115.5	122.5	128.3	114.7	111.6
2009	105.5	111.1	117.1	92.1	114.7	109.2
2010	113.0	117.3	120.9	101.9	112.1	109.6
2011	123.2	120.5	125.3	130.2	128.4	115.5
2012	111.3	112.1	114.1	106.7	128.8	113.4
2013	108.2	108.0	110.4	106.4	119.6	111.6
2014	105.9	106.5	111.5	100.7	120.6	111.6
2015	108.5	106.8	113.3	110.9	115.4	118.1
2016	113.3	111.8	121.0	116.2	114.0	115.7
2017	104.1	104.2	111.8	101.5	107.6	110.3

注：1.本表按当年价格计算。2.2006 年及以后使用的是农普衔接数。

Note: 1. Data in this table are calculated at current prices. 2. Data after 2006 are adjusted according to the Second National Agricultural Census.

4-10 农林牧渔业增加值构成（2002-2017 年）

Composition of Value Added of Farming, Forestry, Animal Husbandry and Fishery（2002-2017）

单位：%

年 份 Year	农林牧渔业增加值构成 Composition of Value Added					
	合计 Total	农业 Farming	林业 Forestry	牧业 Animal Husbandry	渔业 Fishery	农林牧渔服务业 Serivces in Support of Agriculture, Forestry, animal Husbandry and Fishery
2002	100.00	64.70	3.41	27.44	4.45	
2003	100.00	62.42	3.45	28.06	4.46	1.61
2004	100.00	61.59	3.38	29.35	3.90	1.78
2005	100.00	61.08	3.30	29.76	4.07	1.79
2006	100.00	63.10	4.22	27.74	3.21	1.73
2007	100.00	64.09	2.65	28.77	2.99	1.49
2008	100.00	62.06	2.73	30.94	2.87	1.40
2009	100.00	65.38	3.03	27.03	3.12	1.45
2010	100.00	67.89	3.24	24.37	3.10	1.40
2011	100.00	66.40	3.29	25.76	3.23	1.32
2012	100.00	66.85	3.38	24.70	3.73	1.34
2013	100.00	66.75	3.45	24.29	4.13	1.38
2014	100.00	67.10	3.63	23.11	4.70	1.46
2015	100.00	66.01	3.79	23.61	5.00	1.59
2016	100.00	65.10	4.05	24.21	5.03	1.62
2017	100.00	65.56	4.56	22.70	5.41	1.78

注：1.本表按当年价格计算。2.2006 年及以后使用的是农普衔接数。

Note: 1. Data in this table are calculated at current prices. 2. Data after 2006 are adjusted according to the Second National Agricultural Census.

4-11 农林牧渔业劳动生产率与增加值率（1978-2017 年）
Labor Productivity Rate and Value Added Rate of Farming, Forestry, Animal Husbandry and Fishery（1978-2017）

年 份 Year	农林牧渔业总产值（亿元） Gross Output Value of Farming, Forestry, Animal Husbandry and Fishery（100 million yuan）	农林牧渔业中间消耗（亿元） Mid-consumption of Farming, Forestry, Animal Husbandry and Fishery（100 million yuan）	农林牧渔业增加值（亿元） Value Added of Farming, Forestry, Animal Husbandry and Fishery（100 million yuan）	农林牧渔业增加值指数（上年=100） Indices of Value Added of Farming, Forestry, Animal Husbandry and Fishery（preceding year=100）	农林牧渔业增加值率（%） Rate of Value Added of Farming, Forestry, Animal Husbandry and Fishery（%）	农林牧渔业从业人员人均增加值（元） Per Employee Value Added of Farming, Forestry, Animal Husbandry and Fishery（yuan）
1978	36.25	11.44	24.81		68.4	286
1979	41.92	13.16	28.76	115.9	68.6	322
1980	43.36	10.86	32.50	113.0	75.0	352
1981	49.62	13.42	36.20	111.4	73.0	382
1982	55.84	15.38	40.46	111.8	72.5	418
1983	60.69	15.46	45.23	111.8	74.5	457
1984	67.31	16.92	50.39	111.4	74.9	509
1985	75.56	22.17	53.39	106.0	70.7	545
1986	82.18	22.54	59.64	111.7	72.6	596
1987	93.00	30.76	62.24	104.4	66.9	614
1988	112.69	38.29	74.40	119.5	66.0	717
1989	127.64	46.32	81.32	109.3	63.7	763
1990	150.30	50.72	99.58	122.5	66.3	917
1991	165.53	56.93	108.60	109.1	65.6	981
1992	180.26	63.91	116.35	107.1	64.5	1051
1993	216.94	76.30	140.64	120.9	64.8	1324
1994	292.39	98.28	194.11	138.0	66.4	1867
1995	384.69	123.17	261.52	134.7	68.0	2578
1996	424.99	140.10	284.89	108.9	67.0	2873
1997	439.35	134.84	304.51	106.9	69.3	3164
1998	428.88	130.21	298.67	98.1	69.6	3165
1999	416.88	132.60	284.28	95.2	68.2	2976
2000	412.63	129.63	283.00	99.5	68.6	3071
2001	431.17	138.14	293.03	103.5	68.0	3312
2002	460.98	145.20	315.78	107.8	68.5	3703
2003	488.57	152.21	336.36	106.5	68.8	4136
2004	612.77	181.37	431.40	128.3	70.4	5387
2005	662.19	202.39	459.80	106.6	69.4	5926
2006	575.24	188.84	386.40	92.6	67.2	5210
2007	720.73	238.33	482.40	124.8	66.9	6898
2008	871.39	295.99	575.39	120.9	66.0	8511
2009	913.11	306.31	606.80	104.8	66.5	9340
2010	1021.13	335.75	685.39	113.0	67.1	10947
2011	1265.33	420.82	844.52	123.2	66.7	13981
2012	1402.03	462.02	940.01	111.3	67.0	16018
2013	1513.74	497.00	1016.74	108.2	67.2	18037
2014	1594.96	518.23	1076.72	105.9	67.5	19142
2015	1738.15	569.48	1168.67	108.5	67.2	20983
2016	1968.28	643.62	1324.66	113.3	67.3	24065
2017	2009.36	645.49	1363.87	104.1	67.9	24965

注：1.本表按当年价格计算。2.2006 年及以后使用的是农普衔接数。

Note: 1. Data in this table are calculated at current prices. 2. Data after 2006 are adjusted according to the Second National Agricultural Census.

4-12 农业生产条件（1978-2017 年）
Conditions of Agricultural Production（1978-2017）

年份 Year	有效灌溉面积（万亩）Effective Irrigated Area（10 000 mu）	农业机械总动力（万千瓦）Total Power of Agricultural Machinery（10 000 kw）	农村用电量（万千瓦小时）Electricity Consumption in Rural Areas（10 000 kwh）	化肥施用量（折纯）（吨）Consumption of Chemical Fertilizer（net）（tons）	农膜使用量（吨）Consumption of Farm Plastic Film（tons）	农药使用量（吨）Consumption of Chemical Pesticides（tons）
1978	844.1	101	28542	216278	3371	6357
1979	878.4	124	33122	255515	3371	7027
1980	906.3	155	37953	292101	3718	7062
1981	908.0	172	45636	304544	3926	7226
1982	909.7	176	51322	303319	4285	7823
1983	911.3	192	56838	314770	4595	7542
1984	913.0	204	52804	315511	4683	7194
1985	914.7	219	63309	317583	5029	7275
1986	901.9	240	71471	366913	5121	7867
1987	889.0	259	83229	382551	5668	7785
1988	876.2	278	79637	382889	6111	8060
1989	863.4	291	89611	447162	6507	8078
1990	870.3	300	97091	481255	8028	8723
1991	878.3	316	104430	520805	9727	10105
1992	884.4	324	115831	527472	10672	10489
1993	888.9	343	134027	545141	11822	12709
1994	892.9	366	160197	585547	12828	12910
1995	896.9	386	174847	620165	14289	14628
1996	901.3	410	196788	655535	15314	16936
1997	917.1	454	227302	696375	15909	16831
1998	921.2	506	242934	711802	17712	18221
1999	930.7	558	260029	710327	18620	18418
2000	939.0	586	278728	720017	19575	18514
2001	947.9	628	301140	725794	19444	19065
2002	961.7	666	338717	733727	25337	19336
2003	974.5	696	366535	715935	24245	19540
2004	925.2	728	384627	770183	26834	19466
2005	927.2	776	428943	791951	27472	19541
2006	932.0	820	460291	805929	28226	19579
2007	950.6	860	484478	843203	30053	20372
2008	988.3	903	550949	881429	30914	20972
2009	1008.0	967	614832	911657	34712	22004
2010	1027.9	1071	647738	918186	36602	20854
2011	1039.3	1140	703706	959761	39332	20324
2012	1081.5	1162	738000	960218	40928	19480
2013	1012.8	1199	761193	966435	42860	18354
2014	1015.9	1243	783145	972642	43824	18437
2015	1030.8	1300	781397	977270	45162	18199
2016	1035.9	1319	786938	961606	45265	17604
2017	1041.5	1353	801802	954649	45479	17467

4–13 农作物播种面积及结构（1978–2017 年）
Sown Areas of Farm Crops and Its Composition（1978–2017）

单位：公顷、%、次

年份 Year	农作物播种面积 Sown Areas of Farm Crops	其中 By purpose		农作物播种面积构成 Composition of Sown Areas of Farm Crops		耕地复种指数 Resown Index of Cultivated Areas
		粮食作物 Grain Crops	经济作物 Cash Crops	粮食作物 Grain Crops	经济作物 Cash Crops	
1978	3498061	3177221	219746	90.83	6.28	2.00
1979	3503427	3182736	216639	90.85	6.18	2.02
1980	3345304	3048196	195745	91.12	5.85	1.93
1981	3426283	3051138	263106	89.05	7.68	1.98
1982	3420431	3002794	309551	87.79	9.05	1.99
1983	3274572	2921223	243651	89.21	7.44	1.91
1984	3219810	2849537	273357	88.50	8.49	1.90
1985	3214717	2748498	360776	85.50	11.22	1.93
1986	3232433	2710205	421376	83.84	13.04	1.95
1987	3241258	2697509	439056	83.22	13.55	1.96
1988	3287399	2727164	446491	82.96	13.58	1.99
1989	3381959	2788700	472185	82.46	13.96	2.05
1990	3438950	2847370	473968	82.80	13.78	2.08
1991	3526637	2889404	519796	81.93	14.74	2.14
1992	3522037	2874889	522116	81.63	14.82	2.14
1993	3513064	2870480	510493	81.71	14.53	2.14
1994	3493884	2877837	487821	82.37	13.96	2.14
1995	3526684	2876853	512996	81.57	14.55	2.16
1996	3585745	2889834	558473	80.59	15.57	2.21
1997	3605420	2881902	578753	79.93	16.05	2.24
1998	3614446	2900656	558301	80.25	15.45	2.26
1999	3592496	2862143	580264	79.67	16.15	2.25
2000	3590815	2773404	647366	77.24	18.03	2.27
2001	3555871	2714600	672125	76.34	18.90	2.29
2002	3464566	2606866	697285	75.24	20.13	2.50
2003	3307179	2410369	733363	72.88	22.17	2.44
2004	3435957	2516507	746014	73.24	21.71	2.45
2005	3444733	2501263	770145	72.61	22.36	2.46
2006	3073880	2155500	730710	70.12	23.77	2.22
2007	3134700	2195800	751200	70.05	23.96	2.26
2008	3215064	2215407	836466	68.91	26.02	
2009	3308300	2229493	942060	67.39	28.48	
2010	3359388	2243888	994417	66.79	29.60	
2011	3413088	2259413	1038835	66.20	30.44	
2012	3477694	2259606	1106763	64.97	31.82	
2013	3515889	2253905	1153469	64.11	32.81	
2014	3540352	2242522	1196894	63.34	33.81	
2015	3575797	2233958	1230029	62.47	34.40	
2016	3600733	2250051	1263920	62.49	35.10	
2017	3606416	2238973	1279523	62.08	35.48	

4-14 粮食播种面积（1978-2017 年）
Sown Areas of Grain Crops（1978-2017）

单位：公顷

年份 Year	粮食播种面积 Sown Areas of Grain Crops	1.谷物 Cereal	稻谷 Rice	玉米 Corn	小麦 Wheat	2.薯类 Tubers	红苕 Sweet Potato	3.豆类 Soybeans
1978	3177221	1996228	849243	529908	499371	907719	499988	273274
1979	3182736	2036531	813766	558676	571185	872027	504295	274178
1980	3048196	2011466	828317	563021	548898	798054	483016	238676
1981	3051138	2036370	823186	582184	565063	786727	485645	228041
1982	3002794	2018351	812376	574167	568073	760521	476244	223922
1983	2921223	1973780	820755	549742	537813	737417	453573	210026
1984	2849537	1939272	824188	536836	512576	698867	430140	211398
1985	2748498	1881141	820140	509473	484987	658549	411822	208808
1986	2710205	1854051	819858	498179	474509	650827	409666	205327
1987	2697509	1840617	807797	497082	469040	656006	421156	200886
1988	2727164	1865190	821305	495840	480098	668028	420377	193946
1989	2788700	1914782	836231	496121	510960	686688	433931	187230
1990	2847370	1951433	821986	514534	541069	710665	440660	185272
1991	2889404	1972589	816684	519094	564016	730941	451382	185874
1992	2874889	1950332	819262	507808	560724	736846	448311	187711
1993	2870480	1934683	804560	506843	558338	756482	455085	179315
1994	2877837	1938787	800342	517136	545076	752030	467243	187020
1995	2876853	1923230	799482	514595	550291	767418	462391	186205
1996	2889834	1929946	802279	514835	555130	765959	460824	193929
1997	2881902	1918793	797955	510877	556235	770452	463488	192657
1998	2900656	1921857	794636	526068	548282	780473	469749	198326
1999	2862143	1892908	788576	519898	531598	774842	462575	194393
2000	2773404	1793481	776636	500658	466175	760801	451929	219122
2001	2714600	1722159	763964	488690	422131	773517	471069	218924
2002	2606866	1666042	757195	472433	388148	721823	414963	219001
2003	2410369	1539598	738486	429966	322734	666801	383808	203970
2004	2516507	1566568	749300	460415	280528	725660	419621	224279
2005	2501263	1537094	747949	460342	279667	729629	410369	234540
2006	2155500	1293270	672300	440500	164800	676000	361350	186230
2007	2195800	1322090	652130	453670	199700	680390	373540	193340
2008	2215407	1336239	673538	455553	188950	682038	371895	197130
2009	2229493	1331208	682041	459116	168210	693824	366664	204461
2010	2243888	1319670	683904	461886	150532	710264	374001	213954
2011	2259413	1316381	686485	466930	138362	718398	374200	224634
2012	2259606	1305381	686996	468387	125396	724105	373937	230120
2013	2253905	1292121	688657	466733	107600	725765	369497	236019
2014	2242522	1276878	689673	467873	86980	728137	369823	237507
2015	2233958	1262213	688319	470844	69697	731078	367385	240667
2016	2250051	1260929	692052	475254	59825	746518	374705	242603
2017	2238973	1244825	689991	468419	52479	748626	376260	245523

4-15 粮食产量（1978-2017 年）
Output of Grain Crops（1978-2017）

单位：万吨

年份 Year	粮食产量 Output of Grain Crops	1.谷物 Cereal	稻谷 Rice	玉米 Corn	小麦 Wheat	2.薯类 Tubers	红苕 Sweet Potato	3.豆类 Soybeans
1978	814.71	600.07	345.07	131.43	94.92	185.57	134.80	29.07
1979	871.71	629.47	341.30	153.42	114.45	216.22	169.20	26.01
1980	835.43	634.35	341.59	158.28	111.65	178.87	130.03	22.20
1981	883.87	679.97	387.40	177.41	115.15	179.28	127.17	24.61
1982	974.02	756.56	409.75	182.37	138.72	191.96	141.76	25.49
1983	998.30	780.64	455.23	162.57	138.62	191.21	145.97	26.45
1984	1048.36	843.50	500.30	186.78	132.98	180.57	133.57	24.28
1985	948.97	761.20	461.73	158.99	118.93	165.51	122.29	22.26
1986	1004.92	809.69	493.41	168.83	125.10	170.20	127.18	25.02
1987	1004.51	786.35	499.56	144.24	120.39	195.82	152.74	22.34
1988	958.02	770.84	503.00	144.01	105.56	166.64	126.43	20.53
1989	1044.88	831.67	541.81	165.14	107.30	195.96	149.34	17.25
1990	1085.07	888.08	550.40	192.59	130.81	177.05	123.19	19.93
1991	1115.28	881.49	535.90	192.23	142.28	212.25	155.17	21.53
1992	1050.24	835.57	509.07	168.35	150.17	196.18	137.46	18.48
1993	1052.72	816.19	479.90	180.87	153.66	214.63	146.87	21.90
1994	1134.10	882.09	523.13	192.13	148.50	226.06	157.03	25.94
1995	1153.68	888.21	532.63	185.74	156.86	235.09	165.72	30.38
1996	1172.14	900.41	542.64	197.91	143.85	251.63	167.09	20.10
1997	1184.63	920.57	552.44	208.87	144.49	242.17	157.81	21.90
1998	1155.36	876.07	519.38	196.64	145.65	257.11	171.57	22.17
1999	1143.05	871.04	533.01	202.73	121.49	250.07	169.82	21.93
2000	1131.21	850.39	525.43	196.24	121.38	256.23	171.31	24.60
2001	1035.35	768.03	466.45	190.20	99.97	244.00	164.59	23.32
2002	1082.15	790.45	484.42	202.48	93.83	263.92	188.61	27.78
2003	1087.20	796.17	494.30	206.26	83.84	258.82	184.17	32.21
2004	1144.57	828.26	509.55	227.80	78.38	278.20	185.36	38.11
2005	1168.19	845.77	521.43	233.13	78.65	282.36	180.47	40.06
2006	808.40	596.06	344.90	200.50	47.60	183.10	97.87	29.24
2007	1088.00	790.68	491.59	234.18	61.05	262.20	172.20	35.12
2008	1153.21	838.81	529.39	246.03	58.20	276.62	174.90	37.78
2009	1137.20	812.97	511.30	244.45	51.68	284.40	177.38	39.83
2010	1156.13	822.09	518.57	251.56	45.93	292.11	179.98	41.93
2011	1126.90	799.16	493.50	257.00	42.39	284.25	168.10	43.49
2012	1138.54	799.12	498.00	256.26	38.45	294.38	176.12	45.04
2013	1148.13	804.68	503.08	258.08	33.70	297.43	175.75	46.03
2014	1144.54	796.84	503.19	255.97	26.96	301.10	178.70	46.60
2015	1154.89	800.16	506.36	259.73	22.85	306.80	178.73	47.94
2016	1166.00	806.24	510.55	264.69	19.64	311.39	182.07	48.37
2017	1167.15	803.14	509.94	264.53	17.03	314.78	183.93	49.23

4-16 主要粮食作物单位面积产量（1978-2017 年）
Output of Grain Crops Per Mu（1978-2017）

单位：公斤/亩

年份 Year	粮食单位面积产量 Output of Grain Crops Per Mu	1.谷物 Cereal	稻谷 Rice	玉米 Corn	小麦 Wheat	2.薯类 Tubers	红苕 Sweet Potato	3.豆类 Soybeans
1978	170.95	200.40	270.89	165.35	126.72	136.29	179.74	70.92
1979	182.59	206.06	279.60	183.08	133.59	165.30	223.68	63.25
1980	182.72	210.25	274.93	187.42	135.61	149.42	179.47	62.01
1981	193.12	222.61	313.74	203.16	135.86	151.92	174.58	71.95
1982	216.25	249.89	336.26	211.75	162.80	168.27	198.44	75.90
1983	227.83	263.67	369.77	197.15	171.84	172.87	214.55	83.97
1984	245.27	289.97	404.68	231.95	172.96	172.25	207.02	76.57
1985	230.18	269.76	375.33	208.05	163.48	167.55	197.97	71.08
1986	247.19	291.14	401.22	225.93	175.76	174.35	206.97	81.24
1987	248.26	284.81	412.28	193.45	171.12	199.00	241.78	74.14
1988	234.19	275.52	408.29	193.63	146.59	166.30	200.51	70.57
1989	249.79	289.56	431.95	221.91	140.00	190.25	229.44	61.43
1990	254.05	303.39	446.40	249.54	161.18	166.09	186.38	71.73
1991	257.33	297.91	437.46	246.88	168.18	193.59	229.18	77.23
1992	243.54	285.62	414.25	221.02	178.55	177.50	204.42	65.64
1993	244.49	281.25	397.65	237.91	183.48	189.15	215.16	81.43
1994	262.72	303.31	435.76	247.69	181.63	200.40	224.05	92.48
1995	267.35	307.89	444.15	240.63	190.03	204.23	238.94	108.77
1996	270.41	311.03	450.91	256.28	172.75	219.01	241.73	69.08
1997	274.04	319.84	461.54	272.56	173.18	209.54	226.99	75.77
1998	265.54	303.90	435.74	249.19	177.10	219.62	243.49	74.53
1999	266.24	306.77	450.61	259.96	152.36	215.16	244.75	75.22
2000	271.92	316.10	451.03	261.31	173.58	224.53	252.70	74.83
2001	254.27	297.31	407.04	259.47	157.88	210.30	232.93	71.03
2002	276.74	316.30	426.50	285.72	161.15	243.75	303.01	84.56
2003	300.70	344.75	446.23	319.80	173.19	258.77	319.89	105.28
2004	303.22	352.47	453.35	329.85	186.27	255.59	294.49	113.28
2005	311.36	366.83	464.76	337.62	187.48	257.99	293.18	113.86
2006	250.03	307.26	342.01	303.44	192.56	180.57	180.56	104.67
2007	330.33	398.70	502.55	344.13	203.81	256.91	307.33	121.10
2008	347.03	418.49	523.99	360.05	205.35	270.39	313.53	127.77
2009	340.05	407.13	499.77	354.96	204.82	273.27	322.51	129.86
2010	343.49	415.30	505.50	363.09	203.41	274.18	320.82	130.66
2011	332.51	404.73	479.25	366.94	204.23	263.78	299.48	129.08
2012	335.91	408.12	483.26	364.74	204.42	271.03	313.98	130.48
2013	339.60	415.17	487.01	368.64	208.80	273.21	317.10	130.00
2014	340.25	416.03	486.40	364.73	206.61	275.68	322.14	130.81
2015	344.65	422.62	490.43	367.75	218.61	279.77	324.33	132.79
2016	345.47	426.27	491.83	371.29	218.87	278.08	323.93	132.93
2017	347.53	430.12	492.70	376.48	216.38	280.32	326.10	133.68

4-17 主要经济作物播种面积（1978-2017年）
Sown Areas of Major Cash Crops（1978-2017）

单位：公顷

年份 Year	油料 Oil-bearing Crops	油菜籽 Rapeseeds	麻类 Fiber Crops	糖料 Sugar Crops	烟叶 Tobacco	烤烟 Flue-cured Tobacco	蔬菜 Vegetables
1978	92351	71374	3671	11149	26582		95954
1979	108335	81265	5129	10969	14782		90678
1980	116577	89369	5751	9907	10416		78400
1981	148986	118422	7100	9972	17635		105589
1982	162114	130770	4549	10678	30682		117805
1983	130527	102713	3852	10375	19449		114323
1984	130945	98232	3983	8292	22592		126918
1985	176866	137367	16396	8681	30956		140569
1986	183859	143792	29591	8195	40897		159811
1987	180579	143292	44245	7855	41729		160867
1988	185171	150612	30722	7774	54056		171444
1989	188593	154505	18923	7242	75726		177979
1990	203171	168751	12107	6628	66607		183873
1991	224412	188989	9316	6962	70859		197049
1992	215622	179402	7750	4969	81258		200686
1993	184964	147692	7154	4198	82461		222621
1994	174643	135505	8105	3396	54997		225902
1995	201550	162572	7539	3067	58939		236283
1996	202483	159584	7174	2784	77657	63859	257106
1997	191800	152222	6826	2145	99482	82561	267203
1998	192330	148896	5314	2009	56603	41648	290397
1999	197151	151801	4737	2096	63969	49650	301389
2000	226384	173185	6128	2332	70775	55212	327094
2001	225046	167911	6796	2481	55210	40056	366330
2002	236325	173930	6859	2881	56012	43463	373072
2003	236724	176836	7108	2829	57237	46605	386990
2004	244129	173815	7573	2800	52995	41361	390235
2005	252421	187333	8456	2789	51508	41530	399972
2006	187290	133680	10515	2791	48879	38500	417414
2007	192920	135370	11353	2892	43553	33415	432906
2008	215531	150170	11476	2981	47749	39453	503673
2009	237025	173643	11329	3069	52579	43890	552233
2010	254995	191849	10370	3131	42735	34914	589095
2011	257096	196200	9607	3382	46165	38911	618631
2012	271016	204557	6835	3376	49989	38011	652660
2013	283508	215603	5793	2948	49323	42948	681707
2014	299963	232581	5657	2659	45964	39878	708068
2015	309315	242458	5340	2386	45829	40136	731667
2016	319971	251974	4485	2362	43451	39438	747060
2017	328550	259877	4162	2312	34904	30657	760830

4–18 主要经济作物产量（1978–2017 年）
Output of Major Cash Crops（1978–2017）

单位：吨

年份 Year	油料 Oil–bearing Crops	油菜籽 Rapeseeds	麻类 Fiber Crops	糖料 Sugar Crops	烟叶 Tobacco	烤烟 Flue–cured Tobacco	蔬菜 Vegetables
1978	77118	60310	1659	312034	22528	6855	2439529
1979	91314	70294	3433	406432	10239	5127	2344061
1980	115738	92841	6172	366448	8098	2992	2298578
1981	159868	124422	8530	291337	20686	4137	2922414
1982	220378	183808	7126	405414	37239	13626	3387654
1983	145813	115822	4931	310043	19628	8281	3376951
1984	145217	102829	8438	294537	24134	8396	3586734
1985	181214	136319	25787	302414	36239	20360	3908601
1986	209114	158537	21719	314239	46724	29183	4219393
1987	208934	161365	35995	294315	44992	25124	4390009
1988	192527	149418	31013	293233	68928	45585	4609285
1989	187824	143842	18932	244115	62093	52041	4693117
1990	220215	177399	12707	205543	74393	48868	4996119
1991	269213	228099	11487	260714	98156	74498	5330009
1992	251814	213975	9716	143328	124705	95961	5413806
1993	217034	172246	9257	123034	113208	86345	5582304
1994	192613	153138	11471	93947	68904	50168	5698265
1995	251217	205415	11092	87634	77981	57436	5939064
1996	236044	186629	10898	82660	132355	110446	6370253
1997	233414	183367	11175	80765	164736	134195	6684420
1998	251129	190331	7541	72824	79970	57522	7113007
1999	240859	173302	6826	75883	95653	72005	7371081
2000	310559	226055	8406	90557	104082	76921	7754156
2001	299617	219097	8857	100818	80064	53200	7799590
2002	350444	258443	12139	120586	87052	64355	8083098
2003	382742	285101	9620	113460	86048	68365	8401712
2004	417501	309876	10209	117734	85036	64470	8635651
2005	427121	318138	12362	114608	90173	71665	8904721
2006	289431	234687	11846	101574	91945	72576	7998819
2007	306773	231918	15399	112633	71513	48643	8553338
2008	357605	265430	16982	111844	85513	68992	9945191
2009	405388	309515	15869	115667	99905	82252	11774486
2010	444499	342193	14700	116833	81030	63880	13095385
2011	465073	351400	14455	118048	93608	75928	14079653
2012	501142	377102	10186	118823	102908	76062	15093438
2013	531375	401045	9461	109360	96604	82384	16006420
2014	569359	439652	9046	102927	84391	70943	16891140
2015	598721	467256	8460	97729	86759	73757	17804742
2016	627208	491912	7434	96990	83921	72672	18751267
2017	643619	504558	6957	95711	69053	58942	19471767

4-19 主要经济作物单位面积产量（1978-2017 年）
Output of Major Cash Crops Per Mu（1978-2017）

单位：公斤/亩

年份 Year	油料 Oil-bearing Crops	油菜籽 Rapeseeds	麻类 Fiber Crops	糖料 Sugar Crops	烟叶 Tobacco	烤烟 Flue-cured Tobacco	蔬菜 Vegetables
1978	55.7	56.3	30.1	1865.8	56.5		1694.9
1979	56.2	57.7	44.6	2470.2	46.2		1723.4
1980	66.2	69.3	71.5	2465.9	51.8		1954.6
1981	71.5	70.0	80.1	1947.7	78.2		1845.2
1982	90.6	93.7	104.4	2531.1	80.9		1917.1
1983	74.5	75.2	85.3	1992.2	67.3		1969.2
1984	73.9	69.8	141.2	2368.0	71.2		1884.0
1985	68.3	66.2	104.9	2322.4	78.0		1853.7
1986	75.8	73.5	48.9	2556.3	76.2		1760.2
1987	77.1	75.1	54.2	2497.9	71.9		1819.3
1988	69.3	66.1	67.3	2514.6	85.0		1792.3
1989	66.4	62.1	66.7	2247.2	54.7		1757.9
1990	72.3	70.1	70.0	2067.4	74.5		1811.4
1991	80.0	80.5	82.2	2496.5	92.3		1803.3
1992	77.9	79.5	83.6	1923.0	102.3		1798.4
1993	78.2	77.8	86.3	1953.9	91.5		1671.7
1994	73.5	75.3	94.4	1844.3	83.5		1681.6
1995	83.1	84.2	98.1	1904.9	88.2		1675.7
1996	77.7	78.0	101.3	1979.4	113.6	115.3	1651.8
1997	81.1	80.3	109.1	2510.2	110.4	108.4	1667.8
1998	87.0	85.2	94.6	2416.6	94.2	92.1	1632.9
1999	81.4	76.1	96.1	2413.6	99.7	96.7	1630.5
2000	91.5	87.0	91.4	2588.8	98.0	92.9	1580.4
2001	88.8	87.0	86.9	2709.1	96.7	88.5	1419.4
2002	98.9	99.1	118.0	2790.4	103.6	98.7	1444.4
2003	107.8	107.5	90.2	2673.7	100.2	97.8	1447.4
2004	114.0	118.9	89.9	2803.2	107.0	103.9	1475.3
2005	112.8	113.2	97.5	2739.5	116.7	115.0	1484.2
2006	103.0	117.0	75.1	2426.2	125.4	125.7	1277.5
2007	106.0	114.2	90.4	2596.4	109.5	97.0	1317.2
2008	110.6	117.8	98.7	2501.3	119.4	116.6	1316.4
2009	114.0	118.8	93.4	2512.6	126.7	124.9	1421.4
2010	116.2	118.9	94.5	2487.7	126.4	122.0	1482.0
2011	120.6	119.4	100.3	2326.8	135.2	130.1	1517.3
2012	123.3	122.9	99.4	2346.6	137.2	133.4	1541.7
2013	125.0	124.0	108.9	2472.8	130.6	127.9	1565.3
2014	126.5	126.0	106.6	2580.9	122.4	118.6	1590.3
2015	129.0	128.5	105.6	2730.6	126.2	122.5	1622.3
2016	130.7	130.1	110.5	2737.0	128.8	122.8	1673.3
2017	130.6	129.4	111.4	2759.5	131.9	128.2	1706.2

4-20　茶、桑、果生产情况（1978-2017 年）
Production of Tea, Silkworm Cocoons and Fruit（1978-2017）

单位：万吨、万亩

年份 Year	茶叶产量 Tea	蚕茧产量 Silkworm Cocoons	水果产量 Fruits	柑桔 Citrus	果园面积 Area of Orchards	柑桔园 Citrus	茶园面积 Area of Tea Plantations
1978	0.80	1.5	7.9	5.4	20.5	14.4	47.5
1979	0.90	2.1	10.2	7.2	23.0	16.0	47.7
1980	0.92	2.6	15.7	12.4	27.0	19.0	48.5
1981	1.19	2.6	15.2	10.5	29.2	21.4	50.1
1982	1.20	3.1	13.2	9.4	33.2	25.8	48.4
1983	1.38	3.1	21.3	17.3	34.2	27.0	47.7
1984	1.53	3.3	23.0	18.0	41.7	34.0	46.5
1985	1.62	3.3	24.7	19.9	48.7	39.6	47.5
1986	1.69	3.3	28.6	22.1	58.8	48.4	46.3
1987	1.83	3.6	29.6	23.9	63.0	49.9	47.3
1988	1.87	4.2	20.5	14.1	68.0	53.0	47.7
1989	1.86	4.2	37.2	29.7	71.6	56.0	46.4
1990	1.81	4.4	35.1	27.9	70.5	55.3	43.9
1991	1.83	4.8	40.8	31.1	79.7	65.1	44.8
1992	1.72	5.1	41.4	33.5	84.0	68.6	42.5
1993	1.95	5.5	56.9	42.7	91.3	71.2	44.8
1994	2.19	5.7	52.9	42.2	94.3	73.0	41.1
1995	1.75	2.7	59.3	45.2	99.1	76.8	38.6
1996	1.55	2.7	56.6	43.3	106.7	81.7	38.9
1997	1.50	2.8	60.7	45.7	113.0	84.4	36.9
1998	1.53	2.9	74.1	54.6	133.5	90.3	34.7
1999	1.44	2.4	71.7	52.7	135.3	90.0	34.7
2000	1.45	2.9	81.7	58.4	146.4	94.7	35.7
2001	1.41	3.2	82.6	59.9	166.9	103.2	34.8
2002	1.41	3.4	91.0	65.7	221.1	138.9	36.2
2003	1.42	2.8	105.8	75.2	247.1	144.4	35.1
2004	1.61	2.9	137.2	80.0	247.1	147.1	36.0
2005	1.65	3.1	154.6	90.9	268.9	163.4	38.7
2006	1.71	2.7	145.7	84.7	284.0	164.9	40.3
2007	1.89	2.9	175.9	104.4	309.3	170.8	41.2
2008	2.17	2.4	193.28	113.7	325.1	180.4	42.7
2009	2.26	1.9	212.87	126.3	346.3	189.5	44.9
2010	2.52	2.0	238.47	139.0	373.0	207.0	48.4
2011	2.79	2.0	261.16	153.3	397.2	221.2	52.0
2012	3.14	2.1	291.19	171.5	423.3	242.1	52.6
2013	3.42	1.8	318.86	193.2	444.6	237.5	53.9
2014	3.38	1.8	347.61	207.2	473.1	288.7	56.6
2015	3.52	1.8	375.85	224.9	443.3	266.9	59.8
2016	3.70	1.6	408.69	242.6	459.9	301.5	63.4
2017	3.92	1.4	445.94	271.9	493.6	326.2	64.1

4-21 畜禽存栏情况（1978-2017 年）
Production of Livestock and Fowl in Stock（1978-2017）

单位：万头、万只

年份 Year	生猪 Hogs	能繁殖母猪 Productive Sow	家禽 Poultry
1978	915.0		1212.1
1979	1088.8		1296.9
1980	1165.0		1421.4
1981	1160.4		1422.4
1982	1231.2		1493.5
1983	1275.5		1774.3
1984	1327.8		1866.6
1985	1353.0		1952.4
1986	1377.4		2069.6
1987	1418.7		2193.8
1988	1448.5		2226.7
1989	1471.7		2333.6
1990	1429.1		2370.9
1991	1440.6		2631.7
1992	1444.2		2842.2
1993	1439.0		2887.7
1994	1476.0		3404.6
1995	1489.6		3499.9
1996	1477.1	124.7	3912.9
1997	1475.3	131.5	4652.5
1998	1493.0	128.4	4657.1
1999	1512.2	123.2	4936.5
2000	1509.9	117.8	5171.4
2001	1533.6	120.7	5391.9
2002	1548.9	128.0	6328.0
2003	1583.0	131.6	7813.4
2004	1640.7	141.6	10560.4
2005	1708.8	140.6	10653.3
2006	1377.4	128.8	8218.8
2007	1422.9	145.5	9230.5
2008	1566.5	153.5	9966.9
2009	1604.1	154.5	10813.3
2010	1557.9	148.5	10883.6
2011	1540.6	147.2	11627.5
2012	1524.3	148.9	12577.7
2013	1502.3	149.5	12921.6
2014	1483.8	145.6	13169.1
2015	1450.4	143.5	13678.9
2016	1395.6	137.5	14073.0
2017	1355.1	130.6	13228.7

4-22 畜禽出栏情况（1978-2017 年）

Production Condition of Livestock and Fowl out Stock（1978-2017）

单位：万头、万只

年份 Year	生猪 Hogs	家禽 Poultry
1978	531.6	1124.3
1979	716.7	1214.3
1980	797.6	1347.9
1981	868.4	1369.4
1982	894.4	1437.9
1983	972.3	1619.1
1984	1036.4	1732.4
1985	1140.1	1966.3
1986	1190.2	2512.9
1987	1243.8	2540.6
1988	1345.8	2794.6
1989	1375.4	3074.1
1990	1375.8	3197.0
1991	1429.4	3603.1
1992	1469.5	4129.1
1993	1493.0	4496.6
1994	1555.7	6062.5
1995	1610.1	6232.3
1996	1637.5	7167.1
1997	1699.7	8557.5
1998	1720.1	8968.3
1999	1703.2	9452.3
2000	1725.0	10209.1
2001	1746.9	10821.9
2002	1781.7	11492.1
2003	1828.5	12731.6
2004	1909.3	13737.4
2005	2006.4	15087.6
2006	1732.7	12328.2
2007	1783.2	12997.5
2008	1898.7	16363.7
2009	2003.1	17918.3
2010	2010.5	19674.2
2011	2020.9	20863.4
2012	2050.8	22222.6
2013	2104.5	23161.2
2014	2150.8	23601.3
2015	2119.9	24206.6
2016	2047.8	24928.1
2017	2013.3	24996.1

4-23 主要畜产品产量（1978-2017 年）
Output of Major Livestock and Poultry Products（1978-2017）

单位：吨

年份 Year	猪肉 Pork	禽肉 Poultry Meat	禽蛋 Poultry Eggs
1978	373754	16954	44594
1979	503821	18310	49793
1980	559241	20324	55073
1981	609013	20649	59737
1982	627283	21681	66874
1983	681857	24615	75669
1984	726860	26338	83086
1985	799546	27655	87735
1986	831528	35343	94402
1987	868947	35732	99787
1988	940201	39305	101708
1989	960885	43196	112361
1990	961173	44924	120098
1991	998659	50629	129412
1992	1026621	58021	146138
1993	1043047	63185	157056
1994	1084769	85173	173154
1995	1122736	87558	191837
1996	1141823	100692	208460
1997	1196634	119824	234996
1998	1216096	125576	244581
1999	1206142	132269	262866
2000	1224544	141906	278919
2001	1248734	151498	297922
2002	1274843	160891	315797
2003	1318198	179242	353554
2004	1364335	193581	365516
2005	1444599	214393	391482
2006	1248000	187000	303000
2007	1303000	201000	323000
2008	1406538	261209	331076
2009	1465247	285368	359661
2010	1475548	309659	372177
2011	1485523	326209	374198
2012	1507300	347488	400520
2013	1549503	357804	410898
2014	1585394	366389	432129
2015	1561507	375810	453607
2016	1513088	384396	473853
2017	1491499	384905	477384

4-24 水产品养殖面积与产量（1978-2017 年）
Aquatic Breeding Area and Products (1978-2017)

单位：万亩、万吨

年份 Year	水产品养殖面积 Culture Area				水产品产量 Aquatic Products		
	合计 Total	池塘 Ponds	水库 Reservoirs	河沟 Brooks	合计 Total	养殖产量 Breeding Production	捕捞产量 Halieutics Output
1978	51.45	20.97	24.33	0.47	1.44	1.25	0.18
1979	52.44	20.96	25.29	0.66	1.59	1.43	0.16
1980	56.16	21.56	25.75	0.83	1.77	1.57	0.20
1981	56.67	20.45	25.68	0.84	1.98	1.74	0.24
1982	60.29	23.00	26.15	0.66	2.42	2.13	0.29
1983	64.77	25.75	25.39	1.07	2.98	2.68	0.30
1984	69.01	27.40	25.95	1.37	3.52	3.15	0.36
1985	85.00	30.39	39.29	1.35	4.28	3.88	0.40
1986	86.81	32.40	26.78	1.42	4.78	4.37	0.41
1987	85.22	32.45	27.16	1.36	5.19	4.71	0.48
1988	88.99	32.28	27.10	1.48	5.84	5.29	0.55
1989	94.17	33.86	27.61	1.73	6.57	5.99	0.58
1990	94.52	34.38	27.63	1.75	6.55	5.94	0.61
1991	100.21	33.34	27.28	1.86	7.18	6.53	0.65
1992	100.44	34.42	28.26	1.82	7.45	6.79	0.66
1993	107.55	36.36	26.54	2.01	8.92	8.20	0.73
1994	105.92	38.28	26.93	1.99	10.35	9.37	0.72
1995	140.26	49.15	30.32	2.42	12.13	11.01	0.86
1996	153.40	52.41	31.96	2.81	14.07	12.91	0.90
1997	143.22	53.17	34.31	2.70	16.07	14.99	1.06
1998	80.76	43.85	32.42	3.12	17.86	16.37	1.49
1999	82.13	44.91	32.45	3.21	19.13	17.85	1.28
2000	84.75	44.45	35.90	3.29	20.03	18.75	1.28
2001	102.59	45.18	32.37	21.77	19.70	18.44	1.26
2002	103.82	46.07	32.37	21.89	21.16	19.93	1.23
2003	102.84	47.54	34.82	18.20	22.49	21.27	1.22
2004	103.32	48.59	34.71	18.18	23.93	22.63	1.29
2005	104.52	49.25	35.24	18.21	25.06	23.76	1.30
2006	52.29	27.45	24.60	0.15	16.40	15.50	0.90
2007	55.71	29.33	24.86	0.78	18.52	17.54	0.98
2008	49.39	26.95	16.22	0.53	19.06	18.07	0.99
2009	79.29	43.01	24.47	3.07	20.39	19.40	0.99
2010	114.59	62.64	39.83	11.23	22.43	21.33	1.10
2011	121.87	68.10	41.14	11.81	27.56	26.26	1.30
2012	126.51	71.72	41.97	11.87	33.07	31.58	1.49
2013	132.06	76.54	42.83	11.73	38.50	37.02	1.48
2014	140.40	80.72	43.39	15.59	44.34	42.31	2.03
2015	145.01	84.26	43.20	16.85	48.09	46.05	2.04
2016	149.47	87.20	44.24	17.50	50.84	48.80	2.04
2017	153.51	90.23	44.39	18.44	53.39	51.50	1.89

4-25 主要农作物产品产量（1978-2017年）
Output of Major Agricultural and Subsidiary Products（1978-2017）

单位：吨

年份 Year	粮食 Grain	稻谷 Rice	蔬菜 Vegetables	油料 Oil-bearing Crops	水果 Fruits	水产品 Aquatic Products
1978	8147124	3450743	2439529	77118	79148	14362
1979	8717105	3412959	2344061	91314	102035	15877
1980	8354304	3415928	2298578	115738	156943	17734
1981	8838662	3874043	2922414	159868	151724	19841
1982	9740178	4097533	3387654	220378	131617	24233
1983	9983024	4552317	3376951	145813	212635	29773
1984	10483598	5003031	3586734	145217	230047	35152
1985	9489734	4617324	3908601	181214	247034	42838
1986	10049167	4934142	4219393	209114	286134	47805
1987	10045128	4995618	4390009	208934	295728	51854
1988	9580177	5030015	4609285	192527	205033	58419
1989	10448847	5418132	4693117	187824	371924	65707
1990	10850650	5504018	4996119	220215	350842	65482
1991	11152754	5359013	5330009	269213	407533	71813
1992	10502382	5090735	5413806	251814	413834	74459
1993	10527245	4799036	5582304	217034	568527	89227
1994	11340991	5231338	5698265	192613	528743	103492
1995	11536828	5326334	5939064	251217	592936	121289
1996	11721384	5426385	6370253	236044	566177	140656
1997	11846286	5524370	6684420	233414	607242	160692
1998	11553604	5193805	7113007	251129	740977	178607
1999	11430451	5330086	7371081	240859	717046	191313
2000	11312145	5254279	7754156	310559	816841	200345
2001	10353518	4664508	7799590	299617	826121	196967
2002	10821456	4844176	8083098	350444	1134114	211568
2003	10872037	4942970	8401712	382742	1285880	224893
2004	11445661	5095471	8635651	417501	1372247	239255
2005	11681864	5214283	8904721	427121	1546266	250568
2006	8084000	3449000	7998819	289431	1457446	164046
2007	10880000	4915900	8553338	306773	1758938	185260
2008	11532076	5293898	9945191	357605	1932800	190600
2009	11372000	5112954	11774486	405388	2128709	203900
2010	11561300	5185738	13095385	444499	2384711	224300
2011	11269032	4935000	14079653	465073	2611604	275600
2012	11385449	4980000	15093438	501142	2911934	330720
2013	11481297	5030783	16006420	531375	3188578	385000
2014	11445396	5031855	16891140	569359	3476148	443409
2015	11548879	5063595	17804742	598721	3759483	480863
2016	11660025	5105537	18751267	627208	4086884	508427
2017	11671521	5099393	19471767	643619	4459442	515130

注：本表2006年始畜牧业数据根据农普数据衔接。
Note:Data of animal husbandry after 2006 in this table are adjusted according to the Second National Agricultural Census.

4-26 主要农作物产品年增长率（1978-2017 年）
Yearly Growth Rate of Major Agricultural and Subsidiary Products（1978-2017）

单位：上年=100

年份 Year	粮食 Grain	稻谷 Rice	蔬菜 Vegetables	油料 Oil-bearing Crops	水果 Fruits	水产品 Aquatic Products
1978	100.00	100.00	100.00	100.00	100.00	100.00
1979	107.00	98.91	96.09	118.41	128.92	110.55
1980	95.84	100.09	98.06	126.75	153.81	111.70
1981	105.80	113.41	127.14	138.13	96.67	111.88
1982	110.20	105.77	115.92	137.85	86.75	122.14
1983	102.49	111.10	99.68	66.16	161.56	122.86
1984	105.01	109.90	106.21	99.59	108.19	118.07
1985	90.52	92.29	108.97	124.79	107.38	121.87
1986	105.90	106.86	107.95	115.40	115.83	111.59
1987	99.96	101.25	104.04	99.91	103.35	108.47
1988	95.37	100.69	104.99	92.15	69.33	112.66
1989	109.07	107.72	101.82	97.56	181.40	112.48
1990	103.85	101.59	106.46	117.25	94.33	99.66
1991	102.78	97.37	106.68	122.25	116.16	109.67
1992	94.17	94.99	101.57	93.54	101.55	103.68
1993	100.24	94.27	103.11	86.19	137.38	119.83
1994	107.73	109.01	102.08	88.75	93.00	115.99
1995	101.73	101.82	104.23	130.43	112.14	117.20
1996	101.60	101.88	107.26	93.96	95.49	115.97
1997	101.07	101.81	104.93	98.89	107.25	114.24
1998	97.53	94.02	106.41	107.59	122.02	111.15
1999	98.93	102.62	103.63	95.91	96.77	107.11
2000	98.96	98.58	105.20	128.94	113.92	104.72
2001	91.53	88.78	100.59	96.48	101.14	98.31
2002	104.52	103.85	103.63	116.96	137.28	107.41
2003	100.47	102.04	103.94	109.22	113.38	106.30
2004	105.28	103.09	102.78	109.08	106.72	106.39
2005	102.06	102.33	103.12	102.30	112.68	104.73
2006	69.20	66.15	89.83	67.76	94.26	65.47
2007	134.59	142.53	106.93	105.99	120.69	112.93
2008	105.99	107.69	116.27	116.57	109.88	102.88
2009	98.61	96.58	118.39	113.36	110.14	106.98
2010	101.66	101.42	111.22	109.64	112.03	110.00
2011	97.47	95.16	107.52	104.63	109.51	122.87
2012	101.03	100.91	107.20	107.76	111.50	120.00
2013	100.84	101.02	106.05	106.03	109.50	116.41
2014	99.69	100.02	105.53	107.15	109.02	115.17
2015	100.90	100.63	105.41	105.16	108.15	108.45
2016	100.96	100.83	105.32	104.76	108.74	105.73
2017	100.10	99.88	103.84	102.62	109.12	101.32

注：本表 2006 年始畜牧业和渔业数据根据农普数据衔接。

Note:Data of animal husbandry and fishery after 2006 in this table are adjusted according to the Second National Agricultural Census.

4-27 畜禽产品年增长率（1978-2017 年）
Yearly Growth Rate of Livestock and Poultry Products（1978-2017）

单位：上年=100

年份 Year	猪肉 Pork	禽肉 Poultry Meat	禽蛋 Poultry Eggs
1978	100.00	100.00	100.00
1979	134.80	108.00	111.66
1980	111.00	111.00	110.60
1981	108.90	101.60	108.47
1982	103.00	105.00	111.95
1983	108.70	113.53	113.15
1984	106.60	107.00	109.80
1985	110.00	105.00	105.60
1986	104.00	127.80	107.60
1987	104.50	101.10	105.70
1988	108.20	110.00	101.93
1989	102.20	109.90	110.47
1990	100.03	104.00	106.89
1991	103.90	112.70	107.76
1992	102.80	114.60	112.92
1993	101.60	108.90	107.47
1994	104.00	134.80	110.25
1995	103.50	102.80	110.79
1996	101.70	115.00	108.67
1997	104.80	119.00	112.73
1998	101.63	104.80	104.08
1999	99.18	105.33	107.48
2000	101.53	107.29	106.11
2001	101.98	106.76	106.81
2002	102.09	106.20	106.00
2003	103.40	111.41	111.96
2004	103.50	108.00	103.38
2005	105.88	110.75	107.10
2006	86.39	87.22	77.40
2007	104.41	107.49	106.60
2008	107.95	129.95	102.50
2009	104.17	109.25	108.63
2010	100.70	108.51	103.48
2011	100.67	105.34	100.54
2012	101.47	106.53	107.03
2013	102.80	102.97	102.59
2014	102.32	102.40	105.17
2015	98.49	102.57	104.97
2016	96.90	102.28	104.46
2017	98.57	100.13	100.75

4–28 主要农作物产品人均占有量（1978–2017 年）
Per Capita Possesion of Major Agricultural and Subsidiary Products（1978–2017）

单位：公斤/人

年份 Year	粮食 Grain	稻谷 Rice	蔬菜 Vegetables	油料 Oil–bearing Crops	水果 Fruits	水产品 Aquatic Products
1978	309.1	130.9	92.6	2.9	3.0	0.5
1980	313.5	128.2	86.3	4.3	5.9	0.7
1985	342.8	166.8	141.2	6.5	8.9	1.5
1986	357.9	175.7	150.3	7.4	10.2	1.7
1987	353.1	175.6	154.3	7.3	10.4	1.8
1988	333.4	175.1	160.4	6.7	7.1	2.0
1989	360.7	187.0	162.0	6.5	12.8	2.3
1990	371.5	188.4	171.0	7.5	12.0	2.2
1991	379.5	182.3	181.4	9.2	13.9	2.4
1992	355.9	172.5	183.5	8.5	14.0	2.5
1993	355.1	161.9	188.3	7.3	19.2	3.0
1994	379.9	175.2	190.9	6.5	17.7	3.5
1995	384.3	177.4	197.9	8.4	19.8	4.0
1996	387.8	179.5	210.7	7.8	18.7	4.7
1997	389.3	181.5	219.7	7.7	20.0	5.3
1998	377.6	169.7	232.5	8.2	24.2	5.8
1999	372.0	173.5	239.9	7.8	23.3	6.2
2000	366.0	170.0	250.9	10.0	26.4	6.5
2001	334.2	150.6	251.8	9.7	26.7	6.4
2002	347.5	155.6	259.6	11.3	36.4	6.8
2003	347.3	157.9	268.4	12.2	41.1	7.2
2004	364.0	162.1	274.7	13.3	43.6	7.6
2005	368.6	164.5	281.0	13.5	48.8	7.9
2006	252.7	107.8	250.1	9.0	45.6	5.1
2007	336.3	151.9	264.4	9.5	54.4	5.7
2008	354.1	162.5	305.3	11.0	59.3	5.8
2009	347.2	156.1	359.5	12.4	65.0	6.2
2010	350.0	157.0	396.4	13.5	72.2	6.8
2011	338.4	148.2	422.8	14.0	78.4	8.3
2012	340.5	148.9	451.4	15.0	87.1	9.9
2013	341.9	149.8	476.6	15.8	94.9	11.5
2014	339.1	149.1	500.4	16.9	103.0	13.1
2015	342.5	150.2	528.0	17.8	111.5	14.3
2016	343.7	150.5	552.8	18.5	120.5	15.0
2017	344.3	150.4	574.4	19.0	131.6	15.2

注：1.本表人均产量按户籍人口计算。2.2006 年始粮食、油料、肉类、水产品、禽蛋采用农普衔接数计算。

Note:1. Per capita output in this table are calculated by the household population. 2. Data of grain, oil–bearing crops, meat, aquatic products and poultry eggs after 2006 are adjusted according to the Second National Agricultural Census.

4-29 畜禽产品人均占有量（1978-2017年）
Per Capita Possesion of Major Livestock and Poultry Products（1978-2017）

单位：公斤/人

年份 Year	猪肉 Pork	禽肉 Poultry Meat	禽蛋 Poultry Eggs
1978	14.2	0.6	1.7
1980	21.0	0.8	2.1
1985	28.9	1.0	3.2
1986	29.6	1.3	3.4
1987	30.5	1.3	3.5
1988	32.7	1.4	3.5
1989	33.2	1.5	3.9
1990	32.9	1.5	4.1
1991	34.0	1.7	4.4
1992	34.8	2.0	5.0
1993	35.2	2.1	5.3
1994	36.3	2.9	5.8
1995	37.4	2.9	6.4
1996	37.8	3.3	6.9
1997	39.3	3.9	7.7
1998	39.7	4.1	8.0
1999	39.3	4.3	8.6
2000	39.6	4.6	9.0
2001	40.3	4.9	9.6
2002	40.9	5.2	10.1
2003	42.1	5.7	11.3
2004	43.4	6.2	11.6
2005	45.6	6.8	12.4
2006	39.0	5.8	9.5
2007	40.3	6.2	10.0
2008	43.2	8.0	10.2
2009	44.7	8.7	11.0
2010	44.7	9.4	11.3
2011	44.6	9.8	11.2
2012	45.1	10.4	12.0
2013	46.1	10.7	12.2
2014	47.0	10.9	12.8
2015	46.3	11.1	13.5
2016	44.6	11.3	14.0
2017	44.0	11.4	14.1

注：本表人均产量按户籍人口计算。

Note:Per capita output in this table are calculated by the household population.

4-30 各区县基层组织及人口（2011 年）

Primary-level Organizations and Population by Region of Chongqing（2011）

单位：个、万人

地 区	Region	乡镇个数 Number of Township and Town Governments	行政村个数 Number of Villagers' Committees	乡村人口 Rural Population	乡村从业人员 Rural Employees	一产业 Primary Industry
重庆市	Chongqing	912	8616	2324.50	1369.98	604.04
渝中区	Yuzhong District					
大渡口区	Dadukou District	3	32	3.36	2.08	0.87
江北区	Jiangbei District	3	51	4.12	2.29	1.22
沙坪坝区	Shapingba District	11	86	14.18	8.69	2.59
九龙坡区	Jiulongpo District	11	100	21.04	12.85	4.30
南岸区	Nan' an District	8	60	26.63	5.96	2.15
北碚区	Beibei District	12	118	31.38	20.85	6.97
渝北区	Yubei District	17	216	45.42	29.74	14.48
巴南区	Ba' nan District	22	197	55.78	34.79	13.02
涪陵区	Fuling District	25	319	80.95	52.78	22.68
长寿区	Changshou District	18	226	66.33	42.62	15.32
江津区	Jiangjin District	23	184	116.16	69.48	26.58
合川区	Hechuan District	30	331	118.83	75.36	35.51
永川区	Yongchuan District	23	208	72.60	36.74	11.46
南川区	Nanchuan District	34	185	61.83	34.95	14.44
綦江区	Qijiang District	28	365	91.13	49.42	19.99
大足区	Dazu District	27	232	68.98	37.44	18.86
潼南区	Tongnan District	22	281	81.55	49.16	23.30
铜梁区	Tongliang District	28	269	65.42	40.00	13.89
荣昌区	Rongchang District	21	92	64.51	41.99	17.86
璧山区	Bishan District	15	150	45.58	33.12	11.24
万州区	Wanzhou District	51	448	127.55	72.85	33.60
梁平区	Liangping District	34	316	80.28	47.42	19.96
城口县	Chengkou County	25	184	22.15	11.04	5.19
丰都县	Fengdu County	30	277	65.55	36.54	19.56
垫江县	Dianjiang County	24	243	75.23	50.44	23.31
忠 县	Zhongxian County	27	318	78.17	43.28	16.51
开州区	Kaizhou District	33	435	140.69	78.63	30.53
云阳县	Yunyang County	38	396	102.13	52.02	22.47
奉节县	Fengjie County	29	332	90.14	43.88	18.69
巫山县	Wushan County	24	308	53.42	30.41	14.12
巫溪县	Wuxi County	32	298	44.64	26.80	11.86
黔江区	Qianjiang District	27	156	48.21	28.64	15.97
武隆区	Wulong District	25	186	37.48	23.21	11.90
石柱县	Shizhu County	31	214	43.22	27.43	19.37
秀山县	Xiushan County	24	235	45.77	34.43	15.22
酉阳县	Youyang County	38	270	72.97	45.31	30.36
彭水县	Pengshui County	39	298	61.14	37.34	18.70

4–30 各区县基层组织及人口（2012 年）
Primary–level Organizations and Population by Region of Chongqing（2012）

续表 1（continued 1）　　　　单位：个、万人

地 区	Region	乡镇个数 Number of Township and Town Governments	行政村个数 Number of Villagers' Committees	乡村人口 Rural Population	乡村从业人员 Rural Employees	一产业 Primary Industry
重庆市	**Chongqing**	**913**	**8480**	**2303.09**	**1365.29**	**586.86**
渝中区	Yuzhong District					
大渡口区	Dadukou District	3	32	3.09	1.87	0.81
江北区	Jiangbei District	3	42	3.92	2.30	0.94
沙坪坝区	Shapingba District	12	86	13.83	7.33	2.12
九龙坡区	Jiulongpo District	11	100	21.34	12.74	4.01
南岸区	Nan' an District	8	59	27.24	5.65	1.97
北碚区	Beibei District	12	118	31.21	20.48	6.45
渝北区	Yubei District	17	213	42.41	28.71	13.01
巴南区	Ba' nan District	22	197	56.07	35.22	12.96
涪陵区	Fuling District	25	315	81.21	53.47	22.12
长寿区	Changshou District	18	227	65.73	42.78	15.09
江津区	Jiangjin District	24	184	112.35	69.01	26.41
合川区	Hechuan District	30	327	118.61	75.29	34.10
永川区	Yongchuan District	23	208	72.78	36.98	11.55
南川区	Nanchuan District	34	185	51.24	34.76	11.73
綦江区	Qijiang District	28	365	89.15	48.96	19.34
大足区	Dazu District	26	212	80.49	37.63	18.88
潼南区	Tongnan District	22	281	81.57	48.52	22.71
铜梁区	Tongliang District	28	269	62.93	40.92	13.76
荣昌区	Rongchang District	21	92	61.94	41.79	16.98
璧山区	Bishan District	15	149	45.91	33.12	10.95
万州区	Wanzhou District	51	448	123.51	72.49	32.42
梁平区	Liangping District	32	313	83.26	49.52	20.45
城口县	Chengkou County	25	184	22.19	10.95	4.82
丰都县	Fengdu County	30	277	65.99	37.18	18.76
垫江县	Dianjiang County	24	241	74.67	50.45	23.31
忠 县	Zhongxian County	27	317	76.64	42.82	16.49
开州区	Kaizhou District	33	435	141.96	79.81	30.73
云阳县	Yunyang County	38	396	101.01	51.01	21.35
奉节县	Fengjie County	29	332	90.86	44.24	18.27
巫山县	Wushan County	24	309	53.02	29.94	14.06
巫溪县	Wuxi County	32	292	42.58	26.63	11.81
黔江区	Qianjiang District	27	156	46.05	28.16	13.68
武隆区	Wulong District	25	186	37.46	23.15	11.93
石柱县	Shizhu County	31	214	42.14	26.74	18.89
秀山县	Xiushan County	26	208	43.50	34.43	15.36
酉阳县	Youyang County	38	270	77.39	45.24	30.37
彭水县	Pengshui County	39	241	57.82	34.99	18.27

4-30 各区县基层组织及人口（2013 年）
Primary-level Organizations and Population by Region of Chongqing（2013）

续表 2（continued 2）　　单位：个、万人

地 区	Region	乡镇个数 Number of Township and Town Governments	行政村个数 Number of Villagers' Committees	乡村人口 Rural Population	乡村从业人员 Rural Employees	一产业 Primary Industry
重庆市	**Chongqing**	**916**	**8428**	**2267.73**	**1328.79**	**563.69**
万州区	Wanzhou District	51	448	121.92	71.35	31.71
黔江区	Qianjiang District	30	156	46.03	28.16	13.67
涪陵区	Fuling District	25	315	80.94	53.46	22.11
渝中区	Yuzhong District					
大渡口区	Dadukou District	3	32	2.91	1.95	0.74
江北区	Jiangbei District	3	40	3.01	1.28	0.56
沙坪坝区	Shapingba District	12	86	13.71	6.94	1.72
九龙坡区	Jiulongpo District	11	100	21.48	12.67	3.82
南岸区	Nan' an District	8	59	30.51	5.63	1.69
北碚区	Beibei District	12	118	31.28	20.08	5.77
渝北区	Yubei District	17	212	43.21	28.41	12.21
巴南区	Ba' nan District	22	198	56.47	35.23	12.49
长寿区	Changshou District	18	223	65.04	31.24	13.21
江津区	Jiangjin District	24	180	111.29	68.53	26.24
合川区	Hechuan District	30	327	107.34	74.70	33.62
永川区	Yongchuan District	23	208	73.49	37.39	12.65
南川区	Nanchuan District	34	185	50.54	33.38	11.70
綦江区	Qijiang District	28	365	88.48	47.87	16.44
大足区	Dazu District	26	209	76.22	24.99	10.73
璧山区	BishanDistrict	15	142	45.89	34.42	10.80
铜梁区	Tongliang District	28	269	62.28	41.00	13.84
潼南区	Tongnan District	22	281	79.28	48.50	22.69
荣昌区	Rongchang District	21	92	47.86	41.83	17.39
开州区	Kaizhou District	33	434	140.11	79.74	29.83
梁平区	Liangping District	32	310	83.95	49.24	20.16
武隆区	Wulong District	25	186	37.47	23.11	11.89
城口县	Chengkou County	25	176	22.28	10.79	4.83
丰都县	Fengdu County	30	277	65.69	36.79	18.67
垫江县	Dianjiang County	24	235	74.48	50.63	20.98
忠 县	Zhongxian County	27	312	76.00	42.13	16.07
云阳县	Yunyang County	38	393	97.53	46.13	20.13
奉节县	Fengjie County	29	332	90.65	44.37	17.90
巫山县	Wushan County	24	307	52.73	29.39	13.72
巫溪县	Wuxi County	32	289	46.86	26.36	11.59
石柱县	Shizhu County	31	213	41.46	26.33	18.64
秀山县	Xiushan County	26	208	43.58	34.33	15.03
酉阳县	Youyang County	38	270	77.73	45.14	30.16
彭水县	Pengshui County	39	241	58.03	35.31	18.30

4-30 各区县基层组织及人口（2014年）
Primary-level Organizations and Population by Region of Chongqing（2014）

续表3（continued 3）　　单位：个、万人

地 区	Region	乡镇个数 Number of Township and Town Governments	行政村个数 Number of Villagers' Committees	乡村人口 Rural Population	乡村从业人员 Rural Employees	一产业 Primary Industry
重庆市	**Chongqing**			**2246.31**	**1312.96**	**562.54**
万州区	Wanzhou District			120.57	70.27	31.25
黔江区	Qianjiang District			46.32	28.37	12.30
涪陵区	Fuling District			80.80	53.36	22.06
渝中区	Yuzhong District					
大渡口区	Dadukou District			2.58	1.33	0.49
江北区	Jiangbei District			2.29	1.35	0.56
沙坪坝区	Shapingba District			13.51	7.07	1.69
九龙坡区	Jiulongpo District			21.35	12.44	3.56
南岸区	Nan' an District			31.84	5.56	1.63
北碚区	Beibei District			30.48	19.58	5.55
渝北区	Yubei District			40.07	25.94	10.76
巴南区	Ba' nan District			55.57	34.31	12.16
长寿区	Changshou District			62.87	30.14	10.08
江津区	Jiangjin District			110.14	67.76	25.94
合川区	Hechuan District			102.05	74.27	33.48
永川区	Yongchuan District			75.24	38.72	13.24
南川区	Nanchuan District			48.57	32.98	11.50
綦江区	Qijiang District			87.56	47.97	19.53
大足区	Dazu District			76.19	25.02	10.74
璧山区	BishanDistrict			44.24	33.45	10.24
铜梁区	Tongliang District			61.95	40.07	13.12
潼南区	Tongnan District			77.38	46.79	20.45
荣昌区	Rongchang District			47.75	41.47	16.52
开州区	Kaizhou District			140.09	79.71	29.64
梁平区	Liangping District			83.96	49.18	19.92
武隆区	Wulong District			37.77	22.79	11.52
城口县	Chengkou County			22.38	10.84	4.83
丰都县	Fengdu County			65.57	35.08	18.66
垫江县	Dianjiang County			74.27	50.63	20.76
忠 县	Zhongxian County			75.00	40.28	15.25
云阳县	Yunyang County			96.53	45.32	23.01
奉节县	Fengjie County			91.68	45.10	17.51
巫山县	Wushan County			51.81	29.31	13.69
巫溪县	Wuxi County			46.88	25.81	11.52
石柱县	Shizhu County			41.64	26.44	22.14
秀山县	Xiushan County			43.57	34.30	15.03
酉阳县	Youyang County			77.88	44.75	30.13
彭水县	Pengshui County			57.96	35.20	22.10

4–30 各区县基层组织及人口（2015 年）
Primary–level Organizations and Population by Region of Chongqing（2015）

续表 4（continued 4）

单位：个、万人

地 区	Region	乡镇个数 Number of Township and Town Governments	行政村个数 Number of Villagers' Committees	乡村人口 Rural Population	乡村从业人员 Rural Employees	一产业 Primary Industry
重庆市	**Chongqing**			**2225.75**	**1309.23**	**556.95**
万州区	Wanzhou District			118.95	70.06	30.94
黔江区	Qianjiang District			46.60	29.44	12.29
涪陵区	Fuling District			80.58	54.60	21.40
渝中区	Yuzhong District					
大渡口区	Dadukou District			2.35	1.32	0.44
江北区	Jiangbei District			2.06	1.24	0.52
沙坪坝区	Shapingba District			13.41	7.08	1.63
九龙坡区	Jiulongpo District			21.31	12.11	3.39
南岸区	Nan' an District			31.93	5.42	1.71
北碚区	Beibei District			28.43	17.74	5.11
渝北区	Yubei District			38.98	25.11	10.08
巴南区	Ba' nan District			46.06	29.74	10.81
长寿区	Changshou District			62.67	30.09	10.24
江津区	Jiangjin District			109.56	67.53	25.86
合川区	Hechuan District			101.63	73.14	32.52
永川区	Yongchuan District			75.25	43.80	15.46
南川区	Nanchuan District			46.62	31.75	11.18
綦江区	Qijiang District			87.48	47.77	19.19
大足区	Dazu District			75.62	25.82	11.00
璧山区	BishanDistrict			43.80	33.54	10.46
铜梁区	Tongliang District			61.45	43.21	12.82
潼南区	Tongnan District			78.95	40.98	18.08
荣昌区	Rongchang District			47.88	41.42	16.42
开州区	Kaizhou District			141.98	82.42	30.84
梁平区	Liangping District			83.37	49.14	19.79
武隆区	Wulong District			37.26	22.98	11.35
城口县	Chengkou County			22.18	10.85	4.93
丰都县	Fengdu County			65.47	34.95	18.52
垫江县	Dianjiang County			74.10	50.61	20.68
忠 县	Zhongxian County			74.31	39.09	14.77
云阳县	Yunyang County			96.03	45.01	22.55
奉节县	Fengjie County			90.69	44.53	17.26
巫山县	Wushan County			52.01	29.25	13.63
巫溪县	Wuxi County			46.93	26.02	11.61
石柱县	Shizhu County			41.45	26.32	22.41
秀山县	Xiushan County			42.92	34.84	15.07
酉阳县	Youyang County			77.79	45.22	30.08
彭水县	Pengshui County			57.70	35.10	21.93

4-30 各区县基层组织及人口（2016 年）
Primary-level Organizations and Population by Region of Chongqing（2016）

续表 5（continued 5） 单位：个、万人

地 区	Region	乡镇个数 Number of Township and Town Governments	行政村个数 Number of Villagers' Committees	乡村人口 Rural Population	乡村从业人员 Rural Employees	一产业 Primary Industry
重庆市	**Chongqing**			**2196.19**	**1302.54**	**550.45**
万州区	Wanzhou District			117.60	69.64	30.72
黔江区	Qianjiang District			46.84	29.53	11.73
涪陵区	Fuling District			80.60	54.69	21.42
渝中区	Yuzhong District					
大渡口区	Dadukou District			2.27	1.14	0.48
江北区	Jiangbei District			2.03	1.13	0.45
沙坪坝区	Shapingba District			13.35	7.08	1.54
九龙坡区	Jiulongpo District			20.58	11.51	3.21
南岸区	Nan' an District			33.52	18.02	1.72
北碚区	Beibei District			24.69	15.05	4.63
渝北区	Yubei District			38.08	24.09	9.55
巴南区	Ba' nan District			44.78	28.84	10.71
长寿区	Changshou District			61.32	29.34	10.04
江津区	Jiangjin District			108.11	66.74	25.55
合川区	Hechuan District			100.71	73.15	32.47
永川区	Yongchuan District			74.85	40.04	15.02
南川区	Nanchuan District			45.66	30.92	11.07
綦江区	Qijiang District			87.50	47.68	19.07
大足区	Dazu District			75.04	25.96	10.91
璧山区	BishanDistrict			43.61	33.62	10.34
铜梁区	Tongliang District			61.31	40.07	11.98
潼南区	Tongnan District			72.67	38.28	17.15
荣昌区	Rongchang District			47.14	41.70	16.42
开州区	Kaizhou District			142.27	82.48	30.76
梁平区	Liangping District			83.20	49.06	19.33
武隆区	Wulong District			37.34	23.05	11.35
城口县	Chengkou County			21.92	10.72	5.52
丰都县	Fengdu County			65.44	34.93	18.51
垫江县	Dianjiang County			73.74	50.11	20.66
忠 县	Zhongxian County			72.19	38.43	14.40
云阳县	Yunyang County			95.57	44.65	22.35
奉节县	Fengjie County			87.84	44.64	17.46
巫山县	Wushan County			52.22	29.14	13.57
巫溪县	Wuxi County			46.77	25.92	11.52
石柱县	Shizhu County			38.60	26.04	22.17
秀山县	Xiushan County			41.51	34.78	14.83
酉阳县	Youyang County			77.91	45.36	30.03
彭水县	Pengshui County			57.44	35.02	21.78

4-30 各区县基层组织及人口（2017 年）
Primary-level Organizations and Population by Region of Chongqing（2017）

续表 6（continued 6）　　　　单位：个、万人

地　区	Region	乡镇个数 Number of Township and Town Governments	行政村个数 Number of Villagers' Committees	乡村人口 Rural Population	乡村从业人员 Rural Employees	一产业 Primary Industry
重庆市	Chongqing			2171.22	1281.69	546.32
万州区	Wanzhou District			116.92	68.90	30.34
黔江区	Qianjiang District			46.85	29.53	11.58
涪陵区	Fuling District			80.62	54.76	21.44
渝中区	Yuzhong District					
大渡口区	Dadukou District			2.14	0.95	0.44
江北区	Jiangbei District			1.74	0.93	0.38
沙坪坝区	Shapingba District			12.97	5.91	2.12
九龙坡区	Jiulongpo District			19.63	11.01	3.11
南岸区	Nan' an District			29.41	14.95	1.44
北碚区	Beibei District			25.85	15.53	4.76
渝北区	Yubei District			35.54	22.52	8.72
巴南区	Ba' nan District			44.49	28.43	10.51
长寿区	Changshou District			60.31	28.76	9.58
江津区	Jiangjin District			107.37	66.31	25.38
合川区	Hechuan District			100.61	73.15	32.47
永川区	Yongchuan District			75.25	40.71	18.28
南川区	Nanchuan District			44.73	30.22	10.95
綦江区	Qijiang District			86.14	46.61	18.65
大足区	Dazu District			75.02	24.34	10.14
璧山区	BishanDistrict			36.72	31.91	9.86
铜梁区	Tongliang District			61.00	41.61	12.00
潼南区	Tongnan District			72.89	37.99	17.74
荣昌区	Rongchang District			47.87	41.31	16.21
开州区	Kaizhou District			136.42	81.26	30.19
梁平区	Liangping District			82.80	47.97	19.18
武隆区	Wulong District			37.43	23.05	11.06
城口县	Chengkou County			21.34	9.80	5.43
丰都县	Fengdu County			64.19	32.56	17.11
垫江县	Dianjiang County			73.63	50.09	20.73
忠　县	Zhongxian County			71.05	37.81	14.17
云阳县	Yunyang County			95.51	44.50	22.29
奉节县	Fengjie County			85.21	43.80	16.89
巫山县	Wushan County			53.48	28.59	14.13
巫溪县	Wuxi County			46.52	25.34	11.34
石柱县	Shizhu County			38.53	25.99	22.13
秀山县	Xiushan County			46.57	34.86	15.10
酉阳县	Youyang County			77.88	45.40	29.12
彭水县	Pengshui County			56.59	34.32	21.35

4-31 各区县主要农作物产品产量（2011 年）
Output of Major Agricultural and Subsidiary Products by Region of Chongqing（2011）

单位：吨

地 区	Region	粮食 Grain	稻谷 Rice	蔬菜 Vegetables	油料 Oil-bearing Crops	水果 Fruits	水产品 Aquatic Products
重庆市	**Chongqing**	**11269032**	**4935000**	**14079653**	**465073**	**2611604**	**275600**
渝中区	Yuzhong District						
大渡口区	Dadukou District	223	223	63400		660	533
江北区	Jiangbei District	8180	3412	15737	62	2885	468
沙坪坝区	Shapingba District	14070	8876	94756	35	2592	3998
九龙坡区	Jiulongpo District	27038	15286	122925	805	13138	3696
南岸区	Nan’an District	12690	4700	47094		5714	3309
北碚区	Beibei District	60963	23356	394104	1052	17711	4169
渝北区	Yubei District	206972	76733	229240	2880	100435	5415
巴南区	Ba’nan District	360580	174595	507121	2092	41253	13752
涪陵区	Fuling District	431541	207605	1639685	5349	104800	16502
长寿区	Changshou District	365881	185040	261597	8619	142913	20714
江津区	Jiangjin District	647618	358943	678551	10950	186625	13408
合川区	Hechuan District	711842	330582	571795	17989	78026	22776
永川区	Yongchuan District	487576	329432	495252	15320	110698	24491
南川区	Nanchuan District	329994	191837	323317	18221	50358	7649
綦江区	Qijiang District	342221	134649	636948	7418	31193	6962
大足区	Dazu District	441494	247906	286471	31951	38358	11689
潼南区	Tongnan District	359005	190798	1524226	33135	51496	10314
铜梁区	Tongliang District	346410	209980	509125	9412	27081	14182
荣昌区	Rongchang District	2334554	171622	378028	20881	29250	8043
璧山区	Bishan District	172953	114629	546841	3305	86731	11019
万州区	Wanzhou District	520748	237587	778592	15556	244795	16769
梁平区	Liangping District	374961	212045	375983	13157	71106	7323
城口县	Chengkou County	99565	6919	37944	3005	2051	408
丰都县	Fengdu County	335966	126545	271929	17930	47904	5071
垫江县	Dianjiang County	380033	192092	287619	15750	53905	10744
忠 县	Zhongxian County	400273	210844	205159	28086	204194	4813
开州区	Kaizhou District	590372	199504	341544	23558	309430	12892
云阳县	Yunyang County	427623	134049	346098	15431	119632	2849
奉节县	Fengjie County	445199	75185	228925	19216	226737	2364
巫山县	Wushan County	233926	27090	187077	13696	52815	567
巫溪县	Wuxi County	207700	16390	170022	9633	6931	842
黔江区	Qianjiang District	243271	66276	154895	14524	30115	1186
武隆区	Wulong District	166359	42755	392239	7296	20554	1775
石柱县	Shizhu County	259649	91708	268592	9896	13007	1805
秀山县	Xiushan County	306928	139631	232110	27462	65336	1719
酉阳县	Youyang County	356321	112417	219542	23088	15781	1083
彭水县	Pengshui County	300029	63759	255171	18313	5394	301

4-31 各区县主要农作物产品产量（2012 年）
Output of Major Agricultural and Subsidiary Products by Region of Chongqing（2012）

续表 1（continued 1） 单位：吨

地 区	Region	粮食 Grain	稻谷 Rice	蔬菜 Vegetables	油料 Oil-bearing Crops	水果 Fruits	水产品 Aquatic Products
重庆市	Chongqing	11385449	4980000	15093438	501142	2911934	330720
渝中区	Yuzhong District						
大渡口区	Dadukou District	160	160	64250		715	460
江北区	Jiangbei District	5117	2484	9148	47	2124	421
沙坪坝区	Shapingba District	14410	9808	85643	40	3610	4474
九龙坡区	Jiulongpo District	27072	15069	119034	824	13978	4081
南岸区	Nan' an District	12000	4000	40850		5423	3226
北碚区	Beibei District	60325	23008	416017	1238	17505	5414
渝北区	Yubei District	204593	75003	314276	2686	113044	5730
巴南区	Ba' nan District	359703	177300	545604	2081	43308	16753
涪陵区	Fuling District	438283	208200	1772500	5683	112300	19619
长寿区	Changshou District	365009	181560	278903	9061	160435	23887
江津区	Jiangjin District	657873	360218	715280	11863	199872	16606
合川区	Hechuan District	712073	329260	609512	18818	88984	29469
永川区	Yongchuan District	499596	341380	522695	16765	126953	28838
南川区	Nanchuan District	330021	187455	333317	19291	57048	8605
綦江区	Qijiang District	431047	187185	671271	8472	32723	6986
大足区	Dazu District	431177	233285	298553	36526	43536	14007
潼南区	Tongnan District	373079	196051	1631391	38120	53245	12817
铜梁区	Tongliang District	346970	208050	569147	9862	28273	17850
荣昌区	Rongchang District	300075	180359	400390	22307	29060	9556
璧山区	Bishan District	173080	113260	599333	3690	98428	12469
万州区	Wanzhou District	521023	236288	837501	16564	278330	19983
梁平区	Liangping District	381515	213892	399662	13966	72685	9224
城口县	Chengkou County	97143	5675	42496	3172	2055	451
丰都县	Fengdu County	337033	125297	298724	19546	51751	6253
垫江县	Dianjiang County	386153	193793	310485	17127	59249	12359
忠 县	Zhongxian County	407749	216662	214841	28467	228332	6225
开州区	Kaizhou District	590754	198500	367160	25600	353750	17310
云阳县	Yunyang County	420937	131685	379766	16786	147147	3589
奉节县	Fengjie County	431052	70593	243448	20797	264828	2930
巫山县	Wushan County	225024	25600	195176	14998	58588	722
巫溪县	Wuxi County	201042	15480	178500	10190	8245	1002
黔江区	Qianjiang District	250003	66186	171338	15193	31891	1401
武隆区	Wulong District	167136	41165	421960	8061	21014	1952
石柱县	Shizhu County	255018	88726	281508	10060	13783	2288
秀山县	Xiushan County	305207	139502	244197	28375	67098	2106
酉阳县	Youyang County	367060	113961	244943	24876	16680	1300
彭水县	Pengshui County	299937	63900	264620	19990	5944	357

4-31 各区县主要农作物产品产量（2013 年）
Output of Major Agricultural and Subsidiary Products by Region of Chongqing（2013）

续表 2（continued 2） 单位：吨

地 区	Region	粮食 Grain	稻谷 Rice	蔬菜 Vegetables	油料 Oil-bearing Crops	水果 Fruits	水产品 Aquatic Products
重庆市	**Chongqing**	**11481297**	**5030783**	**16006420**	**531375**	**3188578**	**385000**
万州区	Wanzhou District	523565	237574	886485	17575	318294	19859
黔江区	Qianjiang District	249975	65903	182306	15548	33678	1605
涪陵区	Fuling District	438245	208114	1885381	5891	121852	19309
渝中区	Yuzhong District						
大渡口区	Dadukou District	130	130	62000		996	359
江北区	Jiangbei District	5125	2455	7776	44	1695	388
沙坪坝区	Shapingba District	13911	9607	81966	43	4396	4451
九龙坡区	Jiulongpo District	27459	15141	113998	875	13295	3586
南岸区	Nan' an District	9290	2990	34578		5956	3629
北碚区	Beibei District	69788	32684	405480	1044	21706	4548
渝北区	Yubei District	200352	71247	374171	2911	129166	6025
巴南区	Ba' nan District	357751	175487	548402	2215	48653	18949
长寿区	Changshou District	369592	183920	296004	9666	167083	26573
江津区	Jiangjin District	665997	365525	757362	13184	216409	15882
合川区	Hechuan District	723493	338601	646463	20428	102010	35582
永川区	Yongchuan District	500216	347746	562600	18522	136250	33830
南川区	Nanchuan District	332496	185600	356400	20001	62419	8580
綦江区	Qijiang District	424665	183994	710565	8546	34965	11576
大足区	Dazu District	434577	235774	313771	38030	51398	16919
璧山区	Bishan District	174816	114958	635367	4177	112515	14835
铜梁区	Tongliang District	351742	214610	603209	11398	31542	23865
潼南区	Tongnan District	376967	201000	1727345	40937	60524	17019
荣昌区	Rongchang District	309188	184177	426463	23919	29930	10277
开州区	Kaizhou District	597547	202300	388308	28366	373800	23654
梁平区	Liangping District	386444	218517	422350	14661	75675	10599
武隆区	Wulong District	168791	38998	452550	8413	23391	2159
城口县	Chengkou County	100078	5879	46623	3247	2060	495
丰都县	Fengdu County	333571	125000	316550	20999	52874	6480
垫江县	Dianjiang County	396020	201283	370343	18709	62240	14189
忠 县	Zhongxian County	411649	217524	228592	29371	269267	8142
云阳县	Yunyang County	428088	135524	406351	15591	164373	9484
奉节县	Fengjie County	432789	72531	256108	22406	281943	3171
巫山县	Wushan County	228994	26840	206710	16859	62123	636
巫溪县	Wuxi County	209411	16285	185960	10382	9246	993
石柱县	Shizhu County	256365	88860	307465	10344	14734	2633
秀山县	Xiushan County	301461	134660	259400	29692	66661	2928
酉阳县	Youyang County	363100	106945	261518	25979	18178	1429
彭水县	Pengshui County	307649	62400	279500	21402	7281	362

4-31 各区县主要农作物产品产量（2014 年）
Output of Major Agricultural and Subsidiary Products by Region of Chongqing（2014）

续表 3（continued 3） 单位：吨

地 区	Region	粮食 Grain	稻谷 Rice	蔬菜 Vegetables	油料 Oil-bearing Crops	水果 Fruits	水产品 Aquatic Products
重庆市	Chongqing	11445396	5031855	16891140	569359	3476148	443409
万州区	Wanzhou District	524091	236042	952558	18204	337515	22300
黔江区	Qianjiang District	250559	65805	190296	15291	37787	1858
涪陵区	Fuling District	433106	213278	2011702	6190	123705	20550
渝中区	Yuzhong District						
大渡口区	Dadukou District	126	126	57900		968	326
江北区	Jiangbei District	4755	2415	7099	16	1429	410
沙坪坝区	Shapingba District	13493	9570	80409	41	4798	4800
九龙坡区	Jiulongpo District	26957	15121	104661	1071	14501	3786
南岸区	Nan' an District	6200	2600	32314		5402	2815
北碚区	Beibei District	61332	27568	390873	958	20836	4853
渝北区	Yubei District	194029	69022	379800	3454	133082	7300
巴南区	Ba' nan District	333623	166767	565050	2181	48693	20500
长寿区	Changshou District	365686	180606	313767	10278	204577	26500
江津区	Jiangjin District	663512	366750	797250	15057	233980	19850
合川区	Hechuan District	717890	335450	684948	21685	114838	39184
永川区	Yongchuan District	496230	350048	593282	20524	148090	39002
南川区	Nanchuan District	333134	185003	374888	22023	67662	10044
綦江区	Qijiang District	425058	182119	745118	9055	37602	12000
大足区	Dazu District	431840	235843	331349	40685	54479	20000
璧山区	Bishan District	174464	113574	677119	4464	130060	16733
铜梁区	Tongliang District	350792	217093	636610	12627	36966	28580
潼南区	Tongnan District	375243	202600	1805145	44166	68789	26144
荣昌区	Rongchang District	309928	183961	451463	24705	31350	11510
开州区	Kaizhou District	601190	203500	415659	29569	405351	25000
梁平区	Liangping District	382832	216517	453182	15486	86468	15100
武隆区	Wulong District	172462	40727	485534	9033	25055	2654
城口县	Chengkou County	101737	5860	49886	3265	2160	536
丰都县	Fengdu County	337616	127500	339593	21543	56062	7300
垫江县	Dianjiang County	392227	199494	404680	20193	68727	17000
忠 县	Zhongxian County	407935	215360	245121	30755	285412	10800
云阳县	Yunyang County	423960	134129	437296	17340	188835	10776
奉节县	Fengjie County	428842	74625	272525	25347	304630	4200
巫山县	Wushan County	229381	26810	223581	16928	71681	750
巫溪县	Wuxi County	220529	17593	202623	11043	10875	1135
石柱县	Shizhu County	257898	89393	326321	10424	15479	3100
秀山县	Xiushan County	306536	135660	276980	35316	70970	3920
酉阳县	Youyang County	379228	120216	279758	27744	19153	1660
彭水县	Pengshui County	310975	63110	294800	22698	8181	433

4-31 各区县主要农作物产品产量（2015 年）
Output of Major Agricultural and Subsidiary Products by Region of Chongqing（2015）

续表 4（continued 4）　　单位：吨

地 区	Region	粮食 Grain	稻谷 Rice	蔬菜 Vegetables	油料 Oil-bearing Crops	水果 Fruits	水产品 Aquatic Products
重庆市	**Chongqing**	**11548879**	**5063595**	**17804742**	**598721**	**3758483**	**480863**
万州区	Wanzhou District	528243	238174	1018898	19009	372606	23750
黔江区	Qianjiang District	250777	66096	200200	16037	40726	1950
涪陵区	Fuling District	438156	212722	2071135	6581	130110	20960
渝中区	Yuzhong District						
大渡口区	Dadukou District	5	5	44180		868	302
江北区	Jiangbei District	4740	2245	7012	19	1411	383
沙坪坝区	Shapingba District	13483	9598	80892	37	4907	4810
九龙坡区	Jiulongpo District	25675	14022	101486	1077	14999	3843
南岸区	Nan' an District	4500	1100	25828		5481	2632
北碚区	Beibei District	57603	24741	380125	937	21280	4870
渝北区	Yubei District	196216	71426	391000	3763	139303	8092
巴南区	Ba' nan District	324475	166151	615455	2252	49557	21350
长寿区	Changshou District	368870	182950	337200	10864	222000	30320
江津区	Jiangjin District	666124	368235	843052	15679	254134	24046
合川区	Hechuan District	720548	336980	732118	23405	122158	41057
永川区	Yongchuan District	500020	351740	622800	21798	155776	41031
南川区	Nanchuan District	335834	187747	406083	22129	73468	11000
綦江区	Qijiang District	429441	185100	778409	9353	40263	12243
大足区	Dazu District	432044	238005	357192	43790	58388	21559
璧山区	Bishan District	174796	113565	703022	4655	139876	17906
铜梁区	Tongliang District	355241	217460	674907	13385	41768	31700
潼南区	Tongnan District	378047	204280	1882905	46884	77457	31861
荣昌区	Rongchang District	312697	183189	480415	25682	33064	11900
开州区	Kaizhou District	606194	204635	443766	30703	434762	26300
梁平区	Liangping District	385994	218020	482358	16251	95926	16409
武隆区	Wulong District	177979	41883	521576	9781	27174	3042
城口县	Chengkou County	105860	6304	51726	3325	2174	559
丰都县	Fengdu County	342117	129660	366825	21619	59334	8218
垫江县	Dianjiang County	394430	201900	442232	20507	77081	18500
忠 县	Zhongxian County	410078	216791	258895	32117	318867	12300
云阳县	Yunyang County	427786	136168	466093	18866	206776	11378
奉节县	Fengjie County	440073	76983	294313	27017	322298	4673
巫山县	Wushan County	234393	27545	239710	18824	80967	880
巫溪县	Wuxi County	233744	17266	216200	12072	12043	1143
石柱县	Shizhu County	261760	89526	352320	10709	15804	3450
秀山县	Xiushan County	310981	136724	299222	36080	75370	4200
酉阳县	Youyang County	383075	121209	301972	29114	21596	1800
彭水县	Pengshui County	316880	63450	313220	24400	8711	446

4–31 各区县主要农作物产品产量（2016 年）
Output of Major Agricultural and Subsidiary Products by Region of Chongqing（2016）

续表 5（continued 5）　　　　单位：吨

地 区	Region	粮食 Grain	稻谷 Rice	蔬菜 Vegetables	油料 Oil–bearing Crops	水果 Fruits	水产品 Aquatic Products
重庆市	Chongqing	11660025	5105537	18751267	627208	4086884	508427
万州区	Wanzhou District	531319	241215	1065485	19832	409749	24700
黔江区	Qianjiang District	250781	66195	214200	16912	44438	2041
涪陵区	Fuling District	448446	215422	2169469	6866	140874	21250
渝中区	Yuzhong District						
大渡口区	Dadukou District	2799	37	43180	—	910	291
江北区	Jiangbei District	4451	2163	6915	17	1548	381
沙坪坝区	Shapingba District	13059	9225	80568	34	4849	4890
九龙坡区	Jiulongpo District	23308	12526	98592	1015	15584	3845
南岸区	Nan’an District	3050	327	21457	—	4213	2580
北碚区	Beibei District	54675	23580	369648	939	21549	4967
渝北区	Yubei District	201093	72979	404000	4090	146067	8361
巴南区	Ba’nan District	318113	161449	645455	2365	51674	22500
长寿区	Changshou District	373312	185205	360200	12232	242998	32475
江津区	Jiangjin District	671181	370735	886723	17040	274999	25849
合川区	Hechuan District	725757	339377	781118	25433	132975	43520
永川区	Yongchuan District	500619	351296	655500	21844	166445	43100
南川区	Nanchuan District	340934	190313	434677	22170	80679	11500
綦江区	Qijiang District	434684	188275	807624	10264	44194	12917
大足区	Dazu District	439256	240930	380192	47094	63560	22102
璧山区	Bishan District	174361	113079	756022	4712	151035	19159
铜梁区	Tongliang District	362989	220000	720907	14674	45948	34230
潼南区	Tongnan District	383587	206972	1967123	49106	85974	34728
荣昌区	Rongchang District	310934	183164	505240	25914	34727	11870
开州区	Kaizhou District	618344	213668	470213	31260	480336	28141
梁平区	Liangping District	389913	220510	513358	17442	105494	18001
武隆区	Wulong District	182585	42774	558824	10407	30777	3315
城口县	Chengkou County	110521	6459	53830	3668	2212	513
丰都县	Fengdu County	344101	131953	391503	22013	64805	8788
垫江县	Dianjiang County	393572	202300	472232	20692	84729	19795
忠 县	Zhongxian County	413571	219047	273305	33239	350088	13161
云阳县	Yunyang County	429654	138231	497036	20561	229536	11946
奉节县	Fengjie County	442570	77388	310680	28072	340348	4798
巫山县	Wushan County	235639	27280	250243	19336	87307	950
巫溪县	Wuxi County	241083	17446	233136	13780	13784	1228
石柱县	Shizhu County	265018	91056	376499	10981	16302	3700
秀山县	Xiushan County	316992	138223	319936	36856	82142	4500
酉阳县	Youyang County	384885	121219	323627	30048	25148	1875
彭水县	Pengshui County	322870	63520	332550	26300	8887	460

4-31 各区县主要农作物产品产量（2017 年）
Output of Major Agricultural and Subsidiary Products by Region of Chongqing（2017）

续表 6（continued 6） 单位：吨

地 区	Region	粮食 Grain	稻谷 Rice	蔬菜 Vegetables	油料 Oil-bearing Crops	水果 Fruits	水产品 Aquatic Products
重庆市	**Chongqing**	**11671521**	**5099393**	**19471767**	**643619**	**4459444**	**515130**
万州区	Wanzhou District	531800	242161	1105254	20295	452083	25165
黔江区	Qianjiang District	253222	66833	226680	17113	48001	2013
涪陵区	Fuling District	452534	216422	2281979	7328	156791	20008
渝中区	Yuzhong District						
大渡口区	Dadukou District	2032	29	40630		1575	267
江北区	Jiangbei District	3699	1656	5824	18	1474	310
沙坪坝区	Shapingba District	12751	9038	76697	34	4839	4728
九龙坡区	Jiulongpo District	20948	11271	95504	1013	15847	3760
南岸区	Nan' an District	2289	79	19258		4018	2338
北碚区	Beibei District	49679	20157	357297	951	22887	4897
渝北区	Yubei District	191439	69687	394505	4516	148612	8174
巴南区	Ba' nan District	302033	151000	666192	2454	54194	22183
长寿区	Changshou District	377020	187105	353888	12775	262130	34739
江津区	Jiangjin District	671312	369550	927782	17800	294214	25807
合川区	Hechuan District	724124	337902	822135	26053	140156	46072
永川区	Yongchuan District	500031	353072	680500	22475	179850	43460
南川区	Nanchuan District	341171	190986	462943	22253	88238	11096
綦江区	Qijiang District	435560	188532	798817	13723	48624	12519
大足区	Dazu District	442642	242050	399094	49761	73558	23367
璧山区	Bishan District	173511	111877	780135	4842	162649	19221
铜梁区	Tongliang District	366520	221030	748586	14914	51920	34241
潼南区	Tongnan District	383912	206980	2015798	49618	108123	34785
荣昌区	Rongchang District	310249	183679	527953	26140	38029	11744
开州区	Kaizhou District	623075	215783	500324	31498	532126	29359
梁平区	Liangping District	393307	222330	537935	17726	118122	19285
武隆区	Wulong District	183325	42656	590989	10927	34071	3517
城口县	Chengkou County	111615	6535	58323	3539	2251	508
丰都县	Fengdu County	345951	132885	415398	21509	71120	8896
垫江县	Dianjiang County	394911	201300	503200	20871	95569	20241
忠 县	Zhongxian County	416985	220570	290114	33735	381416	13603
云阳县	Yunyang County	431823	138341	526398	21122	241120	11711
奉节县	Fengjie County	446188	78256	329148	28734	371909	4676
巫山县	Wushan County	236907	26542	256336	20609	96962	925
巫溪县	Wuxi County	243469	17434	246604	14434	14724	1221
石柱县	Shizhu County	265445	91554	395717	10690	17372	3768
秀山县	Xiushan County	317922	138602	339876	36908	84695	4205
酉阳县	Youyang County	386787	121501	343828	30385	30364	1854
彭水县	Pengshui County	325334	64008	350126	26856	9811	467

4–32 各区县主要农作物产品人均产量（2011 年）
Per Capita Output of Major Agricultural and Subsidiary Products by Region of Chongqing（2011）

单位：公斤/人

地 区	Region	粮食 Grain	稻谷 Rice	蔬菜 Vegetables	油料 Oil-bearing Crops	水果 Fruits	水产品 Aquatic Products
重庆市	**Chongqing**	**484.8**	**212.3**	**605.7**	**20.0**	**112.4**	**11.9**
渝中区	Yuzhong District	0.0	0.0	0.0	0.0	0.0	0.0
大渡口区	Dadukou District	6.6	6.6	1889.4	0.0	19.7	15.9
江北区	Jiangbei District	198.4	82.7	381.6	1.5	70.0	11.3
沙坪坝区	Shapingba District	99.2	62.6	668.2	0.2	18.3	28.2
九龙坡区	Jiulongpo District	128.5	72.7	584.3	3.8	62.5	17.6
南岸区	Nan' an District	47.7	17.6	176.8	0.0	21.5	12.4
北碚区	Beibei District	194.3	74.4	1256.0	3.4	56.4	13.3
渝北区	Yubei District	455.7	168.9	504.7	6.3	221.1	11.9
巴南区	Ba' nan District	646.4	313.0	909.1	3.8	74.0	24.7
涪陵区	Fuling District	533.1	256.5	2025.6	6.6	129.5	20.4
长寿区	Changshou District	551.6	279.0	394.4	13.0	215.5	31.2
江津区	Jiangjin District	557.5	309.0	584.2	9.4	160.7	11.5
合川区	Hechuan District	599.1	278.2	481.2	15.1	65.7	19.2
永川区	Yongchuan District	671.6	453.8	682.2	21.1	152.5	33.7
南川区	Nanchuan District	533.7	310.3	522.9	29.5	81.4	12.4
綦江区	Qijiang District	375.5	147.8	699.0	8.1	34.2	7.6
大足区	Dazu District	640.0	359.4	415.3	46.3	55.6	16.9
潼南区	Tongnan District	440.2	234.0	1869.0	40.6	63.1	12.6
铜梁区	Tongliang District	529.5	321.0	778.2	14.4	41.4	21.7
荣昌区	RongchangDistrict	3619.1	266.1	586.0	32.4	45.3	12.5
璧山区	Bishan District	379.4	251.5	1199.7	7.3	190.3	24.2
万州区	Wanzhou District	408.3	186.3	610.4	12.2	191.9	13.1
梁平区	Liangping District	467.1	264.1	468.3	16.4	88.6	9.1
城口县	Chengkou County	449.4	31.2	171.3	13.6	9.3	1.8
丰都县	Fengdu County	512.5	193.1	414.9	27.4	73.1	7.7
垫江县	Dianjiang County	505.2	255.3	382.3	20.9	71.7	14.3
忠 县	Zhongxian County	512.0	269.7	262.4	35.9	261.2	6.2
开州区	Kaizhou District	419.6	141.8	242.8	16.7	219.9	9.2
云阳县	Yunyang County	418.7	131.3	338.9	15.1	117.1	2.8
奉节县	Fengjie County	493.9	83.4	254.0	21.3	251.5	2.6
巫山县	Wushan County	437.9	50.7	350.2	25.6	98.9	1.1
巫溪县	Wuxi County	465.3	36.7	380.9	21.6	15.5	1.9
黔江区	Qianjiang District	504.6	137.5	321.3	30.1	62.5	2.5
武隆区	Wulong District	443.9	114.1	1046.6	19.5	54.8	4.7
石柱县	Shizhu County	600.8	212.2	621.5	22.9	30.1	4.2
秀山县	Xiushan County	670.6	305.1	507.1	60.0	142.8	3.8
酉阳县	Youyang County	488.3	154.1	300.9	31.6	21.6	1.5
彭水县	Pengshui County	490.7	104.3	417.4	30.0	8.8	0.5

注：本表数据按乡村人口计算。

Note:Data in this table are calculated by rural population.

4–32 各区县主要农作物产品人均产量（2012 年）

Per Capita Output of Major Agricultural and Subsidiary Products by Region of Chongqing（2012）

续表 1（continued 1）　　　　单位：公斤/人

地 区	Region	粮食 Grain	稻谷 Rice	蔬菜 Vegetables	油料 Oil–bearing Crops	水果 Fruits	水产品 Aquatic Products
重庆市	**Chongqing**	**494.4**	**216.2**	**655.4**	**21.8**	**126.4**	**14.4**
渝中区	Yuzhong District						
大渡口区	Dadukou District	5.2	5.2	2077.7	0.0	23.1	14.9
江北区	Jiangbei District	130.4	63.3	233.2	1.2	54.1	10.7
沙坪坝区	Shapingba District	104.2	70.9	619.2	0.3	26.1	32.3
九龙坡区	Jiulongpo District	126.8	70.6	557.7	3.9	65.5	19.1
南岸区	Nan' an District	44.1	14.7	150.0	0.0	19.9	11.8
北碚区	Beibei District	193.3	73.7	1332.9	4.0	56.1	17.3
渝北区	Yubei District	482.4	176.9	741.1	6.3	266.6	13.5
巴南区	Ba' nan District	641.5	316.2	973.1	3.7	77.2	29.9
涪陵区	Fuling District	539.7	256.4	2182.5	7.0	138.3	24.2
长寿区	Changshou District	555.3	276.2	424.3	13.8	244.1	36.3
江津区	Jiangjin District	585.6	320.6	636.7	10.6	177.9	14.8
合川区	Hechuan District	600.4	277.6	513.9	15.9	75.0	24.8
永川区	Yongchuan District	686.5	469.1	718.2	23.0	174.4	39.6
南川区	Nanchuan District	644.0	365.8	650.5	37.6	111.3	16.8
綦江区	Qijiang District	483.5	210.0	753.0	9.5	36.7	7.8
大足区	Dazu District	535.7	289.8	370.9	45.4	54.1	17.4
潼南区	Tongnan District	457.4	240.3	2000.0	46.7	65.3	15.7
铜梁区	Tongliang District	551.4	330.6	904.4	15.7	44.9	28.4
荣昌区	RongchangDistrict	484.5	291.2	646.5	36.0	46.9	15.4
璧山区	Bishan District	377.0	246.7	1305.6	8.0	214.4	27.2
万州区	Wanzhou District	421.8	191.3	678.1	13.4	225.3	16.2
梁平区	Liangping District	458.2	256.9	480.0	16.8	87.3	11.1
城口县	Chengkou County	437.8	25.6	191.5	14.3	9.3	2.0
丰都县	Fengdu County	510.7	189.9	452.7	29.6	78.4	9.5
垫江县	Dianjiang County	517.2	259.5	415.8	22.9	79.3	16.6
忠 县	Zhongxian County	532.0	282.7	280.3	37.1	297.9	8.1
开州区	Kaizhou District	416.1	139.8	258.6	18.0	249.2	12.2
云阳县	Yunyang County	416.7	130.4	376.0	16.6	145.7	3.6
奉节县	Fengjie County	474.4	77.7	267.9	22.9	291.5	3.2
巫山县	Wushan County	424.4	48.3	368.1	28.3	110.5	1.4
巫溪县	Wuxi County	472.2	36.4	419.2	23.9	19.4	2.4
黔江区	Qianjiang District	542.9	143.7	372.0	33.0	69.2	3.0
武隆区	Wulong District	446.2	109.9	1126.5	21.5	56.1	5.2
石柱县	Shizhu County	605.2	210.6	668.0	23.9	32.7	5.4
秀山县	Xiushan County	701.6	320.7	561.3	65.2	154.2	4.8
酉阳县	Youyang County	474.3	147.3	316.5	32.1	21.6	1.7
彭水县	Pengshui County	518.7	110.5	457.6	34.6	10.3	0.6

注：本表数据按乡村人口计算。

Note:Data in this table are calculated by rural population.

4–32 各区县主要农作物产品产量（2013 年）
Output of Major Agricultural and Subsidiary Products by Region of Chongqing（2013）

续表 2（continued 2） 单位：公斤/人

地 区	Region	粮食 Grain	稻谷 Rice	蔬菜 Vegetables	油料 Oil–bearing Crops	水果 Fruits	水产品 Aquatic Products
重庆市	**Chongqing**	**506.3**	**221.8**	**705.8**	**23.4**	**140.6**	**17.0**
万州区	Wanzhou District	429.4	194.9	727.1	14.4	261.1	16.3
黔江区	Qianjiang District	543.1	143.2	396.0	33.8	73.2	3.5
涪陵区	Fuling District	541.4	257.1	2329.2	7.3	150.5	23.9
渝中区	Yuzhong District						
大渡口区	Dadukou District	4.5	4.5	2128.0	0.0	34.2	12.3
江北区	Jiangbei District	170.1	81.5	258.1	1.5	56.3	12.9
沙坪坝区	Shapingba District	101.5	70.1	598.0	0.3	32.1	32.5
九龙坡区	Jiulongpo District	127.8	70.5	530.7	4.1	61.9	16.7
南岸区	Nan’an District	30.4	9.8	113.3	0.0	19.5	11.9
北碚区	Beibei District	223.1	104.5	1296.3	3.3	69.4	14.5
渝北区	Yubei District	463.7	164.9	866.0	6.7	298.9	13.9
巴南区	Ba’nan District	633.5	310.7	971.1	3.9	86.2	33.6
长寿区	Changshou District	568.3	282.8	455.1	14.9	256.9	40.9
江津区	Jiangjin District	598.4	328.4	680.5	11.8	194.5	14.3
合川区	Hechuan District	674.0	315.4	602.2	19.0	95.0	33.1
永川区	Yongchuan District	680.7	473.2	765.6	25.2	185.4	46.0
南川区	Nanchuan District	657.9	367.2	705.1	39.6	123.5	17.0
綦江区	Qijiang District	479.9	207.9	803.1	9.7	39.5	13.1
大足区	Dazu District	570.2	309.4	411.7	49.9	67.4	22.2
璧山区	Bishan District	380.9	250.5	1384.5	9.1	245.2	32.3
铜梁区	Tongliang District	564.8	344.6	968.5	18.3	50.6	38.3
潼南区	Tongnan District	475.5	253.5	2178.9	51.6	76.3	21.5
荣昌区	Rongchang District	646.0	384.8	891.1	50.0	62.5	21.5
开州区	Kaizhou District	426.5	144.4	277.2	20.2	266.8	16.9
梁平区	Liangping District	460.3	260.3	503.1	17.5	90.1	12.6
武隆区	Wulong District	450.4	104.1	1207.7	22.5	62.4	5.8
城口县	Chengkou County	449.2	26.4	209.3	14.6	9.2	2.2
丰都县	Fengdu County	507.8	190.3	481.9	32.0	80.5	9.9
垫江县	Dianjiang County	531.7	270.2	497.2	25.1	83.6	19.1
忠 县	Zhongxian County	541.7	286.2	300.8	38.6	354.3	10.7
云阳县	Yunyang County	438.9	139.0	416.6	16.0	168.5	9.7
奉节县	Fengjie County	477.4	80.0	282.5	24.7	311.0	3.5
巫山县	Wushan County	434.3	50.9	392.1	32.0	117.8	1.2
巫溪县	Wuxi County	446.9	34.8	396.8	22.2	19.7	2.1
石柱县	Shizhu County	618.3	214.3	741.5	24.9	35.5	6.3
秀山县	Xiushan County	691.8	309.0	595.2	68.1	153.0	6.7
酉阳县	Youyang County	467.1	137.6	336.4	33.4	23.4	1.8
彭水县	Pengshui County	530.2	107.5	481.6	36.9	12.5	0.6

注：本表数据按乡村人口计算。

Note:Data in this table are calculated by rural population.

4-32 各区县主要农作物产品产量（2014 年）
Output of Major Agricultural and Subsidiary Products by Region of Chongqing（2014）

续表 3（continued 3）

单位：公斤/人

地 区	Region	粮食 Grain	稻谷 Rice	蔬菜 Vegetables	油料 Oil-bearing Crops	水果 Fruits	水产品 Aquatic Products
重庆市	**Chongqing**	**509.5**	**224.0**	**752.0**	**25.3**	**154.7**	**19.7**
万州区	Wanzhou District	434.7	195.8	790.0	15.1	279.9	18.5
黔江区	Qianjiang District	540.9	142.1	410.8	33.0	81.6	4.0
渝中区	Yuzhong District						
大渡口区	Dadukou District	4.9	4.9	2242.9	0.0	37.5	12.6
江北区	Jiangbei District	207.9	105.6	310.4	0.7	62.5	17.9
沙坪坝区	Shapingba District	99.9	70.8	595.2	0.3	35.5	35.5
九龙坡区	Jiulongpo District	126.3	70.8	490.2	5.0	67.9	17.7
南岸区	Nan' an District	19.5	8.2	101.5	0.0	17.0	8.8
北碚区	Beibei District	201.2	90.4	1282.4	3.1	68.4	15.9
渝北区	Yubei District	484.3	172.3	948.0	8.6	332.2	18.2
巴南区	Ba' nan District	600.4	300.1	1016.9	3.9	87.6	36.9
涪陵区	Fuling District	536.0	264.0	2489.8	7.7	153.1	25.4
长寿区	Changshou District	581.6	287.3	499.1	16.3	325.4	42.1
江津区	Jiangjin District	602.4	333.0	723.8	13.7	212.4	18.0
合川区	Hechuan District	703.4	328.7	671.2	21.2	112.5	38.4
永川区	Yongchuan District	659.6	465.3	788.5	27.3	196.8	51.8
南川区	Nanchuan District	685.8	380.9	771.8	45.3	139.3	20.7
綦江区	Qijiang District	485.5	208.0	851.0	10.3	42.9	13.7
大足区	Dazu District	566.8	309.6	434.9	53.4	71.5	26.3
璧山区	Bishan District	394.4	256.7	1530.7	10.1	294.0	37.8
铜梁区	Tongliang District	566.2	350.4	1027.6	20.4	59.7	46.1
潼南区	Tongnan District	484.9	261.8	2332.7	57.1	88.9	33.8
荣昌区	Rongchang District	649.0	385.2	945.4	51.7	65.7	24.1
开州区	Kaizhou District	429.1	145.3	296.7	21.1	289.3	17.8
梁平区	Liangping District	456.0	257.9	539.8	18.4	103.0	18.0
武隆区	Wulong District	456.7	107.8	1285.6	23.9	66.3	7.0
城口县	Chengkou County	454.7	26.2	222.9	14.6	9.7	2.4
丰都县	Fengdu County	514.9	194.4	517.9	32.9	85.5	11.1
垫江县	Dianjiang County	528.1	268.6	544.9	27.2	92.5	22.9
忠 县	Zhongxian County	543.9	287.1	326.8	41.0	380.5	14.4
云阳县	Yunyang County	439.2	138.9	453.0	18.0	195.6	11.2
奉节县	Fengjie County	467.8	81.4	297.3	27.6	332.3	4.6
巫山县	Wushan County	442.8	51.7	431.6	32.7	138.4	1.4
巫溪县	Wuxi County	470.4	37.5	432.2	23.6	23.2	2.4
石柱县	Shizhu County	619.3	214.7	783.7	25.0	37.2	7.4
秀山县	Xiushan County	703.5	311.3	635.7	81.1	162.9	9.0
酉阳县	Youyang County	486.9	154.4	359.2	35.6	24.6	2.1
彭水县	Pengshui County	536.6	108.9	508.6	39.2	14.1	0.7

注：本表数据按乡村人口计算。

Note:Data in this table are calculated by rural population.

4-32 各区县主要农作物产品产量（2015 年）
Output of Major Agricultural and Subsidiary Products by Region of Chongqing（2015）

续表 4（continued 4）　　单位：公斤/人

地 区	Region	粮食 Grain	稻谷 Rice	蔬菜 Vegetables	油料 Oil-bearing Crops	水果 Fruits	水产品 Aquatic Products
重庆市	**Chongqing**	**518.9**	**227.5**	**799.9**	**26.9**	**168.9**	**21.6**
万州区	Wanzhou District	444.1	200.2	856.6	16.0	313.2	20.0
黔江区	Qianjiang District	538.2	141.8	429.6	34.4	87.4	4.2
涪陵区	Fuling District	543.8	264.0	2570.4	8.2	161.5	26.0
渝中区	Yuzhong District						
大渡口区	Dadukou District	0.2	0.2	1879.5		36.9	12.8
江北区	Jiangbei District	230.4	109.2	340.9	0.9	68.6	18.6
沙坪坝区	Shapingba District	100.5	71.6	603.1	0.3	36.6	35.9
九龙坡区	Jiulongpo District	120.5	65.8	476.3	5.1	70.4	18.0
南岸区	Nan' an District	14.1	3.4	80.9	0.0	17.2	8.2
北碚区	Beibei District	202.6	87.0	1337.2	3.3	74.9	17.1
渝北区	Yubei District	503.4	183.3	1003.2	9.7	357.4	20.8
巴南区	Ba' nan District	704.5	360.7	1336.2	4.9	107.6	46.4
长寿区	Changshou District	588.6	291.9	538.1	17.3	354.2	48.4
江津区	Jiangjin District	608.0	336.1	769.5	14.3	232.0	21.9
合川区	Hechuan District	709.0	331.6	720.4	23.0	120.2	40.4
永川区	Yongchuan District	664.5	467.4	827.6	29.0	207.0	54.5
南川区	Nanchuan District	720.4	402.7	871.0	47.5	157.6	23.6
綦江区	Qijiang District	490.9	211.6	889.9	10.7	46.0	14.0
大足区	Dazu District	571.3	314.7	472.3	57.9	77.2	28.5
璧山区	Bishan District	399.1	259.3	1605.0	10.6	319.3	40.9
铜梁区	Tongliang District	578.1	353.9	1098.2	21.8	68.0	51.6
潼南区	Tongnan District	478.9	258.8	2385.0	59.4	98.1	40.4
荣昌区	Rongchang District	653.0	382.6	1003.3	53.6	69.1	24.9
开州区	Kaizhou District	427.0	144.1	312.6	21.6	306.2	18.5
梁平区	Liangping District	463.0	261.5	578.6	19.5	115.1	19.7
武隆区	Wulong District	477.7	112.4	1399.9	26.3	72.9	8.2
城口县	Chengkou County	477.3	28.4	233.2	15.0	9.8	2.5
丰都县	Fengdu County	522.6	198.0	560.3	33.0	90.6	12.6
垫江县	Dianjiang County	532.3	272.5	596.8	27.7	104.0	25.0
忠 县	Zhongxian County	551.9	291.7	348.4	43.2	429.1	16.6
云阳县	Yunyang County	445.5	141.8	485.3	19.6	215.3	11.8
奉节县	Fengjie County	485.2	84.9	324.5	29.8	355.4	5.2
巫山县	Wushan County	450.6	53.0	460.9	36.2	155.7	1.7
巫溪县	Wuxi County	498.1	36.8	460.7	25.7	25.7	2.4
石柱县	Shizhu County	631.6	216.0	850.1	25.8	38.1	8.3
秀山县	Xiushan County	724.5	318.5	697.1	84.1	175.6	9.8
酉阳县	Youyang County	492.4	155.8	388.2	37.4	27.8	2.3
彭水县	Pengshui County	549.2	110.0	542.8	42.3	15.1	0.8

注：本表数据按乡村人口计算。

Note:Data in this table are calculated by rural population.

4-32 各区县主要农作物产品产量（2016 年）
Output of Major Agricultural and Subsidiary Products by Region of Chongqing（2016）

续表 5（continued 5） 单位：公斤/人

地 区	Region	粮食 Grain	稻谷 Rice	蔬菜 Vegetables	油料 Oil-bearing Crops	水果 Fruits	水产品 Aquatic Products
重庆市	**Chongqing**	**523.9**	**229.4**	**842.5**	**28.2**	**183.6**	**22.8**
万州区	Wanzhou District	446.7	202.8	895.7	16.7	344.5	20.8
黔江区	Qianjiang District	538.2	142.1	459.7	36.3	95.4	4.4
涪陵区	Fuling District	556.5	267.3	2692.4	8.5	174.8	26.4
渝中区	Yuzhong District						
大渡口区	Dadukou District	119.1	1.6	1837.0	0.0	38.7	12.4
江北区	Jiangbei District	216.4	105.2	336.2	0.8	75.3	18.5
沙坪坝区	Shapingba District	97.4	68.8	600.7	0.3	36.2	36.5
九龙坡区	Jiulongpo District	109.4	58.8	462.8	4.8	73.1	18.0
南岸区	Nan' an District	9.6	1.0	67.2	0.0	13.2	8.1
北碚区	Beibei District	192.3	83.0	1300.4	3.3	75.8	17.5
渝北区	Yubei District	515.9	187.2	1036.5	10.5	374.7	57.7
巴南区	Ba' nan District	690.6	350.5	1401.3	5.1	112.2	18.2
长寿区	Changshou District	595.7	295.5	574.8	19.5	387.7	51.8
江津区	Jiangjin District	612.6	338.4	809.4	15.6	251.0	23.6
合川区	Hechuan District	714.1	333.9	768.6	25.0	130.8	42.8
永川区	Yongchuan District	665.3	466.8	871.1	29.0	221.2	57.3
南川区	Nanchuan District	731.3	408.2	932.4	47.6	173.1	24.7
綦江区	Qijiang District	496.9	215.2	923.2	11.7	50.5	14.8
大足区	Dazu District	580.8	318.6	502.7	62.3	84.0	29.2
璧山区	Bishan District	398.1	258.2	1726.0	10.8	344.8	43.7
铜梁区	Tongliang District	590.7	358.0	1173.1	23.9	139.9	55.7
潼南区	Tongnan District	485.9	262.2	2491.7	62.2	58.2	44.0
荣昌区	Rongchang District	649.4	382.5	1055.1	54.1	72.5	24.8
开州区	Kaizhou District	435.5	150.5	331.2	22.0	338.3	19.8
梁平区	Liangping District	467.7	264.5	615.8	20.9	126.5	21.6
武隆区	Wulong District	490.0	114.8	1499.8	27.9	82.6	8.9
城口县	Chengkou County	498.4	29.1	242.7	16.5	10.0	2.3
丰都县	Fengdu County	525.6	201.5	598.0	33.6	99.0	13.4
垫江县	Dianjiang County	531.2	273.0	637.3	27.9	114.4	26.7
忠 县	Zhongxian County	556.6	294.8	367.8	44.7	471.1	17.7
云阳县	Yunyang County	447.4	143.9	517.6	21.4	239.0	12.4
奉节县	Fengjie County	488.0	85.3	342.6	31.0	375.3	5.3
巫山县	Wushan County	453.0	52.4	481.1	37.2	167.9	1.8
巫溪县	Wuxi County	513.7	37.2	496.8	29.4	29.4	2.6
石柱县	Shizhu County	639.4	219.7	908.4	26.5	39.3	8.9
秀山县	Xiushan County	738.5	322.0	745.3	85.9	191.4	10.5
酉阳县	Youyang County	494.8	155.8	416.0	38.6	32.3	2.4
彭水县	Pengshui County	559.5	110.1	576.3	45.6	15.4	0.8

注：本表数据按乡村人口计算。

Note:Data in this table are calculated by rural population.

4–32 各区县主要农作物产品产量（2017 年）
Output of Major Agricultural and Subsidiary Products by Region of Chongqing（2017）

续表 6（continued 6） 单位：公斤/人

地区	Region	粮食 Grain	稻谷 Rice	蔬菜 Vegetables	油料 Oil-bearing Crops	水果 Fruits	水产品 Aquatic Products
重庆市	Chongqing	537.6	234.9	896.8	29.6	205.4	23.7
万州区	Wanzhou District	454.8	207.1	945.3	17.4	386.6	21.5
黔江区	Qianjiang District	540.5	142.7	483.8	36.5	102.5	4.3
涪陵区	Fuling District	561.3	268.5	2830.6	9.1	194.5	24.8
渝中区	Yuzhong District						
大渡口区	Dadukou District	94.8	1.4	1896.4		73.5	12.5
江北区	Jiangbei District	212.3	95.1	334.3	1.0	84.6	17.8
沙坪坝区	Shapingba District	98.3	69.7	591.3	0.3	37.3	36.5
九龙坡区	Jiulongpo District	106.7	57.4	486.6	5.2	80.7	19.2
南岸区	Nan' an District	7.8	0.3	65.5		13.7	7.9
北碚区	Beibei District	192.2	78.0	1382.3	3.7	88.5	18.9
渝北区	Yubei District	538.6	196.1	1110.0	12.7	418.1	23.0
巴南区	Ba' nan District	678.9	339.4	1497.5	5.5	121.8	49.9
长寿区	Changshou District	625.1	310.2	586.7	21.2	434.6	57.6
江津区	Jiangjin District	625.2	344.2	864.1	16.6	274.0	24.0
合川区	Hechuan District	719.7	335.8	817.1	25.9	139.3	45.8
永川区	Yongchuan District	664.5	469.2	904.3	29.9	239.0	57.8
南川区	Nanchuan District	762.8	427.0	1035.1	49.8	197.3	24.8
綦江区	Qijiang District	505.7	218.9	927.4	15.9	56.5	14.5
大足区	Dazu District	590.0	322.6	532.0	66.3	95.4	31.1
璧山区	Bishan District	648.0	383.7	1102.8	54.6	79.4	24.5
铜梁区	Tongliang District	600.8	362.3	1227.1	24.4	85.1	56.1
潼南区	Tongnan District	526.7	284.0	2765.5	68.1	136.7	47.7
荣昌区	Rongchang District	648.0	383.7	1102.8	54.6	79.4	24.5
开州区	Kaizhou District	456.7	158.2	366.7	23.1	390.1	21.5
梁平区	Liangping District	475.0	268.5	649.7	21.4	142.7	23.3
武隆区	Wulong District	489.8	114.0	1579.1	29.2	255.4	9.4
城口县	Chengkou County	523.1	30.6	273.3	16.6	159.7	2.4
丰都县	Fengdu County	538.9	207.0	647.1	33.5	3.6	13.9
垫江县	Dianjiang County	536.4	273.4	683.5	28.3	96.6	27.5
忠　县	Zhongxian County	586.8	310.4	408.3	47.5	536.8	19.1
云阳县	Yunyang County	452.1	144.9	551.2	22.1	265.0	12.3
奉节县	Fengjie County	523.7	91.8	386.3	33.7	436.5	5.5
巫山县	Wushan County	443.0	49.6	479.3	38.5	181.3	1.7
巫溪县	Wuxi County	523.3	37.5	530.1	31.0	31.6	2.6
石柱县	Shizhu County	689.0	237.6	1027.1	27.7	45.1	9.8
秀山县	Xiushan County	682.6	297.6	729.8	79.2	181.9	9.0
酉阳县	Youyang County	496.6	156.0	441.5	39.0	37.1	2.4
彭水县	Pengshui County	574.9	113.1	618.8	47.5	17.3	0.8

注：本表数据按乡村人口计算。

Note:Data in this table are calculated by rural population.

4–33 各区县主要畜禽产品产量（2017 年）
Output of Major Livestock and poultry Products by Region of Chongqing（2017）

单位：吨

地 区	Region	猪肉 Pork	禽肉 Meat of Poultry	禽蛋产量 Poultry Eggs
重庆市	**Chongqing**	**1491499**	**384905**	**477384**
万州区	Wanzhou District	64853	10242	11295
黔江区	Qianjiang District	55863	1710	2523
涪陵区	Fuling District	57869	12389	14259
渝中区	Yuzhong District			
大渡口区	Dadukou District	66	111	111
江北区	Jiangbei District	546	143	160
沙坪坝区	Shapingba District	976	341	235
九龙坡区	Jiulongpo District	2457	1020	876
南岸区	Nan' an District	416	68	294
北碚区	Beibei District	6323	1600	2596
渝北区	Yubei District	18812	11588	7489
巴南区	Ba' nan District	32127	7215	12920
长寿区	Changshou District	47670	17636	55676
江津区	Jiangjin District	70093	18590	27381
合川区	Hechuan District	74970	16121	26815
永川区	Yongchuan District	61914	36049	16120
南川区	Nanchuan District	50041	15870	9829
綦江区	Qijiang District	56130	9164	15586
大足区	Dazu District	48887	13360	12681
璧山区	Bishan District	20475	50176	7304
铜梁区	Tongliang District	47057	39440	54701
潼南区	Tongnan District	53556	5331	15908
荣昌区	Rongchang District	53776	16112	10862
开州区	Kaizhou District	75200	9516	14530
梁平区	Liangping District	52649	20178	11765
武隆区	Wulong District	34521	1855	3193
城口县	Chengkou County	16475	6334	5143
丰都县	Fengdu County	35264	10124	24597
垫江县	Dianjiang County	57149	8391	20080
忠 县	Zhongxian County	50990	6806	25067
云阳县	Yunyang County	61103	4837	24341
奉节县	Fengjie County	54638	4577	11267
巫山县	Wushan County	37827	3561	5746
巫溪县	Wuxi County	41018	6417	3774
石柱县	Shizhu County	26546	3475	3625
秀山县	Xiushan County	33784	7242	5283
酉阳县	Youyang County	48286	4229	4597
彭水县	Pengshui County	41173	3086	8755

4–34 各区县主要畜禽产品人均产量（2017 年）

Per Capita Output of Major Livestock and poultry Products by Region of Chongqing（2017）

单位：公斤/人

地 区	Region	猪肉 Pork	禽肉 Meat of Poultry	禽蛋产量 Poultry Eggs
重庆市	**Chongqing**	68.7	17.7	22.0
万州区	Wanzhou District	55.5	8.8	9.7
黔江区	Qianjiang District	119.2	3.6	5.4
涪陵区	Fuling District	71.8	15.4	17.7
渝中区	Yuzhong District			
大渡口区	Dadukou District	3.1	5.2	5.2
江北区	Jiangbei District	31.3	8.2	9.2
沙坪坝区	Shapingba District	7.5	2.6	1.8
九龙坡区	Jiulongpo District	12.5	5.2	4.5
南岸区	Nan' an District	1.4	0.2	1.0
北碚区	Beibei District	24.5	6.2	10.0
渝北区	Yubei District	52.9	32.6	21.1
巴南区	Ba' nan District	72.2	16.2	29.0
长寿区	Changshou District	79.0	29.2	92.3
江津区	Jiangjin District	65.3	17.3	25.5
合川区	Hechuan District	74.5	16.0	26.7
永川区	Yongchuan District	82.3	47.9	21.4
南川区	Nanchuan District	111.9	35.5	22.0
綦江区	Qijiang District	74.6	12.2	20.7
大足区	Dazu District	65.2	17.8	16.9
璧山区	Bishan District	55.8	136.7	19.9
铜梁区	Tongliang District	77.1	64.7	89.7
潼南区	Tongnan District	73.5	7.3	21.8
荣昌区	Rongchang District	112.3	33.7	22.7
开州区	Kaizhou District	55.1	7.0	10.7
梁平区	Liangping District	63.6	24.4	14.2
武隆区	Wulong District	92.2	5.0	8.5
城口县	Chengkou County	77.2	29.7	24.1
丰都县	Fengdu County	54.9	15.8	38.3
垫江县	Dianjiang County	77.6	11.4	27.3
忠 县	Zhongxian County	71.8	9.6	35.3
云阳县	Yunyang County	64.0	5.1	25.5
奉节县	Fengjie County	64.1	5.4	13.2
巫山县	Wushan County	70.7	6.7	10.7
巫溪县	Wuxi County	88.2	13.8	8.1
石柱县	Shizhu County	68.9	9.0	9.4
秀山县	Xiushan County	72.5	15.5	11.3
酉阳县	Youyang County	62.0	5.4	5.9
彭水县	Pengshui County	72.8	5.5	15.5

注：本表数据按乡村人口计算。

Note:Data in this table are calculated by rural population.

主要指标解释

农林牧渔业总产值 指以货币表现的农、林、牧、渔业全部产品和对农林牧渔业生产活动进行的各种支持性服务活动的价值总量，它反映一定时期内农林牧渔业生产总规模和总成果。1957年以前的农林牧渔业总产值中包括了厩肥和农民自给性手工业（如农民自制衣服、鞋、袜，自己从事粮食初步加工等）。1958年及以后，林业中增加了村及村以下竹木采伐产值；牧业中取消了厩肥产值；副业中取消了农民自给性手工业产值，增加了村及村以下办的工业产值； 渔业中增加了海洋捕捞水产品产值。1980年及以后，在副业中增加了农民家庭兼营工业商品部分的产值。从1984年起村及村以下工业产值划归工业。从1993年起取消副业，将野生动物的捕猎划入牧业、野生植物采集和农民家庭兼营商品性工业划归农业。从2003年起，执行新的国民经济行业分类标准，农林牧渔业总产值中包括了农林牧渔服务业产值。林业中增加了森林采运业产值。农业中取消了家庭兼营商品性工业产值，将野生林产品的采集划归林业。第一次农业普查以后，由于畜牧业产品年报数据与普查数据之间存在一定的差距，国家统计局农调总队对畜牧业年报数据与普查数据进行衔接，相应的畜牧业产值进行调整。第二次农业普查后，国家统计局再次对种植业、畜牧业、林业、渔业、服务业数据进行了衔接与调整。

农林牧渔业总产值的计算方法通常是按农、林、牧、渔业产品及其副产品的产量分别乘以各自单位产品价格求得；少数生产周期较长，当年没有产品或产品产量不易统计的，则采用间接方法匡算其产值；然后将四业产品产值相加并加上农林牧渔服务业产值即为农林牧渔业总产值。

粮食产量 指全社会的产量。包括国有经济经营的、集体统一经营的和农民家庭经营的粮食产量，还包括工矿企业办的农场和其他生产单位的产量。粮食除包括稻谷、小麦、玉米、高粱、谷子及其他杂粮外，还包括薯类和豆类。其产量计算方法，豆类按去豆荚后的干豆计算；薯类（包括甘薯和马铃薯，不包括芋头和木薯）1963年以前按每4公斤鲜薯折1公斤粮食计算，从1964年开始及以后改为按5公斤鲜薯折1公斤粮食计算。城市郊区作为蔬菜的薯类（如：马铃薯等）按鲜品计算，并且不作粮食统计。其他粮食一律按脱粒后的原粮计算。1989年以前全国粮食产量数据主要靠全面报表取得，1989年开始使用抽样调查数据。

油料产量 指全部油料作物的生产量。包括花生、油菜籽、芝麻、向日葵籽，胡麻籽（亚麻籽）和其他油料。不包括大豆，也不包括木本油料和野生油料。花生以带壳干花生计算。

水产品产量 指人工养殖的水产品和天然生长的水产品的捕捞量。包括海水的鱼类、虾蟹类、贝类和藻类以及内陆水域的鱼类、虾蟹类和贝类，不包括淡水生植物。水产品产量是通过各级水产和统计部门逐级上报取得数据。1995年及以前，贝类中牡蛎按鲜肉计算；蚶、蛤、蛙按5斤鲜品折1斤计算。1996年以后则统一按鲜品计算。

猪、牛、羊肉产量 指当年出栏并已屠宰后除去头蹄下水后带骨肉（即胴体重）的重量。

期初（末）畜禽存栏头（只）数 指报告期初（末）农村各种合作经济组织和国营农场、农民个人、机关、团体、学校、工矿企业，部队等单位以及城镇居民饲养的大牲畜、猪、羊、家禽等畜禽的存栏头（只）数。

农作物播种面积 指实际播种或移植有农作物的面积，凡是实际种植有农作物的面积，不论种植在耕地上还是种植在非耕地上，均包括在农作物播种面积中。在播种季节基本结束后，因遭灾而重新改种和补种的农作物面积，也包括在内。它是反映我国耕地面积利用情况的一个重要指标。目前，农作物播种面积主要包括粮食、棉花、油料、糖料、麻类、烟叶、蔬菜和瓜类、药材和其它农作物九大类。

有效灌溉面积 指具有一定的水源，地块比较平整，灌溉工程或设备已经配套，在一般年景下当年能够进行正常灌溉的耕地面积。在一般情况下，有效灌溉面积应等于灌溉工程或设备已经配备，能够进行正常灌溉的水田和水浇地面积之和。它是反映我国耕地抗旱能力的一个重要指标。

农用化肥施用量 指本年内实际用于农业生产的化肥数量，包括氮肥、磷肥，钾肥和复合肥。化肥施用量要求按折纯量计算数量。折纯法化肥施用量是把氮肥、磷肥和钾肥分别按含氮、含五氧化二磷、含氧化钾的百分之一百成份折算后的数量。复合肥按其所含主要成分折算。公式为：

折纯量=实物量×某种化肥有效成份含量的百分比

农业机械总动力 指主要用于农、林、牧、渔业的各种动力机械的动力总和。包括耕作机械、排灌机械、收获机械、农用运输机械、植物保护机械、牧业机械、林业机械、渔业机械和其他农业机械［内燃机按引擎马力折成瓦（特）计算，电动机按功率折成瓦（特）计算］。不包括专门用于乡、镇、村、组办工业、基本建设、非农业运输、科学试验和教学等非农业生产方面用的动力机械与作业机械。

乡村从业人员 指乡村人口中劳动年龄在 16 周岁以上实际参加生产经营活动并取得实物或货币收入的人员，包括劳动年龄内经常参加劳动的人员，也包括超过劳动年龄但经常参加劳动的人员，但不包括户口在家的在外学生、现役军人和丧失劳动能力的人，也不包括待业人员和家务劳动者。从业人员按从事主业时间最长（时间相同按收入）分为农业从业人员、工业从业人员、建筑业从业人员、交通运输业、仓储及邮电通信业从业人员、批零贸易及餐饮业从业人员、其他非农行业从业人员。

乡村人口 指乡村地区常住居民户数中的常住人口数，即经常在家或在家居住 6 个月以上，而且经济和生活与本户连成一体的人口。外出从业人员在外居住时间虽然在 6 个月以上，但收入主要带回家中，经济与本户连为一体，仍视为家庭常住人口；在家居住，生活和本户连成一体的国家职工、退休人员也为家庭常住人口。但是现役军人、中专及以上（走读生除外）的在校学生、以及常年在外（不包括探亲、看病等）且已有稳定的职业与居住场所的外出从业人员，不应当作家庭常住人口。

（五）农民工

migrant worker

5-1 全市农民工数量（2013-2017 年）
The Number of Migrant Workers（2013-2017）

	计量单位	2013 年	2014 年	2015 年	2016 年	2017 年
一、全市农民工数量	**万人**	**748.8**	**746.0**	**729.1**	**736.7**	**744.8**
按农民工类型分						
1、举家外出的农村劳动力	万人	245.7	256.0	284.7	288.7	289.2
2、外出（乡外）务工或自营农民工	万人	357.5	345.9	299.4	280.7	280.5
3、乡内务工或自营农民工	万人	145.6	144.1	145.0	167.3	175.1
二、全市乡村劳动力数量	**万人**	**1328.8**	**1313.0**	**1309.2**	**1302.5**	**1281.7**
农民工数量占比	%	56.4	56.8	55.7	56.6	58.1

说明：1、农民工是指户籍为本地农业户口，且在本年度从事非农务工或非农自营活动 6 个月及以上的农村劳动力。2、本表农民工数量是国家统计局反馈的推算数。3、抽样方法及样本量。对于举家外出的农户，采用整群抽样方法，全市抽取了 160 个调查小区，涉及 2.9 万个农户；对于没有举家外出的农户，采用与规模大小成比例的概率抽样方法，全市抽取了 1560 个农户。4、除本表外，本《年鉴》发布的有关农民工数据，农民工口径均未包括举家外出的农村劳动力。

5-2 农民工基本情况（2011-2017 年）
Basic Conditions of Migrant Workers（2011-2017）

计量单位：%

	2011 年	2012 年	2013 年	2014 年	2015 年	2016 年	2017 年
调查的农民工数量	**100.00**	**100.00**	**100.00**	**100.00**	**100.00**	**100.00**	**100.00**
一、按性别分							
男性	65.44	66.03	64.80	65.48	65.46	66.16	65.80
女性	34.56	33.97	35.20	34.52	34.54	33.84	34.20
二、按年龄分							
16-19 岁	2.22	1.28	3.44	2.47	1.89	1.58	0.77
20-24 岁	9.70	7.54	11.63	11.36	11.37	11.07	10.44
25-29 岁	10.47	9.57	14.95	16.25	15.28	13.93	13.15
30-34 岁	12.31	13.46	10.49	10.26	10.57	11.83	11.20
35-40 岁	30.31	29.59	19.65	16.08	14.00	11.18	11.79
41-50 岁	24.13	27.37	28.33	28.98	32.95	33.55	33.73
51-60 岁	8.25	7.99	8.98	10.98	11.06	13.35	14.45
61-65 岁	2.12	2.27	1.93	2.36	2.02	2.05	2.36
66 岁及以上	0.48	0.94	0.60	1.26	0.86	1.46	2.12
三、按文化程度分							
未上过学	0.72	1.13	1.0	1.0	1.1	1.1	0.94
小学	15.25	14.50	15.5	16.5	14.1	12.5	12.56
初中	65.25	65.63	65.8	63.3	62.5	61.2	60.67
高中	15.73	15.19	13.9	14.8	16.4	18.4	18.16
大学专科	3.04	3.55	2.8	3.0	4.5	5.2	5.66
大学本科			0.9	1.4	1.3	1.7	2.00
研究生			0.1	0.0	0.1	0.0	0.00
四、接受技能培训情况							
接受过农业技术培训人数的占比	14.29	15.09	8.50	8.95	10.33	12.59	21.40
接受过非农技术培训人数的占比	27.46	29.78	33.27	23.60	26.47	27.22	33.31

5-3　农民工参加医疗保险和养老保险情况（2011-2017 年）
The Conditions of Participate in Medical Insurance and Pension Insurance of Migrant Workers（2011-2017）

计量单位：%

	2011 年	2012 年	2013 年	2014 年	2015 年	2016 年	2017 年
调查的农民工数量	100.00	100.00	100.00	100.00	100.00	100.00	100.00
一、参加医疗保险的人数的占比							
1.新型农村合作医疗	95.08	94.58	92.59	93.25	91.87	91.28	88.03
2.城镇职工基本医疗保险	2.85	3.45	3.07	2.80	3.55	3.34	4.13
3.（城镇）居民基本医疗保险	0.00	0.00	2.95	3.46	3.73	4.74	7.37
4.公费医疗	0.00	0.00	0.06	0.05	0.00	0.00	0.00
5.商业医疗保险	0.34	0.44	0.12	0.05	0.24	0.29	0.41
6.其他医疗保险	0.24	0.30	0.36	0.38	0.61	0.35	0.24
7.没有参加任何医疗保险	1.64	1.48	1.08	0.38	0.31	0.12	0.06
二、参加养老保险的人数的占比							
1.新型农村社会养老保险	54.63	54.68	67.15	67.18	68.03	70.02	67.33
2.城镇职工基本养老保险	4.83	6.51	5.12	4.88	5.81	5.27	7.37
3.（城镇）居民社会养老保险	0.00	0.00	6.27	6.81	4.52	4.57	3.71
4.商业养老保险	2.46	2.42	0.96	0.88	1.28	1.00	1.06
5.其他养老保险	3.67	3.11	1.51	1.87	2.75	1.58	2.30
6.没有参加任何养老保险	34.51	33.33	19.35	18.77	17.97	17.62	18.46

5-4 农民工从业区域、从事行业和职业（2011-2017 年）
The Working Area ,Industry and Occupation of Migrant Workers（2011-2017）

计量单位：%

	2011 年	2012 年	2013 年	2014 年	2015 年	2016 年	2017 年
调查的农民工数量	100.00	100.00	100.00	100.00	100.00	100.00	100.00
一、本年度主要从业区域的构成情况							
1.乡内	33.11	34.66	31.10	32.05	35.09	39.93	40.98
2.乡外县内	11.29	11.54	10.73	12.84	11.37	9.84	9.67
3.县外省内	13.75	12.23	19.41	19.87	18.77	19.56	19.28
4.省外国内	41.70	41.57	38.76	35.18	34.72	30.68	30.07
5.国外及港澳台地区	0.14	0.00	0.00	0.05	0.06	0.00	0.00
二、本年度从事主要行业的构成情况							
1.第一产业	0.48	0.20	0.24	0.22	0.00	0.23	0.18
（1）农、林、牧、渔业	0.48	0.20	0.24	0.22	0.00	0.23	0.18
2.第二产业	65.83	64.99	61.42	63.23	58.13	52.58	51.59
（2）采矿业	3.91	3.99	2.53	2.31	2.20	1.58	1.30
（3）制造业	33.59	31.16	25.74	25.80	25.79	23.48	21.76
（4）电力、热力、燃气及水的生产和供应业	1.11	1.04	2.23	2.03	1.28	1.23	1.36
（5）建筑业	27.22	28.80	30.92	33.10	28.85	26.29	27.18
3.第三产业	33.69	34.81	38.34	36.55	41.87	47.19	48.23
（6）批发和零售业	5.26	5.33	10.19	9.39	11.25	10.42	11.44
（7）交通运输、仓储和邮政业	0.97	1.58	5.06	4.94	6.17	6.44	6.66
（8）住宿和餐饮业	7.43	7.50	7.96	8.01	7.03	7.49	7.25
（9）信息传输、软件和信息技术服务业	6.18	6.80	2.05	1.48	1.28	1.76	1.53
（10）金融业	0.19	0.25	0.24	0.27	0.49	0.23	0.18
（11）房地产业	0.43	0.25	0.42	0.16	0.43	0.18	0.29
（12）租赁和商务服务业	0.72	0.79	1.39	1.15	0.79	1.76	0.83
（13）科学研究和技术服务	0.14	0.20	0.60	0.44	0.49	0.23	0.24
（14）水利、环境和公共设施管理业	0.05	0.05	0.18	0.27	0.18	0.47	0.18
（15）居民服务、修理和其他服务业	7.77	6.31	7.66	6.31	8.07	11.36	11.38
（16）教育	0.29	0.74	0.36	0.77	0.79	1.46	1.18
（17）卫生、社会工作	1.50	1.73	0.78	1.37	2.02	1.81	2.30
（18）文化、体育和娱乐业	0.53	1.04	0.48	0.55	0.86	1.05	1.18
（19）公共管理、社会保障和社会组织	2.22	2.27	0.96	1.43	2.02	2.52	3.60
（20）国际组织	0.00	0.00	0.00	0.00	0.00	0.00	0.00
三、本年度从事主要职业的构成情况							
1.企业负责人			0.54	0.93	0.49	1.05	0.59
2.专业技术人员			15.97	13.56	18.22	17.86	17.87
3.办事人员和有关人员			5.36	5.93	5.93	5.62	9.55
4.商业、服务业人员			20.92	16.85	18.77	17.27	18.63
5.农、林、牧、渔、水利业生产人员			0.96	1.37	0.61	1.70	0.94
6.生产、运输设备操作人员及有关人员			28.09	27.77	22.80	22.78	19.04
7.军人			0.06	0.11	0.12	0.18	0.00
8.不便分类的其他从业人员			28.09	33.48	33.07	33.55	33.37

说明：本表 2011 年和 2012 年无职业结构划分

5-5 农民工的从业类型、从业时间和收入（2011-2017 年）
Working type,Time and Income of Migrant Workers（2011-2017）

单位：个

	计量单位	2011 年	2012 年	2013 年	2014 年	2015 年	2016 年	2017 年
调查的农民工数量		100.00	100.00	100.00	100.00	100.00	100.00	100.00
一、本年度本地务农								
1.农民工中从事过本地务农的人数占比	%	20.80	20.61	19.59	18.11	14.67	13.52	13.44
2.其人均本地务农时间	月	2.37	2.26	2.34	2.24	2.47	2.54	2.11
二、本年度本地非农自营								
1.农民工中从事过本地非农自营的人数占比	%	9.03	8.97	11.93	11.86	12.16	14.29	13.56
2.其人均非农自营时间	月	9.62	9.79	9.09	8.90	9.59	9.37	9.83
3.其人均非农自营收入	元	23676.91	29006.11	24138.77	27689.45	34260.43	35099.07	37705.22
三、本年度本地非农务工								
1.农民工中从事过本地非农务工的人数占比	%	24.13	25.74	20.98	22.89	25.37	27.63	28.36
2.其人均非农务工时间	月	9.27	9.48	8.53	8.60	9.18	9.60	9.48
3.其人均非农务工收入	元	17207.80	19158.51	22961.87	26372.60	28627.98	33662.90	34530.55
四、本年度外出务工								
1.农民工中从事过外出务工的人数占比	%			67.15	65.92	62.78	58.61	58.25
2.其人均外出务工时间	月			10.10	10.11	10.14	10.09	10.15
3.其人均外出务工收入	元			32154.92	36016.33	36832.92	38252.87	40676.64
4.其人均寄带回金额	%			15231.94	17038.31	18929.95	21096.61	22683.81
5.其人均生活消费总支出	元			9123.63	9282.73	10440.99	11115.43	10823.95
五、本年度外出自营								
1.农民工中从事过外出自营的人数占比	%			1.99	2.41	2.14	1.87	1.59
2.其人均外出自营时间	月			10.77	10.09	10.21	9.84	9.15
3.其人均外出自营收入	元			48000.00	62090.91	42342.86	50750.00	57074.07
4.其人均寄带回金额	%			14090.91	32618.18	21400.00	27093.75	33888.89
5.其人均生活消费总支出	元			14333.33	15790.91	12714.29	13543.75	13956.78
附记：本年度外出务工和自营								
1.农民工中从事过外出务工和自营的人数占比	%	66.8	65.3	69.1	68.3	64.9	60.5	59.85
2.其人均外出务工和自营时间	月	10.25	9.96	10.12	10.11	10.14	10.08	10.12
3.其人均外出务工和自营收入	元	24453.33	25892.79	32610.79	36937.84	37014.51	38640.00	41112.83
4.其人均寄带回金额	%	11409.07	11925.37	15199.11	17588.92	19011.35	21282.39	22981.88
5.其人均生活消费总支出	元	7121.23	7894.48	9273.51	9512.74	10515.91	11190.65	10907.29

说明：2011-2012 年外出没有区分务工和自营，统一为外出从业

5-6 外出农民工从业地区（2011-2017 年）
Working Area of Migrant Workers（2011-2017）

计量单位：%

	2011 年	2012 年	2013 年	2014 年	2015 年	2016 年	2017 年
调查的外出农民工数量	100.00	100.00	100.00	100.00	100.00	100.00	100.00
一、外出从业区域							
（一）本省	37.40	36.40	43.70	47.98	46.42	48.93	49.00
1、乡外县内	16.82	17.60	15.50	18.77	17.42	16.08	16.24
2、县外省内	20.58	18.81	28.20	29.21	29.00	32.85	32.77
（二）省外	62.60	63.60	56.30	52.02	53.58	51.07	51.00
1、东部地区	50.61	48.64	47.11	42.31	43.03	38.50	38.94
北京	0.43	0.38	1.58	0.89	1.04	0.88	1.20
天津	0.36	0.23	0.26	0.16	0.09	0.00	0.00
河北	0.14	0.38	0.00	0.24	0.47	0.49	0.40
辽宁	0.14	0.08	0.79	0.16	0.38	0.19	0.10
上海	2.02	1.59	1.75	1.21	1.69	2.24	1.89
江苏	0.87	0.68	2.10	1.38	0.85	1.56	1.69
浙江	7.36	8.16	10.51	10.28	7.44	6.53	7.17
福建	9.24	8.76	8.93	6.23	10.83	6.73	7.87
山东	0.43	0.83	0.18	0.16	0.00	0.58	0.10
广东	29.53	27.49	20.84	21.12	20.15	19.20	18.43
海南	0.07	0.08	0.18	0.49	0.09	0.29	0.10
2、中部地区	3.39	3.25	1.75	2.10	2.26	2.14	2.19
山西	0.87	0.60	0.00	0.65	0.47	0.10	0.10
吉林	0.00	0.00	0.09	0.00	0.09	0.19	0.10
黑龙江	0.00	0.23	0.18	0.00	0.19	0.10	0.00
安徽	0.72	0.30	0.18	0.08	0.19	0.00	0.00
江西	0.22	0.15	0.00	0.16	0.47	0.19	0.10
河南	0.07	0.08	0.35	0.24	0.09	0.29	0.30
湖北	1.44	1.81	0.70	0.89	0.66	1.36	1.29
湖南	0.07	0.08	0.26	0.08	0.09	0.19	0.40
3、西部地区	8.38	11.71	7.44	7.52	8.19	9.94	9.76
内蒙古	0.22	0.23	0.44	0.24	0.19	0.10	0.10
广西	0.07	1.66	0.00	0.08	0.09	0.39	0.40
重庆	37.40	36.40	43.70	47.98	46.42	48.93	49.00
四川	2.89	3.93	2.54	2.51	3.30	4.00	3.19
贵州	1.16	0.45	0.70	0.65	0.38	1.27	2.09
云南	2.31	2.27	2.19	2.75	2.35	1.85	1.39
西藏	0.00	0.00	0.18	0.24	0.38	0.78	0.80
陕西	0.22	0.23	0.35	0.00	0.00	0.68	0.20
甘肃	0.14	0.23	0.00	0.00	0.19	0.00	0.30
青海	0.14	0.08	0.18	0.40	0.00	0.19	0.20
宁夏	0.22	0.08	0.00	0.00	0.09	0.00	0.10
新疆	1.01	2.57	0.88	0.65	1.22	0.68	1.00
4、其他地区	0.22	0.00	0.00	0.08	0.09	0.00	0.00
港澳台	0.22	0.00	0.00	0.00	0.00	0.00	0.00
国外	0.00	0.00	0.00	0.08	0.09	0.00	0.00
二、外出从业地区类型							
1.直辖市	22.96	20.09	28.02	23.38	24.86	27.10	30.98
2.省会城市	21.59	19.41	21.89	22.41	23.16	17.84	17.93
3.地级市	22.17	23.56	21.28	21.68	22.50	19.98	19.32
4.县市城区	23.75	25.23	23.38	21.93	20.72	23.39	23.31
5.建制镇	7.87	9.97	4.38	8.33	7.53	10.04	7.87
6.村委会	0.87	0.30	0.26	0.24	0.38	0.19	0.60
7.其他地区	0.79	1.44	0.79	2.02	0.85	1.46	0.00

5–7 外出农民工外出方式、工作变更及居住情况（2011–2017 年）
Conditions of Way Out,Job Change and House Situation Of Migrant Workers（2011–2017）

	计量单位	2011 年	2012 年	2013 年	2014 年	2015 年	2016 年	2017 年
调查的外出农民工数量	%	100.00	100.00	100.00	100.00	100.00	100.00	100.00
一、外出方式构成								
1.政府（单位）组织	%	2.17	1.59	0.61	1.05	1.04	0.78	0.70
2.中介组织介绍	%	1.30	1.59	1.40	1.38	1.51	1.66	1.10
3.亲朋好友介绍	%	49.89	49.40	47.99	48.22	42.66	42.20	47.81
4.自发	%	43.54	44.03	47.90	45.23	50.66	51.95	46.91
5.其他	%	3.10	3.40	2.10	4.13	4.14	3.41	3.49
二、务工期间更换工作情况								
更换工作人数占外出农民工的比重	%			21.72	11.73	10.36	10.04	12.45
其人均更换工作的次数	次			1.50	1.73	1.58	1.89	1.76
三、外出从业住所类型构成								
1.单位宿舍	%	27.51	24.02	24.08	20.47	22.79	21.54	26.10
2.工地工棚	%	14.95	16.39	17.95	21.12	15.82	14.04	15.34
3.生产经营场所	%	3.47	4.53	6.04	5.26	4.24	6.04	3.98
4.与人合租住房	%	23.32	28.93	20.67	20.06	26.37	23.20	19.82
5.独立租赁住房	%	18.70	16.54	22.77	22.01	21.09	23.00	22.21
6.务工地自购房	%	1.08	1.28	1.75	1.54	1.79	1.95	2.29
7.乡外从业但回家居住（老家）	%	6.43	5.82	4.38	6.07	5.37	5.56	6.67
8.其他	%	4.55	2.49	2.36	3.48	2.54	4.68	3.59

说明：2011 年和 2012 年无务工期间更换工作情况相关数据

5-8 外出农民工从事行业与职业（2011-2017 年）
Industry and Occupation of Migrant Workers（2011-2017）

计量单位：%

	2011 年	2012 年	2013 年	2014 年	2015 年	2016 年	2017 年
调查的外出农民工数量	100.00	100.00	100.00	100.00	100.00	100.00	100.00
一、本年度从事主要行业的构成情况							
1.第一产业	0.72	0.30	0.35	0.32	0.00	0.39	0.30
（1）农、林、牧、渔业	0.72	0.30	0.35	0.32	0.00	0.39	0.30
2.第二产业	71.12	71.60	69.35	70.87	68.36	63.26	62.65
（2）采矿业	2.45	2.04	1.58	2.18	1.41	1.46	0.70
（3）制造业	38.63	36.48	32.05	31.72	32.58	29.34	28.39
（4）电力、热力、燃气及水的生产和供应业	1.30	1.13	2.36	1.62	1.41	1.27	0.90
（5）建筑业	28.74	31.95	33.36	35.36	32.96	31.19	32.67
3.第三产业	28.16	28.10	30.30	28.80	31.64	36.35	37.05
（6）批发和零售业	3.90	4.38	5.78	5.34	6.31	5.46	6.27
（7）交通运输、仓储和邮政业	1.30	2.04	3.59	3.72	4.52	5.26	4.98
（8）住宿和餐饮业	3.39	3.70	7.18	8.58	7.34	7.02	7.47
（9）信息传输、软件和信息技术服务业	7.65	7.40	2.54	1.70	1.41	2.24	2.39
（10）金融业	0.14	0.30	0.35	0.24	0.56	0.29	0.20
（11）房地产业	0.58	0.38	0.61	0.24	0.47	0.29	0.50
（12）租赁和商务服务业	0.72	0.98	1.40	1.21	0.75	2.14	1.20
（13）科学研究和技术服务	0.22	0.30	0.61	0.40	0.47	0.29	0.40
（14）水利、环境和公共设施管理业	0.07	0.08	0.18	0.40	0.19	0.10	0.10
（15）居民服务、修理和其他服务业	7.87	5.66	7.01	5.26	6.40	9.94	8.86
（16）教育	0.07	0.30	0.00	0.40	0.47	0.68	0.80
（17）卫生、社会工作	0.87	0.68	0.44	0.57	1.22	0.97	1.20
（18）文化、体育和娱乐业	0.65	1.13	0.35	0.24	1.04	0.97	1.10
（19）公共管理、社会保障和社会组织	0.72	0.76	0.26	0.49	0.47	0.68	1.59
（20）国际组织	0.00	0.00	0.00	0.00	0.00	0.00	0.00
二、本年度从事主要职业的构成情况							
1.企业负责人			0.00	0.65	0.28	0.49	0.20
2.专业技术人员			17.95	14.00	20.43	21.25	20.32
3.办事人员和有关人员			5.78	5.34	5.84	4.39	8.57
4.商业、服务业人员			17.34	14.64	14.41	15.40	15.74
5.农、林、牧、渔、水利业生产人员			0.96	1.05	0.38	0.97	0.30
6.生产、运输设备操作人员及有关人员			30.39	30.34	25.05	23.68	19.82
7.军人			0.00	0.16	0.00	0.00	0.00
8.不便分类的其他从业人员			27.58	33.82	33.62	33.82	35.06

说明：本表 2011 年和 2012 年无职业结构划分

5-9 外出农民工从业时间与收入（2011-2017 年）

Employment Time and Income of Migrant Workers（2011-2017）

	计量单位	2011 年	2012 年	2013 年	2014 年	2015 年	2016 年	2017 年
调查的外出农民工数量	%	100.00	100.00	100.00	100.00	100.00	100.00	100.00
一、按从事当前工作的时间长度分								
1 年以下	%	22.89	4.38	17.34	15.94	8.85	12.67	10.46
1-2 年	%	21.66	26.51	12.78	13.35	16.85	15.50	15.04
2-5 年	%	31.48	42.82	39.58	35.76	32.96	40.35	38.35
5 年及以上	%	23.97	26.28	30.30	34.95	41.34	31.48	36.16
二、按每月平均工作的天数分								
15 天以下	%			1.05	1.38	0.75	1.66	0.70
15-22 天	%			21.72	24.43	24.58	20.47	16.53
22-26 天	%			46.76	45.23	52.07	54.00	56.27
26 天以上	%			30.47	28.96	22.60	23.88	26.49
三、按每天平均工作的小时数分								
不到 6 小时	%	0.29	0.23	0.09	0.16	0.28	0.19	0.10
6-8 小时	%	0.65	0.91	1.49	1.29	1.41	2.73	1.00
8-10 小时	%	67.51	69.03	67.08	66.02	73.92	69.98	74.20
其中：8 小时	%	56.39	56.72	45.97	45.79	57.72	50.97	57.87
10-12 小时	%	27.22	26.13	28.55	30.34	22.79	24.85	23.41
12 小时及以上	%	4.33	3.70	2.80	2.18	1.60	2.24	1.29
四、按每月平均收入分								
800 元以下	%			0.09	0.00	0.00	0.00	0.00
800-1000 元	%			0.35	0.00	0.00	0.00	0.10
1000-1500 元	%			3.85	0.32	0.56	0.39	0.00
1500-2000 元	%			8.49	3.64	3.30	3.02	2.09
2000-3000 元	%			39.32	27.35	22.69	19.49	12.35
3000-5000 元	%			42.64	59.55	58.19	58.67	66.63
5000 元及以上	%			5.25	9.14	15.25	18.42	18.82
附记：								
人均从事当前工作的时间长度	年	3.69	4.38	4.71	4.91	5.06	4.94	5.25
人均每月工作的天数	日	24.81	24.72	24.85	24.65	24.43	24.56	25.00
人均每天工作的时间长度	小时	8.84	8.79	8.88	8.88	8.65	8.75	8.68
人均月收入	元	2296.83	2508.96	2898.30	3331.51	3575.62	3761.93	3964.57

5-10 外出农民工的社会保障与福利情况（2011-2017年）
Conditions of Social Security and Welfare of Migrant Workers（2011-2017）

	计量单位	2011年	2012年	2013年	2014年	2015年	2016年	2017年
调查的外出农民工数量	%	100.00	100.00	100.00	100.00	100.00	100.00	100.00
一、按从业的劳动关系分								
1、无固定期限劳动合同工	%	16.75	16.92	15.06	13.83	15.63	14.52	11.85
2、一年及以上劳动合同工	%	23.61	15.86	19.61	17.15	17.33	19.30	18.03
3、一年以下劳动合同工	%	5.13	3.93	3.42	2.75	2.82	3.22	2.49
4、没有劳动合同	%	49.60	57.55	56.65	58.33	57.72	56.24	60.76
5、自营	%	3.18	3.02	3.06	4.69	5.18	5.46	4.58
6、其他	%	1.73	2.72	2.19	3.24	1.32	1.27	2.29
二、缴纳五险一金的人数占比								
1、缴纳养老保险	%	14.44	10.80	13.05	12.54	16.48	13.16	13.55
2、缴纳工伤保险	%	25.92	18.13	30.12	26.29	25.52	22.81	21.81
3、缴纳医疗保险	%	22.67	12.69	16.55	15.78	16.85	12.87	11.85
4、缴纳失业保险	%	7.65	6.34	8.23	7.44	11.68	9.65	8.57
5、缴纳生育保险	%	4.98	4.46	4.73	5.10	9.04	6.73	6.77
6、缴纳住房公积金	%	4.48	3.63	3.24	2.75	4.14	3.51	2.99
三、按单位或雇主提供伙食情况分								
1、每天提供三顿	%	23.54	14.50	13.49	13.53	16.52	17.35	16.75
2、每天提供两顿	%	11.54	9.62	13.22	11.78	12.29	11.81	11.78
3、每天提供一顿	%	14.58	19.07	15.06	15.20	15.01	16.72	16.36
4、不提供，但补贴部分伙食费	%	9.19	9.13	7.76	7.82	9.97	6.37	5.45
5、不提供，也没有补贴	%	41.15	47.68	50.46	51.67	46.22	47.75	49.66
四、按单位或雇主提供住宿情况分								
1、提供住宿	%	45.71	45.59	45.84	43.67	40.08	40.75	47.71
2、不提供住宿，但住房有补贴	%	14.65	11.94	13.96	15.03	15.71	12.64	6.62
3、不提供住宿，也没有住房补贴	%	39.64	42.47	40.20	41.30	44.21	46.60	45.67
五、单位或雇主拖欠工资情况								
1、被拖欠工资人数	%	0.23	0.08	0.28	0.00	0.60	0.58	0.19
2、其人均被拖欠工资的金额	元			3333		17500	8300	40000

主要指标解释

农民工　农民工是指户口性质为本乡农业户籍，在本年度内，在本乡或本乡外从事非农活动（非农自营和务工）6个月及以上的农村劳动力。举家外出的农村劳动力和在乡外从事农业务工的农村劳动力也视为农民工。

（六）

规下企业

Enterprises below Designated Size

6-1 规模以下工业主要统计指标（1998–2017 年）
Main Indicators of Industrial Enterprises below Designated Size（1998–2017）

年份 Year	调查单位数（个）Number of Enterprises Surveyed（unit）	年末全部从业人员（人）Number of Employees at Year-end（person）	工业总产值 Gross Industrial Output Value		工业增加值 Value-added of Industry	
			数量（万元）Value（10 000yuan）	指数（上年=100）Index（preceding Year=100）	数量（万元）Value（10 000yuan）	指数（上年=100）Index（preceding Year=100）
1998	93322	1020723	3193723			
1999	79760	1036569	3740350	117.1		
2000	76406	1083894	4431557	118.5		
2001	93847	1097705	5086780	114.8		
2002	104366	1196461	5827373	114.6		
2003	109318	1111697	6700000	115.0		
2004	106667	1004140	7235161	108.0	2295716	104.1
2005	107709	978342	8097972	111.7	3061400	109.7
2006	87253	951360	9232549	114.3	3059200	111.9
2007	93488	980967	10208150	119.4	3381960	115.1
2008	97893	1051453	12037818	124.3	3988129	113.2
2009	101262	868190	11638868	109.6	3856876	112.3
2010	106112	882216	12444614	117.2	4123274	112.5
2011	97592	1031747	18833847	122.7	6239653	115.5
2012	116850	1093981	21542790	111.3	7137126	111.1
2013	120087	1121986	25476535	109.5	8440376	110.9
2014	143433	1181061	27979021	110.1	9269450	111.1
2015	92554	683378	13870991	107.4	4595459	109.2
2016	109324	714461	14575149	106.8	4828747	109.5
2017	108035	643753	16370773	111.5	5423637	107.3

注：1、工业总产值指数按现价计算,工业增加值指数按可比价计算。
2、2008 年数据为经济普查数据。
3、2015 年起数据为样本轮换后数据。

Note:1. Gross output value index of industry is calculated at current price, whereas value–added of industry index is calculated at constant price.
2. The data of 2008 refers to data of Economic Census（2008）.
3. The data after 2015 refers to data after sample rotation.

6-2 规模以下工业产值构成（1998-2017 年）
Gross Output Value's Composition of Industrial Enterprises below Designated Size（1998-2017）

年份 Year	工业总产值（万元） Gross Industrial Output Value（10 000yuan）	工业企业 Industrial Enterprises		个体工业 Individually-owned Industrial Enterprises	
		产值（万元） Output Value（10 000yuan）	比重（%） Proportion（%）	产值（万元） Output Value（10 000yuan）	比重（%） Proportion（%）
1998	3193723	1795121	56.2	1398602	43.8
1999	3740350	1941459	51.9	1798891	48.1
2000	4431557	1975110	44.6	2456447	55.4
2001	5086780	2177829	42.8	2908951	57.2
2002	5827373	2390392	41.0	3436981	59.0
2003	6700000	3000000	44.8	3700000	55.2
2004	7235161	3416227	47.2	3818934	52.8
2005	8097972	4212443	52.0	3885529	48.0
2006	9232549	5805565	62.9	3426984	37.1
2007	10208150	6512135	63.8	3696015	36.2
2008	12037818	8603051	71.5	3434767	28.5
2009	11638868	8403722	72.2	3235146	27.8
2010	12444614	8559626	68.8	3884988	31.2
2011	18833847	14487787	76.9	4346060	23.1
2012	21542790	17094709	79.4	4448081	20.6
2013	25476535	20734313	81.4	4742222	18.6
2014	27979021	22767279	81.4	5211742	18.6
2015	13870991	11286825	81.4	2584166	18.6
2016	14575149	11858341	81.4	2716808	18.6
2017	16370773	13320898	81.4	3049875	18.6

注：1、2008 年数据为经济普查数据。
2、2015 年起数据为样本轮换后数据。
Note:1.The data of 2008 refers to data of Economic Census（2008）.
2.The data after 2015 refers to data after sample rotation.

6-3 规模以下工业企业主要统计指标（1998-2017 年）
Main Indicators of Industrial Enterprises below Designated Size（1998-2017）

年份 Year	调查单位数（个） Number of Enterprises Surveyed（unit）	年末全部从业人员（人） Number of Employees at Year-end（person）	工业总产值（万元） Gross Industrial Output Value（10 000yuan）	主营业务收入（万元） The Main Business Income（10 000yuan）
1998	17718	629753	1795121	1674177
1999	17023	595196	1941459	1801190
2000	14064	462381	1975110	1925917
2001	14159	505092	2177829	2053561
2002	14116	479715	2390392	2200729
2003	16838	506457	3000000	2860000
2004	16714	485834	3416227	3316829
2005	18324	519559	4212443	3989797
2006	17532	601729	5805565	5634957
2007	17899	580818	6512135	6244825
2008	27361	657153	8603051	8463128
2009	21372	482544	8403722	8247589
2010	22491	421242	8559626	8400115
2011	32680	732960	14487787	14268846
2012	38440	757639	17094709	16925454
2013	41347	773430	20734313	20529023
2014	46761	825573	22767279	22541860
2015	33695	453987	11286825	11175073
2016	41196	453890	11858341	11740932
2017	42306	426921	13320898	13189008

注：1、本表中工资总额 1998—2006 年的统计口径为货币工资和收入、实物收入以及由企业为劳动者个人支付的社会保险费；2007 年的统计口径为货币工资和收入、实物收入，不包括企业为劳动者支付的社会保险；2011-2017 年工资总额指的是应付职工薪酬（贷方累计发生额）。

2、2008 年数据为经济普查数据。

3、2015 年数据为样本轮换后数据。

Note: 1.Total Wages in the table contains monetary wages and income, natural income, and social insurance premium paid by the company during 1998-2006, while after 2007 it contains monetary wages and income, natural income without social insurance premium paid by the company; during 2011-2017 it is employee compensation payable（credit cumulative amount）.

2.The data of 2008 refers to data of Economic Census（2008）.

3.The data of 2015 refers to data after sample rotation.

6-3 规模以下工业企业主要统计指标（1998-2017 年）
Main Indicators of Industrial Enterprises below Designated Size（1998-2017）

续表（continued）

年份 Year	税金总额（万元） Total Taxes （10 000yuan）	#所得税（万元） Income Tax （10 000yuan）	营业利润（万元） Business Profits （10 000yuan）	工资总额（万元） Total Wages （10 000yuan）	折旧（万元） Depreciation （10 000yuan）
1998	110571	53586	11872	128381	85369
1999	89110	8713	24741	228712	76666
2000	105899	15769	-3371	301599	111428
2001	145905	22162	-2294	356405	143344
2002	153293	8669	46345	331481	86714
2003	107000	17700	66200	308000	76600
2004	285606	10321	111371	432442	92129
2005	301188	17718	168400	483975	140848
2006	288510	40094	408206	674731	204503
2007	352932	46888	461819	773570	244678
2008			1286653	1139369	349307
2009	205400	19808	374943	1131059	267935
2010	292218	46381	905838	743884	207213
2011	990435	358530	1760803	1615186	558486
2012	939805	286059	2188213	2100720	661881
2013	1011704	129317	2415750	2546493	763550
2014	909857	114414	2500080	2673555	1077935
2015	336319	33113	1196583	1353047	554396
2016	373190	56592	1192781	1455601	554173
2017	344475		1188289	1353668	451102

注：1、本表中工资总额 1998—2006 年的统计口径为货币工资和收入、实物收入以及由企业为劳动者个人支付的社会保险费；2007 年的统计口径为货币工资和收入、实物收入，不包括企业为劳动者支付的社会保险；2011-2017 年工资总额指的是应付职工薪酬（贷方累计发生额）。

2、2008 年数据为经济普查数据。

3、2015 年数据为样本轮换后数据。

Note: 1.Total Wages in the table contains monetary wages and income, natural income, and social insurance premium paid by the company during 1998-2006, while after 2007 it contains monetary wages and income, natural income without social insurance premium paid by the company; during 2011-2017 it is employee compensation payable（credit cumulative amount）.

2.The data of 2008 refers to data of Economic Census（2008）.

3.The data of 2015 refers to data after sample rotation.

6-4 个体经营工业主要统计指标（1998-2017 年）
Main Indicators of Individually-owned Industrial Enterprises（1998-2017）

年份 Year	单位数（个） Number of Enterprises（unit）	年末全部从业人员（人） Number of Employees at Year-end （person）	营业收入（万元） Business Income（10 000yuan）
1998	75604	390970	1398602
1999	62737	441373	1798891
2000	62342	621513	2456447
2001	79688	592613	2908951
2002	90250	716746	3436981
2003	92480	605240	3700000
2004	89953	518305	3818934
2005	89385	458783	3885529
2006	69721	348641	3426984
2007	75589	400149	3696015
2008	70532	394300	3434767
2009	79890	385646	3244853
2010	83621	460974	3884988
2011	64912	298787	4346060
2012	78410	336342	4404041
2013	78740	348556	4695270
2014	96672	355488	5160141
2015	58859	229391	2558580
2016	68128	260571	2689909
2017	65729	216832	3019678

注：2015 年起数据为样本轮换后数据。
Note：The data after 2015 refers to data after sample rotation.

6-5 各区县规模以下工业增加值（2017 年）
Value-added of Industry below Designated Size by Region (2017)

地区	Region	工业增加值（万元）Value-added of Industry (10 000 yuan)	不变价速度（%）Index of Constant Price (preceding year=100)
重庆市	Chongqing	5423637	7.3
万州区	Wanzhou District	177956	9.8
黔江区	Qianjiang District	40308	8.6
涪陵区	Fuling District	159735	11.1
渝中区	Yuzhong District	7931	-6.7
大渡口区	Dadukou District	42850	-23.2
江北区	Jiangbei District	27618	4.6
沙坪坝区	Shapingba District	254128	2.4
九龙坡区	Jiulongpo District	173821	-5.2
南岸区	Nan' an District	71003	5.0
北碚区	Beibei District	144320	4.0
渝北区	Yubei District	84184	5.5
巴南区	Ba' nan District	343883	6.2
长寿区	Changshou District	68894	10.8
江津区	Jiangjin District	288835	11.2
合川区	Hechuan District	276147	10.9
永川区	Yongchuan District	119178	11.4
南川区	Nanchuan District	111183	10.6
綦江区	Qijiang District	123377	9.0
大足区	Dazu District	363722	10.7
璧山区	Bishan District	394520	11.3
铜梁区	Tongliang District	408728	7.1
潼南区	Tongnan District	288556	11.0
荣昌区	Rongchang District	78078	4.3
开州区	Kaizhou District	126448	9.5
梁平区	Liangping District	146589	9.5
武隆区	Wulong District	48377	9.1
城口县	Chengkou County	12501	8.9
丰都县	Fengdu County	59967	7.7
垫江县	Dianjiang County	203160	1.1
忠　县	Zhongxian County	148541	10.0
云阳县	Yunyang County	208448	9.7
奉节县	Fengjie County	40854	9.6
巫山县	Wushan County	35985	9.2
巫溪县	Wuxi County	11528	9.0
石柱县	Shizhu County	88352	-12.3
秀山县	Xiushan County	134655	9.0
酉阳县	Youyang County	82358	9.0
彭水县	Pengshui County	26918	8.8

6-6 各区县规模以下工业企业增加值（2017 年）
Value-added of Industrial Enterprises below Designated Size by Region (2017)

地区	Region	工业增加值（万元） Value-added of Industry (10 000 yuan)	不变价速度（%） Index of Constant Price (preceding year=100)
重庆市	**Chongqing**	**4413214**	**8.1**
万州区	Wanzhou District	131339	11.4
黔江区	Qianjiang District	19410	11.9
涪陵区	Fuling District	107715	13.3
渝中区	Yuzhong District	7931	-6.7
大渡口区	Dadukou District	42101	-23.3
江北区	Jiangbei District	27526	4.6
沙坪坝区	Shapingba District	232124	2.6
九龙坡区	Jiulongpo District	154763	-5.3
南岸区	Nan' an District	63789	5.4
北碚区	Beibei District	140288	4.1
渝北区	Yubei District	78263	5.8
巴南区	Ba' nan District	299442	6.7
长寿区	Changshou District	67927	10.9
江津区	Jiangjin District	251720	12.0
合川区	Hechuan District	257096	11.3
永川区	Yongchuan District	99625	12.4
南川区	Nanchuan District	104997	10.9
綦江区	Qijiang District	119006	9.1
大足区	Dazu District	349821	10.9
璧山区	Bishan District	285020	13.2
铜梁区	Tongliang District	376767	7.5
潼南区	Tongnan District	235923	12.2
荣昌区	Rongchang District	68596	4.7
开州区	Kaizhou District	102696	10.5
梁平区	Liangping District	107237	11.1
武隆区	Wulong District	42743	9.7
城口县	Chengkou County	9345	10.4
丰都县	Fengdu County	52510	8.3
垫江县	Dianjiang County	189445	1.3
忠　县	Zhongxian County	106828	11.7
云阳县	Yunyang County	121023	12.4
奉节县	Fengjie County	22484	12.6
巫山县	Wushan County	32325	9.7
巫溪县	Wuxi County	8807	10.3
石柱县	Shizhu County	71061	-13.0
秀山县	Xiushan County	70438	12.1
酉阳县	Youyang County	58221	10.7
彭水县	Pengshui County	20253	10.2

6-7 规模以下工业企业不同观察指标综合经营景气指数（2012-2017 年）
Business Survey Index of Industrial Enterprises below Designated Size（2012-2017）

季度	Quarter	企业景气指数 Business Survey Index	企业家信心指数 Entrepreneur Expectation Index	流动资金 Circulating Funds	企业融资 Fundraising	劳动力需求 Labor Demand
2012 年 1 季度	1st. Quarter 0f 2012	114.5		70.6	70.3	81.2
2012 年 2 季度	2nd. Quarter 0f 2012	109.5		69.3	71.0	80.1
2012 年 3 季度	3rd. Quarter 0f 2012	107.8		67.7	70.8	81.6
2012 年 4 季度	4th. Quarter 0f 2012	97.1	95.4	69.4	75.6	87.0
2013 年 1 季度	1st. Quarter 0f 2013	108.2	113.8	71.3	76.7	85.8
2013 年 2 季度	2nd. Quarter 0f 2013	104.1	106.6	71.6	77.4	87.9
2013 年 3 季度	3rd. Quarter 0f 2013	105.1	107.3	70.6	76.0	87.9
2013 年 4 季度	4th. Quarter 0f 2013	101.8	97.3	71.6	73.4	87.4
2014 年 1 季度	1st. Quarter 0f 2014	108.5	111.1	75.8	80.7	89.6
2014 年 2 季度	2nd. Quarter 0f 2014	109.8	104.7	77.4	82.8	83.2
2014 年 3 季度	3rd. Quarter 0f 2014	107.9	99.4	75.0	81.1	85.3
2014 年 4 季度	4th. Quarter 0f 2014	106.0	94.4	71.9	79.1	90.8
2015 年 1 季度	1st. Quarter 0f 2015	101.4	108.3	75.8	88.7	94.7
2015 年 2 季度	2nd. Quarter 0f 2015	105.1	104.0	76.5	88.1	99.8
2015 年 3 季度	3rd. Quarter 0f 2015	104.0	102.6	75.4	88.8	106.5
2015 年 4 季度	4th. Quarter 0f 2015	103.5	92.0	76.2	89.0	105.0
2016 年 1 季度	1st. Quarter 0f 2016	105.8	103.6	80.9	89.8	83.8
2016 年 2 季度	2nd. Quarter 0f 2016	105.2	95.7	84.0	91.3	71.0
2016 年 3 季度	3rd. Quarter 0f 2016	108.0	98.7	84.4	91.4	68.6
2016 年 4 季度	4th. Quarter 0f 2016	106.4	91.6	86.5	92.1	71.3
2017 年 1 季度	1st. Quarter 0f 2017	108.8	100.8	85.6	92.1	79.3
2017 年 2 季度	2nd. Quarter 0f 2017	109.1	94.8	87.0	91.6	81.4
2017 年 3 季度	3rd. Quarter 0f 2017	107.2	96.9	88.5	94.1	89.3
2017 年 4 季度	4th. Quarter 0f 2017	105.0	90.8	87.7	94.9	86.2

6–8 规模以下服务业企业主要统计指标（2017 年）
Main Indicators of Services Enterprises below Designated Size（2017）

指 标 名 称	计量单位	2017 年	增长速度%
1.企业数	个	78878	9.6
2.营业收入	万元	8539930	12.8
3.营业成本	万元	5127470	21.6
4.营业税金及附加	万元	86547	–21.0
5.销售费用	万元	286505	–9.0
6.管理费用	万元	1548065	22.3
7.财务费用	万元	68577	–24.7
8.营业利润	万元	578112	2.3
9.利润总额	万元	712187	10.2
10.应付职工薪酬	万元	2389877	19.7
11.应交增值税	万元	163023	32.2
12.从业人员平均人数	人	663872	6.8

备注：增长速度是与本次调查的上年同期数相比

主要指标解释

工业 指从事自然资源的开采，对采掘品和农产品进行加工和再加工的物质生产部门。具体包括：（1）对自然资源的开采，如采矿、晒盐、森林采伐等（不包括禽兽捕猎和水产捕捞）；（2）对农副产品的加工、再加工，如粮油加工、食品加工、轧花、缫丝、纺织、制革等；（3）对采掘品的加工、再加工，如炼铁、炼钢、化工生产、石油加工、机器制造、木材加工等，以及电力、自来水、煤气的生产和供应等；（4）对工业品的修理、翻新，如机器设备的修理、交通运输工具（包括小卧车）的修理等。

工业企业 必须同时具备下列条件：有固定或相对固定的生产组织、场所、设备和从事工业生产的人员；常年从事工业生产活动，或全年开工三个月以上的季节性工业生产活动；能够同农业及其他生产行业分开核算（会计上独立核算）；向当地工商行政管理部门领取了营业执照。

个体工业单位 生产资料归劳动者个人所有，以个体劳动为基础，从事工业生产活动，劳动成果归劳动者个人占有和支配的一种经营单位。包括：(1) 按照《民法通则》和《城乡个体工商户管理暂行条例》规定经各级工商行政管理机关登记注册、领取《营业执照》的个体工业户。具体是指公民在法律允许范围内，依法经核准登记，从事工业活动的个体劳动者。(2) 没有领取《营业执照》但实际从事工业生产活动的城镇、农村个体经营单位。但不包括农民家庭以辅助劳力或利用农闲时间进行的一些兼营性的工业、商业及其它活动。

工业总产值 以货币形式表现的，工业企业或个体经营单位在报告期内生产的工业最终产品或提供工业性服务的总价值量。工业总产值的内容包括三部分：生产的成品价值、对外加工费收入、自制半成品在制品期末期初差额价值。（1）成品价值：指企业或个体经营单位在本年内生产，并在本年内不再进行加工，经检验合格、包装入库的已经销售和准备销售的全部工业成品（包括半成品）价值合计。成品价值中包括企业生产的自制设备及提供给本企业在建工程、其他非工业部门和生活福利部门等单位使用的成品价值，但不包括用订货者来料加工的成品（半成品）价值。（2）对外加工费收入：指企业在本年内完成的对外承做的工业品加工（包括用订货者来料加工生产）的加工费收入和对外工业品修理作业所收取的加工费收入。对外加工费收入按不含应交增值税（销项税额）的价格计算，可根据会计“产品销售收入”科目的有关资料取得。对于以对外加工生产为主，对外加工费收入所占比重较大的企业，如果对外加工费收入出现跨年度支付的情况，为保证总产值生产口径计算的准确性，则应将对外加工费收入按实际情况调整，记录本年应实际收取的对外加工费收入。（3）自制半成品在制品期末期初差额价值。自制半成品在制品期末期初差额价值等于自制半成品在制品期末价值减去期初价值后的余额，如果期末价值小于期初价值，该指标为负值，企业在计算产值时，应按负值计算，不能作为零处理。

工业增加值 指工业企业在报告期内以货币形式表现的工业生产活动的最终成果，是企业全部生产活动的总成果扣除了在生产过程中消耗或转移的物质产品和劳务价值后的余额，是企业生产过程中新增加的价值。

主营业务收入 指企业确认的销售商品、提供劳务等主营业务的收入。根据会计“主营业务收入”科目的期末贷方余额填报。执行 2006 年《企业会计准则》的企业，如未设置该科目，以“营业收入”代替填报。

税金总额 指企业报告期内应交纳的各种税金总和，包括产品销售税金及附加（城市维护建设税、消费税、资源税、营业税和教育费附加)、增值税、所得税、以及房产税、印花税、车船使用税和土地使用税等。

所得税 指企业按税法规定，应从生产经营等活动的所得中缴纳的税金。根据会计“利润表”中“所得税”项目的本期金额数填报。

营业利润 指企业从事生产经营活动所取得的利润，即主营业务收入减主营业务成本和主营业务税金及附加，加其他业务利润，减去营业费用、管理费用、财务费用后的金额。本指标根据会计“利润表”中对应指标的“本年累计数”填列。

本年折旧 指企业在报告期内提取的固定资产折旧合计数。根据会计“财务状况变动表”中“固定资产折旧”项的数值填报。若企业执行2001年《企业会计制度》，根据会计核算中《资产减值准备、投资及固定资产情况表》内“当年计提的固定资产折旧总额”项本年增加数填报。

应付职工薪酬（贷方累计发生额） 指企业为获得职工提供的服务而给予各种形式的报酬以及其他相关支出。包括职工工资、奖金、津贴和补贴，职工福利费，医疗保险费、养老保险费、失业保险费、工伤保险费和生育保险费等社会保险费，住房公积金，工会经费和职工教育经费，非货币性福利，因解除与职工的劳动关系给予的补偿，其他与获得职工提供的服务相关的支出。执行2006年《企业会计准则》的企业，根据会计科目“应付职工薪酬”的本年贷方累计发生额填报；未执行2006年《企业会计准则》的企业，应将本年上述职工薪酬包含的科目归并填报。

从业人员期末人数 指在本单位工作，取得工资或其他形式劳动报酬的期末实有人员数，是在岗职工、劳务派遣人员及其他从业人员期末人数之和。不包括离开本单位仍保留劳动关系的职工。